AF196787

Susanne Martinssen-von Falck (Hg.)

Die großen Pharaonen

Susanne Martinssen-von Falck (Hg.)

Die großen Pharaonen

Vom Neuen Reich bis zur Spätzeit

mit Beiträgen von Cecilia Benavente Vicente,
Andreas Effland, Jan-Peter Graeff, Susanne
Martinssen-von Falck

marixverlag

Inhalt

Vorwort

So viele Könige des antiken Ägypten verdienen die Bezeichnung »große Pharaonen«, dass es unmöglich war, sie alle in einem Buch zu vereinen. Im ersten Band »Von der Frühzeit bis zum Mittleren Reich« wurden die Könige aus den Anfängen der ägyptischen Geschichte vorgestellt, mysteriöse Männer der Vorzeit, von denen manchmal kaum mehr als ihr Name oder ihre Grabanlage bekannt sind. Ihnen folgten aus der ersten historischen Blütezeit Ägyptens die Herrscher des »Alten Reiches« wie Cheops und Chephren, die sich durch die Errichtung ihrer gigantischen Pyramiden unvergesslich gemacht haben. Die Könige des Mittleren Reiches mögen heutzutage nicht zu den berühmtesten Pharaonen zählen, jedoch waren die kulturellen Leistungen ihrer Epoche Grundlage für Ägyptens Aufstieg zur führenden Großmacht des Vorderen Orients in den kommenden Jahrhunderten.

Mit *Die Großen Pharaonen – Vom Neuen Reich bis zur Spätzeit* liegen jetzt die Biographien von 32 weiteren Königen und Königinnen des Alten Ägypten vor. Darunter auch die Lebensgeschichten der berühmtesten Regenten des Neuen Reiches: Hatschepsut, Echnaton, Tutanchamun und Ramses II. Der Band umfasst die faszinierendsten Jahrhunderte der ägyptischen Geschichte im Zeitraum von ca. 1775–336 v. Chr. Deutlich mehr Quellen stehen uns aus dieser Epoche zur Verfügung. Unzählige Stelen, Statuen, Papyri, Tempel- und Grabwände enthalten Texte und Bilder, die uns mit Informationen versorgen und uns die historischen Persönlichkeiten näherbringen. Hin und wieder erscheinen sogar Hinweise auf individuelle Eigenheiten und Charakterzüge der Pharaonen in den offiziellen Staatsdokumenten und den religiösen Texten. Gerade die Herrscher des Neuen Reiches, die in stabilen politischen Verhältnisse regierten und vom Wohlstand der neuen »Supermacht« Ägypten profitierten, erscheinen als Persönlichkeiten fassbarer als ihre Vorgänger. Diese von Wissenschaftlern und Ägyptenenthusiasten gleichermaßen empfundene Verbindung ist sicher auch dadurch entstanden, dass wir viele Könige des Neuen Reiches noch »live« sehen können. Im Mumiensaal des Museums in Kairo kann man die zum Teil wunderbar erhaltenen Pharaonen betrachten. Die Gesichtszüge ermöglichen ein sofortiges »Erkennen«. Schüttere Haare, glatte oder pockennarbige Haut, Wimpern, Fingernägel, Bartstoppeln und andere Details lösen die Trennung durch tausende von Jahren auf und lassen die »großen Pharaonen« menschlich erscheinen. Neue naturwissenschaftliche Methoden, mit denen die Mumien untersucht werden können, geben noch intimere Informationen preis. Verwandtschaftsbeziehungen, Krankheiten, Missbildungen und fallweise Todesursachen können festgestellt werden. Trotz aller Begeisterung für neue medizinische Erkenntnisse müssen diese jedoch gut mit den übrigen Quellen verglichen werden. Gerade die berühmtesten Pharaonen haben inzwischen so viele Krankheiten und Todesursachen, dass man sich kaum für die spektakulärste Variante entscheiden kann. Viele Objekte aus dem Neuen Reich und der Spätzeit füllen die Museen auf der ganzen Welt. Die materiellen Hinterlassenschaften, Objekte die Menschen der Antike hergestellt und genutzt haben, geben uns ebenfalls ein Gefühl von Nähe. Viele Gegenstände gleichen denen, die vor einigen Jahrhunderten oder Jahrzehnten auch in unserer Kultur ähnlich aussahen. Gebrauchsspuren an Waffen, Kleidung, Schreibgeräten und Schmuck aus königlichem Besitz zeigen uns, dass diese tatsächlich in den Händen der Männer und Frauen gelegen haben, die Ägypten regiert haben. Wir stehen Statuen und Bildern von Menschen gegenüber, die die Geschichte des Alten Ägypten formten: Königen, Königinnen, Prinzen und Prinzessinnen, aber auch den verdienten Beamten. Sie haben ebenfalls einen Platz in einem Buch über die »Großen Pharaonen« verdient. Ohne die Männer hinter dem König und ihren Dienst für Pharao und Staat wäre die erfolgreiche Regierung Ägyptens nicht möglich gewesen. Landesverwaltung, Religion, Militär und Wirtschaft lagen in ihren Händen und viele Individuen haben – für uns nur fallweise sichtbar – Geschichte geschrieben. Gerade im Neuen Reich sind uns zahlreiche wichtige Gefolgsleute des Königs »persönlich« bekannt, und auch sie werden in den Biographien der Könige vorgestellt. Das Neue Reich und die Spätzeit sind Epochen von besonderer historischer Spannung. Die Regentschaft von aus Asien stammenden »Fremdherrschern« während der Zweiten Zwischenzeit war eine traumatische Erfahrung für Ägypten. Nach der

Rückeroberung der Macht durch die thebanische Königsfamilie sicherte Ägypten seine Grenzen und stieg dann durch Eroberungskriege in Vorderasien und Nubien zur »Weltmacht« im Nahen Osten und Nordafrika auf. Neben den kriegerischen Auseinandersetzungen bestimmten aber auch Diplomatie und Handelskontakte die Beziehungen Ägyptens zum Ausland. Exotische Produkte und alltägliche Handelswaren aus Nord und Süd kamen in das Land am Nil. Entscheidender waren jedoch neue Technologien bei der Waffenherstellung, im Handwerk, der Lebensmittelherstellung und in vielen anderen Bereichen, die Ägypten aus anderen Kulturen übernahm. Viele Menschen aus anderen Ländern kamen freiwillig oder zwangsweise als Kriegsgefangene nach Ägypten und gingen dort oft als spezialisierte Fachkräfte ihrer Arbeit nach. Sie bekamen oft neue, ägyptische Namen und assimilierten sich in ihrer neuen Heimat. In die ägyptische Königsfamilie hielten durch diplomatische Heiraten ausländische Prinzessinnen samt ihrem Gefolge Einzug und brachten die Kultur ihres Heimatlandes mit an den Hof der Pharaonen.

Nach dem Ende des Neuen Reiches prägten in der Dritten Zwischenzeit und der Spätzeit Könige das Land, die ausländische Wurzeln hatten oder als Eroberer in Ägypten einfielen. Libyer, Kuschiten aus Nubien, Assyrer und Perser herrschten unterbrochen von einigen einheimischen Dynastien. Die Denkmäler dieser ausländischen Könige – meist ganz im traditionellen Stil ägyptischer Kunst gehalten – zeigen ein homogeneres Bild, als es vermutlich den historisch unruhigen Zeiten und zahllosen kulturellen Einflüssen entsprach.

Die Pharaonen dieses Bandes sind nicht nur Teil der Geschichte des Alten Ägypten. Sensationelle archäologische Entdeckungen wie die der Mumiencachette 1881 und des Grabes des Tutanchamun 1922 sind in die moderne Kulturgeschichte eingegangen. Das gilt ebenso für die spektakuläre Versetzung ganzer Tempel wie Abu Simbel und Philäe in den 1960er-Jahren mit Hilfe der UNESCO, um die antiken Gebäude vor den aufgestauten Wassermassen des Assuan-Staudamms zu retten.

In der modernen Wissenschaft der Ägyptologie gibt es ständig neue Erkenntnisse. Die Chronologie Ägyptens wird immer wieder in kleinen Details, aber gelegentlich auch im größeren Umfang korrigiert. Archäologen in Ägypten finden ständig neue Belege, die unser bisheriges Bild der Geschichte ändern. Auch naturwissenschaftliche Untersuchungen wie die an den Königsmumien des Neuen Reiches haben zum Teil spektakuläre Ergebnisse geliefert, die eingeordnet werden müssen. Die Autoren dieses Bandes haben sich – wo immer möglich – bemüht, den aktuellsten Stand der Wissenschaft zu präsentieren und so die Pharaonen »am Puls der Zeit« zu präsentieren. Vier Autoren haben für den vorliegenden Band diejenigen Epochen und Pharaonen bearbeitet, die ihnen aufgrund ihrer wissenschaftlichen Ausrichtung besonders am Herzen liegen. Es war mir eine außerordentliche Freude, dieses Buchprojekt gemeinsam mit drei Freunden und Kollegen realisieren zu können, mit denen ich seit fast 25 Jahren in Hamburg als Ägyptologin tätig bin. Nach gemeinsamen Studienzeiten hatten Dr. Andreas Effland, Dr. Jan-Peter Graeff und ich das Glück jahrelang gemeinsam im Edfu-Projekt (gegründet und geleitet von Prof. D. Kurth) an der Übersetzung der Texte des ptolemäischen Horustempels von Edfu mitarbeiten zu können. Cecilia Benavente Vicente, zeitweise Hilfskraft im Edfu-Projekt, ist uns seit Jahren eine geschätzte Kollegin. Auch mein verstorbener Mann Martin von Falck, Hauptautor des ersten Bandes *Die Großen Pharaonen – Von der Frühzeit bis zum Mittleren Reich*, war zeitweilig Mitglied des Edfu-Teams. Wir alle haben für das von Martin wissenschaftlich geleitete internationale Ausstellungsprojekt »Tutanchamun – Sein Grab und die Schätze« gearbeitet. Alle Mitautoren dieses Bandes haben mich 2014/2015 tatkräftig bei der Fertigstellung des ersten Pharaonen-Bandes unterstützt. So ist das vorliegende Buch auch in gemeinsamer Erinnerung an Martin entstanden und wir sind sicher, das Ergebnis hätte ihn zutiefst gefreut.

Mit großer Geduld haben Lothar Wekel und als Lektoren Timo Gimbel und Stefan Gücklhorn vom Verlagshaus Römerweg das Buchprojekt begleitet. Ich kann ihnen nicht genug für die überaus freundliche Betreuung danken. Zu großem Dank bin ich auch Prof. H. Altenmüller, Universität Hamburg, verpflichtet, der wertvolle Hinweise zur Biographie der Königin Tausret gegeben hat.

Susanne Martinssen-von Falck

Hamburg, im Juni 2018

EINLEITUNG

DIE ÄGYPTISCHEN KÖNIGSNAMEN

Die Titulatur der ägyptischen Könige bestand aus fünf verschiedenen Namen. Den Eigennamen trug der Herrscher bereits seit seiner Geburt, die anderen vier Namen wurden bei der Thronbesteigung ausgewählt. Bis zum Mittleren Reich waren Reihenfolge und Verwendung der Titel variabel. Das Namensprotokoll gewann erst unter *Sesostris II.* (12. Dynastie) seine endgültige Form, die bis zum Ende der ägyptischen Geschichte Bestand haben sollte.

HORUS-NAME

Der älteste durchgehend verwendete Bestandteil der Königstitulatur ist der Titel »*Horus*«, der ganz knapp und lapidar ein zentrales Element ägyptischer Königsideologie zum Ausdruck bringt: Der inthronisierte König ist die irdische Inkarnation des Himmelsgottes *Horus*. Zur Identifikation des individuellen Herrschers dient der dem *Horus*-Titel folgende Name, der wohl erst mit der Thronbesteigung angenommen wurde und insofern als immanent programmatisch anzusehen ist. Graphisch wird der *Horus*-Name in den sogenannten Serech, der stilisierten Darstellung des Königspalastes, eingeschrieben, auf dessen oberer Abschlusslinie der titelgebende *Horus*-Falke sitzt. Im Neuen Reich tritt oft der Beiname »Starker Stier« zum *Horus*-Namen hinzu. MvF/SMv

THRONNAME

Unter König *Den*, gegen Mitte der 1. Dynastie, kann ein weiterer Name ergänzend zum oder ersatzweise für den *Horus*-Namen verwendet werden. Diesem Namen steht ein Titel voran, der konventionell mit »König von Ober- und Unterägypten« (eigentlich: »*Nesu-* und *Bit*-König«) übersetzt wird. In der 5. Dynastie nahmen die Könige einen mit dem Namen des Sonnengottes *Re* gebildeten Namen an, sofern ihr Geburtsname nicht bereits den Namen des *Re* enthielt (erstmals belegt unter *Neferirkare*). Seither bilden Titel + Name den eigentlichen Thronnamen, der ab *Pepi I.* in Inschriften neben dem Geburtsnamen auftritt, wobei beide Namen in Kartuschen eingeschrieben sind. Seit dem Mittleren Reich erscheint der Titel »König von Ober- und Unterägypten« kanonisch vor der ersten Kartusche mit dem Thronnamen. Beinamen werden hinzugefügt, um die Unterscheidung von Königen selben Namens deutlich zu machen. Während *Ramses II.* seinen Thonnamen *Usermaatre* um den Zusatz *Setepenre* (auserwählt von *Re*) erweitert, nennt sich *Ramses III. Usermaatre Meriamun* (geliebt von *Amun*).

Herrinnenname/Nebti-Name

Seit *Semerchet*, dem vorletzten König der 1. Dynastie, wird der zweite Königsname mit dem Titel »König von Ober- und Unterägypten« mit dem Element *Nebti*, »die beiden Herrinnen« gebildet, was auf die Göttinnen der beiden Landeshälften, *Wadjet* für Unterägypten und *Nechbet* für Oberägypten, verweist. Erst *Peribsen*, der vorletzte König der 2. Dynastie, verwendet dann den mit dem Bestandteil *Nebti* gebildeten Königsnamen ohne den voranstehenden Titel »König von Ober- und Unterägypten«.

Fortan kann der mit dem Element *Nebti* gebildete Königsname nicht mehr als Thron-Name angesehen werden, sondern als eigenständiger, zusätzlicher Name, der in der Ägyptologie als Herrinnen-Name bezeichnet wird. Dabei bleibt das gesamte Alte Reich hindurch das Bilde-Element *Nebti*, »Herrinnen« als bedeutungstragend in den Herrinnen-Namen integriert. Erst mit dem Ende des Alten Reiches verselbständigt sich der ehemalige Namensbestandteil zu einem standardisierten neuen Titel, der wohl als »Der der beiden Herrinnen« aufzufassen ist.

Gold(Horus)name

Bei dem später sogenannten Gold-Namen handelt es sich zunächst um einen Titel mit Namenselement. Bereits unter *Den* (1. Dynastie) ist ein mit dem Schriftzeichen für »Gold« und dem der Kobra gebildeter Titel belegt, der mit dem sogenannten Schen-Ring kombiniert ist. Der Schen-Ring, das Symbol für die Ewigkeit, nimmt in ovaler, in die Länge gezogener Form als sogenannte Kartusche später den Thron- sowie den Eigennamen eines Königs auf. Erst unter *Snofru* allerdings, dem 1. König der 4. Dynastie, tritt die Kombination eines aus den Zeichen für »Falke« und »Gold« gebildeten Titels mit dem in eine Kartusche geschriebenen Eigennamen auf.

Eigenname/»Sohn des Re-Name«

Erst von *Huni*, dem letzten König der 3. Dynastie, ist ein zeitgenössisch belegter, in eine Kartusche geschriebener Eigenname überhaupt gesichert. Unter *Djedefre*, dem 3. König der 4. Dynastie taucht erstmals der Beiname »Sohn des Re« auf. Bei *Unas*, dem letzten König der 5. Dynastie wird dieser Beiname dann als Namenszusatz des Eigennamens mit in die Kartusche aufgenommen. Schließlich tritt er ab der Herakleopolitenzeit, also der 9./10. Dynastie, als selbständig gewordener Titel vor die Kartusche mit dem Eigennamen. Beinamen wie »Herrscher von Theben« oder »geliebt von der Gottheit XY« treten im Neuen Reich hinzu. MvF/SMvF

Literatur:

St. Quirke, *Who Were the Pharaos?: A History of their Names with a List of Cartouches*, New York 1990. Schneider, *Lexikon* (1996) S. 12–55. J. von Beckerath, *Handbuch der ägyptischen Königsnamen*, 2. Aufl., *MÄS* 49, Mainz 1999. R. J. Leprohon, in: *OEAE III (2001) S. 409–411*. R. Gundlach, in: *Das Wissenschaftliche Bibellexikon im Internet* (www.wibilex.de), 2006,http://www.bibelwissenschaft.de/stichwort/23832/[29.03.2017]. R. Gundlach, in: *Das Wissenschaftliche Bibellexikon im Internet* (www.wibilex.de), 2008, http://www.bibelwissenschaft.de/stichwort/35722[29.03.2017]. H. Gaber, in: MDAIK 68 (2012) S. 55–82. R. J. Leprohon, *The Great Name, Ancient Egyptian Royal Titulary*, Writings from the Ancient World 33, Atlanta 2013.

DIE CHRONOLOGIE DES ALTEN ÄGYPTEN

Die Erstellung einer Chronologie Altägyptens und unser Wissen über die Biographien der Pharaonen speisen sich aus diversen Quellen. Die Einteilung der ägyptischen Geschichte in Dynastien geht auf den ägyptischen Priester MANETHO zurück, der in der frühen Ptolemäerzeit die *Aegyptiaca* verfasste, ein Geschichtswerk, das uns durch spätere Abschriften fragmentarisch erhalten ist.

Für die Frühdynastische Zeit und das Alte Reich ist der »Palermostein« eine bedeutsame historische Quelle. Auf der Basaltplatte die heute in Palermo aufbewahrt wird und weiteren Fragmenten des Steins in London und Kairo sind die Namen der Könige, die jeweilige Mutter und in aller Kürze wichtige Ereignisse der einzelnen Regierungsjahre notiert. Der letzte auf dem Annalenstein von Palermo aufgeführte König ist *Neferirkare* (5. Dynastie).

Ein Relief aus dem *Amun*-Tempel von Karnak (Theben) zeigt König *Thutmosis III.* (18. Dynastie), der vor 61 sitzenden Königsstatuen opfert. Die nicht chronologische Liste gibt die Statuen von Herrschern wieder, die im Tempel aufgestellt waren. Die sogenannte »Königsliste von Karnak« stellt zwar keine Königsliste im historischen Sinn dar, ist aber bedeutsam, weil sie Könige erwähnt, die in anderen Königslisten fehlen.

Im Tempel *Sethos' I.* in Abydos aus der Ramessidenzeit (19.–20. Dynastie) sind der König und sein Sohn *Ramses* (der spätere *Ramses II.*) bei Opferhandlungen vor einer langen Liste mit Königsnamen abgebildet. Die »Königsliste von Abydos« umfasst Könige von der 1. bis zur 19. Dynastie, jedoch wurden durch redaktionelle Bearbeitung als nicht legitim empfundene Könige beziehungsweise Dynastien gestrichen. Eine ähnliche Liste ließ *Ramses II.* in seinem eigenen Tempel in Abydos anbringen. Sie ist allerdings deutlich fragmentarischer erhalten.

Ebenfalls aus der Ramessidenzeit stammt die »Königsliste von Sakkara«, die 1861 im Grab des *Tjuneroy* in Sakkara entdeckt wurde und heute im Museum von Kairo aufbewahrt wird. Die Zusammenstellung deckt sich weitgehend mit den Königslisten von Abydos. Auch hier fehlen viele Herrscher, beispielsweise aus der 1. Zwischenzeit.

Der »Turiner Königspapyrus«, ebenfalls ein Dokument aus der Ramessidenzeit (wohl *Ramses II.*), ist eine der aussagekräftigsten Königslisten, die von der Zeit mythischer Götterkönige bis in die 2. Zwischenzeit reicht. Auf dem leider sehr fragmentarischen Papyrus sind deutlich mehr Könige aufgelistet, als in den anderen ramessidischen Listen (Abydos, Sakkara). Es besteht eine Ähnlichkeit mit der Auflistung der Könige bei Manetho.

Diese historiographischen Quellen werden ergänzt durch die archäologischen Primärquellen aus der Regierungszeit der jeweiligen Könige. Im Idealfall sind Objekte und Inschriften durch die Nennung eines Königs- oder Beamtennamen zeitlich einzuordnen. Oft spezifiziert die Angabe des Regierungsjahres, manchmal sogar das exakte Datum, Objekt oder Inschrift sehr genau. Auch Beamten- oder Priestergenealogien geben Anhaltspunkte für zeitliche Zuweisungen. Ausführlichere genealogische Angaben oder längere Stammbäume sind vor dem Ende des Neuen Reiches nur auf wenigen Denkmälern belegt. Im 1. Jahrtausend v. Chr. ändert sich dieses Bild. Die genealogischen Informationen werden immer zahlreicher bzw. ausführlicher und erstrecken sich teilweise über viele Generationen. Hervorzuheben ist unter anderem die Stele des *Pasenhor* aus dem Serapeum (Louvre IM 2846), die eine königliche Genealogie der Familie der Scheschonqiden enthält, der Familie, die die 22. Dynastie begründete. Mindestens ebenso erstaunlich ist ein Relief vermutlich aus der Zeit *Schoschenqs V.*, das heute in Berlin aufbewahrt wird (Berlin ÄMP 23673) und insgesamt 60 (!) Generationen einer Priesterfamilie aus Memphis aufzählt sowie 26-mal den damals regierenden König. Diese Liste reicht 1300 Jahre zurück, von *Schoschenq V.* bis mindestens zu *Mentuhotep I.* Eine solche lange Liste erinnert an eine Anekdote bei Herodot (2.142–143), dem ägyptische Priester eine Liste von mehr als 340 Generationen vorgelegt hätten.

In der relativen Chronologie geht es nicht um die Zuweisung von genauen Daten und Jahreszahlen, sondern zunächst um die allgemeine Feststellung welche archäologischen Schichten sowie antiken Objekte älter bzw. jünger sind. Bei archäologischen Ausgrabungen werden hierfür sorgsam einzelne Schichten bestimmt

(Stratigraphien). Höhere Schichten können längeren, niedrige Schichten kürzeren Zeiträumen zugeordnet werden. Im Falle von ungestörten Schichten geben diese eine unbedingte Abfolge (unten ältere und oben jüngere Epochen) wieder und die in den Schichten gefundenen Objekte können der jeweiligen Epoche zugeordnet werden. Neben den archäologischen Stratigraphien wird die relative Chronologie auch mit Hilfe von bestimmten archäologischen Artefakten festgelegt. Hierzu werden zum Beispiel Keramik, Särge oder Skarabäen chronologisch geordnet (Sequenzaufstellungen). Dieses geschieht anhand von deren Stil- und Formentwicklung. Sicher datierbare Artefakte dienen dabei als Eckpunkte, um andere, nicht sicher datierbare Objekte in eine relative Chronologie einzuhängen. Unterstützt werden diese kunsthistorischen Einordnungen von naturwissenschaftlichen Methoden zur Altersbestimmung von Funden, wie die C14-Methode (Radiokarbondatierung) oder die Datierung mit Hilfe der Dendrochronologie (Jahresringdatierung).

In der absoluten Chronologie geht es um die Festlegung konkreter Daten (Tage, Monate, Jahre). Astronomische Daten liefern Fixpunkte für die absolute Chronologie der altägyptischen Geschichte und helfen antike Daten mit unserer heutigen Jahreszählung zu verknüpfen. Besondere Bedeutung hat dabei der »Hundsstern« Sirius (ägyptisch: Sopdet; griechisch: Sothis), der hellste Stern am Nachthimmel, dessen morgendlicher Aufgang den ersten Tag des zivilen Kalenders markierte und die bevorstehende Nilüberschwemmung ankündigte. Durch die Länge des Jahres mit 365 Tagen (ohne Schaltjahr) wanderte das Neujahrsdatum jedoch durch das Jahr (Sothis-Zyklus). Zwei ägyptische Quellen mit Nennung des Sothisaufgangs an einem konkreten Datum bilden die Basis für die Erstellung einer absoluten Chronologie. Es handelt sich um das siebte Regierungsjahr *Sesostris' III.* (12. Dynastie) und das neunte Jahr *Amenophis' I.* (18. Dynastie). Während diese beiden Sothis-Daten lange als unumstößliche Messpunkte galten, werden inzwischen die Unsicherheiten (Ort der Sothis-Sichtung, Sichtungsbedingungen) der Sothis-Datierung eher betont.

Weitere astronomische Daten zur Erstellung einer absoluten Chronologie sind die Monddaten. Der religiöse Kalender Ägyptens basierte auf dem Mondzyklus (354 Tage pro Jahr) und es existieren insbesondere aus Illahun Aufzeichnungen, die bestimmte Festdaten in Verbindung mit Monddaten nennen. Auch für die Monddaten bleiben jedoch Unsicherheiten bestehen, sodass letztlich die Festlegung der Chronologie nur unter Berücksichtigung vieler verschiedener Quellen und Berechnungen erfolgen kann. Auch der Vergleich (Synchronisierung) mit den historischen Abfolgen der Nachbarkulturen Ägyptens (z. B. Minoische Kultur, Antikes Griechenland, Assyrien) bietet somit Anhaltspunkte zur Präzisierung der ägyptischen Chronologie.

In der ägyptologischen und der populärwissenschaftlichen Literatur finden sich gemäß der bestehenden Schwierigkeiten abweichende Angaben zu Regierungszeiten einzelner Könige und Geschichtsepochen. Hierin spiegeln sich nicht nur die Unsicherheiten bezüglich einer absoluten Chronologie wieder, sondern auch die verschiedenen akademischen Ansätze, die dazu herangezogen werden. Um daraus resultierende Widersprüche in der Datierung zu vermeiden, wurde für das vorliegende Buch auf die Angaben eines der neueren Standardwerke zur ägyptischen Chronologie zurückgegriffen (Hornung/Krauss/Warburton, *Ancient Egyptian Chronology*, 2006).

MvF/SMvF/AE

Literatur:

Schneider, *Lexikon* (1996) S. 12–55. Beckerath, *Chronologie des pharaonischen Ägypten*, MÄS 46, Mainz 1997. Wilkinson, *Early Dynastic Egypt* (1999) S. 60–66. K. A. Kitchen, in: *World Archaeology* Vol. 23, No. 2, Chronologies (1991) S. 201–208, http://www.jstor.org/stable/124743 [13.02.2015]. R. Krauss, in: M. Bietak (Hg.), *The synchronisation of civilisations in the Eastern Mediterranean in the second millennium B. C. II*, Wien (2003) S. 175–197. K. Jansen-Winkeln, *Die Entwicklung der genealogischen Informationen nach dem Neuen Reich*, in: M. Fitzenreiter (Hg.), *Genealogie – Realität und Fiktion von Identität*, IBAES 5, London 2005, S. 137–145. Hornung/Krauss/Warburton, *Ancient Egyptian Chronology* (2006). Th. Schneider, *Ein Puzzle der besonderen Art. Die historische Chronologie Altägyptens*, in: Spektrum der Wissenschaft, Dezember 2011, S. 56–61. A. J. Shortland/C. B. Ramsey, *Radiocarbon and the chronologies of ancient Egypt*, Oxford 2013. R. Gundacker, *Das Fragment ›Ägyptisches Museum Berlin No 1116‹ als Teil einer bislang verkannten Königsliste: ›Die Königsliste von Abusir‹*, in: WZKM 105, 2015, S. 3–67.

Die Zweite Zwischenzeit

2. Zwischenzeit[1]		1759–1539
13. Dynastie		1759–ca. 1630
	Wegaf	1759–1757
	Amenemhet VII.	ca. 1753–1748
	Sobekhotep II.	1737–1733
	Chendjer	ca. 1732–1728
	Sobekhotep III.	ca. 1725–1722
	Neferhotep I.	ca. 1721–1710
	Sobekhotep IV.	ca. 1709–1701
	Sobekhotep V.	ca. 1700–1695
	Ibiau	ca. 1695–1685
	Aya	ca. 1684–1661
	Ini	ca. 1660–1695
	Swadjtu, Ined, Hori, Dedumose	
14. Dynastie		?
15. Dynastie (Hyksos)		?–ca. 1530
	Chajan	
	Apophis	ca. 1575–1540
	Chamudi	
16. und 17. Dynastie		ca. ?–1540
	Sobekhotep VIII., Nebiriau, Rahotep, Sobekemsaef I. und II., Bebianch	
	Wepmaat Antef	?
	Nubcheperre Antef	?
	Heruhermaat Antef	?
	Senachtenre	?
	Seqenenre	?
	Kamose	?–1540

Die politisch instabilen Perioden zwischen den Hauptepochen der ägyptischen Geschichte (Altes, Mittleres, Neues Reich sowie Spätzeit) werden in der Ägyptologie als Zwischenzeiten bezeichnet.

---

[1] Nach HORNUNG/KRAUSS/WARBURTON, *Ancient Egyptian Chronology* (2006) und POLZ, *Beginn* (2007).

Der Beginn der Zweiten Zwischenzeit, die auf das Mittlere Reich folgt, wurde lange mit dem Anfang der 13. Dynastie gleichgesetzt. Für die ersten Herrscher dieser Dynastie kann jedoch eine starke Kontinuität in Verwaltung, Wirtschaft, Kunst und Architektur zur vorangehenden 12. Dynastie und damit zum Mittleren Reich festgestellt werden, und Ägypten bestand weiterhin als politische Einheit. Daher definiert heute die Zweiteilung des Landes während der 13. Dynastie in einen ober- und unterägyptischen Herrschaftsbereich das Ende des Mittleren Reiches und den Beginn der sogenannten Zweiten Zwischenzeit.

Der letzte gesamtägyptische König der 13. Dynastie war wohl *Aya Merneferre* (13. Dynastie, ca. 1684–1661). Nach dem Ende seiner Herrschaft etablierten sich mehrere Dynastien parallel in verschiedenen Landesteilen. In Oberägypten regierten die Könige der ehemals ganz Ägypten kontrollierenden 13. Dynastie, während in Unterägypten die sogenannten »Hyksos« (15. Dynastie) ihren Platz einnahmen. Die im Ostdelta beheimatete 14. Dynastie ist in ihrer zeitlichen und territorialen Einordnung noch umstritten. Vermutlich existierten hier einige Kleinkönige parallel zur gesamtägyptischen 13. Dynastie.

Die Chronologie dieser Zeit zu rekonstruieren ist schwierig, da sich in politisch unruhigen Zeiten rivalisierende Machtblöcke entwickelten und viele lokale Herrscher mit sehr kurzen Regierungszeiten aufeinander folgten. In der bisherigen Forschung wurde für Oberägypten (mit dem Machtzentrum in Theben) nach der 13. Dynastie die 17. Dynastie angesetzt, während die 14., 15. und 16. Dynastien als zeitgleiche Herrscherfamilien in Unterägypten galten. Eine neue Rekonstruktion der Fragmente des »Turiner Königspapyrus« durch KIM RYHOLT verortet die 16. Dynastie in Theben/Oberägypten als Vorgänger der dortigen 17. Dynastie. Vieles spricht für diese Einordung, die jedoch weiterhin diskutiert wird.

Die bereits genannten Hyksos, die »Herrscher der Fremdländer«, galten nicht zuletzt aufgrund der Darstellungen antiker Historiographen als asiatische Invasoren, die Unterägypten gewaltsam unterwarfen und dort eine Fremdherrschaft etablierten. In den letzten Jahrzehnten haben archäologische Funde das bisherige Bild der Hyksosherrschaft jedoch stark revidiert. Es konnte gezeigt werden, dass die asiatisch-stämmigen »Eroberer« schon seit Generationen in Ägypten beheimatet waren. Bereits in der 12. Dynastie kamen viele Asiaten nach Ägypten und lebten oft in eigenen Siedlungen. Sie waren in ägyptischen Haushalten beschäftigt und arbeiteten als Handwerker und in der Verwaltung. Einige stiegen sogar in hohe Staatspositionen auf wie der Haushofmeister *Ameni*, der eine Expedition zu den Türkisminen auf dem Sinai leitete.

Die Hyksos herrschten von ihrer Hauptstadt Avaris im Ostdelta aus mehr als 100 Jahre über Unterägypten und die ihnen abgaben-pflichtigen Gebiete Oberägyptens. Die Hafen- und Handelsstadt Avaris selbst wird seit den 1960er-Jahren vom Österreichischen Archäologischen Institut und der Universität Wien unter der Leitung von Manfred Bietak erforscht. Obwohl die asiatischen Einwanderer einerseits schnell Elemente der ägyptischen Lebens-weise und Kultur übernahmen, finden sich in den materiellen Hinterlassenschaften wie Keramik und Bronzen viele Elemente asiatischen Ursprungs, ebenso in der Tempel- und Grabarchitektur. Importierte Keramik aus Vorderasien bis nach Nordsyrien, aus Zypern und aus minoischen Siedlungen zeigt den regen Warenaus-tausch und die offenbar von Ägypten autonomen Handelskontakte von Avaris. Vermutlich führten die innenpolitischen Probleme Ägyptens zu der Etablierung eines asiatisch geprägten Kleinstaates im Ostdelta. Schließlich ließ sich der Hyksosherrscher *Salites* in Memphis zum König über Gesamtägypten krönen. Zurzeit ihrer Herrschaft bauten die Hyksos ihr Machtzentrum Avaris zu einer Residenzstadt mit Kult- und Palastanlagen aus.

Die Einordnung der einzelnen Könige ist kompliziert, da sich die Namen, die der Historiker Manetho überliefert, oft nicht mit den in archäologischen Quellen belegten Namen in Verbindung bringen lassen. Einer der bedeutenderen Herrscher scheint der inzwischen in die frühe Hyksosperiode datierte *Chajan* gewesen zu sein, der durch Skarabäen, eine in Bagdad erworbene Löwen-statue, eine von ihm usurpierte Statue in Bubastis sowie ein Granitfragment aus Gebelein belegt ist. Zwei Objekte mit seinem Namen wurden zudem in Knossos auf Kreta und in Hattuscha, der Hauptstadt des Hethiterreiches gefunden. Es handelt sich hierbei wohl um diplomatische Geschenke.

Die weitverzweigten Handelskontakte der Hyksos nach Vor-derasien und Zypern sowie in das südlich an Ägypten grenzende

Reich von Kusch belegen viele Im- und Exportgüter der jeweiligen Partner. Durch die Hyksos selbst fanden viele Innovationen ihren Weg nach Ägypten. Von besonderer Bedeutung waren dabei Neuerungen in der Waffentechnologie und der von zwei Pferden gezogene Streitwagen. Die überlegenen Waffenformen wie Kompositbogen, aus einem durchgehenden Metallkörper gegossene Dolche und Sichelschwerter wurden schnell in die ägyptische Jagd- und Militärkultur übernommen.

In der Statuenherstellung taten sich die Hyksos jedoch nicht selbst hervor, sondern verwendeten ägyptische Kulturgüter für ihre Zwecke. Sie ließen ägyptische Statuen von Königen und Privatpersonen mit ihrem eigenen Namen beschriften (Usurpation). Zudem entstand ein reger Handel mit ägyptischen Statuen, die auf Kreta, in Vorderasien und in Nubien gefunden wurden. Es sind nur wenige Statuen mit vorderasiatischen Stilelementen erhalten geblieben, die auf eine eigene Tradition der Hyksos in der Statuenherstellung hinweisen.

Auch die Verschmelzung bzw. Kombination verschiedener Stilelemente kann im archäologischen Befund nachgewiesen werden. Entsprechend zeigen Skarabäen, die von den Hyksosherrschern in großer Zahl verbreitet wurden, Kombinationen von ägyptischen und asiatischen Schriftzeichen sowie Ornamenten.

Auf eine gewisse Verhaftung mit der eigenen kulturellen Tradition verweisen die Glaubensvorstellungen der Hyksos. Noch Generationen nach den ersten Einwanderungswellen lassen sich bei Führungselite und der Bevölkerung gerade im Bereich der Religion Bräuche aus der vorderasiatischen Heimat feststellen. Anders als Wohnhäuser und teilweise die Grabarchitektur, sind die Tempel der Hyksoszeit an Sakralbauten der Levante orientiert. Auch der Totenkult (Bestattung innerhalb der Siedlungen, Tieropfer, Kriegerbestattungen) weißt vorderasiatische Züge auf. Mit den Hyksos hielten zudem kanaanäische Götter Einzug in Ägypten, die zum Teil mit ägyptischen Göttern ähnlicher Funktion gleichgesetzt wurden. Hauptgott der Hyksosdynastie war der Wettergott *Haddad*, der dem ägyptischen *Seth* entsprach, dem gerade in Avaris kultische Verehrung zuteil wurde. Ebenso sind »Importgötter« wie *Anat* und *Reschef* zu belegen. Ein bewusstes Bekenntnis zu ägyptischen Gottheiten zeigt sich hingegen in der

Namenswahl einiger Hyksosherrscher, die mit dem Götternamen *Re* gebildet sind, sowie der Übernahme der traditionellen Königstitulatur mit den Epitheta »Sohn des *Re*« und »*Horus*«.

Der wohl zweitletzte Herrscher der Hyksos namens *Apophis* scheint eine lange, mindestens vierzigjährige Regentschaft verzeichnen zu können. In seine Zeit fällt der Ausbruch des Konfliktes mit der oberägyptischen Fürstenfamilie der 17. Dynastie, deren Machtzentrum in Theben lag. Durch ihre Grabanlagen in der dortigen Nekropole und Objekte aus ihren Bestattungen lassen sich diese Lokalkönige und ihre Familienangehörigen weit besser belegen als die Hyksosherrscher.

Ein Papyrus aus der 19. Dynastie schildert den Ausbruch von Streitigkeiten zwischen *Apophis* und *Seqenenre*. Dass es unter diesen Herrschern zu einer militärischen Auseinandersetzung kam, belegt eindrücklich die Mumie des thebanischen Fürsten *Seqenenre*, die tödliche Hiebverletzungen aufweist. Nach dem Tod seines Vaters setzte *Seqenenres* Sohn *Kamose* den Kampf der Thebaner gegen die Hyksos fort, den jedoch erst sein Bruder *Ahmose* für sich entscheiden konnte. Die maßgeblichen Eroberungen von Heliopolis, Tjaru und schließlich der Hyksoshauptstadt Avaris konnten in das elfte Regierungsjahr des letzten Hyksosherrschers *Chamudi*, der durch andere Quellen nicht belegt ist, datiert werden. Dieses entspricht dem 18./19. Regierungsjahr des *Ahmose*.

Das Ende der Hyksosherrschaft markiert das Ende der Zweiten Zwischenzeit und den Beginn des Neuen Reiches. Ägypten sollte sich in den nächsten Jahrzehnten zur mächtigsten Nation des Vorderen Orients entwickeln. Aus dem Blickwinkel der thebanischen Fürstenfamilie erscheint die Hyksosherrschaft in Ägypten naturgemäß in einem negativen Licht. Der Raub ägyptischer Grabstatuen und deren Verhandlung ins Ausland sowie die Plünderung und Verschleppung von Tempelstatuen nach Avaris mögen auch bei der ägyptischen Bevölkerung zu einer ablehnenden Haltung geführt haben. Königin *Hatschepsut* nennt die Hyksosherrschaft 50 Jahre nach deren Ende in Inschriften des Speos Artemidos eine gottlose Zeit und führt ihre Maßnahmen zur Beseitigung der Zerstörungen an den Tempeln und Kulteinrichtungen durch diese Könige auf. Auch spätere Chronisten wie MANETHO und FLAVIUS JOSEPHUS ordnen die Hyksos als gewalttätige Eroberer ein. Die möglicherweise zu Recht als negativ empfundene Fremdherrschaft hatte Ägypten jedoch in technologischer, militärischer, wirtschaftlicher und kultureller Hinsicht viele neue, entscheidende Impulse gegeben, die bedeutend waren für die folgende Blütezeit des Neuen Reiches. SMvF

LITERATUR:

J. VON BECKERATH, *Untersuchungen zur politischen Geschichte der Zweiten Zwischenzeit in Ägypten*, ÄF 23, Glückstadt 1964. *Pharaonen und Fremde, Dynastien im Dunkel*, Ausstellungskatalog, Wien (1994). C. BENNETT, in: *GM* 149 (1995) S. 25–32. M. BIETAK, *Avaris* (1996). D. POLZ, in: *Fs Stadelmann* (1998) S. 219–231. GRIMM/SCHOSKE, *Im Zeichen des Mondes* (1999). K. RYHOLT, *The Political Situation in Egypt during the Second Intermediate Period*, Kopenhagen 1997. M. BIETAK, in: *EAAE* (1999) S. 452–455. J. BOURRIAU, in: *OHAE* (2000) S. 185–217. M. BIETAK, in: *OEAEII* (2001) S. 136–143. ST. QUIRKE, in: *OEAEIII*(2001) S. 260–265. C. BENNETT, in: *JARCE* 39 (2002) S. 123–155. M. BIETAK, in: *Pharao siegt immer* (2004) S. 140–144. TH. SCHNEIDER, in: *Pharao siegt immer* (2004) S. 145. K. RYHOLT, in: Ä&L 14 (2004) S. 135–155. C. BENNETT, in: Ä&L 16 (2006) S. 231–243. D. POLZ, in: *Fs Bietak I* (2006) S. 239–247. TH. SCHNEIDER, in: *Fs Bietak I* (2006) S. 299–305. POLZ, *Beginn* (2007). TH. SCHNEIDER, in: Hornung/Krauss/Warburton, *Ancient Egyptian Chronology* (2006) S. 168–196. N. MOELLER/G. MAROUND/N. AYERS, in: Ä&L 21 (2011) S. 87–121. http://www.auaris.at/

APOPHIS

Titel	Name	Übersetzungsvorschlag
Horus	*Se-hetep-taui*	»Der die Beiden Länder zufriedenstellt«
König von Ober- und Unterägypten	*Aa-ken-en-Re* (*Heka-en-hut-waret*)-*Aa-user-Re* *Neb-chepesch-Re*	»Mit großer Stärke des Re« »(Herrscher von Avaris) Mit großer Macht des Re« »Herr der Schlagkraft des Re«
Sohn des Re	*Apep* (*Apopi/Apophis*)	

Mit einer wohl über vierzigjährigen Regentschaft ist *Apophis*, der vorletzte König der 15. Dynastie, einer der bedeutendsten Vertreter der ursprünglich aus Asien stammenden Hyksosherrscher. Über seine genaue Abstammung ist nichts bekannt, allerdings sind einige weibliche Familienangehörige des *Apophis* belegt. Inschriften nennen zwei Schwestern, *Tani* und *Tjarudjet*, sowie eine Tochter namens *Herti*. Während der Eigenname des Königs, eigentlich *Apopi/Ippi* zu lesen, keine Verbindung zum ägyptischen Schlangendämon *Apophis* beinhaltet, folgt sein königliches Namensprotokoll der traditionellen royalen Titulatur und beinhaltet in mehreren Varianten den Namen des Sonnengottes *Re*. Sein Horusname »Der die Beiden Länder zufriedenstellt« unterstreicht das Bild eines für ganz Ägypten nutzreichen Königs.

Auch die übrigen inschriftlichen Quellen, die *Apophis* zugeordnet werden können, zeigen keine unägyptischen Merkmale. Auf einem Binsenbehälter (Berlin ÄM 7798), den *Apophis* einem Scheiber namens *Jtju* schenkte, beschreibt sich der König als »Schreiber des (Sonnengottes) *Re*«, der von *Thot*, dem Gott der Weisheit und Wissenschaft, und *Seschat*, der Göttin der Schreibkunst, ausgebildet worden sei. Gemäß dem ägyptischen Königsdogma nimmt *Apophis* in Anspruch die gerechte Weltordnung (äg. Maat) durchzusetzen.

Eine Opferplatte, die in Avaris gefunden wurde, ist dem Gott *Seth* geweiht, dessen Verehrung in der Hyksoshauptstadt auch sonst gut belegt ist und der dem vorderasiatischen Wettergott *Haddad* entsprach. Weitere, mit dem Namen des *Apophis* versehene Kleinfunde sind unter anderem Skarabäen, ein Dolch, ein Axtblatt, eine Granitschale sowie einige Gefäßfragmente.

Wie andere Hyksosherrscher vor ihm verzichtete auch *Apophis* darauf, eigene Statuen von sich anfertigen zu lassen und ließ stattdessen ältere Statuen mit seinem Namen beschriften sowie zum Teil nach Avaris verbringen. In diesem Kontext sind die Kolossalstatuen des *Mermescha* (13. Dynastie), die Mähnensphingen *Amenemhets III.* und ein Sphinx *Sesostris' III.* zu nennen. Ebenso wie bei den Statuen sind auch eigenständige Bauprojekte dieses Herrschers kaum nachzuweisen. Lediglich zwei Türfragmente mit dem Namen des Herrschers belegen eine in seinem Namen durchgeführte Bautätigkeit. Sie stammen aus Bubastis (Delta) und aus Gebelein in Oberägypten. Zu welchen Bauwerken die Fragmente gehört haben und ob diese an den jeweiligen Fundorten gestanden haben, oder ob die Blöcke später dorthin gelangt sind, kann nicht sicher gesagt werden.

Ein weiteres bedeutsames Artefakt mit dem Namen des *Apophis* ist der sogenannte *Mathematische Papyrus Rhind* (London pBM

10057). Dieser Papyrus enthält Informationen zu verschiedenen Rechenarten und ist die bedeutendste Quelle zur altägyptischen Mathematik. Ein Kopiervermerk auf dem Papyrus besagt, dass das Schriftstück im 33. Regierungsjahr des *Apophis* von einem älteren Original (vermultlich aus der 12. Dynastie) abgeschrieben wurde. Zum einen zeigt sich hier, dass die Hyksosherrscher Zugang zu den ägyptischen königlichen Archiven (zumindest in Unterägypten) besaßen, in denen Urkunden und Dokumente aus vergangenen Epochen aufbewahrt wurden. Zum anderen wird das Interesse der Hyksos an der Nutzung der Archive und den darin aufbewahrten Informationen deutlich.

Über die Ausdehnung des Machtbereiches der Hyksos und die Form ihrer Beziehungen zur Fürstenfamilie in Theben, die in Oberägypten herrschte, wird in der Ägyptologie bis heute diskutiert. Aktuelle archäologische und epigraphische Arbeiten haben das historische Bild jener Epoche deutlich präzisiert, aber auch neue Diskussionspunkte geschaffen.

Die Dominanz der Hyksosherrscher in Unterägypten ist unbestritten. Der Einfluss nach Mittelägypten bestand über dort ansässige Lokalfürsten, die als Vasallen fungierten. Enge politische und wirtschaftliche Beziehungen gab es, wie bereits erwähnt, zur Levante. Allianzen bestanden darüber hinaus mit dem südlich an Ägypten grenzenden Reich von Kusch. Auch mit dem zweiten Machtblock innerhalb Ägyptens, den Kleinkönigen der 16. und 17. Dynastie in Theben, existierte ein diplomatischer Austausch, und gegenseitige Rechte wurden gewährt. Während die Thebaner Weidegebiete des Deltas nutzen konnten, hatten die Hyksosherrscher Zugang zu Handelsrouten und Ressourcen wie Steinbrüchen und Mienen.

Wie Eingangs erwähnt verschärfte sich der Konflikt zwischen den Thebanern und den Hyksos während der Regierungszeit des *Apophis* und eskalierte schließlich. Für die Rekonstruktion der Ereignisse stehen uns jedoch nur Quellen thebanischer Herkunft zur Verfügung, sodass sich hier notwendigerweise ein recht einseitiges Bild ergibt.

Offenbar fand eine erste Auseinandersetzung zur Zeit des thebanischen Königs *Seqenenre* statt. Durch die Schreibübung eines ägyptischen Schülers (*Papyrus Sallier I, London pBM 10185*) ist der

Beginn einer Erzählung erhalten, in der dieser Konflikt literarisch Verarbeitung findet. Geschildert wird, dass *Apophis* einen Boten zu *Seqenenre* schickt, der diesem befiehlt, sich von einem Gewässer mit Nilpferden zurückzuziehen, da die Tiere mit ihrem Gebrüll den Schlaf des *Apophis* stören würden. *Seqenenre* berät mit seinem Beamtenstab das weitere Vorgehen und schickt den Boten zurück. Bedauerlicherweise bricht die Erzählung an dieser Stelle ab.

Vermutlich spiegelt die Geschichte die Bemühungen des *Apophis* wider, das thebanische Vorrücken in Richtung Unterägypten zu stoppen. Bemerkenswert ist die Wortwahl in Bezug auf die Titulatur der Herrscher. *Apophis* wird grundsätzlich als »König« tituliert. *Seqenenre* hingegen ist nur einmal so bezeichnet und tritt sonst als »Fürst« auf.

Offenbar kam es in der Folge tatsächlich zu Kampfhandlungen der beiden Könige, aus denen *Apophis* siegreich hervorging. Ein eindrückliches Zeugnis für diesen gewaltvollen Konflikt ist die Mumie *Seqenenres*. Sie weist tödliche Hiebverletzungen auf, die sich der König vermutlich auf dem Schlachtfeld zugezogen hat.

Trotz dieser Rückschläge auf Seiten der Thebaner setzte *Seqenenres* Sohn und Nachfolger *Kamose* den Kampf gegen den Hyksosherrscher weiter fort.

Die Texte auf den sogenannten »*Kamose*-Stelen« informieren uns aus thebanischer Sicht über die nachfolgenden Ereignisse. Deutlich wird, dass sich *Kamose* zwischen dem Hyksoskönig im Norden und dem Herrscher von Kusch im Süden taktisch ungünstig eingekesselt sah. In seinem Anspruch als rechtmäßiger Herrscher Ägyptens war er jedoch trotz der strategisch prekären Lage nicht bereit, die Macht im Lande zu teilen. Auf der Stele kommt die Haltung *Kamoses* deutlich zum Ausdruck. So wird *Apophis* darauf verächtlich als »Fürst aus Retjenu (Palästina)« bezeichnet und ihm somit jegliche Legitimität als König Ägyptens abgesprochen.

Um einer militärischen Umklammerung zuvorzukommen trieb *Kamose* die Kampfhandlungen Richtung Norden voran und eroberte die Gebiete der Hyksos-Vasallen in Mittelägypten. Schließlich wurde Avaris selbst belagert, ohne dass es dem oberägyptischen Herrscher möglich gewesen wäre, die Stadt einzunehmen. Lediglich das Umland scheint von den Truppen *Kamoses* geplündert worden zu sein.

Der Text der Stele berichtet weiter, dass es in der Oase Bahrija Verbündeten des *Kamose* gelungen sei, einen Boten abzufangen, der einen Brief von *Apophis* an den Herrscher von Kusch überbringen sollte. In diesem Schreiben forderte *Apophis* seinen Bündnispartner auf, nach Norden zu kommen und *Kamose* und seine Truppen auf diese Weise in einen Zweifrontenkrieg zu zwingen. So könne man sich des ständigen Aggressors *Kamose* entledigen. Nach erfolgtem Sieg würde man Ägypten unter sich aufteilen.

Der Stelentext endet schließlich mit der siegreichen Rückkehr *Kamoses* nach Theben. Die endgültige Vertreibung der Hyksosherrscher aus Unterägypten gelang *Kamose* jedoch nicht. Erst sein Bruder *Ahmose* sollte den Nachfolger des *Apophis*, *Chamudi*, unterwerfen, Avaris erobern und Ägypten wieder unter der Herrschaft der thebanischen Königsfamilie vereinen.

SMvF

LITERATUR:

M. BIETAK/E. STROUHAL, in: *Annalen des Naturhistorischen Museum Wien 78* (1974) S. 29–52. L. STÖRK, in: *GM 43* (1981) S. 67–68. H. GOEDICKE, in: *CdE 73* (1988) S. 42–56. R. KRAUSS, in: *Or 62/2* (1993) S. 17–29. SCHNEIDER, *Lexikon* (1996) S. 118–120. D. POLZ, in: *Fs Stadelmann* (1998) S. 219–231. TH. SCHNEIDER, *Ausländer in Ägypten* (1998). E. F. WENTE, in: W. K. Simpson/R. K. Ritner (Hg.), *The Literature of Ancient Egypt* (2003) S. 69–71. M. BIETAK, in: *Pharao siegt immer* (2004) S. 140–144. TH. SCHNEIDER, in: *Pharao siegt immer* (2004) S. 145. POLZ, in: *Fs Bietak I* (2006) S. 239–247. TH. SCHNEIDER, in: Hornung/Krauss/Warburton, *Ancient Egyptian Chronology* (2006) S. 168–196. C. MANASSA, *Imagining the Past. Historical Fiction in New Kingdom Egypt*, New York 2013.

DAS NEUE REICH

Neues Reich[2]		ca. 1539–1077
18. Dynastie		**ca. 1539–1292**
	Ahmose	ca. 1539–1515
	Amenophis I.	1514–1494
	Thutmosis I.	1493–1483
	Thutmosis II.	1482–1480
	Thutmosis III.	1479–1425
	Hatschepsut	1479–1458
	Amenophis II.	1425–1400
	Thutmosis IV.	1400–1390
	Amenophis III.	1390–1353
	Amenophis IV.	1353–1336
	Semenchkare	1336–1334
	Neferneferuaton	1334–?
	Tutanchamun	?–1324
	Eje	1323–1320
	Haremhab	1319–1292
Ramessidenzeit		
19. Dynastie		**1292–1191**
	Ramses I.	1292–1291
	Sethos I.	1290–1279
	Ramses II.	1279–1213
	Merenptah	1213–1203
	Sethos II.	1202–1198
	Amenmesse	1202–1200
	Siptah	1197–1193
	Tausret	1192–1191
20. Dynastie		**1190–1077**
	Sethnacht	1190–1188
	Ramses III.	1187–1157
	Ramses IV.	1156–1150
	Ramses V.	1149–1146
	Ramses VI.	1145–1139
	Ramses VII.	1138–1131
	Ramses VIII.	1130
	Ramses IX.	ca. 1129–1111
	Ramses X.	ca. 1110–1107
	Ramses XI.	ca. 1106–1077

---

2 Nach HORNUNG/KRAUSS/WARBURTON, *Ancient Egyptian Chronology* (2006).

Das Neue Reich (ca. 1539–1077 v. Chr.) fasst den Zeitraum der 18.–20. Dynastie zusammen. Es gilt als die wohl am besten untersuchte Epoche des Alten Ägypten, was vornehmlich der Tatsache zu verdanken ist, dass die Quellenlage dieser Periode bedeutend dichter ist, als jene des Alten oder Mittleren Reiches. Neben zahlreichen Schriftzeugnissen zu Verwaltung, Zeitgeschehen oder auch Religion oder gar unterhaltender Literatur, haben sich vor allem eine Reihe bemerkenswert detaillierter Autobiographien erhalten, die einen tiefen Einblick in das Leben der Menschen jener Zeit gestatten. Zudem haben archäologische Funde wie Gräber und Tempel schon früh das Augenmerk der Forschung auf das Neue Reich gelenkt. Drei besondere Glücksfunde waren die Entdeckung der Mumiencachette von Deir el-Bahari (DB 320) im Jahre 1881 und die des Grabes von *Amenophis II.* (KV 35) im Jahre 1898 sowie die spektakuläre Auffindung des Grabes des *Tutanchamun* (KV 62) im Jahre 1922, denen wir die Mumien der meisten Herrscher des Neuen Reiches verdanken. So kommt es, dass wir in nicht wenigen Fällen sogar Aussagen über Aussehen oder Todesursachen dieser Pharaonen machen können, was weder im Alten noch im Mittleren Reich in dieser Weise gegeben ist.

Das Neue Reich unterschied sich von früheren Phasen der ägyptischen Geschichte vor allem dadurch, dass die Ägypter verstärkt in Kontakt mit umliegenden Nationen und Kulturen kamen. Ein reger Austausch von Wirtschaftswaren und Kulturgütern, von Wissen und Technik setzte ein, der das antike Ägypten nachhaltig verändern sollte. Auf militärischem Gebiet setzte sich durch hurritischen Einfluss der Komposit-Recurvebogen durch, der eine größere Reichweite und höhere Durchschlagskraft besaß. Ebenso gelangte das Prinzip des von Pferden gezogenen Streitwagens nach Ägypten, wurde dort aber sofort den ägyptischen Bedürfnissen angepasst, sodass sich in der Folgezeit der typische ägyptische Streitwagen entwickelte, welcher sich als leichter und wendiger Jagdwagen auch im militärischen Einsatz stark von den schweren kleinasiatischen Modellen unterschied. In der Mode setzte ein deutlicher Wandel ein, was sich schon gegen Ende der 18. Dynastie zeigte, jedoch unter den Ramessiden überdeutlich wird. Statt dem einfachen Schurz für Männer und dem durch Träger gehaltenen Schlauchkleid für Frauen finden sich nun in der Oberschicht oft Tunika-ähnliche Gewänder, gern mit weiten Ärmeln, deren Schnitt keineswegs traditionell ägyptisch ist, sich jedoch ganz ähnlich auf Abbildungen syrischer Männer und Frauen findet. Zwar folgte Ägypten dem Ausland nicht in der Auswahl von Farben und Mustern, dafür wurde der Stoff aber gern plissiert und auf diese Weise eine eigene ägyptische Adaption geschaffen. In der Kunst bricht die typisch ägyptische Darstellungsweise des Menschen auf. Vermehrt finden sich z. B. in Gräbern und auf Ostraka Darstellungen von Menschen, die en face gezeigt werden. Auf Schlachtendarstellungen werden die feindlichen Soldaten sehr unägyptisch in größtmöglichem Chaos und Durcheinander wiedergegeben. Auch die Darstellung ungewöhnlicher Körpercharakteristika ist nun häufiger anzutreffen. Letzteres sieht man an den Bildnissen *Echnatons* ebenso, wie im Bildnis der fettleibigen Fürstin von Punt (Totentempel der *Hatschepsut* in Deir el-Bahari), oder bei der Darstellung von Poliomyelitis auf der Stele des Priesters *Ruma* (Ny Carlsberg Glyptotek in Kopenhagen). Auf religiösem Gebiet gelangten einige ausländische Gottheiten nach Ägypten, so z. B. die Göttin *Qadesch* oder der Gott *Reschef*. Um den kommunikativen Austausch mit dem Ausland besser bewerkstelligen zu können, entdeckte Ägypten die Diplomatie für sich. Es setzte ein reger Schriftverkehr zwischen den Königshäusern der Levante und Ägypten ein. Man versicherte sich des gegenseitigen Respekts, erbat fallweise auch militärische Hilfe und untermauerte all dies mit wertvollen Geschenken und dynastisch motivierten Hochzeiten. In diese Zeit fällt auch der erste bekannte schriftlich fixierte Friedensvertrag, der nicht allein als Schutz- und Trutzbündnis gesehen werden muss, sondern auch Amnestieregelungen für Straftäter und die gegenseitige Anerkennung von Thronprätendenten beinhaltet.

18. Dynastie

Der Beginn der 18. Dynastie war indirekt noch stark vom Kampf gegen die Hyksos geprägt, welche unter *Ahmose* endgültig aus Ägypten vertrieben wurden. *Thutmosis I.* und *Thutmosis III.* drangen militärisch weit nach Norden und Süden vor, um eine

Pufferzone zwischen Ägypten und militärisch relevanten Nachbarn zu errichten. Nebeneffekt dieser Vorgehensweise war, dass durch die Erschaffung ägyptischen Einflussgebietes außerhalb der eigentlichen Reichsgrenzen Handelsgüter, neues Gedankengut und neue Technologien nach Ägypten gelangten. Das Reich erfuhr einen enormen wirtschaftlichen Aufschwung, der in späteren Jahren diese Ära wie ein goldenes Zeitalter erscheinen ließ. Als Folge davon entstanden in der 18. und 19. Dynastie großartige Tempelanlagen, von denen jene von Karnak und Luxor besonders erwähnenswert sind. Unter *Hatschepsut* wurde das erste Herrschergrab im Tal der Könige angelegt (KV 20). Das gesamte Neue Reich hindurch blieb das Tal der Könige nun Grablege ägyptischer Könige.

Mit *Hatschepsut* gelangte während der Thutmosidenära eine Frau an die Königswürde, die während ihrer Regierungszeit den militärischen Expansionsdrang kurzzeitig stoppte. Der Nachwelt ist sie vor allem durch ihren beeindruckenden Terrassentempel in Deir el-Bahari bekannt und die dort dargestellte Expedition ins Land Punt. Ihr Mitregent und Nachfolger *Thutmosis III.* schob die Grenzen ägyptischen Einflussgebietes weiter vor, als dies jemals vor oder nach ihm der Fall war. Vom vierten Nilkatarakt im Süden bis hin zu den Ufern des Euphrat im Norden reichte zu seiner Zeit die Macht des Pharaos. Die Annalen seiner Kriegskampagnen gehören aus militärhistorischer Sicht zu den spannendsten Texten altägyptischer Prosa. Sein Sohn *Amenophis II.* sicherte lediglich noch durch Kriegskampagnen das Erreichte, territoriale Zugewinne wurden nicht mehr gemacht. *Thutmosis IV.* und *Amenophis III.* begannen, das militärische Einflussgebiet durch Diplomatie zusätzlich abzusichern. Beide regierten auf dem Höhepunkt staatlicher, wirtschaftlicher und kultureller Macht.

Mit dem Tod *Amenophis' III.* gelangte dessen Sohn *Amenophis IV.* an die Macht, unter dem Ägypten eine tiefe Krise durchlief. Er nannte sich selbst *Echnaton* und leitete eine Phase religiöser und machtpolitischer Umwälzungen ein. Der Reichsgott *Amun* wurde seitens des Königshauses negiert, seine Tempel geschlossen und sein Name auf Monumenten getilgt. An seiner statt hob *Echnaton* den Sonnengott *Aton* hervor, der bis dahin zwar bekannt, jedoch eher zweitrangig einzustufen war. *Echnaton* gründete eine neue

Hauptstadt, Achetaton (das moderne Tell el-Amarna), brach mit zahlreichen Traditionen sowohl auf politischer als auch auf kultureller und religiöser Ebene und konzentrierte sich weniger auf außen- und innenpolitische Belange. Der Staatsapparat begann dem Königshaus zu entgleiten. Nach seinem Tod kam es unter *Tutanchamun* zu ersten Reform- und Restaurationsbestrebungen, doch erst *Haremhab* gelang es, die innere und äußere Sicherheit durch Stärkung des Militärs und gezielte Verwaltungsreformen wiederherzustellen.

19. Dynastie

Ramses I. war als Gründer der Dynastie ein hoher Militär unter *Haremhab* gewesen. Nach nur etwas mehr als einem Jahr übernahm sein Sohn *Sethos I.* die Regierungsgewalt. Er bemühte sich vor allem in Syrien darum, die ägyptische Oberhoheit wieder zu festigen. Zudem startete er ein Bau- und Bildprogramm, mit dem er bewusst an die Traditionen der 18. Dynastie anzuknüpfen versuchte. Sein Sohn *Ramses II.* setzte dies fort. In seiner über sechzigjährigen Regierungszeit führte er Ägypten zu neuer kultureller Blüte und schuf zudem politische und wirtschaftliche Sicherheit. Seinem Kampf mit den Hethitern um die Vorherrschaft in Syrien war aus militärischer Sicht kein Erfolg beschieden. Die durch Text- und Bildquellen wohlbekannte Schlacht von Kadesch hätte um ein Haar in einem Fiasko geendet, nur mit Mühe retteten sich die Ägypter vom Schlachtfeld. Doch was ihm militärisch nicht gelang, konnte er im Laufe der folgenden Jahre durch Diplomatie erreichen – bei seinem Tod war Ägypten außenpolitisch gegen die anderen Großmächte jener Zeit abgesichert. Zahlreiche Bauwerke entstanden zu seiner Zeit, zudem wurde ein beeindruckendes Statuenprogramm auch unter Zuhilfenahme von Okkupation älterer Statuen früherer Pharaonen realisiert, sodass der Name *Ramses' II.* auf ägyptischen Monumenten wohl häufiger zu lesen ist, als jeder andere. Sein Sohn *Merenptah* musste Ägypten gegen die Invasion nomadischer Libyer verteidigen. Dies gelang ihm, doch nach seinem Tod kam es zu innenpolitischen Problemen. In kurzer Folge bestiegen *Sethos II.*, *Amenmesse* und *Siptah* den Thron. Nach dem Tod des

Letztgenannten erlangte die Königin *Sethos' II.* namens *Tausret* den Thron, den sie zumindest noch acht Jahre lang halten konnte.

20. Dynastie

Der Wechsel von der 19. zur 20. Dynastie ist nicht abschließend geklärt. *Sethnacht* schwang sich zum Pharao auf, etwaige Beziehungen zum Herrscherhaus der 19. Dynastie sind nicht bekannt. Er ließ das Andenken an *Tausret* tilgen, ihr Grab im Tal der Könige wurde schließlich für ihn fertiggestellt. Nach nur drei Regierungsjahren folgte ihm sein Sohn *Ramses III.* auf den Thron, der als letzter großer Pharao des Neuen Reiches, bzw. der ägyptischen Geschichte gilt. Auch in seiner Zeit kam es zu Verteidigungskämpfen auf ägyptischem Territorium. Durch die Abwehr der Seevölker gelang ihm das, woran andere Staaten im Vorderen Orient zur gleichen Zeit zerbrachen – während die Hethiter von der historischen Landkarte verschwanden, konnte Ägypten sich eine letzte Atempause verschaffen. Innenpolitisch jedoch kam es zu schwerwiegenden Verwerfungen in der Wirtschaftspolitik. Obgleich der ökonomische Output des Landes nach wie vor groß war, machten Korruption und Misswirtschaft dies weitestgehend zunichte. Es kam zu den ersten dokumentierten Streiks der Menschheitsgeschichte. *Ramses III.* fiel schließlich einem Mordanschlag zum Opfer. Unter den folgenden Königen, die jeweils nur wenige Monate oder Jahre regierten, kam es zu einem weiteren Verfall der Staatsmacht. Unter *Ramses V.* drangen Libyer bis in die Thebais, die Gegend um Theben, vor, die Levante fiel fast gänzlich von Ägypten ab. Mehr und mehr Land ging in den Besitz des *Amun*-Tempels in Karnak über, auch Thronstreitigkeiten schwächten das Land. *Ramses IX.* konnte trotz einer mindestens siebzehnjährigen Regierungsdauer keine Stabilität ins Land bringen. Unter ihm kam es zu Plünderungen organisierter Banden im Tal der Könige, die durch Grabräuberprozesse geahndet wurden (*Papyrus Abbott*). Korruption ungeheuerlichen Ausmaßes führte zu Hungersnöten. Unter *Ramses XI.* kam es zur Teilung des Landes – während *Ramses XI.* in Pi-Ramesse im Norden des Landes und zudem in Mittelägypten regierte, übernahm im 19. Regierungsjahr desselben *Herihor*, der Hohepriester des *Amun* in Theben die Kontrolle über Oberägypten. Unterägypten wurde aus Tanis von *Smendes I.* kontrolliert. Mit dem endgültigen Zerfall der Zentralgewalt endete das Neue Reich.

JPG

LITERATUR:

B. BRYAN, in: *OHAE* (2000) S. 218–271. J. VAN DIJK, in: *OHAE* (2000) S. 272–313. P. GRANDET, in: *OEAE II* (2001) S. 538–543. W. J. MURNANE, in: *OEAE II* (2001) S. 519–525. G. E. KADISH, in: *OEAE II* (2001) S. 531–534. K. A. KITCHEN, in: *OEAE II* (2001) S. 534–538. L. TROY, in: *OEAE II* (2001) S. 525–531. E. HORNUNG, in: HORNUNG/KRAUSS/WARBURTON, *Ancient Egyptian Chronology* (2006) S. 197–217. K. JANSEN-WINKELN, in: *Das Wissenschaftliche Bibellexikon im Internet* (www.wibilex.de), 2006, http://www.bibelwissenschaft.de/stichwort/11239/ [29.03.2017].

AHMOSE

Titel	Name	Übersetzungsvorschlag
Horus	*Aa-cheperu; Ka-em-Waset*	»Mit großen Gestalten«; »Stier in Theben«
Der der beiden Herrinnen	*Tut-mesut*	»Vollkommen an Geburt«
Goldname	*Tsches-taui*	»Der die beiden Länder zusammenbindet«
König von Ober- und Unterägypten	*Ne-pehti-Re*	»Herr der Kraft ist Re«
Sohn des Re	*Jah-mes (Ahmose)*	»Der Mond ist geboren«

Ahmose war ein Spross der thebanischen Dynastie der Ahmosiden, die sich zur Zeit seiner Herrschaft bereits seit Generationen gegen die aus Asien stammenden Hyksos (»Herrscher der Fremdländer«) auflehnte. Als endgültiger Bezwinger der Fremdherrscher und Eroberer ihrer Hauptstadt Avaris im Delta konnte *Ahmose* den »ägyptischen Freiheitskampf« abschließen und gilt damit als Begründer der 18. Dynastie.

Innerhalb der verworrenen Familienstruktur der Ahmosiden ist die genaue Abstammung des Königs nicht abschließend geklärt. Sicher belegen Inschriften, dass er ein Enkel der Königin *Tetischeri* und damit des Königs *Senachtenre* war. Darüber hinaus wird vermutet, dass er ein Sohn des im Kampf gegen die Hyksos gefallenen *Seqenenre* und dessen Frau *Ahhotep I.* gewesen ist.

Bevor jedoch *Ahmose* die Herrschaft in Theben erlangte, übernahm *Ahmoses* älterer Bruder *Kamose* das Königsamt. Aus dessen notdürftigem Begräbnis ist zu schließen, dass auch er unerwartet früh (im Kampf gegen die Hyksos?) verstarb.

Primärquellen belegen als höchstes Datum ein Regierungsjahr 22 für *Ahmose* (Steinbruch von al-Maasara), während MANETHO eine Amtsdauer von 25 Jahren nennt. Wenn die Zuweisung von *Ahmoses* Mumie richtig ist, starb der König mit ca. 35 Jahren und hat demnach bereits als Kind bzw. Jugendlicher den Thron bestiegen.

Verheiratet war *Ahmose* mit seiner (Halb-)schwester *Ahmes Nefertari*, die später zusammen mit ihrem Sohn und dem Thronfolger *Amenophis I.* als Lokalpatrone der thebanischen Nekropole jahrhundertelange Verehrung erfuhr. Mögliche Nebenfrauen sind *Ahmose Satkamose* und *Ahmose Meritamun I.* Als Söhne sind die früh verstorbenen Prinzen *Ahmose Anch* (vermutlich identisch mit dem später vergöttlichten *Ahmose Sapair*) und *Amenemhet* sowie der Thronfolger *Amenophis I.* bekannt. Hinzu kommen die Töchter *Ahmose Meritamun II.* (Gemahlin *Amenophis' I.*), *Satamun* und möglicherweise *Mutnofret*, die Königin von *Thutmosis I.* Bei der Namenswahl der Kinder fand erstmalig der Gott *Amun* Berücksichtigung – traditionell war bis dahin der Mondgott *Iah* Bestandteil von Namen der Fürstenfamilie.

Zentrales Ereignis in *Ahmoses* Regierungszeit war der Sieg über die Hyksos und die Eroberung ihres vorderasiatischen Rückhalts. Nur wenige Quellen informieren uns jedoch über die Abläufe der militärischen Aktionen. Ein Vermerk auf der Rückseite des *Mathematischen Papyrus Rhind* erwähnt, dass im elften Regierungsjahr des Hyksosherrschers *Chamudi* zunächst das wichtige Kultzentrum Heliopolis (heute nahe Kairo) und dann Tjaru/Sile, die bedeutende Festung an der Grenze zum Sinai, durch »Den aus dem Süden« (d. i. *Ahmose*) eingenommen wurde. *Ahmose* hat durch die Eroberung von Tjaru demnach zunächst die wichtige Verbindung der Hyksos-Hauptstadt Avaris, zwischen Heliopolis und Tjaru gelegen, nach Vorderasien abgeschnitten. Anschließend erfolgte der Angriff auf Avaris selbst. Dabei war unter anderem ein Schiff namens »Erschienen in Memphis« im Einsatz – was impliziert, dass auch diese unterägyptische Metropole durch *Ahmose* zu jenem Zeitpunkt bereits erobert worden war. Eine Lanzenspitze aus Avaris erlaubt die Datierung der Eroberung der Hyksos-Stadt in das 18./19. Regierungsjahr des *Ahmose*, also vergleichsweise spät in dessen Herrschaftszeit. Archäologisch lassen sich keine Brand- oder Zerstörungsspuren in Avaris nachweisen, die Stadt wurde also vermutlich ohne größere Kampfhandlungen an die Ägypter übergeben. Um die Rückeroberung Ägyptens langfristig zu sichern, stieß *Ahmose* im Anschluss an die Eroberung von Avaris nach Palästina vor, dem Herkunftsort und Rückzugsgebiet der Hyksos. Dort wurde unter anderem nach dreijähriger Belagerung die Festungsstadt Scharuhen in Südpalästina eingenommen.

Nachdem die Besetzung Ägyptens beendet und die Bedrohung durch die Hyksos gebannt war, wandte sich *Ahmose* dem zweiten Gegner Ägyptens, dem Königreich Kerma in Nubien, zu. Mit diesem waren die Hyksos verbündet gewesen, wodurch sich *Ahmose* und seine Vorgänger ständig der Gefahr eines Zweifrontenkriegs ausgesetzt sahen, der letztlich jedoch vermieden werden konnte. In Nubien schlug *Ahmose* einige Aufstände nieder und stellte so die Vorherrschaft Ägyptens wieder her. Damit war auch die Rohstoffeinfuhr (vor allem Gold und Mineralien) aus dem Süden wieder gesichert. Einen archäologischen Beleg für die wiedererstarkte ägyptische Präsenz in dieser Region findet sich unter anderem an den Festungsanlagen von Buhen (2. Katarakt), wo Baumaßnahmen des *Ahmose* nachzuweisen sind.

Ein außergewöhnliches Textdokument aus der Zeit des *Ahmose* ist die sogenannte »Unwetterstele«, die in mehreren Fragmenten zwischen 1947–68 im Bauschutt des 3. Pylons des Karnaktempels aufgefunden wurde. Der Text berichtet von starken Regenfällen, Gewitter, Verdunkelung des Himmels, tosendem Lärm und einer extremen Nilflut. Felder und Gebäude seien zerstört worden und Menschen ertrunken. *Ahmose* wird in dem Dokument als derjenige gepriesen, der die Verwüstung beseitigte, Gräber, Toten- und Göttertempel restaurieren sowie deren Ausstattung ersetzen ließ und so den Kultbetrieb der Tempel wieder in Gang setzte. Interpretiert wird der Text unterschiedlich. Das Unwetter könnte als Metapher für die Zerstörung Ägyptens durch die Hyksos verstanden werden oder aber Plünderungen beschreiben, die durch Ägypter selbst ausgelöst wurden. Auch mit dem ungefähr zeitgleichen Ausbruch des Vulkans auf Santorin in der Ägäis (minoische Eruption) und deren unmittelbaren Folgen wurde der Text in Verbindung gebracht.

Bauprojekte des *Ahmose* sind vor allem im *Amun*-Tempel von Karnak und dem *Month*-Tempel von Armant nachzuweisen sowie im nubischen Buhen. Eine Inschrift aus dem Regierungsjahr 22 belegt den Abbau von feinem Kalkstein in den Steinbrüchen von Tura (bei Kairo) für den Bau von Monumenten für *Ptah* und *Amun*. Hierbei kamen Rinder aus Vorderasien zum Einsatz, die vermutlich Kriegsbeute des an die Eroberung von Avaris folgenden Feldzuges nach Palästina waren. In der eroberten Hyksos-Hauptstadt Avaris ließ *Ahmose* zudem ein Palastgebäude errichten.

Bislang konnte *Ahmoses* Grabstätte nicht identifiziert werden. Es ist davon auszugehen, dass sie in der Nekropole von Theben-West gelegen hat, mutmaßlich in Dra' Abu-el-Naga. Hochwertige Objekte mit dem Namen des *Ahmose*, die zum Teil aus zeitgleichen Bestattungen der königlichen Familie stammen, zeigen, dass *Ahmose* vermutlich ein komplettes Begräbnis erhalten hat. Seine Mumie konnte 1881 im Mumienversteck von Deir el-Bahari sichergestellt werden. Heute befindet sie sich im Museum von Luxor.

Ein ganzes Ensemble von Bauten, die dem Totenkult des Königs, aber auch seiner Familienangehörigen gewidmet waren, ließ der König in Abydos errichten. Hier, am Begräbnisort der frühdynastischen Könige und Kultort des Totengottes *Osiris*, entstand für *Ahmose* die letzte (Kult)-Pyramide eines ägyptischen Herrschers. Tempelbauten, ein unterirdisches »*Osiris*-Grab« und Bauten für seine Großmutter *Tetischeri* sowie für seine Frau *Ahmes Nefertari* ergänzen die Kultanlage. Heute stark zerstörte Darstellungen und Texte aus dem Pyramidentempel des *Ahmose* in Abydos schildern offenbar die Ereignisse des Krieges gegen die Hyksos. Relieffragmente zeigen unter anderem paarweise angeschirrte Pferde. Vermutlich handelt es sich um allererste Darstellungen von Streitwagen, die erst durch die Hyksos in Ägypten eingeführt wurden.

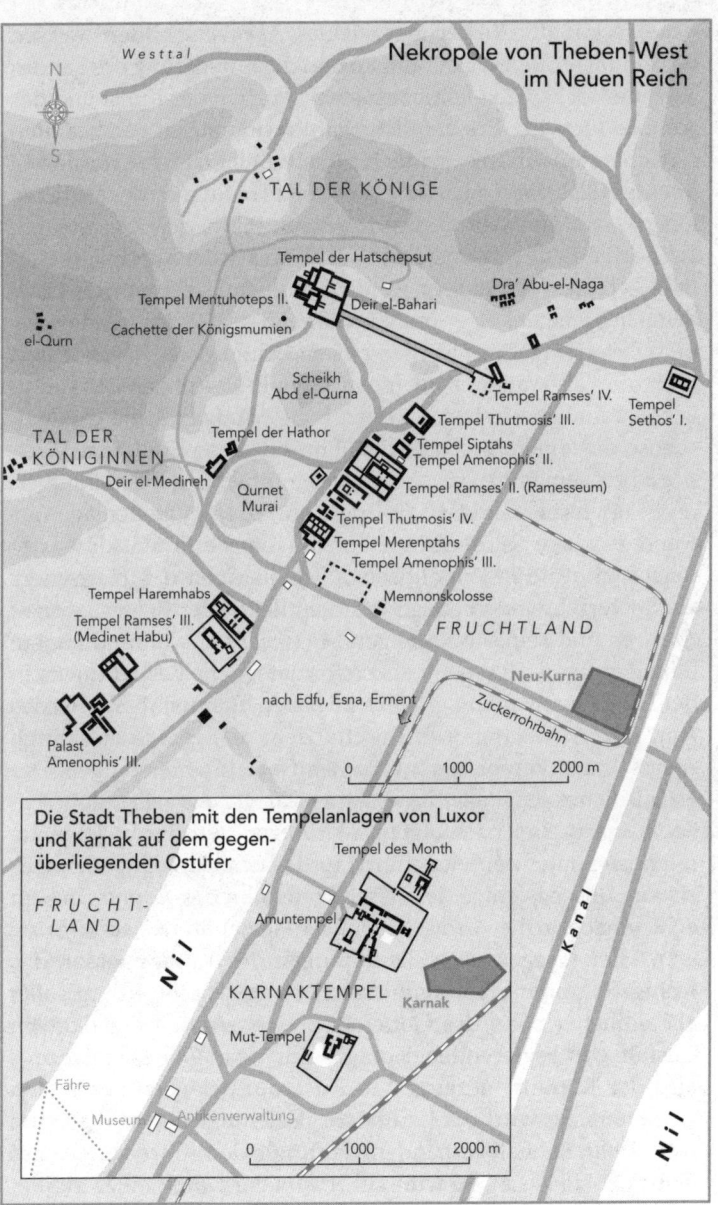

Karte der Nekropole von Theben-West im Neuen Reich

Texte aus der Regierungszeit des *Ahmose* schildern dessen Bemühungen, den Wiederaufbau und die Erneuerung des Landes nach der Hyksoszeit voranzutreiben. Auch in der Kunst und der Architektur wird dies deutlich. Statuen und Stelen von Beamten erreichen erneut eine deutlich höhere Qualität. Der royale Stil orientiert sich dabei an den thebanischen Traditionen des Mittleren Reiches, was aus den wenigen sicheren Bildnissen *Ahmoses* (ein Uschebti und zwei Statuen) und vor allem aus der Rundplastik seiner Nachfolger geschlossen werden kann. Zudem scheint die Glasherstellung nicht lange vor oder während der Regierung *Ahmoses* in Ägypten eingeführt worden zu sein. Schmuckgegenstände und (Zeremonial)-Waffen, zum Teil aus den Bestattungen der königlichen Familienmitglieder, zeigen hohe handwerkliche Qualität, ebenso die erhaltenen Särge der ahmosidischen Königinnen.

Neben seinem offensichtlichen Bemühen um Wiederaufbau und Stabilisierung, lässt die fragmentarische Quellenlage nur wenige sichere Rückschlüsse auf die interne Entwicklung des Reichs und die innenpolitischen Maßnahmen des Herrschers zu. So verschwinden einige Beamtentitel in der Regierungszeit *Ahmoses* und seines Nachfolgers *Amenophis I.*, während andere hinzukommen. Es scheint also reformatorische Bestrebungen in der Landesverwaltung gegeben zu haben. Erstmals belegt ist das Amt des »Vizekönigs von Kusch«, dem die, gerade erst durch *Ahmose* zurückeroberten, nubischen Gebiete unterstanden. Der vermutlich erste Träger dieses Amts war *Ahmose Satait*, dem sein Sohn *Ahmose Turo* nachfolgte. Unter *Ahmose* wurden bedeutende religiöse Ämter neu eingeführt, so das des »Hohepriesters des Amun« und dasjenige der »Gottesgemahlin des *Amun*«, dessen erste Inhaberin die »Große Königliche Gemahlin« *Ahmes Nefertari* war. Hier spiegeln sich Bemühungen des Königs wider, das Königsdogma neu zu definieren. Der ägyptische König sollte als leiblicher Sohn des Gottes *Amun* gelten, den der Gott (in Gestalt des regierenden Königs) mit der »Gottesgemahlin«, also der Königin, gezeugt hat. Auch auf der oben erwähnten Unwetterstele wird die besondere Beziehung des Königs zum Gott *Amun* thematisiert, indem der König den Anweisungen des Gottes Folge leistet. So wünscht *Amun*, der König möge zu ihm nach Theben zurückkehren und seinen Kult fördern, was *Ahmose* selbstverständlich erfüllt. Möglicherweise haben innerpolitische Probleme Anlass zu einer Neuordnung der religiösen Position des Königs gegeben. Dass *Ahmose* nicht nur gegen feindliche Fremdländer, sondern auch gegen Widerstand im Inland zu kämpfen hatte, belegen mehrere Quellen. Der durch die Autobiographie in seinem Grab in el-Kab bekannte Offizier *Ahmose*, erwähnt neben den Feldzügen des Königs auch den Aufstand eines gewissen *Teti-an* und seiner Verbündeten, den der König erfolgreich niederschlagen konnte. Auf einer Stele aus Karnak wird darüber hinaus die Königsmutter *Ahhotep* für ihre Verdienste um die innere Stabilität im Lande gepriesen. Sie habe (vor den Hyksos?) geflohene Ägypter zurückgeholt, die Beamtenschaft geeint und rebellierende Kräfte bekämpft. Möglicherweise haben sich diese Ereignisse früh in der Regierung des noch jungen Königs zugetragen, als *Ahhotep* vielleicht sogar gemeinsam mit ihrer Mutter *Tetischeri* die Regentschaft für *Ahmose* ausgeübt hat.

Unter *Ahmose* sind zwei Träger des offenbar erst unter ihm eingeführten Titels »Hohepriester des *Amun*« bekannt. Es handelt sich um die ersten Inhaber eines Priestertitels, der in den nachfolgenden Jahrhunderten höchste Bedeutung erlangen sollte. In welcher Reihenfolge die beiden Männer *Minmonth* und *Djehuti* tätig waren, lässt sich schwer rekonstruieren. Beide besaßen jedoch in der thebanischen Nekropole große Grabanlagen in prominenter Lage. *Djehutis* Saffgrab (Felsgrab mit Pfeilerfassade) lag im östlichen Asasif neben einer königlichen Pyramidenanlage der späten 17. Dynastie, die vielleicht König *Kamose* oder dem Prinzen *Ahmose Sapair* gehört hat. *Minmonth* besaß ebenfalls ein großes Saffgrab neben der Pyramidenanlage des *Nub-cheper-Re-Intef* in Dra' Abu el-Naga.

Die wichtigen Militärbeamten, deren biographische Inschriften unsere Hauptquellen über den Kampf gegen die Hyksos darstellen, haben ihre Gräber an ihrem Wohnsitz in el-Kab anlegen lassen. *Ahmose*, Sohn der *Ibana*, stammte aus einer Soldatenfamilie. Bereits sein Vater diente unter König *Seqenenre*. Er selbst begann seine Laufbahn als junger Mann in der Marine und begleitete *Ahmose* auf dem Feldzug gegen Avaris, nach Palästina und mehrfach nach Nubien. Außerdem unterstützte er den König im Kampf gegen innerägyptische Rebellen. *Ahmose* setzte seine Karriere unter den Königen *Amenophis I.* sowie *Thutmosis I.* fort und nahm an Feldzügen nach Nubien und Syrien teil. Ein weiterer wichtiger Vertreter des Militärs aus el-Kab, *Ahmose Pennechbet*, begann seine ungewöhnlich lange Laufbahn von über 50 Jahren ebenfalls unter *Ahmose*, den er nach Vorderasien und Nubien begleitete, um dann bis in die Zeit der *Hatschepsut* und *Thutmosis' III.* im Amt zu bleiben.

Als Kommandant der strategisch wichtigen Festung von Buhen in Nubien war ein gewisser *Ahmose Turo* eingesetzt, dessen Vater *Ahmose Satait* in dieser Zeit offenbar als »Vizekönig von Kusch« die Verwaltung der nubischen Gebiete organisierte. Unter *Amenophis I.* stieg dann *Turo* in Nachfolge seines Vaters selbst in dieses Amt auf.

Ein weiterer wichtiger Bediensteter innerhalb der Beamtenschaft des Ahmose war der Bauleiter und Schatzmeister *Neferperet*, der uns durch Inschriften im Steinbruch von al-Maasara (bei Kairo) bekannt ist, wo er im 22. Regierungsjahr des *Ahmose* den Steinabbruch für diverse Bauprojekte beaufsichtigte. Siegelfunde in Abydos legen nahe, dass *Neferperet* auch hier die Bauaufsicht für die königlichen Totenkultanlagen innehatte.

Abschließend sei in diesem Zusammenhang noch ein gewisser *Tetiki* genannt, der in der älteren Literatur als »Bürgermeister von Theben« geführt wird. Tatsächlich führte jener *Tetiki* jedoch wohl nur den Ehrentitel »Königssohn«. Sein seit Jahrzehnten verschollenes Grab (TT 15) im südlichen Teil der Nekropole von Dra' Abu el-Naga konnte erst kürzlich wieder lokalisiert werden.
SMvF

LITERATUR:

C. VANDERSLEYEN, in: *LÄ I* (1975) Sp. 99–101. J. M. WEINSTEIN, in: *BASOR 241* (1981) S. 1–28. SCHNEIDER, Lexikon (1996) S. 61–64. ST. P. HARVEY, *Cults* (1998). M. H. WIENER/J. P. ALLEN, in: *JNES 57* (1998) S. 1–28. GRIMM/SCHOSKE, *Im Zeichen des Mondes* (1999). E. ROMANOSKY, in: *OEAEI* (2001) S. 46. ST. P. HARVEY, in: *Oriental Institute, Annual Report, 2002/2003* (2003) S. 15–25 (online). ST. P. HARVEY, in: *EA 24* (2004) S. 3–6. E. HORNUNG, in: Hornung/Krauss/Warburton, *Ancient Egyptian Chronology* (2006) S. 197–217. POLZ, *Beginn* (2007). BARBOTIN, Âhmosis (2008). ST. P. HARVEY, in: *ASAE 82* (2008) S. 143–155. D. POLZ, in: *Fs Burkard* (2009) S. 337–347. E. HOFMANN, in: *Imago Aegypti 3* (2010) S. 42–55. O'CONNOR, *Abydos* (2011) S. 105–113. R. K. RITNER/N. MÖLLER, in: *JNES 73/1* (2014) S. 1–19.

AMENOPHIS I.

Titel	Name	Übersetzungsvorschlag
Horus	Ka-waf-taui	»Stier, der die Länder niederringt«
Der der beiden Herrinnen	Aa-neru	»Groß an Schrecken«
Goldname	Wach-renput	»Beständig an Jahren«
König von Ober- und Unterägypten	Djeser-ka-Re	»Heiliger Ka des Re«
Sohn des Re	Imen-hetep (heka-Waset) (Amenophis)	»Amun ist zufrieden (Herrscher in Theben)«

Erst nach dem frühen Tod seiner Brüder *Amenemhet, Siamun* und *Ahmose Anch* (vermutlich identisch mit dem später vergöttlichten *Ahmose Sapair*) wurde *Amenophis I.*, Sohn von *Ahmose* und seiner Hauptfrau *Ahmes Nefertari*, ägyptischer Kronprinz und scheint die Königswürde in noch minderjährigem Alter angenommen zu haben. Als Regentin fungierte seine Mutter *Ahmes Nefertari*. Verheiratet war er mit seiner (Halb-?) Schwester *Ahmose Meritamun II.* Kinder und weitere Ehefrauen sind nicht bekannt, dafür mehrere Schwestern.

Der antike Chronist MANETHO gibt für *Amenophis I.* eine Regierungsdauer von fast 21 Jahren an. Diese Nennung deckt sich mit der Angabe eines Graffito aus Sakkara, in dem ein zwanzigstes Regierungsjahr erwähnt wird. Darüber hinaus berichtet der Gaufürst und Siegelverwalter *Amenemhet* in seiner Grabinschrift, dass er 21 Jahre unter *Amenophis I.* lebte. Ein interessantes Detail dieser Inschrift ist zudem, dass sich *Amenemhet* rühmt, für *Amenophis I.* eine Auslauf-Wasseruhr erfunden zu haben, die unabhängig von der Jahreszeit immer die exakte Stunde anzeigte.

Aus der Regierungszeit *Amenophis' I.* stammt eine der wichtigsten Quellen für die Festlegung einer absoluten Chronologie der Geschichte des Neuen Reiches in Ägypten. Dabei handelt es sich um einen Eintrag auf dem für seine medizinischen Texte bekannten *Papyrus Ebers* (heute Universitätsbibliothek Leipzig). Wohl einige Jahre nach der Beschriftung des Papyrus wurden von einem Schreiber in der Regierungszeit *Amenophis' I.* kalendarische Notizen hinzugefügt. Unter anderem wird für das neunte Regierungsjahr der heliakische Aufgang des Sirius am 9. Tag des dritten Monats der Schemu-Jahreszeit genannt. Diese Nennung ermöglicht es, eine Datumsangabe der altägyptischen Geschichte genau mit einem Datum unserer Jahreszählung gleichzusetzten. Das auf dem *Papyrus Ebers* genannte Datum wird von einigen Ägyptologen als das Thronbesteigungsdatum von *Amenophis I.* interpretiert, welches im neunten Regierungsjahr vermutlich auf den Neujahrstag des Mondkalenders fiel.

Innerhalb der Beamtenschaft ist bei den hohen Ämtern Stabilität und Kontinuität feststellbar. »Vizekönig von Kusch« und damit Verwalter der nubischen Gebiete war *Ahmose Turo* in Nachfolge seines Vaters *Satait*, der diese Funktion unter *Ahmose* innehatte. Auch *Ineni*, der Bauleiter, Scheunen- und Schatzhausvorsteher unter *Thutmosis I.*, begann seine Karriere unter *Amenophis I.* als Schreiber und Leiter der Handwerker in der Tempelanlage von Karnak. Er fungierte darüber hinaus als Festleiter und erfüllte Aufgaben für das Schatzhaus des Tempels.

Als Güterverwalter von *Ahhotep*, der Großmutter *Amenophis' I.*, war der königliche Herold *Kares* tätig, dem als Dank für seine Verdienste ein Kenotaph (Scheingrab) in der Nekropole von Abydos gestiftet wurde. Damit konnte *Kares* als Verstorbener an den religiösen Zeremonien des Totengottes *Osiris* von Abydos teilhaben und so auf Regeneration im Jenseits hoffen. Das Amt des »Bürgermeisters von Theben« hatte ein gewisser *Seni* inne, der später unter *Thutmosis I.* zum »Vizekönig von Kusch« aufstieg. Der Schatzmeister *Jamu* ist als Leiter einer Expedition zum Sinai belegt, wo in Serabit el-Chadim Bauarbeiten am dortigen *Hathor*-Heiligtum ausgeführt wurden. Gaufürst und Bürgermeister von el-Kab sowie Hohepriester der *Nechbet* war ein gewisser *Reneni*, der durch sein in el-Kab gelegenes Grab bekannt ist. Die dort ebenfalls bestatteten Militärs *Ahmose*, Sohn der *Ibana*, und *Ahmose Pennechbet* berichten in ihren Biographien von den militärischen Strafexpeditionen, auf denen sie *Amenophis I.* begleitet haben. So segelte *Ahmose*, Sohn der *Ibana*, mit dem König nilaufwärts nach Kusch, wo der König angeblich eigenhändig einen aufständischen Häuptling inmitten von dessen Truppen erschlug. Es ist die Rede von Gefangenen,

Erschlagenen und Beute sowie von der Anerkennung von *Ahmoses* Tapferkeit durch den König. Diesen brachte *Ahmose* binnen zwei Tagen nach Ende der Kampfhandlungen wieder per Schiff nach Ägypten zurück.

Ahmose Pennechbet erwähnt ebenfalls einen Feldzug nach Kusch, möglicherweise denselben, an dem auch *Ahmose*, Sohn der *Ibana*, teilgenommen hat. Außerdem schildert er Kampfhandlungen im Norden von *Jamu* im Kehek-Land, dessen Lokalisierung nicht sicher ist.

In der herrschaftlichen Repräsentation und Architektur zeigen sich unter *Amenophis I.* deutliche Rückbezüge auf frühere Epochen. So orientieren sich die wenigen erhaltenen zeitgenössischen rundplastischen Bildnisse des Königs und vor allem sein Bauprogramm stark am Beginn (*Mentuhotep II.; Sesostris I.*) und der Blütezeit (*Sesostris III.*) des Mittleren Reiches.

Zu Beginn des Neuen Reiches entwickelte sich *Amun*, der Lokalgott von Theben, insbesondere in seiner solaren Erscheinungsform als *Amun-Re* zu einer der wichtigsten landesweiten Gottheiten. Daher lag für *Amenophis I.* – wie für alle Könige seiner Zeit – der Schwerpunkt seiner Bautätigkeit im *Amun*-Tempel von Karnak.

Der bestehende Tempelbau des Mittleren Reiches wurde im Kern bestehen gelassen, jedoch um viele Kapellen, Mauern und Tore erweitert, welchen allerdings keine lange Lebensdauer beschieden war. Spätestens unter *Thutmosis III.* bzw. *Amenophis III.* wurden diese Bauteile abgerissen und in den Fundamenten von Höfen sowie Bauteilen oder als Füllmaterial für Pylone wiederverwendet. Heute sind viele dieser durch Archäologen aus den einzelnen Blöcken rekonstruierten Bauwerke von *Amenophis I.* im Open Air Museum von Karnak zu besichtigen.

Dazu zählt vor allem ein Stationsheiligtum aus Kalkstein, das eine genaue Kopie der sogenannten »Chapelle blanche« von *Sesostris I.* darstellt, und ein weiteres Stationsheiligtum aus Alabaster, das von *Amenophis'* Nachfolger *Thutmosis I.* fertiggestellt wurde. Bauleiter *Ineni* berichtet in seiner Grabinschrift über die Errichtung dieser Kapelle, deren Alabaster aus den Steinbrüchen von Hatnub stammt und deren Türflügel aus Kupfer gegossen und mit Hieroglyphen in Form von Goldeinlagen dekoriert waren.

Im Südteil der Nord-Süd-Kultachse von Karnak entstand ein monumentales Tor aus Kalkstein, geschmückt mit Darstellungen des Sedfestes (königliches Jubiläumsfest). Vor dem heutigen 8. Pylonen steht eine monumentale Figur *Amenophis' I.*, die vielleicht darauf hindeutet, dass hier bereits ein Eingangstor aus Lehmziegeln stand, dass später durch einen Nachfolgebau aus Stein ersetzt wurde.

Auch auf dem thebanischen Westufer entstanden unter *Amenophis I.* mehrere Kapellen und Tempelbauten, die als Stationsheiligtümer während des »Schönen Fests vom Wüstental«, einer Prozession des Gottes *Amun* von Karnak zum *Hathor*-Heiligtum von Deir el-Bahari, dienten. Zwei dieser Kapellen liegen heute unter dem Terrassentempel der *Hatschepsut. Amenophis I.* nahm mit diesen Bauten Bezug auf den Totentempel *Mentuhoteps II.*, und auch das Statuenprogramm der Kapellen erinnert an den Begründer des Mittleren Reiches. Weitere kleine Tempel in Theben-West wurden zudem in Medinet Habu und in Deir el-Medineh errichtet.

Einen anderen Schwerpunkt im Bauprogramm des Königs stellt die Kultlandschaft von Abydos da. Dort wurde der seit dem Alten Reich bestehende *Osiris-Chontamenti*-Tempel über den Vorgängerbauten neu errichtet. Außerdem vollendete *Amenophis I.* die Totentempelanlage seines Vaters *Ahmose*, ließ ein Prozessionsheiligtum für seine Mutter *Ahmes Nefertari* errichten und eine weitere Kapelle für seinen Vater in Abydos-Nord bauen.

Bautätigkeiten des Königs sind zudem im *Hathor*-Heiligtum von Serabit el-Chadim (Sinai), in el-Kab (Tempel für *Nechbet*), in Kom Ombo und auf Elephantine belegt. Auf der nubischen Insel Sai zwischen dem 2. und 3. Katarakt ist der König durch Statuen und Stelen vertreten, in der Festung von Semna entstand zudem ein kleiner Tempelbau, und in der Festung Uronati bezeugen Inschriften Aktivitäten von Beamten *Amenophis' I.*

Das Grab *Amenophis' I.* wird in einem ramessidischen Papyrus erwähnt, in dem eine Inspektion von Gräbern der thebanischen Nekropole beschrieben wird, die im Jahr 16 unter *Ramses IX.* stattgefunden hat. Leider sind viele Begriffe, die bei der Lagebeschreibung verwendet wurden, derart unklar, dass keine exakte Lokalisation vorgenommen werden kann. Immerhin wurde das Grab als intakt und unberaubt notiert. Als mögliche Kandidaten für das Grab *Amenophis' I.* gelten vor allem KV 39 (oberhalb des Tals der Könige), AN B (in einem rückgelegenen Wadi in Dra' Abu el-Naga) sowie die Doppelgrabanlage K 93.11 und K 93.12 (in Dra' Abu el-Naga). Während KV 39 vermutlich später zu datieren ist und AN B architektonisch einem Königinnengrab der frühen 18. Dynastie ähnelt, handelt es sich bei K 93.11 und 12 vermutlich um die Doppelgrabanlage von *Amenophis I.* und seiner Mutter *Ahmes Nefertari*. Dafür spricht unter anderem die Größe und prominente Lage der Gräber, die sich in direkter Achse des Totentempels von *Amenophis I.* und seiner Mutter in der Ebene von Dra' Abu el-Naga befinden. Bereits seit der frühen 18. Dynastie ist der posthume Kult für *Amenophis I.* und *Ahmes Nefertari* besonders in Dra' Abu el-Naga greifbar.

Die Mumien von Mutter und Sohn wurden 1881 in der Mumiencachette von Deir el-Bahari (DB 320) gefunden. Bereits vor ihrer dortigen Deponierung war die Mumie von *Amenophis I.* mehrfach instand gesetzt und umgebettet worden. Noch in ihrer antiken Wicklung liegt die Mumie des Königs heute im Museum von Kairo. *Ahmes Nefertari*, die ihren Sohn überlebte und noch in der Regierungszeit *Thutmosis' I.* belegt ist, erreichte ein für damalige Verhältnisse hohes Alter von ca. 70 Jahren. Ihr 3 m hoher Rischi-Sarg ist eines der herausragenden Kunstobjekte der Zeit. Er wird allerdings noch übertroffen von dem wunderbaren Sargensemble ihrer Tochter *Ahmose Meritamun II.*, der »Großen Königlichen Gemahlin« *Amenophis' I.* Dieses wurde 1930 von HERBERT WINLOCK in Theben-West (TT 358) entdeckt, samt der in der 21. Dynastie neu gewickelten Mumie.

Zusammen mit seiner Mutter *Ahmes Nefertari*, die eine bedeutsame religiöse und politische Rolle während der Regierung ihres Sohnes gespielt zu haben scheint, erfuhr *Amenophis I.* nach seinem Tod jahrhundertelange Verehrung. Mutter und Sohn wurden zu vergöttlichten Schutzpatronen der thebanischen Nekropole und zu Lokalheiligen der Handwerkersiedlung von Deir el-Medineh, wo die beiden einen eigenen Tempel besaßen. In vielen thebanischen Gräbern findet man Darstellungen des royalen Paares. Die kultische Verehrung von *Amenophis I.* und *Ahmes Nefertari* lässt sich über 800 Jahre bis in die 25. Dynastie nachweisen.

SMvF

Literatur:

W. Helck, in: *Fs Schott* (1968) S. 71–72. E. Hornung, in: *LÄ I* (1975) S. 201–203. F. J. Schmitz, *Amenophis I.* (1978). D. B. Redford, in: *JAOS 99/2* (1979) S. 270–287. G. Robins, in: *GM 30* (1978) S. 71–75. H. Altenmüller, in: *MDAIK 37* (1981) S. 1–7. E. Bleiberg, in: *OEAE I* (2001) S. 71. G. Hollender, *Amenophis I. und Ahmes Nefertari*, SDAIK 23 (2009). Z. E. Szafranski, in: *MDAIK 41* (1985) S. 257–263. A. Grimm, in: *GM 143* (1994) S. 73–76. D. Polz, in: Wilkinson (Hg.), *Valley of the Sun Kings* (1995) S. 8–21. Schneider, *Lexikon* (1996) S. 58–60. A. von Lieven, in: *RdE 51* (2000) S. 103–121. J. Rose, *Tomb KV 39* (2000). E. Bleiberg, in: *OEAE I* (2001) S. 71. A. von Lieven, in: *ZÄS 128* (2001) S. 41–64. G. B. Johnson, in: *KMT 14/4* (2003) S. 54–70. E. Hornung, in: Hornung/Krauss/Warburton, *Ancient Egyptian Chronology* (2006) S. 197–217. Polz, *Beginn* (2007). G. Hollender, *Amenophis I. und Ahmes Nefertari*, SDAIK 23 (2009). B. von Assche, in: *JSSEA 37* (2010) S. 113–121. A. von Lieven, in: *WdO 41/1* (2011) S. 121–130. F. J. Schmitz, *Amenophis I.* (1978). C. Vandersleyen, in: *CdÉ 87* (2012) S. 103–105.

Thutmosis I.

Titel	Name	Übersetzungsvorschlag
Horus	*Ka-nacht-meri-maat*	»Starker Stier, geliebt von Maat«
Der der beiden Herrinnen	*Cha-em-neseret-aa-pechti*	»Der in der Schlangengöttin erscheint, groß an Kraft«
Goldname	*Nefer-renput-seanch-ibu*	»Schön an Jahren, der die Herzen leben lässt«
König von Ober- und Unterägypten	*Aa-cheper-ka-Re*	»Groß sind die Gestalten des Ka des Re«
Sohn des Re	*Djehuti-mes (Thutmosis)*	»Geboren von Thot«

Der Thronwechsel von *Amenophis I.* zu *Thutmosis I.* scheint ohne Probleme vollzogen worden zu sein, obwohl die familiäre Herkunft des neuen Königs nur unzureichend bekannt ist. Lediglich der Name seiner Mutter *Seniseneb* ist überliefert. Ob bei *Thutmosis I.* und seiner Frau Verbindungen zur royalen Familie vorlagen, kann nicht nachgewiesen werden. Die königliche Hauptgemahlin trug den häufig vorkommenden Namen *Ahmose* und den Titel »Königsschwester«, jedoch nicht »Königstochter«. Vorschlagsweise handelt es sich bei ihr um die Schwester *Amenophis' I.* (und damit um die Tochter von *Ahmose I.*), die *Thutmosis I.* zur Legitimierung seiner Thronbesteigung geheiratet haben könnte. Gestützt wird die Annahme durch eine Stele aus Wadi Halfa (Kairo CG 34006), auf der hinter Königin *Ahmose* die Hauptgemahlin von König *Ahmose* und Mutter *Amenophis' I. Ahmes-Nefertari* abgebildet ist. Die Bezeichnung »Königsschwester« könnte sich allerdings ebenfalls auf *Thutmosis I.* selbst beziehen, da »Schwester« auch als Synonym für »Ehefrau« verwendet werden kann. *Ahmose* müsste demnach nicht zwingend mit der Königsfamilie verwandt gewesen sein.

Thutmosis I. selbst können hingegen mehrere Kinder eindeutig zugeordnet werden. Die früh verstorbene Tochter *Neferubiti* sowie *Hatschepsut*, spätere Gemahlin ihres Halbbruders *Thutmosis II.* und dann Regentin und Pharao neben *Thutmosis III.*, stammen aus der Verbindung mit der »Großen Königlichen Gemahlin« *Ahmose*. Die Mutter des Thronfolgers *Thutmosis II.* war die Nebenfrau *Mutnofret*. Ihr wird auch Prinz *Wadjmose* zugeordnet, da eine von *Thutmosis II.* gestiftete Statue der *Mutnofret* in seinem Totentempel in Theben-West (nahe des Ramesseums) gefunden wurde. Eine Inschrift, die einen weiteren Prinzen *Amenmose* nennt, der im vierten Regierungsjahr seines Vaters »ältester Königssohn« und »Oberkommandierender der Armee« war, steht im Verdacht, eine neuzeitliche Fälschung zu sein. *Wadjmose* und sein Bruder *Amenmose* sind zusammen aber auch im Grab des *Paheri* in el-Kab dargestellt. Da sowohl *Paheri* selbst als auch sein Vater *Itruri* als »Erzieher des Königssohnes *Wadjmose*« dienten, nehmen einige Ägyptologen an, dass es zwei Prinzen dieses Namens gegeben hat, die jeweils Sohn von *Thutmosis I.* und *Thutmosis III.* gewesen wären.

Die Übernahme des Königtums und das Datum seiner Krönung verkündete *Thutmosis I.* per Depesche im ganzen Land und den Provinzen. Sein Schreiben an den »Vizekönig von Kusch« – Verwalter der nubischen Gebiete – namens *Turo* ist uns überliefert, da der Vizekönig den Text in Form von Stelen aufstellen ließ und so verewigte. Während das Datum des Regierungsbeginns (3. Monat der Peret-Jahreszeit, Tag 21) feststeht, ist die Dauer der Herrschaft von *Thutmosis I.* nicht abschließend gesichert. MANETHO gibt zwölf Jahre und neun Monate an. Zeitgenössische Quellen mit Datumsangaben, die *Thutmosis I.* sicher zugewiesen werden können, liegen allerdings nur aus den ersten drei Jahren der Herrschaft vor. Belege, auf denen ein achtes bzw. neuntes und elftes Regierungsjahr genannt werden, sind *Thutmosis I.* hingegen nicht eindeutig zuzuordnen. Die Summe an Monumenten und Skarabäen erlaubt, zusammen mit der Angabe bei MANETHO eine geschätzte Regierungsdauer von zehn bis zwölf Jahren anzusetzen.

Die ersten Jahre der Herrschaft von *Thutmosis I.* waren geprägt von erfolgreichen Feldzügen nach Nubien im Süden und in die vorderasiatischen Länder im Norden. Auslöser für ein erstes militärisches Ausgreifen nach Süden war ein Aufstand gegen die ägyptische Herrschaft in den nubischen Gebieten im zweiten Regierungsjahr. Nachdem nur mit Schwierigkeiten die Stromschnellen bei Assuan passiert werden konnten, zog das Heer weiter nach Süden, wo der rebellierende Fürst und seine Anhänger erfolgreich geschlagen werden konnten. Dieser Sieg ermöglichte es die südliche Grenze Ägyptens mindestens bis zum 3. Katarakt zu verschieben, wo Inschriften bei Tombos den Sieg des Königs über die Nubier feiern. Inschriften und Festungsbauten zwischen dem 4. und 5. Katarakt belegen weitere Vorstöße nach Süden. Auf dem Rückweg nach Norden konnte der zuvor als unpassierbar registrierte Kanal bei Assuan wieder schiffbar gemacht werden, wie Inschriften dort festhalten. Bei der siegreichen Rückkehr des Königs nach Theben wurde eine besondere Machtdemonstration inszeniert. Am Bug des Königsschiffes hing der durch den Pfeil des Königs getötete nubische Fürst, dessen Rebellion Anlass für den Feldzug gegeben hatte. Das Reich von Kerma war damit endgültig besiegt, und das Gebiet wurde zukünftig durch lokale Fürsten unter ägyptischer Kontrolle verwaltet. Die Oberaufsicht über diese oblag dem »Vizekönig von Kusch«, einem der wichtigsten Beamten der ägyptischen Verwaltung.

Vermutlich im Anschluss an den Nubienfeldzug wandte sich *Thutmosis I.* in seinem vierten oder fünften Regierungsjahr den wachsenden Bedrohungen in Vorderasien zu. Im nordsyrischen Gebiet hatte sich der Staat der Mitanni etabliert. Die weiter südlich gelegenen Landstriche gehörten seit der Vertreibung der Hyksos und der militärischen Unterwerfung ihrer vorderasiatischen Stammlande zur ägyptischen Einflusssphäre. Offenbar wurde der sich nördlich davon bildende Machtblock als Gefahr empfunden, und *Thutmosis* rückte mit seinem Heer in das Land Naharin weit nach Norden bis an den Euphrat nahe Karkemisch vor. Laut den Berichten der Offiziere *Ahmose*, Sohn der *Ibana* und *Ahmose Pennechbet* sowie des *Amenemhet* trugen die ägyptischen Truppen den Sieg davon und machten reiche Beute. Darüber hinaus berichtet *Thutmosis III.*, Enkel von *Thutmosis I.*, er habe die von seinem Großvater aufgestellte Siegesstele am Ufer des Euphrat vorgefunden. Eine besondere Episode dieses Feldzugs war die Veranstaltung einer Elefantenjagd auf dem Rückweg nach Ägypten nahe der Stadt Nija. Bei den dort gejagten Tieren handelte es sich um syrische Elefanten (*Elephans maximus asurus*), eine Unterart asiatischer Elefanten, die bereits vor der Zeitenwende ausgestorben waren. Erbeutete Stoßzähne von vermutlich dieser Jagd wurden von *Hatschepsut* später dem *Amun* von Theben geweiht.

Die Bautätigkeit *Thutmosis' I.* erstreckt sich über ganz Ägypten, den Sinai und die nubischen Gebiete. Für das ägyptische Kerngebiet sind eine Gutsanlage samt Palast in Memphis, Bauprojekte in Giza, el-Hibe, Abydos, am *Seth*-Tempel von Ombos, in Armant und Elephantine belegt. Der Schwerpunkt des Bauprogramms lag in Theben. Hier wurde der aus dem Mittleren Reich stammende *Amun*-Tempel von Karnak mit einer steinernen Umfassungsmauer umgeben, die einen pfeilerumstandenen Vorhof mit *Osiris*-Figuren einschloss. Vorgelagert waren zwei Pylone (nach heutiger Zählung der 4. und 5. Pylon) zwischen denen ein schmaler Hypostylsaal mit Holzdecke lag. Vor dem äußeren Pylonen standen zwei Obelisken sowie Flaggenmasten. Eine Barkenkapelle *Amenophis' I.* wurde fertiggestellt, in Karnak-Nord ein Tor und beim *Month*-Tempel ein Schatzhaus erbaut. Auf dem thebanischen Westufer, im Talkessel von Deir el-Bahari, ließ *Thutmosis I.* eine Stationskapelle errichten, die später von *Thutmosis III.* übernommen wurde. Außerhalb Ägyptens sind Baumaßnahmen in Serabit el-Chadim (Sinai) und in den nubischen Gebieten in Buhen (Beginn der Dekoration des Südtempels), Qasr Ibrim, Sai und Semna (Erneuerung des *Dedwen*-Tempels aus dem Mittleren Reich) nachgewiesen.

An königlicher Plastik aus der Zeit *Thutmosis' I.* ist wenig erhalten geblieben. Neben einer Sitzstatue in hervorragendem Zustand (Turin 1374) gibt es nur wenige, zum Teil stark beschädigte Köpfe, deren Zuschreibung zum Teil nicht sicher ist. Trotzdem lässt sich feststellen, dass im Vergleich zu seinen Vorgängern sowohl die kräftige Modellierung als auch die individuellen Züge zurückgenommen wurden. Es scheint, als sei unter *Thutmosis I.* der bis *Amenophis III.* gültige Stil für royale Porträts mit festen Proportionen und nur zurückgenommenen individuellen Merkmalen entwickelt worden.

Sehr spannend gestaltet sich die Frage nach dem Grab *Thutmosis' I.* Eine bemerkenswerte Inschrift findet sich im Grab des königlichen Architekten *Ineni* (TT 81), der berichtet:»Ich sah, wie man das Königsgrab grub in aller Heimlichkeit; es sah niemand, niemand hörte es«. Meist wird diese Aussage dahingehend interpretiert, dass *Thutmosis I.* der erste König war, der sein Grab statt in den bislang genutzten Nekropolenteilen von Theben-West im weiter im Felsmassiv liegenden»Tal der Könige«, also deutlich abgeschiedener, anlegen ließ. Zwei Gräber im Tal der Könige lassen sich mit *Thutmosis I.* verbinden. Das Grab mit der Nummer KV 20 enthält einen von seiner Tochter *Hatschepsut* für *Thutmosis I.* umgearbeiteten sowie ihren eigenen Sarkophag. Das Grab KV 38 wurde später von *Thutmosis III.*, dem Enkel von *Thutmosis I.* und Nachfolger der *Hatschepsut*, für seinen Großvater angelegt und mit einem Steinsarkophag und Kanopenkasten ausgestattet. Ursprünglich für die originale Bestattung von *Thutmosis I.* zuständig waren seine Kinder *Thutmosis II.* sowie *Hatschepsut*, dessen Schwester-Gemahlin. Gefäße, die diese beiden für die Beerdigung ihres Vaters anfertigen ließen, fanden sich sowohl in KV 20 als auch in KV 38. Das aus zwei Holzsärgen bestehende Sargensemble des Königs wurde im Mumiensammelversteck von Deir el-Bahari (DB/TT 320) zusammen mit einer Mumie aufgefunden. Ob es sich bei dieser jedoch tatsächlich um die sterblichen Überreste von *Thutmosis I.* handelt, ist leider dennoch fraglich. Einen von ihm selbst in Auftrag gegebenen bzw. ursprünglich für ihn ausgeführten Steinsarkophag besaß *Thutmosis I.* nicht. Das erste belegte Exemplar des Neuen Reiches ist der Sarkophag, den sich *Hatschepsut* als Königin *Thutmosis' II.* hat anfertigen lassen. Da es keinen archäologischen oder schriftlichen Hinweis darauf gibt, dass KV 20, das erste Grab im Tal der Könige, von *Thutmosis I.* angelegt wurde, wird man es seiner Tochter Hatschepsut zuschreiben müssen. *Thutmosis I.* war vermutlich in einem noch nicht identifizierten Grab in der thebanischen Nekropole durch seine beiden Kinder bestattet worden. Als *Hatschepsut* als Königin KV 20 anlegen ließ, veranlasste sie die Umbettung ihres Vaters in dieses Grab. *Thutmosis III.* beschloss die Umbettung seines Großvaters aus dem Grab seiner von ihm wenig geschätzten Tante und sorgte mit KV 38 für eine neue Ruhestätte. Damit wäre *Thutmosis I.* zwar nicht der erste Bauherr im Tal der Könige, aber nachweislich der erste dort bestattete König des Neuen Reiches.

Der zum Grab gehörige Chenemet-anch genannte Totentempel für den Kult des verstorbenen Königs war bislang nur durch sekundäre Inschriften bekannt. 2009 wurden bereits in den 1970er-Jahren gefundene Blöcke als Überreste dieses Tempels identifiziert. Große Teile der Dekoration entstanden offenbar erst unter *Hatschepsut*, die auch in ihrem eigenen Totentempel in Deir el-Bahari für *Thutmosis I.* einen Totenopfersaal einrichtete. Der Kult des Königs in Theben-West hatte bis in die Ramessidenzeit Bestand.

In direktem Zusammenhang mit der Entstehung der Grablegen im Tal der Könige steht die Gründung der Arbeitersiedlung von Deir el-Medineh, die sicher in der frühen 18. Dynastie erfolgte. Die dort lebenden Arbeiter waren für den Bau der königlichen Grabkammern zuständig. Ob, wie vielfach zu lesen, *Thutmosis I.* selbst der Gründungsvater der Siedlung war, lässt sich nicht sicher sagen.

Die Regierungszeit von *Thutmosis I.* zeichnet sich wie bereits die seines Vorgängers durch eine große personelle Stabilität im Staatsapparat aus – welche ebenfalls unter seinen direkten Nachfolgern fortbestehen sollte. Daher verwundert es nicht, dass in der Verwaltung viele Akteure anzutreffen sind, die bereits unter *Amenophis I.* wichtige Positionen und Ämter innehatten. So begleiteten, wie bereits erwähnt, die beiden altgedienten Militärs *Ahmose*, Sohn der *Ibana*, und *Ahmose Pennechbet*, welche bereits unter *Ahmose* und *Amenophis I.* gedient hatten, die nubischen und syrischen Feldzüge *Thutmosis' I.* Die Inschriften ihrer Gräber in el-Kab sind vor allem für diese Militärkampagnen von hohem Informationswert.

Als Wesir ist ein Beamter namens *Imhotep* bekannt, der ein Grab im Tal der Königinnen zugesprochen bekommen hatte (QV 46) und ebenfalls die Titel »Richter und Gouverneur« führte. Im

Totentempel des Prinzen *Wadjmose* ist er zudem als Erzieher der Königskinder belegt.

Ein weiterer bereits bekannter Name ist der von *Ahmose Turo*, der schon bei der Thronbesteigung *Thutmosis' I.* in Nachfolge seines Vaters *Satait* »Vizekönig von Kusch« und somit für die Verwaltung der nubischen Gebiete zuständig war. Sein Amt gewann durch die neuen Eroberungen *Thutmosis' I.* in Nubien noch größere Bedeutung. *Seni* (oder *Senires*), der *Turos* Nachfolger wurde, hatte zuvor wichtige Positionen als Bauleiter im Tempel von Karnak und »Bürgermeister von Theben« inne.

Aus der Tempelverwaltung und Bauabteilung des Karnaktempels stammt der ebenfalls weiter oben erwähnte Architekt *Ineni*, der zunächst als Schreiber und Leiter der Handwerker, später als Schatzhausvorsteher, Bauleiter (für den Karnaktempel und das Königsgrab), Scheunenvorsteher und »Bürgermeister von Theben« tätig war. In seinem Grab (TT 81) legen die Texte ausführlich Zeugnis über *Inenis* beruflichen Werdegang ab. Unter anderem wird darin über die von ihm durchgeführten Bauprojekte wie die gewaltigen Erweiterungen des Karnaktempels oder den Bau des Königsgrabes berichtet. Wie in den Fällen von *Ahmose*, Sohn der *Ibana*, und *Ahmose Pennechbet* begann *Inenis* Karriere schon unter *Amenophis I.* Unter *Thutmosis I.* avancierte er schließlich zu einem der einflussreichsten Verwaltungsbeamten, um unter *Thutmosis II.*, *Hatschepsut* und *Thutmosis III.* als geschätzter Pensionär am Königshof seinen Lebensabend zu verbringen.

Das Herrschaftsterritorium, das *Thutmosis I.* bei seinem Tod seinem Sohn und Nachfolger *Thutmosis II.* hinterließ, war das ausgedehnteste seit Beginn der ägyptischen Geschichte. In Verbindung mit einer gut funktionierenden Verwaltung waren somit die Grundlagen für eine positive Weiterentwicklung des ägyptischen Staates gelegt. Zudem spiegelt die große bauliche Erweiterung des Karnaktempels den Bedeutungszuwachs des thebanischen *Amun*-Kults wider, der in den nächsten Jahrhunderten die sakrale Struktur Ägyptens prägen sollte. Ebenfalls ein Erbe aus der Regierungszeit *Thutmosis' I.* ist der Namenszusatz *Ka nacht* (mächtiger Stier), der bis zum Ende der altägyptischen Geschichte zur Königstitulatur gehören sollte.

SMvF

LITERATUR:

M. MÜLLER, in: *GM 32* (1979) S. 27–38. CHR. MEYER, in: *LÄ VI* (1986) Sp. 536–540. A.–DODSON, in: *JEA 76* (1990) S. 87–96. C. ROEHRIG, *Royal nurse/Royal tutor* (1990) S. 22 ff. DZIOBEK, *Ineni* (1992). R. KRAUSS, in: Ä&L 3 (1992) S. 86–87. CHR. BENNETT, in: *GM 141* (1994) S. 35–38. E. DZIOBEK/G. LECUYOT/A. M. LOYRETTE, in: *Memnonia 6* (1995) S. 85–87. SCHNEIDER, *Lexikon* (1996) S. 452–455. E. BLEIBERG, in: *OEAE III* (2001) S. 400–401. R. O. K. BALIGH, in: *Fs Haikal/BdE 138* (2003) S. 45–50. H. HOHNECK, in: *GM 210* (2006) S. 59–68. POLZ, *Beginn* (2007). J. J. SHIRLEY, in: *JEH 3/1* (2010) S. 73–113. J. IWASZCZUK, in: *Polish Archaeology in the Mediterranean 21* (2012) S. 269–277 (online).

HATSCHEPSUT

Titel	Name	Übersetzungsvorschlag
Horus	*Useret-kau*	»Stark an Ka-Kräften«
Der der beiden Herrinnen	*Wadjet-renput*	»Frisch an Jahren«
Goldname	*Netjeret-chau*	»Mit göttlichen Erscheinungen«
König von Ober- und Unterägypten	*Maat-ka-Re*	»Maat ist der Ka des Re«
Sohn/Tochter des Re	*Chenemet-Imen, Hatschepesut (Hatschepsut)*	»Die Amun umarmt«, »die erste der Edelfrauen«

Aus den beiden Ehen *Thutmosis' I.* gingen mehrere Kinder hervor. Die Söhne der Nebenfrau *Mutnofret* namens *Wadjmose* und *Amenmose* starben vor ihrem Vater, ebenso wie *Neferubiti*, eine Tochter seiner Hauptgemahlin *Ahmose*. Die Nachfolge des Königs trat *Thutmosis II.*, der Sohn der *Mutnofret* an, der vermutlich im Rahmen der Thronbesteigung seine Halbschwester *Hatschepsut*, Tochter der *Ahmose*, heiratete. *Hatschepsut* trug als Hauptfrau die Titel »Große Königliche Gemahlin« und »Gottesgemahlin des Amun«.

Aus ihrer Zeit als Prinzessin am Hof *Thutmosis I.* und als »Große Königliche Gemahlin« *Thutmosis' II.* gibt es wenige informative Quellen, die *Hatschepsuts* Leben in dieser Zeit erhellen. Bekannt ist uns jedoch die Amme und Erzieherin, die sich um die kleine *Hatschepsut* gekümmert hat. Ihr Name ist *Sat-Ra* (genannt *Inet*). Posthum hat *Hatschepsut* eine Statue der Erzieherin in ihrem Totentempel in Deir el-Bahari aufstellen lassen (Kairo JdE 56264). In unmittelbarer Nähe von KV 20, dem Grab der *Hatschepsut* im Tal der Könige, liegt KV 60, ein kleines undekoriertes Felsgrab, in dem von Howard Carter (dem späteren Entdecker des Grabes von *Tutanchamun*) 1903 zwei weibliche Mumien gefunden wurden. Eine davon war die »Große Amme« *Sat-Ra*. Diese hat offenbar von *Hatschepsut* eine Bestattung direkt neben dem Königsgrab erhalten, was die hohe Wertschätzung der Königin gegenüber ihrer Amme zeigt.

Bedeutsam ist zudem die Anlage eines Grabes, welches für Königin *Hatschepsut* als Ehefrau *Thutmosis' II.* in dem entlegenen Wadi Sikket Taka el-Zeid in Theben-West hochgelegen in einer Felswand entstand. Es wurde ebenfalls von Howard Carter entdeckt, der hier eine Bande Grabräuber bei Plünderungen stellte. Während der Bestattungsort von *Thutmosis II.* nach wie vor ungeklärt ist, steht in dem Grab der *Hatschepsut* in ihrer Funktion als dessen Königin der erste eindeutig zuzuweisende Steinsarkophag des Neuen Reiches. Hier könnte ein Hinweis auf ihre besondere Stellung bereits als Gemahlin *Thutmosis' II.* vorliegen.

Die Länge der Regierung *Thutmosis' II.* lässt sich nicht sicher nachweisen. Primärquellen belegen lediglich ein Datum aus dem ersten Jahr seiner Regierung, während der Chronist Manetho wohl irrtümlich 13 Jahre angibt. Nach heutigem Stand ist wohl eine zwei- bis vierjährige Herrschaft anzunehmen.

Gleich zu Beginn der Regierung musste ein Aufstand in Nubien niedergeschlagen werden, dessen Auslöser vielleicht der Tod *Thutmosis' I.* gewesen ist. *Thutmosis II.* hat an diesem Feldzug nicht persönlich teilgenommen, sondern lediglich sein Heer entsandt. Allerdings berichtet der General *Ahmose Pennechbet*, er habe *Thutmosis II.* bei einer Militäraktion ins Land der Schasu-Beduinen (Südpalästina) begleitet und dort sehr viele Gefangene gemacht. Es sind – eben aufgrund der wohl kurzen Regierung – wenige Bautätigkeiten festzustellen, vor allem in Karnak, aber auch in Nubien (Semna, Kumme, Buhen), in el-Tôd, el-Kab, Koptos und auf dem Sinai.

Zukunftsweisend waren die ehelichen Verbindungen des Königs. Aus der Ehe mit seiner Hauptfrau *Hatschepsut* ging eine Tochter namens *Neferure* hervor. Aus der Ehe mit der Nebenfrau

Hatschepsut, Detail eines Osirispfeilers von der obersten
Terrasse ihres Tempels in Deir el-Bahari, Theben-West

Isis stammt der Sohn *Thutmosis III.*, der als einziger männlicher
Nachkomme die Nachfolge seines Vaters antrat. Da *Thutmosis III.*
zu diesem Zeitpunkt noch ein (Klein)kind war, übernahm
Hatschepsut als Königswitwe und Tante des jungen Königs die
Regentschaft. In seinem Grab (TT 81) beschreibt der Architekt
Ineni die politischen Verhältnisse wie folgt:

»Sein Sohn trat an seine (*Thutmosis' II.*) Stelle als König der Beiden Länder. Er herrschte auf dem Throne dessen, der ihn erzeugt
hatte, indem seine (*Thutmosis' II.*) Schwester, die Gottesgemahlin
Hatschepsut, für das Land sorgte und Ägypten nach ihren Plänen
regiert wurde. Ägypten diente ihr in Demut. [...] Sie war eine
Herrin des Befehlens, deren Pläne vortrefflich waren und deren
Worte Ägypten zufrieden machten.«

Auf den Monumenten dieser Zeit ist *Thutmosis III.* als regie-
render König abgebildet, während Hatschepsut im Ornat einer
Königin und Gottesgemahlin an seiner Seite erscheint. Gleichzeitig
scheint *Hatschepsut* Wert auf das Andenken ihres verstorbenen
Mannes *Thutmosis II.* gelegt zu haben, indem sie beispielsweise

eine Statue des Königs im Tempel des *Chnum* in Elephantine aufstellen ließ. Offenbar unzufrieden mit ihrer eingeschränkten Rolle als Regentin, trieb *Hatschepsut* eine Stärkung ihrer Position voran, erkennbar an den sich wandelnden Bildern und Inschriften der Königin. Angelehnt an die Königstitulatur legte sie sich den Namen *Maatkare* (»Maat ist der Ka des *Re*«) zu, der zunächst in Kartusche geschrieben, später von dem Titel »König von Ober- und Unterägypten« begleitet wird. Kleidung, Kronen und Körperhaltung werden im Laufe der Zeit immer mehr der Ikonographie eines (männlichen) Königs angepasst. Vermutlich im siebten Regierungsjahr (eventuell auch früher) übernahm sie schließlich die vollständige Position eines regierenden Königs. Sie trägt nun auf den Darstellungen die komplette Titulatur und tritt im traditionell männlichen Ornat auf, ohne jedoch ihre Weiblichkeit zu negieren. So behält sie beispielsweise in den Inschriften oft feminine Wortformen bei. Zugleich tritt sie jetzt gleichberechtigt bzw. als ältere Seniorpartnerin neben oder vor *Thutmosis III.* auf, der weiterhin konsequent als Koregent Erwähnung findet. Um ihre eigene Erblinie zu betonen, wird allerdings *Thutmosis II.*, Vater des Mitregenten *Thutmosis III.*, nicht mehr dargestellt. Stattdessen ließ *Hatschepsut* ihren eigenen Vater, *Thutmosis I.*, auf den Monumenten prominent in Szene setzen.

Texte und Darstellungen, die göttliche Abstammung und Legitimität der Regierung thematisieren sind zwar nicht exklusiv unter *Hatschepsut* belegt, aber zeigen deutlich, dass die Königin ihre Rolle als ägyptischer König gemäß den Traditionen festschreiben wollte. Dazu zählen u. a. die Schilderung eines *Amun*-Orakels, in welchem sie als Herrscherin Ägyptens ausgewählt wird, sowie die »Geburtslegende« in ihrem Totentempel in Deir el-Bahari, in der *Hatschepsuts* Mutter *Ahmose* den Gott *Amun-Re* in Gestalt des Königs *Thutmosis I.* empfängt, um mit ihm das göttliche Kind *Hatschepsut* zu zeugen.

Die 22 Regierungsjahre der Königin, die sie ab der Thronbesteigung *Thutmosis' III.* zählt, sind gerade in kultureller Hinsicht eine herausragende Epoche der ägyptischen Geschichte und richtungsweisend für die weitere Entwicklung des Landes. Es lässt sich nicht im Einzelnen beurteilen, ob diese Impulse vor allem von der Königin oder von den vielen außergewöhnlichen Persönlichkeiten in der Verwaltung ausgingen – vermutlich handelt es sich um ein Zusammenspiel von beidem.

Während die ältere Literatur die Regierungszeit der *Hatschepsut* gelegentlich als eine Zeit des Friedens und der kulturellen Blüte preist, sind doch einige Militäraktionen belegt, auch wenn es sich möglicherweise nicht um große Feldzüge handelt, sondern eher um kleine Aktionen zur Herstellung von Ruhe und Ordnung. So beschreibt eine undatierte Inschrift des Schatzmeisters *Tay* auf der Insel Sehel (bei Assuan) einen Feldzug, den die Königin offenbar persönlich begleitet hat. Im zwölften Jahr von *Hatschepsuts* Herrschaft ist durch eine Felsinschrift im nubischen Tangur eine weitere Militäraktion belegt. Für das Jahr 20 schließlich erwähnt eine Inschrift des »Vizekönigs von Kusch« *Inebny* / *Amenemnechu* Kampfhandlungen – allerdings nur in Verbindung mit dem Namen von *Thutmosis III.* Im sehr stark zerstörten Grab von *Hatschepsuts* Haushofmeister *Senenmut* nennen Inschriftenreste zudem das Land Nubien und das »dritte Mal des Zupackens«, ohne dass diese Ereignisse konkret den anderen Quellen zugeordnet werden können.

Eine durch wirtschaftliche Interessen motivierte Expedition in das Land Punt fand im neunten Jahr ihrer Regierung statt und wurde von *Hatschepsut* in einem großangelegten Bildzyklus in ihrem Totentempel in Deir el-Bahari dokumentiert. Hier finden sich auch die einzigen erhaltenen Darstellungen der Landschaft und der Bevölkerung von Punt. Der Bildzyklus bietet zudem eine Fülle von Informationen zu den verschiedenen Aspekten der Reise und des Handels. Darüber hinaus sind die Puntreliefs ein wichtiger Teil des Dekorationskonzepts im Tempel. Entsprechend taucht die Thematik der Puntexpedition auch in anderen Bereichen des Tempels wiederholt auf.

Bereits im Alten Reich gab es Handelskontakte Ägyptens zu dem vermutlich im Küstengebiet sowie im Inland des heutigen Sudan/ Eritrea gelegenen Land Punt. Dessen Hauptexportgut bestand aus Myrrhe, daneben aber auch aus Weihrauch, tropischen Hölzern, Gold, Mineralien sowie exotischen Tieren und Tierprodukten. Am Ende des Mittleren Reiches scheinen die Kontakte – wohl auch durch die Wirren der Zweiten Zwischenzeit und die Herrschaft der Hyksos in Ägypten – zum Erliegen gekommen zu sein, sodass

Hatschepsut vermutlich die erste Herrscherin des Neuen Reiches war, die diese Handelsroute erneut öffnete.

Leiter des Unternehmens war der Schatzmeister *Nehesy,* dessen Name seine nubische Abstammung belegt. Nach mehrmonatiger Reise, zunächst auf dem Nil, dann durch die Ostwüste (Wadi Hammamat) zum Roten Meer und dann wieder mit mehreren Schiffen entlang der Küste des Roten Meeres bis nach Punt, schlugen die Ägypter dort ihr Lager auf. Eindrücklich sind in Deir el-Bahari die Landschaft des Landes sowie die Verhandlungen mit dem Fürsten von Punt dokumentiert, der samt seinen Kindern und seiner fettleibigen Frau sowie deren Reitesel abgebildet ist.

Schließlich kehrten fünf Schiffe voll beladen mit Luxusgütern nach Ägypten zurück. *Hatschepsut* zeigte hiermit ihre Erfüllung der Königspflichten, indem sie die für den Götterkult unverzichtbaren Waren wie beispielsweise Räucherwerk, Edelmetalle und Edelhölzer »organisiert«. Auch die Beamten, die mit der Expedition und der Verwaltung der Güter betraut waren, erwähnen stolz ihre Beteiligung an dem Unternehmen in ihren eigenen Gräbern. Ein besonderes Interesse hatten die Ägypter an den in Punt wachsenden Myrrhebäumen, die samt Wurzelwerk nach Ägypten gebracht wurden, um dort das mythisch verklärte Land Punt für den *Amun* von Theben *en miniature* zu erschaffen. Ob der Versuch, die Myrrhenbäume in Ägypten anzusiedeln erfolgreich war, kann bezweifelt werden. Baumreste in Deir el-Bahari, die auf heutigen Hinweisschildern für die Besucher als »Myrrhenbäume aus Punt« ausgegeben werden, sind in Wahrheit Perseabäume.

Auch durch Bauprogramme kam die Herrscherin ihren kultischen Pflichten nach. Entsprechend ist die Errichtung, Erweiterung und Renovierung von Tempelgebäuden, Kapellen, Palastanlagen und Nutzbauten unter *Hatschepsut* in ganz Ägypten und den unter ägyptischer Kontrolle stehenden Gebieten belegt. Im *Amun*-Tempel von Karnak ließ sie folgende Bauten errichten: den 8. Pylonen, zwei Obeliskenpaare, eine Barkenkapelle (»Rote Kapelle«), eine Umfassungsmauer, möglicherweise einen *Ptah*-Tempel, den *Mut*-Tempel und den *Kamutef*-Tempel am Beginn der Prozessionsstraße zwischen dem Karnak- und dem Luxortempel. Hier entstanden mehrere Prozessionskapellen, eine davon wurde durch *Ramses II.* in den 1. Hof des Luxortempels integriert.

In Theben-West wurde der heute als »Kleiner Tempel« von Medinet Habu bezeichnete Tempel mit Namen Djeser-set (»Heiliger Ort«) erbaut. Hierher zog einmal jährlich der *Amun* von Karnak in einer Prozession, um den Kult für die Urgötter durchzuführen und so für seine eigene Regeneration zu sorgen. Außerdem wurde die zivile Siedlung auf dem thebanischen Westufer gegen die Nekropole durch eine Ziegelmauer abgegrenzt. Darüber hinaus gibt es Gründungsgruben am *Month*-Tempel von Armant mit dem Namen der Königin, für *Toth* wurde in Hermopolis ein neuer Tempel errichtet, in Kom Ombo entstand ein Torbau und in Memphis wurde der *Ptah*-Tempel erweitert. Ein ganz besonderes Heiligtum entstand zudem bei Beni Hassan. Hier wurde ein Felstempel für die löwengestaltige Göttin *Pachet* geschaffen, der von den Griechen Speos Artemidos (Gleichsetzung der *Pachet* mit *Artemis*) genannt wurde. Auf einer dort erhaltenen Inschrift schildert *Hatschepsut* den Verfall der Tempelanlagen Ägyptens, hervorgerufen durch die Misswirtschaft der Hyksos, die sie als illegitime Herrscher beschreibt, und ihre eigenen Maßnahmen des Wiederaufbaus. Weitere Felsheiligtümer entstanden in Gebel es-Silsileh, Qasr Ibrim und Faras. Auf der Insel Elephantine (Assuan) wurde durch *Hatschepsut* ein neuer *Satis*-Tempel errichtet, und es sind dort Bautätigkeiten am *Chnum*-Tempel nachzuweisen. Ferner entstanden weitere Bauten in Nubien in Buhen, Semna / Kumma und in Dakka.

Das wohl bemerkenswerteste Bauwerk, welches für die Königin errichtet wurde, ist jedoch ihr weiter oben bereits mehrfach angesprochener Totentempel in Deir el-Bahari, altägyptisch Djeser-djeseru (»Heiligstes-der-Heiligen«). Als maßgeblicher Architekt fungierte dabei der Haushofmeister *Senenmut*. Weitere involvierte Beamte waren *Hapuseneb*, *Nehesy*, *Djehuti* und *Minmose*.

Der Terrassentempel liegt im Talkessel von Deir el-Bahari, angeschmiegt an die Felswand in unmittelbarer Nähe zum Totentempel *Mentuhoteps II.*, an dessen Architektur sich *Hatschepsuts* Tempelbau orientierte. Unter der Leitung von EDOUARD NAVILLE legte HOWARD CARTER Ende des 19. Jahrhunderts den stark zerstörten Tempel der Königin frei und kopierte zusammen mit Kollegen die Reliefs und Inschriften. Weitere Ausgrabungen erfolgten durch HERBERT WINLOCK für das Metropolitan Museum, New York. Seit den 1960er-Jahren erforschen und rekonstruieren Ägyptologen und Bauforscher der Universität Warschau zusammen mit dem ägyptischen Antikendienst den Tempel, der sich immer mehr in seinem Originalzustand präsentiert. Zwei große Hofbereiche und drei Pfeilerkolonnaden sowie ein weiterer von Säulen umstandener Festhof mit Kapellen und das in den anstehenden Fels geschlagene Heiligtum bilden eine einzigartige Tempelarchitektur, deren drei Terrassenebenen durch lange Rampen verbunden sind. Besonderheiten sind unter anderem die Darstellungen vom Transport zweier Obelisken aus Assuan und deren Aufstellung im Tempel von Karnak, der bereits genannte Bilderzyklus der Puntexpedition, und die ebenfalls bereits erwähnten Szenen der »Geburtslegende«, in der *Hatschepsut* ihre göttliche Abstammung von *Amun-Re* betont. Eigene Tempelteile oder Kapellen sind der Göttin *Hathor*, dem *Amun-Re*, dem *Anubis*, dem Sonnenkult (offener Hof) und dem Kult für *Hatschepsuts* Vater *Thutmosis I.* sowie für die Königin selbst geweiht.

Nach der Übernahme des Königsamtes musste sich *Hatschepsut* ein neues, für einen König adäquates Grab anlegen lassen. Es handelt sich hierbei mit großer Wahrscheinlichkeit um das Grab KV 20 im Tal der Könige, dass oft ihrem Vater *Thutmosis I.* zugeschrieben wird. Die Gründungsgruben des Grabes enthalten jedoch Objekte mit dem Namen der *Hatschepsut*. Zudem liegt das Grab in einer Achse mit dem Totentempel der *Hatschepsut* auf der gegenüberliegenden Bergseite. Beide Sarkophage des Grabes sind durch *Hatschepsut* für sich selbst in Auftrag gegeben worden, wobei Sarkophag C später für ihren Vater *Thutmosis I.* umgearbeitet wurde. Die Wände der Sarkophagkammer waren mit Kalksteinplatten verkleidet, die mit dem Unterweltsbuch *Amduat* dekoriert waren. Steinsarkophage und *Amduat*-Dekoration sind hier zum ersten Mal in einem Königsgrab des Neuen Reiches belegt. Es hat auch sicher eine Bestattung der *Hatschepsut* stattgefunden. Holzreste ihres Sarges von hoher Qualität sind im Grab *Ramses' XI.* (KV 4) aufgefunden worden, wohin sie später nach der Plünderung ihres eigenen Grabes sekundär gelangten. Außerdem sind zwei Uschebti der Königin bekannt, die zu ihrer Grabausstattung gehört haben. Beide stammen aus dem Kunsthandel. Hinzu kommt ein Kästchen mit dem Namen der Königin, in dem ein Zahn und mumifizierte Eingeweide gefunden wurden. Es stammt aus der sogenannten Mumiencachette (DB 320), in der Priester während der 22. Dynastie die Särge und Grabbeigaben aus den Köngisgräbern des Neuen Reiches deponierten, um sie vor Grabraub zu schützen. Bei diesen Umbettungen sind die Mumien und Objekte der einzelnen Gräber jedoch durcheinander geraten. So ist die Zugehörigkeit des Eingeweidepakets zu dem Kasten (für den es zu groß ist – der Deckel läßt sich nicht schließen) unsicher, infolgedessen bleibt auch zweifelhaft, ob es sich tatsächlich um organische Überreste der Königin handelt. Vermutlich ist eher ein »fremdes« Eingeweidepaket in den Kasten der *Hatschepsut* gelegt worden. Viele weibliche Mumien wurden bislang mit *Hatschepsut* identifiziert, zuletzt eine der beiden Mumien aus KV 60, dem Grab von *Hatschepsuts* Amme *Sat-Ra*. Alle diese Versuche scheiterten jedoch bisher an der zu großen Menge unbekannter Faktoren, sodass der Weg für weitere Spekulationen offen bleibt.

Hatschepsuts Beamtenschaft, von der einige Vertreter bereits erwähnt wurden, ist uns aus vielen Quellen gut bekannt. Zunächst lässt sich feststellen, dass es auch unter *Hatschepsut* eine offenbar problemlose Kontinuität in der Verwaltung gegeben hat. Viele Männer, die bereits unter den vorherigen Königen im Amt waren, setzten ihre Karriere unter der Königin fort oder wurden als Pensionäre durch sie versorgt. Der altgediente Militär *Ahmose Pennechbet* diente *Hatschepsut* als Schatzkämmerer und war mit der Erziehung ihrer Tochter *Neferure* betraut. Der einstige Bauleiter *Ineni* erfreute sich unter *Thutmosis II.* und *Hatschepsut* seines Pensionärsdaseins, bekleidete aber keine offiziellen Ämter mehr. Als »Vizekönig von Kusch« war zunächst wie unter *Thutmosis I. Seni tätig,* der später durch einen gewissen *Inebny* (genannt *Amenemnechu*) ersetzt wurde. Kontinuität kann auch bei den Wesiren festgestellt werden. Bis in das fünfte Regierungsjahr der *Hatschepsut* war *Aametju* in diesem Amt tätig. Er übergab es an seinen Sohn *Useramun,* der es bis zur Alleinregierung *Thutmosis' III.* ausübte, um es dann seinerseits an seinen Neffen *Rechmire* zu übertragen.

Die beiden höchsten *Amun*-Priester *Hapuseneb* und *Puyemre* waren zugleich auch an Bauprojekten der Königin (Grab und Totentempel) beteiligt und zumindest *Puyemre* unterstand zudem die Verwaltung von Wirtschafts- und Luxusgütern. Weitere bekannte Namen aus dem Verwaltungsstab der *Hatschepsut* sind der Haushofmeister und Bauleiter *Amenhotep* (TT 73), der Herold *Antef* (TT 155), der königliche Butler *Djehuti* (TT 110) und *Duaui-erneheh* (TT 125) sowie der Schatzhausvorsteher *Djehuti* (TT 11).

Viele dieser Beamten konnten auch unter *Thutmosis III.* ihre Karriere fortsetzen. In ihren Gräbern erwähnen sie zum Teil nur *Hatschepsut* oder *Thutmosis III.*, einige nennen auch beide Herrscher. Ob es politische Spannungen zwischen den zwei »Lagern« der beiden Koregenten gegeben hat, kann nicht belegt werden. Vielleicht haben die Männer, die bis in die Zeit der Alleinregierung *Thutmosis' III.* tätig waren und erst dann ihre Gräber dekoriert haben, ihre Tätigkeit für die Königin »unterschlagen«. Andererseits ist es bei einer Koregentschaft nur natürlich, dass bestimmte Amtsbereiche verdoppelt sind (Herolde, Wache, Palastverwaltung, persönliche Bedienstete) und somit einige Beamten tatsächlich nur für *Thutmosis III.* tätig waren; vor allem weil *Hatschepsut* offenbar bestimmte Aufgabenbereiche – beispielsweise das Militär – sukzessive ihrem Neffen überließ.

Innerhalb der ohnehin schon sehr präsenten Beamtenschaft der *Hatschepsut* nimmt ihr Haushofmeister und Architekt *Senenmut* eine Sonderstellung ein. *Senenmut* stammte aus einfachen Verhältnissen (seine Eltern tragen keine nennenswerten Titel) und er scheint seine Karriere in der königlichen Privatverwaltung sowie in der Tempelverwaltung von Karnak begonnen zu haben. Bereits als *Hatschepsut* noch die Frau *Thutmosis' II.* war, stand *Senenmut* ihrem Haushalt als Verwalter vor und übernahm diese Position auch für *Hatschepsuts* Tochter *Neferure*, als deren Erzieher er zeitgleich fungierte. Seine enge persönliche und berufliche Bindung an die Prinzessin dokumentieren mehrere berührende »Erzieherstatuen«, die *Senenmut* mit seinem Zögling zeigen. Nach der Regierungsübernahme durch *Hatschepsut* stieg *Senenmut* in der Tempelverwaltung von Karnak zum Domänenverwalter des *Amun* und damit in das höchste zivile Amt der Tempelverwaltung auf. Gleichzeitig blieb er der Verwalter des königlichen Haushaltes und war an mehreren wichtigen Bauvorhaben (Karnak, Luxor, Totentempel) beteiligt. Seine besondere Stellung in der Gunst der Königin dokumentieren sowohl königliche als auch seine eigenen Monumente. So sind im Totentempel von Deir el-Bahari über 60

Darstellungen und Inschriften des *Senenmut* zu finden, was als ganz außergewöhnliches Privileg eingeordnet werden muss. *Senenmut* besaß zudem zwei Grabanlagen. Zunächst ließ er im oberen nördlichen Teil von Scheikh Abd el-Qurna eine Felsgrabkapelle (oberirdische Kultanlage) anlegen (TT 71), dessen aufgeschüttete Terrasse das Grab seiner Eltern und das Grab eines Pferdes (erster Beleg eines realen Pferdes in Ägypten) versiegelte. Es handelte sich um die größte Felsgrabkapelle seiner Zeit. Die heute fast gänzlich zerstörte Dekoration zeigt Reste minoischer Tributbringer und Opferszenen, in denen *Senenmuts* Geschwister die Rolle der Opfernden übernehmen. Da diese Aufgabe normalerweise von den leiblichen Kindern des Grabherren übernommen wurde, kann man davon ausgehen, dass *Senenmut* keine eigenen Nachkommen hatte. Über der Fassade der Grabkapelle ist eine Statue des *Senenmut* mit Prinzessin *Neferure* aus dem anstehenden Fels gearbeitet. Eine Besonderheit stellt auch der allerdings unfertig gebliebene Quarzitsarkophag dar, den *Senenmut* mit Texten dekorieren ließ, die denen auf den königlichen Sarkophagen der *Hatschepsut* gleichen.

Ein deutlich später begonnenes Grab, bzw. die das erste Grab ergänzende eigentliche unterirdische Bestattungsanlage (TT 353), liegt unter dem ersten Hof von Djeser-djeseru, dem Totentempel der Königin. Hier ist nicht nur die Lage außergewöhnlich, auch in der Dekoration gibt es hier Besonderheiten: das Grab weist die erste astronomische Deckenmalerei auf, und die Texte der Totenliturgien sind in ihrer Verwendung für das Neue Reich einzigartig. Innovationen, die offenbar der kreativen und intellektuellen Persönlichkeit des *Senenmut* zuzuschreiben sind, finden sich auch in seinem vielfältigen und qualitätsvollen Statuenprogramm von bislang 26 erhaltenen Statuen. Erstmalig belegt sind der Typ Erzieherstatue (mit Königskind), Naophor (einen Schrein tragend), Sistrophor (ein Musikinstrument tragend), Messstrickträger und Kryptogrammträger (Königsnamen tragend).

Entsprechend dieser Sonderstellung des *Senenmut*, die nicht zuletzt in den beiden genannten Grabanlagen ihren Ausdruck fand, ist viel über eine Liebesbeziehung mit der Königin spekuliert worden. Allerdings gib es dafür keinerlei Belege und Quellen, die darüber Auskunft geben könnten, sind per se nicht zu erwarten. Ebenso mysteriös wie das Verhältnis zwischen *Senenmut* und der Königin ist auch der Tod des Vertrauten. Ein letztes Datum nennt das 16. Regierungsjahr der *Hatschepsut*. Was danach mit *Senenmut* geschah, ist ungewiss. Keines seiner Gräber wurde für eine Bestattung genutzt. Die Bauarbeiten in TT 353 wurden abrupt gestoppt und das Grab ungenutzt versiegelt. Den ebenfalls noch unfertigen Quarzitsarkophag zerschlug man in über tausend Fragmente, die in TT 71 aufgefunden werden konnten. Namen und Darstellungen des *Senenmut* wurden absichtlich zerstört, offenbar unabhängig von den Zerstörungen, die später den Monumenten der *Hatschepsut* zugefügt wurden. Ob der verdiente Beamte bei der Königin in Ungnade gefallen war oder ob sich hier eine deutliche Machtverschiebung zugunsten von *Thutmosis III.* widerspiegelt, ist allerdings nach wie vor ungeklärt.

Eine nicht unwichtige Rolle spielte während der Regierung der *Hatschepsut* auch ihre Tochter *Neferure* aus der Ehe mit ihrem Halbbruder *Thutmosis II.*, die offenbar relativ früh in der kurzen Ehe der Halbgeschwister geboren wurde. Sie erbte von ihrer Mutter den wichtigen Titel »Gottesgemahlin des *Amun*«, ein mit priesterlichen Aufgaben versehenes Amt, das darüber hinaus dynastische Bedeutung hatte, denn die Heirat mit einer Gottesgemahlin konnte Männern aus königlichen Nebenlinien zu einer legitimen Thronfolge verhelfen. Dementsprechend waren bedeutende Männer mit der Erziehung von *Neferure* betraut: darunter der bereits genannte altgediente Militär *Ahmose Pennechbet* ebenso wie *Hatschepsuts* Vertrauter *Senenmut* und der Tutor *Senimen*, der wie *Senenmut* oberhalb seiner Grabfassade eine Statue von sich mit der Prinzessin auf dem Schoß gestalten ließ. Eine Stele auf dem Sinai, auf der *Senenmut* hinter *Neferure* steht, die der *Hathor* opfert, datiert in ein Jahr 11, ohne dass ein Königsname genannt wird. Weitere datierte Quellen fehlen bislang. Man hat daher angenommen, *Neferure* sei vor ihrer Mutter verstorben, und auch *Senenmuts* Verschwinden aus den Quellen hat man damit in Verbindung bringen wollen. Dem widerspricht jedoch eine Stele *Thutmosis' III.*, die später als das Regierungsjahr 23 (und damit in seine Alleinherrschaft nach *Hatschepsuts* Tod) datiert. Auf ihr war offenbar zunächst die Gottesgemahlin *Neferure* hinter dem König abgebildet. Später wurde die Kartusche in den Namen der »Großen königlichen Gemahlin« *Satiah* umgeändert. Demnach hat *Neferure* ihre Mutter überlebt und zunächst in der Alleinherrschaft ihres Halbbruders *Thutmosis III.* eine offizielle Funktion beibehalten, bevor sie aus ungeklärten Gründen »ersetzt« wurde.

Nachdem sie in ihrem 15. Regierungsjahr ein königliches Jubiläumsfest (Sedfest) gefeiert hatte, endete im Jahr 22 die Herrschaft der *Hatschepsut*, und es scheint, wie oben geschildert, eine ordentliche Bestattung stattgefunden zu haben, was gegen die Theorien eines gewaltsamen Todes der Königin spricht. Die großflächig angelegte Auslöschung von *Hatschepsuts* Namen und Darstellungen unter *Thutmosis III.* hat man früher als unmittelbaren Racheakt bei Antritt seiner Alleinherrschaft interpretiert. Inzwischen gilt es als sicher, dass die Zerstörungen erst spät, nach dem 42. Jahr des Königs stattfanden. Die meisten Inschriften änderten die Handwerker sorgfältig, indem die Namen und Figuren der Königin durch die Vorgängerkönige *Thutmosis I.* oder *II.* (Großvater und Vater *Thutmosis' III.*) ersetzt wurden. Sämtliche Statuen der Königin wurden aus den Tempeln entfernt und zerstört sowie ihr Name aus den Annalen getilgt. Vielleicht liegt hier der Versuch vor, den »Präzedenzfall« einer Herrschaftsübernahme einer Frau bei gleichzeitiger Präsenz eines legitimen männlichen Thronfolgers zu tilgen. Damit läge eine bewusste Änderung der historischen Fakten zugunsten eines traditionellen, als rechtmäßig empfundenen Geschichtsbildes vor.

Zusammenfassend kann festgestellt werden, dass die äußeren Umstände während *Hatschepsuts* Herrschaft sehr positiv waren. Bis auf kleinere Probleme in Nubien scheint die außenpolitische Situation stabil gewesen zu sein, was wiederum die gute wirtschaftliche Lage (Handel, Tributleistungen) bedingte. Durch die Hyksosherrschaft und anhaltende intensive Kontakte zum Ausland bestand ein Transfer von neuen Ideen und materiellen Neuerungen. Ägypten besaß zu dieser Zeit offenbar eine Beamtenschaft mit hohem Potenzial, deren Zusammenarbeit mit *Hatschepsut* aber auch mit ihrem Koregenten *Thutmosis III.* dem Land am Nil eine Zeit ungewöhnlicher Prosperität ermöglichte.

Auffällig ist in der Zeit der *Hatschepsut* die Rückbesinnung auf alte Traditionen, die jedoch an aktuelle Bedürfnisse angepasst wurden, eine Tendenz, die auch schon ihre unmittelbaren Vorgänger im Amt pflegten. In einer kreativen, kulturbewussten Grundstimmung wurden Archive nach alten Texten durchsucht, die möglicherweise lange nicht zugänglich gewesen waren, da sie sich im Norden des Landes befanden und durch die Hyksosherrschaft außerhalb des Zugriffs lagen. Besonders Vorbilder der (späten) 12. Dynastie fanden Eingang in Architektur, Skulptur und Malerei der Hatschepsutzeit.

Für die Königin selbst war ein Orientierungspunkt offenbar Königin *Nofrusobek*, eine Herrscherin der ausgehenden 12. Dynastie, die als eines ihrer Rollenvorbilder diente. Lange ungenutzte Textvorlagen erfuhren eine Neugestaltung. So wurde für den Steinsarkophag der *Hatschepsut* als Ehefrau *Thutmosis' II.* aus verschiedenen Texten (u. a. Sarginschriften der Prinzessin *Neferuptah* aus der späten 12. Dynastie) ein neues Textprogramm entwickelt. Dieser Sarkophag war wiederum Vorbild für die komplette Neukonstruktion der Königssärge des Neuen Reiches, beginnend mit den beiden Sarkophagen, die *Hatschepsut* für sich als König anfertigen ließ. Der Sarkophag des *Senenmut* ist mit einem ganz ähnlichen Textprogramm beschriftet. Zudem rühmt *Senenmut* sich auf einer seiner Statuen, er hätte Zugang zu den Büchern der Priester besessen und nicht ignoriert, was dort seit Anbeginn der Zeit vermerkt sei. Auch erwähnt er explizit, er habe kryptographische Schreibungen selbst entworfen. Nimmt man die Innovationen innerhalb der Privatplastik hinzu, die allesamt bei den Statuen des *Senenmut* erstmals auftreten, ist es durchaus wahrscheinlich, hinter vielen künstlerischen und kulturellen Neuerungen *Senenmut* als kreativen Kopf zu vermuten.

SMvF

LITERATUR:

W. Seipel, in: *LÄ II* (1977) Sp. 1045–1051. E. Graefe, in: *GM 38* (1980) S. 45–51. Chr. Meyer, *Senenmut* (1982). P. Dorman, *Senenmut* (1988). A. Dodson, in: *JEA* 75 (1989) S. 224–226. Schneider, *Lexikon* (1996) S. 197–201. S. Martinssen, *Punt* (1999). J. Lipinska, in: OEAE II (2001) S. 85–87. F. Maurice-Barberio, *Amdouat* (2001). J. P. Allen, in: *BES 16* (2002) S. 1–17. E. Bernhauer, *Privatplastik* (2010). F. Breyer, *Punt* (2016). V. G. Callender, in: *BACE* 13 (2002) S. 29–46. C. Roehrig, in: *Egyptian Museum Collections 2* (2002) S. 1003–1010. A. Dorn, in: S. Bickel (Hg.): *Vergangenheit und Zukunft* (2013) S. 29–47. J. M. Galán/B. Bryan/P. Dorman, *Creativity and innovation* (2014). M. Müller, in: S. Bickel (Hg.): *Vergangenheit und Zukunft* (2013) S. 187–202. C. Roehrig/R. Dreyfus/C. A. Keller (Hg.), *Hatshepsut: from Queen to Pharaoh*, New York/New Haven/London 2005. J. Assmann, in: *Fs*

Junge (2006) S. 59–72. M. von FALCK, in: *SAK 34* (2006) S. 125–140. E. HORNUNG, in: Hornung/Krauss/Warburton, *Ancient Egyptian Chronology* (2006) S. 197–217. D. VALBELLE, in: *BSFE 167* (2006) S. 33–50. W. V. DAVIES, in: *BMSAES 10* (2008) S. 39–63. L. DELVAUX, in: *Fs Limme* (2009) S. 245–260. E. BERNHAUER, *Privatplastik* (2010). E. GRAEFE, in: *GM 231* (2011) S. 41–43. J. M. GALÁN/B. BRYAN/P. DORMAN, *Creativity and innovation* (2014). F. BREYER, *Punt* (2016).

THUTMOSIS III.

Titel	Name	Übersetzungsvorschlag
Horus	*Ka-nacht-cha-em-Waset*	»Starker Stier, der in Theben erschienen ist«
Der der beiden Herrinnen	*Wah-nisut*	»Mit beständigem Königtum«
Goldhorus	*Djeser-chau*	»Mit heiligen Erscheinungen«
König von Ober- und Unterägypten	*Men-cheper-Re*	»Bleibend an Gestalt ist Re«
Sohn des Re	*Djehutimes*	»Von Thot geboren«

Thutmosis III. wurde als Sohn *Thutmosis' II.* und einer Nebenfrau namens *Isis* der sechste Pharao der 18. Dynastie. Er regierte von 1479–1425 v. Chr. Seine »Große Königliche Gemahlin« *Meritre-Hatschepsut* gebar den Thronfolger *Amenophis II.*, wenngleich bekannt ist, dass sie nicht die erste Ehefrau des Königs in dieser Position gewesen ist. Zuvor ist eine *Sat-iah* mit dem Titel einer »Großen Königlichen Gemahlin« belegt, die zudem die Mutter des ältesten Königssohnes *Amenemhet* war. Beide jedoch scheinen im dritten Regierungsjahrzehnt des Königs verstorben zu sein, sodass der König schließlich *Meritre-Hatschepsut* heiratete, die nicht von Adel war. Unter den namentlich bekannten Nebenfrauen des Königs verdienen drei Syrerinnen besondere Beachtung: *Manhat*, *Mahnta* und *Manawa* sind uns durch ihr Grab in Theben-West bekannt, welches zu weiten Teilen ungeplündert war und zahlreiche kostbare Schmuckstücke beinhaltete.

Zum Zeitpunkt der Thronbesteigung war *Thutmosis* noch minderjährig, und so übernahm *Hatschepsut*, die »Große Königliche

Gemahlin« seines Vaters, die Regentschaft für ihn. Schon aus den ersten Regierungsjahren sind Aktivitäten des Königs nachweisbar, wenngleich anzunehmen ist, dass es sich um Erlasse in seinem Namen handelt und sie nicht von ihm selbst erdacht wurden. Vor allem der königliche Befehl aus dem zweiten Regierungsjahr an den »Vizekönig von Kusch«, den Tempel des Gottes *Dedwen* in Semna neu zu errichten, ist hier zu nennen. Irgendwann zwischen dem zweiten und dem siebten Regierungsjahr kommt es jedoch zu einer Machtverschiebung zwischen *Thutmosis* und *Hatschepsut*. *Hatschepsut* tituliert sich nun selbst als (männlichen) König, und auch wenn *Thutmosis* als König zu keinem Zeitpunkt infrage gestellt wird, so erscheint er nun doch deutlich seltener in den Quellen als seine ehemalige Regentin. Diese legitimiert sich im Folgenden nun nicht mehr durch ihre Ehe mit *Thutmosis II.*, sondern durch ihren Vater *Thutmosis I.* und den Gott *Amun*, der sie zum König bestimmt habe. Wir müssen in dieser Phase also von einer Doppelregentschaft sprechen, die in Ägypten als solche keineswegs unüblich ist. In dieser Phase führte *Thutmosis* möglicherweise einige Kriegskampagnen durch, die ihn bis nach Gaza im Norden und Mau in Nubien führten, die Quellenlage zu diesen Kampagnen ist jedoch nicht eindeutig. Das Erlegen eines Nashorns – ein für die Ägypter höchst exotisches Tier – auf einem solchen Nubienfeldzug, fiel wahrscheinlich in das letzte gemeinsame Regierungsjahr mit *Hatschepsut*. Im 22. Regierungsjahr der Königin endete ihre Regentschaft vermutlich durch ihren Tod und *Thutmosis* war nun Alleinherrscher. Nachdem er jahrelang das Andenken der Königin unangetastet gelassen hatte, entschloss er sich gegen Ende seiner Regierung aus bislang unbekannten Gründen zu einer *Damnatio Memoriae* und ließ den Namen *Hatschepsuts* auf vielen Denkmälern zerstören.

Eine seiner ersten Amtshandlungen nach der alleinigen Übernahme der Regierungsgewalt ist eine Militärkampagne nach Megiddo in Palästina, die in seinem mittlerweile 23. Regierungsjahr stattfand, und tatsächlich wird es zu einem Kennzeichen der königlichen Außenpolitik, dass von nun an fast jährlich Kampagnen nach Asien oder Nubien durchgeführt werden. Im Falle dieser ersten Kampagne lieferte *Thutmosis* einen der spannendsten Texte, den wir aus der Militärgeschichte kennen. Im sogenannten Annalensaal im Tempel von Karnak brachte er eine Schilderung dieser Kampagne an, die so minutiös beschrieben wurde, dass wir in einigen Fällen sogar die Tageszeit kennen, zu der bestimmte Truppenbewegungen stattfanden. In der Schlacht von Megiddo zerschlug *Thutmosis* eine Allianz von 330 syrischen Fürsten, die sich gegen Ägypten erhoben haben sollen. Was in den ägyptischen Quellen als eine große Koalition dargestellt wurde, deren Ziel die Eroberung Ägyptens gewesen sein soll, stellt sich bei genauerer Betrachtung etwas anders dar. Das im ägyptischen Text genutzte Wort kann ebenso gut »Fürst« wie auch »Vornehmer« oder gar »Dorfvorsteher« meinen. Die Anzahl von 330 ist also nicht unbedingt – wie oftmals in der Literatur zu finden – symbolisch zu verstehen. Tatsächlich stand *Thutmosis* wohl einer Allianz gegenüber, die sich aus wenigen größeren Städten wie z. B. Kadesch am Orontes, vor allem aber aus kleineren Dörfern zusammensetzte, die durch ihre Dorfvorsteher mit jeweils wenigen Kämpfern vertreten wurden. Die von *Thutmosis* im Annalentext gelieferte Ortsnamenliste bestätigt dies im Übrigen sehr klar. Von einer geplanten Eroberung Ägyptens ist daher kaum auszugehen, wahrscheinlich war das syrische Heer nicht größer als das ägyptische. In Vorbereitung auf die eigentlichen Kampfhandlungen nutzt *Thutmosis* eine Taktik, die man aus militärischer Sicht bestenfalls als unbesonnen bezeichnen muss, schlimmstenfalls als töricht: Er umgeht die vom Feind überwachten üblichen Aufmarschwege und nähert sich mit seinem Heer der Stadt über einen Engpass, auf dem die ägyptischen Soldaten hintereinander laufen müssen. Glücklicherweise wird ihr Herannahen nicht schnell genug entdeckt und es gelingt ihnen, sich im Rücken des Feindes zu sammeln. Die anschließende Schlacht vor den Mauern Megiddos gewannen die Ägypter, doch erst eine mehrmonatige Belagerung der Stadt entschied schließlich diese Militärkampagne, da das ägyptische Heer sich mit dem Plündern des feindlichen Heerlagers vor den Toren der Stadt aufgehalten hatte, und zahlreichen feindlichen Kombattanten die Flucht hinter die schützenden Mauern der Stadt gelungen war. Bemerkenswert ist in diesem Zusammenhang die ägyptische Vorgehensweise während der Belagerung: Megiddo wurde mit einem zweiten Ringwall versehen, sodass die Belagerten nicht entweichen konnten und Fouragezüge in die unmittelbare Umgebung der Stadt wirkungsvoll unterbunden wurden. Zusätzlich ließ *Thutmosis* auf der Ostseite dieses Walls einen Wachturm errichten, der hoch genug war, um in die Stadt sehen zu können und Feindbewegungen zu erkennen. Derartiges ist erst unter den Römern wieder sicher belegt.

In den folgenden Jahren drang *Thutmosis III.* im Norden bis in die Region von Karkemisch vor, wo er in seinem 33. Regierungsjahr während eines Feldzugs gegen die Mitanni am Ufer des Euphrat neben der Stele seines Großvaters *Thutmosis I.* eine eigene Stele aufstellen ließ. Für diese Kampagne wurden demontierte Schiffe auf Ochsenkarren über Land zum Euphrat gebracht – eine Vorgehensweise, die den Ägyptern durch die Fahrten nach Punt bestens bekannt war. Auch dort mussten die für das Rote Meer gedachten Schiffe von Koptos aus durch die östliche Wüste transportiert und am Zielort wieder zusammengesetzt werden. In der folgenden Schlacht bei Karkemisch gewannen die Ägypter die Oberhand. Nachdem der Feind geflohen war, fuhren die Ägypter auf den mitgebrachten Booten den Euphrat hinab und plünderten die Gegend. Anschließend reiste der König nach Naharina (Nordsyrien) um an einer Elefantenjagd teilzunehmen, die ihm fast zum Verhängnis geworden wäre: Ein Offizier namens *Amenemheb* stellte sich vor seinen König, als ein Elefantenbulle die Jagdgesellschaft angriff. *Amenemheb* verwundete das Tier tödlich und ließ dies in seinem Grab (TT 85) in einer biographischen Inschrift ausführlich festhalten.

Im Süden hingegen schob der König die Grenze ägyptischen Einflussgebietes bis über den 4. Katarakt zum Gebel Barkal vor, wo er die Siedlung Napata gründen ließ. In dieser Zeit begannen große Mengen an Wirtschaftsgütern nach Ägypten zu fließen und ein starker wirtschaftlicher Aufschwung setzte ein, der neben dem Königshaus vor allem der höheren Beamtenschaft und den Tempelanlagen zugutekam. Die umfangreichen und sehr erfolgreichen Militärkampagnen dieser Jahre waren noch lange Zeit später als ein goldenes Zeitalter in den Köpfen der Ägypter hängen geblieben. So kennen wir z. B. aus der 19. Dynastie den *Papyrus Harris 500*, der über die Einnahme der Stadt Joppe (heute Jaffa) berichtet. Der Erzählung zufolge bediente sich der königliche

General *Djehuti* einer List, um die Stadt einzunehmen: Er ließ 200 Soldaten in Körben verstecken und durch 500 weitere Soldaten als Tribut in die Stadt bringen, indem er behauptete, er selbst sei ein Gefangener von Joppe. In der Stadt angekommen stiegen die Soldaten aus den Körben und nahmen die Stadt ein. Dies ist der früheste Beleg für dieselbe List, die wir auch in Form des trojanischen Pferds aus Homers *Ilias* oder durch *Ali Baba* kennen. General *Djehuti* wiederum ist als historische Person bekannt, da Teile seiner kostbaren und teilweise vom König gestifteten Grabausstattung heute im Louvre zu sehen sind.

Die Bautätigkeiten des Königs waren gewaltig und sind nur mit jenen *Amenophis' III.* und *Ramses' II.* zu vergleichen. Im ganzen Land errichtete er zahlreiche Kapellen und Tempelanlagen. Bemerkenswert sind vor allem seine Bauaktivitäten in Karnak. Hier gestaltete er den Bereich um das heutige Barkensanktuar vollkommen um und errichtete hinter dem Hof des Mittleren Reiches das sogenannte Achmenu, einen Komplex, der aus einem Festsaal mit zahlreichen umgebenden Räumen gebildet wurde und das neue Sanktuar des Tempels aufnahm. Diesem Sanktuar vorgelagert befindet sich der »botanische Garten« – ein Raum, der mit Reliefs seltener Pflanzen und Tiere geschmückt wurde, die der König in seinem 25. Regierungsjahr in Retjenu gesammelt hatte. Der erwähnte große Festsaal ist das erste Beispiel einer basilikalen Anlage in Ägypten und bildet mit seinen 52 Säulen in Zeltstangenform und einer Länge von rund 40 Metern ein Festzelt nach. Einen von *Hatschepsut* errichteten Hof zwischen dem 4. und dem 5. Pylonen ließ er zum sogenannten Wadjit-Säulensaal umbauen. Hierzu war es notwendig, die zwei in diesem Hof stehenden Obelisken der *Hatschepsut* zu ummauern, um eine Auflage für die zu verlegenden Deckenbalken bilden zu können. Diese Konstruktion ist in Ägypten einmalig geblieben und zeugt von der Meisterschaft der Architekten dieser Zeit. Gen Osten hin wurde Karnak durch einen kleinen Tempel abgeschlossen, der durch einen über 33 Meter hohen und rund 500 Tonnen schweren Obelisken ergänzt wurde. Dieser wurde im Jahre 337 n. Chr. von Kaiser *Konstantin I.* nach Alexandria gebracht, um die östliche Reichshauptstadt Konstantinopel zu schmücken. Doch erst dessen Sohn *Constantius II.* gelang es schließlich, den Obelisk aus Alexandria abzutransportieren. Der Historiker Ammianus Marcellinus beschreibt, wie hierzu ein gewaltiges Schiff mit dreihundert Ruderern eingesetzt wurde. Ziel des Obelisken war jedoch schließlich die westliche Reichshauptstadt Rom, wo er im Jahre 357 im Circus Maximus aufgestellt wurde. Nach einem Erdbeben in mehrere Teile zerbrochen, ließ Papst *Sixtus V.* ihn wieder ausgraben und 1588 auf der Piazza San Giovanni in Laterano wieder aufstellen. Die nach Süden zum Luxortempel und dem *Mut*-Bezirk führende Prozessionsstraße wurde von *Thutmosis* im Bereich des Karnaktempels stark umgestaltet und erweitert. Der von *Hatschepsut* begonnene 8. Pylon wurde von ihm vollendet, der 7. Pylon komplett neu errichtet. Der westliche der zwei Obelisken, die er vor diesem Pylonen aufstellen ließ, wurde von Kaiser *Theodosius I.* im Jahre 390 n. Chr. nach Konstantinopel gebracht, wo er im dortigen Hippodrom aufgestellt wurde. Bei seiner Aufrichtung zerbrach er jedoch, sodass von seinen rund 33 Metern heute nur noch etwas mehr als 19 Meter übrig sind.

Auf der thebanischen Westseite sind vor allem die zwei Totentempel des Königs erwähnenswert, die jedoch beide fast vollständig zerstört sind. Den ersten dieser Tempel baute *Thutmosis* noch zu Zeiten der Koregentschaft mit *Hatschepsut* in Gurna. Die Anlage war spätestens im 16. Regierungsjahr bereits in Benutzung, wie durch eine Inschrift im Sockelbereich der Chapelle Rouge belegt ist. Bemerkenswerterweise ist der Tempel auf das Grab des Königs (KV 34) im Tal der Könige ausgerichtet. Als einzige Parallele hierfür sind Totentempel und Grab *Amenophis' II.* zu nennen (KV 35). Der Komplex bestand aus einem Rechteck von 80 × 100 Metern und war durch eine Lehmziegelmauer umschlossen. Ein Pylon auf der Ostseite führte in einen ersten Hof, welcher heute durch eine moderne Asphaltstraße durchteilt wird. Durch ein einfaches Tor gelangte man in einen zweiten Hof, von dem aus eine Rampe fast drei Meter nach oben zum Vorplatz des eigentlichen Tempelhauses führte. Konzeptionell handelte es sich daher um einen einfachen Terrassentempel, wie er später auch im benachbarten Deir el-Bahari ausgeführt wurde. Der Fassade des Tempelhauses war eine Reihe von *Osiris*-Pfeilern vorgelagert, die eine Kolonnade bildeten. Anschließend folgte ein säulenumstandener Hof, bevor man die hinteren Tempelräume betrat. Zumindest einer dieser Räume wurde durch ein Tonnen-gewölbe abgeschlossen, in der Nordwestecke lag ein Sonnenhof. An Nebengebäuden sind vor allem ein *Hathor*-Heiligtum und zwei Priesterwohnungen erwähnenswert, die wohl erst nach *Amenophis IV.* errichtet wurden. Der Tempelkult dürfte noch in der 19. Dynastie bestanden haben.

Gegen Ende seiner Regierungszeit entschloss sich der König zum Bau eines zweiten Totentempels, den wir wohl im Zusammenhang mit der *Damnatio Memoriae* gegen *Hatschepsut* sehen müssen. Unmittelbar neben ihrem Totentempel in Deir el-Bahari baute *Thutmosis* in der Lücke zum Totentempel *Mentuhoteps II.* eine gewaltige Anlage, von der jedoch heute fast nichts mehr zu sehen ist. Es handelte sich um einen Terrassentempel, dessen Grundfläche zwar kleiner ist als bei *Hatschepsut*, denselben jedoch deutlich überragte. Auch er verfügte über ein angeschlossenes *Hathor*-Heiligtum, zudem besaß er einen Taltempel an der Frucht-landgrenze, einen von Baumreihen flankierten Aufweg und eine Stationskapelle auf halbem Weg. Der eigentliche Tempel lag in rund 20 Metern Höhe unmittelbar an der senkrechten Felswand, die den Talkessel von Deir el-Bahari vom Tal der Könige trennt. Eine über 91 Meter lange Rampe führte hinauf zum Tempelhaus, dem vermutlich eine mit Pfeilern versehene Fassade vorgelagert war. Wenngleich der Kult dieses Tempels bis in die 20. Dynastie bestand, wurde mit dem Abriss des Tempels unter *Ramses IV.* oder *Ramses VI.* begonnen. Durch die Entfernung der Stützmauern kam es zu einem Erdrutsch, der die Überreste des Tempels unter sich begrub.

In Medinet Habu wurde noch zur Zeit der Koregentschaft mit *Hatschepsut* ein kleiner Tempel für *Amun-Kamutef* errichtet, der für den *Amun*-Kult in Karnak von größter Wichtigkeit war, denn hier regenerierte sich der Gott alle zehn Tage. Die Dekoration wurde erst unter *Thutmosis'* Alleinherrschaft vollendet, zudem kam es in dieser Zeit zu weiteren architektonischen Änderungen an diesem Bauwerk. Als viele Jahre später der Totentempel *Ramses' III.* errichtet wurde, ließ man die zweite Umfassungsmauer so anlegen, dass der kleine Tempel nun Teil der Gesamtanlage von Medinet Habu wurde. In ptolemäischer Zeit bekam er jedoch einen eigenen Eingang nördlich des sogenannten Hohen Tors von Medinet Habu.

Außerhalb Thebens sind zahlreiche Neubauten und Erweiterungen des Königs bekannt. Zu nennen sind hier vor allem der Gebel Barkal (Tempel für *Amun*), Semna (Tempel für den Gott *Dedwen* und *Sesostris III.*), Sai (Festung und Kapelle), Kumma (Tempel für *Chnum, Sesostris III.* und *Dedwen*), Uronarti (Tempel für *Dedwen* und *Month*), Buhen (Tempel für *Horus* von Buhen), Amada (Tempel für *Amun-Re* und *Re-Harachte*), Elephantine (Tempel der *Satet*), Kom Ombo (Tempeltor), Edfu (Erweiterung des *Horus*-Tempels), el-Kab (Tempel und Barkenstation), Armant (Pylon des *Month*-Tempels), Medamud (Neubau des *Month*-Tempels), Koptos (*Harendotes*-Tempel) und nicht zuletzt Heliopolis, wo er zwei Obelisken errichten ließ, von denen der eine 1877 nach London gebracht wurde, der andere 1880 nach New York.

Im Tal der Könige ließ sich *Thutmosis* ein Grab (KV 34) anlegen, das trotz seiner relativ geringen Größe bis heute beeindruckt. Es ist am Ende einer kleinen Schlucht angelegt, in welcher sich bei den zwar seltenen aber oft heftigen Regenfällen im Tal ein Wasserfall bildet. Über eine Treppe und einen Schacht gelangt man in eine erste Kammer, von der eine Rampe in einen zweiten Korridor führt. Hinter diesem befindet sich zum ersten Mal in der ägyptisch-königlichen Grabarchitektur ein sogenannter Grabräuberschacht. Auf der gegenüberliegenden Seite des Schachtes gelangt man in einen trapezförmigen Raum mit zwei Pfeilern, von wo aus linkerhand eine weitere Treppe hinab in die Grabkammer führt, welche ebenfalls mit zwei Pfeilern versehen ist. Die beiden letztgenannten Räume sind ebenso wie der Grabräuberschacht dekoriert. Letzterer mit einem einfachen Cheker-Fries, die Vorkammer hingegen mit einer Liste von 741 Gottheiten bzw. Dämonen. Die Grabkammer ist ebenso wie der Sarkophag in Form einer Kartusche gehalten, von der vier undekorierte kleine Kammern abgehen. Die Wände sind mit der *Litanei des Re* und den zwölf Nachtstunden des *Amduat* geschmückt, wobei die Figuren als schwarze und rote Strichzeichnungen und die Hieroglyphen in kursiver Form ausgeführt wurden. Dadurch ergibt sich der Eindruck eines riesigen Papyrus, welcher auf die Wände aufgetragen wurde. Das Grab wurde 1898 von VICTOR LORET wiederentdeckt, der

Das Tal der Könige Mitte des 19. Jahrhunderts

jedoch nur wenige Funde sicherstellen konnte, darunter vor allem Überreste von Holzstatuen des Königs, sowie Fayence, Glas und Keramik. Die Mumie *Thutmosis' III.* war bereits 1881 in der Cachette von Deir al-Bahari gefunden und kurz darauf sehr unsachgemäß ausgewickelt worden. Da die Mumie bereits in der Antike im Zuge ihrer Umbettung restauriert worden war, kann nicht sicher gesagt werden, zu welchem Zeitpunkt ihre Füße abgebrochen worden sind. Durch diese Beschädigung und eine daraus resultierende falsche Vermessung des Körpers findet sich in der Literatur häufig die Behauptung, der König sei recht klein gewesen, sodass er mit Verweis auf seine militärischen Fähigkeiten auch als »Napoleon Ägyptens« bezeichnet wurde. Heute weiß man, dass er mit 1,71 Meter Körpergröße für seine Zeit ungewöhnlich groß war. Unter den Königsmumien der 18. Dynastie war allein *Amenophis I.* mit 1,80 Meter größer.

Gegen Ende seiner Regierung setzte *Thutmosis* seinen Sohn und späteren Nachfolger *Amenophis II.* als Koregenten ein. Obgleich dieser Umstand durch mehrere Texte und Darstellungen gut belegt ist, so herrscht doch Uneinigkeit darüber, wie lange diese

Koregentschaft gedauert haben mag. Sie kann von wenigen Monaten bis zu zwei Jahren Bestand gehabt haben.
JPG

Literatur:

R. O. Faulkner, in: JEA 28 (1942) S. 2–15. Tulhoff, *Thutmosis III* (1984). Schneider, *Lexikon* (1996) S. 456–464. J. Aksamit, in: *Fs Lipińska* (1997) S. 2–4. M. A. Pouls, in: *KMT* 8 (4) (1997–1998) S. 48–59. G. Gibson, in: *KMT* 11 (1) (2000) S. 60–65. H. Goedicke, *The Battle of Megiddo*, Baltimore 2000. W. Petty, in: *KMT* 11 (1) (2000) S. 50–59. J. Aksamit/R. Czerner, *Deir el-Bahari* (2001) S. 215–219. Carlotti, *L'Akh-menou* (2001). W. R. Johnson, *Temple of Amun* (2001) S. 12–13. J. F. Pécoil, *L'Akh-menou* (2001). R. Gundlach, in: *Fs Kienast* (2003) S. 153–182. C. Lilyquist, *The tomb of three foreign wives of Tuthmosis III.*, New Haven/London 2003. Dodson/Hilton, *Royal Families* (2004). Spalinger, *War in ancient Egypt* (2005). E. H. Cline/D. O'Connor (Hg.), *Thutmose III, A new biography*, Ann Arbour 2006. *Verborgene Stunden (2006).* M. Dolińska, in: *PAM 23* (2011) S. 211–220. M. Seco Álvarez/A. Radwan et al., in: *ASAE 86* (2015) S. 329–395. M. Seco Álvarez, in: *Fs el-Bialy* (2015) S. 240–253. *http://www.thebanmappingproject.com/sites/browse_tomb_848.html* (18.05.2018)

AMENOPHIS II.

Titel	Name	Übersetzungsvorschlag
Horus	*Ka-nacht-ur/ aa-pechti*	»Starker Stier, groß/mächtig an Kraft«
Der der beiden Herrinnen	*User-fau-sechah-em-Waset, Chai-chau-em-Ipetsut*	»Mächtig an Ansehen, inthronisiert in Theben«, »Mit glänzenden Erscheinungen in Karnak«
Goldname	*Itschi-sechem-ef-em-tau-nebu*	»Der mit seiner Macht in allen Ländern erobert«
König von Ober- und Unterägypten	*Aa-cheper-Re Imen-hetep (netjer/ nisut-heka-Iunu/ Waset)*	»Groß sind die Erscheinungen des Re« »Amun ist zufrieden (Gott/ König, Herrscher in Heliopolis/ Theben)«
Sohn des Re	*Imen-hetep (netjer/ nisut-heka-Iunu/ Waset) (Amenophis) Aa-cheper-Re*	»Amun ist zufrieden (Gott/ König, Herrscher in Heliopolis/ Theben)« »Groß sind die Erscheinungen des Re«

Nach dem Tod seines älteren Halbbruders *Amenemhet* rückte *Amenophis II.* als Thronerbe auf und stand seinem Vater *Thutmosis III.* als Koregent zur Seite. Die Dauer dieser gemeinsamen Regierungszeit ist nicht sicher festzustellen, vermutlich sind zweieinhalb Jahre anzusetzen. Nach dem Tod seines Vaters übernahm *Amenophis II.* die alleinige Herrschaft. Seine Mutter war die »Große Königliche Gemahlin« *Meritre-Hatschepsut*. Als einzige Königin *Amenophis' II.* ist eine Frau namens *Tija* belegt, deren Herkunft unbekannt bleibt. Auf Monumenten aus der Regierungszeit ihres Ehemannes fand sie keine Erwähnung. Erst als der gemeinsame Sohn *Thutmosis IV.* den Thron bestieg, trat sie durch Inschriften und Darstellungen als »Königsmutter« in den Vordergrund. In diesen Quellen – vielfach überarbeitete Darstellungen ihrer Schwiegermutter *Meritre* – wird sie zudem als »Große Königliche Gemahlin«, also Hauptfrau *Amenophis' II.* bezeichnet sowie als »Gottesgemahlin«. Als Bestattungsort der Königin wurde durch aktuelle Arbeiten der Universität Basel das bereits 1898 entdeckte Grab KV 32 im Tal der Könige identifiziert.

Neben dem Thronfolger *Thutmosis IV.* sind einige weitere Söhne und eine Tochter des Paares bekannt.

Laut Inschriften auf Skarabäen wurde *Amenophis II.* in Memphis geboren. Neben Theben, das als königliche Residenz, königlicher Bestattungsort und Kultort des *Amun* seit dem Beginn des Neuen Reiches zur wichtigen Metropole in Oberägypten geworden war, blieb die alte Hauptstadt Memphis in Unterägypten nach wie vor ein religiöses, wirtschaftliches und vor allem militärisches Zentrum des Landes. Mit der Erziehung des Prinzen *Amenophis* waren ranghohe Beamte seines Vaters *Thutmosis III.* beziehungsweise deren Frauen betraut. Als Amme des zukünftigen Königs fungierte die Mutter (ihr Name *Amenemopet* ist vermutlich falsch rekonstruiert) des späteren Haushofmeisters *Kenamun* (Grab TT 93), der als »Milchbruder« des Königs aufwuchs. Auch die Mutter des dritten *Amun*-Priesters *Kaemheriibsen* (Grab TT 98) war eine königliche Amme *Amenophis' II.* ebenso wie *Hunai*, die Mutter des Obersten *Amun*-Priesters *Meri* (Grab TT 95). *Senetnay*, Ehefrau des thebanischen Bürgermeisters *Sennefer* (Grab TT 96), war ebenfalls eine königliche Amme und ihre Tochter *Mutnofret* durfte sich dementsprechend als »Milchschwester des Königs« bezeichnen. Auch *Baky*, Ehefrau des Militärbeamten *Amenemhet-Mahu* (Grab TT 85), trägt den Titel »königliche Amme« und ist im Grab ihres Mannes mehrfach dargestellt, wie sie den kleinen *Amenophis* stillt. Weitere wohl *Amenophis II.* zuzuordnende Ammen sind *Neith*, Ehefrau des Militärbeamten *Pechsucher* (Grab TT 88), *Sherti*, Tochter des königlichen Erziehers *Minmose,* und *Henuttaui* (Schrein 11 in Gebel es-Silsileh), vielleicht auch eine Frau namens *Iaefibes*.

Die enge Verbindung zwischen Königsdynastie und den wichtigen Beamtenfamilien wird durch die hohe Anzahl von Ammen, Kinderfrauen und Erziehern besonders offensichtlich. Der Aufseher des königlichen Palastes und Harems *Ahmose Humay* (Grab TT 224) war vermutlich in den Kinderjahren des Prinzen für ihn verantwortlich. *Ahmoses* eigener Sohn *Amenemopet* wuchs zusammen mit dem späteren König auf, während sein offenbar etwas älterer Neffe (und Adoptivsohn?) *Sennefer* mit *Amenophis' II.* Amme *Senetnay* verheiratet war. Als Wesir und »Bürgermeister von Theben« erhielten beide Männer später höchste Ämter in der Verwaltung. Die militärische Ausbildung des älteren Prinzen übernahm unter anderem der Bürgermeister der Stadt Thinis namens *Min*. In seinem thebanischen Grab TT 109 sehen wir ihn und Prinz *Amenophis* bei Übungen im Bogenschießen auf eine Zielscheibe. Laut einer Inschrift fanden die sportlichen Aktivitäten unter anderem im Palast von Thinis statt.

Amenophis II. ist also als Prinz nicht nur im Palast von Memphis, sondern auch anderenorts unter der Obhut der lokalen Beamten ausgebildet worden. Ein Papyrus, der höchstwahrscheinlich in die Regierung *Thutmosis' III.* zu datieren ist, nennt einen Prinzen *Amenophis*, der in der Verwaltung der königlichen Werften in Memphis tätig war und zusätzlich als Sem-Priester bezeichnet wird: Vermutlich handelt es sich bei diesem Prinzen um den späteren *Amenophis II.*

Auf der sogenannten »Sphinxstele«, die *Amenophis II.* als König am Sphinx in Giza aufstellen ließ, beschreibt er seine Ernennung zum Koregenten seines Vaters *Thutmosis III.* in seinem 18. Lebensjahr. Der Stelentext thematisiert in propagandistischer Weise die herausragende physische Kraft des zukünftigen Alleinherrschers und seine außergewöhnlichen sportlich-militärischen Leistungen. Als Läufer, Ruderer und Bogenschütze sei er besser als alle seine Zeitgenossen gewesen. Besonders misstrauisch machen Schilderungen, der König sei angeblich in der Lage gewesen, handbreite Kupferscheiben mit Pfeilen zu durchschießen. Glaubhafter sind dagegen die Angaben, dass *Amenophis II.* bereits als Jugendlicher Pferde und die Fahrt im Streitwagen liebte. Er erwarb sich einen derart guten Ruf als Pferdekenner, dass sein Vater ihn mit der Aufsicht über die königlichen Ställe in Memphis betraute.

Wenn auch die Betonung der Stärke, Gesundheit und körperlichen Durchsetzungskraft seit jeher zum Dogma der ägyptischen Könige gehörte, sei es in sportlich-ritueller oder militärischer Hinsicht, ist die Dichte und individuelle Gestaltung der Texte und Darstellungen mit diesem Thema unter *Amenophis II.* auffällig. Gerade in der älteren Literatur wurde er daher als eine Art »Soldatenkönig« charakterisiert. Texte, welche nach gängiger Form die Überlegenheit des ägyptischen Königs über seine Feinde beschreiben, wurden als Beweis der besonderen Grausamkeit des Herrschers interpretiert, was allerdings zu relativieren ist.

Nach der kurzen Koregentschaft mit *Thutmosis III.* wurde *Amenophis II.* alleiniger Herrscher. Laut JOSEPHUS dauerte seine

Regierung 25 Jahre und 10 Monate. Zeitgenössische Quellen belegen sicher ein Jahr 23 (Stele des *Usersatet* aus Semna, Boston MFA 25.633) und ein Gefäßverschluss aus dem Totentempel des Königs nennt ein Jahr 26, was zu der Angabe bei Josephus passt. Obwohl die Quellen – und in ihrer Folge die Forschung – die sportlich-militärischen Fähigkeiten des Königs hervorheben, ist nur eine vergleichsweise moderate Anzahl von Feldzügen oder militärischen Kampagnen unter *Amenophis II.* belegt. Allerdings scheint der König gleich im dritten Jahr seiner alleinigen Herrschaft bei einem Vorstoß nach Nordsyrien ein Exempel statuiert zu haben. Angeblich durch die Keule des Königs eigenhändig erschlagene sieben Fürsten wurden am Bug seines Schiffes namens »*Aa-cheperu-Re* lässt die ›Beiden Länder‹ dauern« präsentiert. Sechs davon wurden samt ihrer abgetrennten Hände in Ägypten an der Stadtmauer von Theben aufgehängt und einer an der Mauer von Napata in Nubien. Während es in Theben eher darum ging, die Sieghaftigkeit des Königs zu dokumentieren, ist der in Napata zur Schau gestellte tote syrische Fürst wohl als direkte Warnung für nubische Rebellen zu verstehen.

Ausführlich informieren uns zwei Inschriften aus Karnak und Memphis über einen nun offenbar deutlich größer angelegten Feldzug in Vorderasien im siebten Regierungsjahr. *Amenophis II.* und seine Truppe drangen in Nordsyrien am Orontes über Kadesch und Kadna nach Nija vor. Eine auffällige Lücke im Feldzugsbericht lässt allerdings auf ein für das ägyptische Heer unrühmliches Ende der Militäraktion schließen. Offenbar gelang es den Mitanni sogar, einige Gebiete, die zur Zeit *Thutmosis' III.* noch unter ägyptischer Kontrolle standen, dauerhaft zurückzugewinnen.

Auch die anschließenden Schilderungen von Eroberungen und Plünderungen auf dem Rückweg nach Ägypten sind offenbar deutlich geschönt. Es werden nur unbedeutende Siedlungen aufgezählt, in denen sich die Armee versorgt hat. Ohne dieses Hintergrundwissen liest sich der Text jedoch so, wie es dem Selbstverständnis eines Pharaos entsprach: Der von Amts wegen unschlagbare, mit der Kraft der Götter ausgestattete König hatte die ägyptischen Machtansprüche im Ausland erfolgreich durchgesetzt.

Im Anschluss an den Feldzugsbericht im siebten Jahr seiner Regierung folgt eine Schilderung über ein deutlich kleineres

Militärunternehmen, das sich zwei Jahre später ereignete. Dabei stießen *Amenophis II.* und seine Truppen lediglich bis zur Jesrel-Ebene (Palästina) vor, um dort lokale Unruhen zu bekämpft. Die sich an die Schilderung dieses Feldzugs anschließenden Beute-listen, in denen u. a. die Anzahl der Gefangenen (über 80 000 Personen) genannt wird, sind in ihren Ausführungen jedoch derart übertrieben, dass sie einer Interpretation bedürfen. So wurde gemutmaßt, dass es sich dabei um Daten aus den Feldzügen von *Thutmosis III.* handelt, oder aber, dass hier sämtliche Beutelisten *Amenophis' II.* addiert wurden. Es könnte sich jedoch auch um Zensuslisten mit Angaben zur Bevölkerung des Gebietes handeln oder einfach um Fehler oder bewusste Übertreibungen. Letztlich muss es durch die unklare Quellenlage Spekulation bleiben, welcher tatsächliche Erfolg *Amenophis II.* bei seinen militärischen Vorstößen beschieden war. Es scheint jedoch so, dass für den Rest seiner Herrschaft ein weiteres Eingreifen in Asien seitens der ägyptischen Armee nicht für nötig gehalten wurde.

Auch an der südlichen Grenze des Reichs kam es offenbar zu keinen nennenswerten militärischen Vorkommnissen in dieser Zeit. – Ein in der Literatur oft genannter Nubienfeldzug im Jahr 8 ist seinem Nachfolger *Thutmosis IV.* zuzuschreiben. Der bereits genannte, öffentlich ausgestellte Leichnam des syrischen Fürsten an der Stadtmauer von Napata, ist sicherlich zu den üblichen Machtdemonstrationen des ägyptischen Königs zu zählen. Wie sich das Verhältnis zu den südlichen Nachbarn genau gestaltete ist allerdings nicht sicher. Im Schrein des »Vizekönigs von Kush« *Usersatet* in Qasr Ibrim ist eine zeremonielle Tributübergabe von Nubiern an *Amenophis II.* in Theben dargestellt. Ob es sich dabei um turnusmäßige Warenlieferungen oder explizit um die Beute und Abgaben nach kriegerischen Konflikten gehandelt hat bleibt jedoch unklar. Ein persönlicher Brief *Amenophis' II.* an *Usersatet* wurde von diesem als Text einer Stele in Semna verewigt. In dem ungewöhnlichen Dokument gibt *Amenophis II.* persönliche Ratschläge zum Umgang mit den Bewohnern Nubiens, warnt vor deren Magiern und mahnt *Usersatet*, einen namentlich nicht erwähnten Untergebenen im Auge zu behalten. *Usersatet*, der als »Kind des Kap« zusammen mit dem König im Palast aufge-wachsen war und ihn wohl auf den Syrienfeldzügen begleitet hat, ist durch zahlreiche Quellen belegt, jedoch sind viele seiner Darstellungen und Namen später zerstört worden. Offenbar ist der bedeutende Beamte und Weggefährte des Königs zu einem unbekannten Zeitpunkt in Ungnade gefallen.

Als Bauherr tritt *Amenophis II.* in Nubien in Qasr Ibrim, Semna, Kalabscha (Dekoration des Tempels) und Amada auf (Fertigstellung und Dekoration des unter *Thutmosis III.* begonnenen Tempels). Zahlreiche Bauvorhaben innerhalb Ägyptens können *Amenophis II.* zugeschrieben werden. Im ganzen Land wurden kleinere Tempel errichtet und viele Bauten seiner Vorgänger fertiggestellt bzw. erweitert: mehrere Tempel im Delta, in Giza (Tempel am Sphinx mit der sogenannten Sphinxstele), Assiut (Tempel des *Upuaut*), Dendera (*Hathor*-Tempel), Abydos, Koptos, Naqada (*Seth*-Tempel), Medamud (Torbauten, *Month*-Tempel), Armant (*Month*-Tempel), el-Tôd (*Month*-Tempel), el-Kab (*Thot*-Tempel), Elephantine (Obelisken, *Chnum*-Tempel, Umfassungsmauer, Torbau), Sehel (Felskapelle), Bigga (Statue).

Der Schwerpunkt der Bautätigkeit lag jedoch wie bereits bei seinen unmittelbaren Vorgängern im Tempelbezirk von Karnak. Nach den großen Umgestaltungen durch *Thutmosis III.* standen hier Erweiterungen und kleinere Einzelprojekte im Vordergrund wie eine Alabasterkapelle (heute im Open Air Museum von Karnak), eine Sedfestkapelle und diverse andere Bauten, die jedoch unter den Nachfolgern von *Amenophis II.* wieder abgerissen wurden und nur durch einzelne Blöcke belegt und zum Teil zu rekonstruieren sind. Auch ein Granitblock mit der berühmten Darstellung des Königs, der aus einem fahrenden Streitwagen mit Pfeilen auf eine Kupferscheibe schießt, stammt aus Karnak (heute Luxormuseum Nr. J.129).

Sein Grab (KV 35) ließ *Amenophis II.* im Tal der Könige am Ende eines kleinen Wadis anlegen. Nur die Grabkammer des ansonsten fertiggestellten Grabes ist dekoriert. Neben einer vollständigen Version des *Amduat* wurden Szenen des Königs vor diversen Gottheiten angebracht. Die Entdeckung des Grabes 1898 durch VICTOR LORET war eine archäologische Sensation, da es in der 21. Dynastie als Mumiensammelversteck genutzt wurde. KV 35 enthielt nicht nur die Mumie von *Amenophis II.* sowie die seines Sohnes *Webensenu* und seiner Mutter *Meritre-Hatschepsut*, sondern auch diejenigen der berühmten Pharaonen *Amenophis III.*, *Merenptah*,

Ramses III.–VI., Sethos II., Sethnacht, Siptah und *Thutmosis IV.* Zwei anonyme weibliche Mumien, die »Elder Lady« und die »Younger Lady« gelten seit DNA-Untersuchungen im Jahre 2010 als *Teje*, Königin *Amenophis' III.*, und deren enger Verwandten (Tochter?), die gleichzeitig als Mutter von *Tutanchamun* eingeordnet wird.

Der vergleichsweise kleine Totentempel von *Amenophis II.* lag nördlich des Ramesseums. Er wurde Ende des 19. Jahrhunderts von FLINDERS PETRIE freigelegt und durch Gründungsbeigaben identifiziert. Im Jahre 1997 begannen hier italienische Archäologen mit Nachgrabungen.

Da sich, wie bereits geschildert, ein Großteil der Bautätigkeiten auf Karnak konzentrierte, verwundert es wenig, dass auch die meisten rundplastischen Darstellungen von *Amenophis II.* dort aufgefunden wurden, wie beispielsweise eine Gruppenstatue mit der Schlangengöttin Meretseger (JE 39394), die sich beschützend hinter dem König ringelt. Eine weitere bemerkenswerte Statue aus Deir el-Bahari zeigt den König vor der Göttin *Hathor* in Kuhgestalt stehend. Die Statuengruppe, deren Bemalung noch gut erhalten ist, stand in einer durch *Thutmosis III.* angelegten Felskapelle – Kapelle und Statue sind heute im Ägyptischen Museum von Kairo zu sehen.

Ein Statuenoberteil sowie ein Unterteil wurden ferner nahe des 6. Nilkataraktes gefunden, wohin sie wohl in meroitischer Zeit verschleppt wurden. Ursprünglich stammen sie aus dem *Chnum*-Tempel von Kumma, 60 km nördlich des 2. Kataraktes. Hier fand sich eine vollständige Figur von *Amenophis II.* in kniender Position bei einer Weinspende. Wie in der frühen bis mittleren 18. Dynastie üblich zeichnen sich auch die Porträts *Amenophis' II.* durch das idealtypische Gesicht eines alterslosen Herrschers aus. Man kann jedoch die Darstellungen *Amenophis' II.* mit den weitgeöffneten Augen, den vorgewölbten Lippen des kleinen Mundes und den großen fleischigen Ohren gut von denen seines Vaters *Thutmosis III.* unterscheiden.

Über die Männer, die in der Lokal- und Landesverwaltung für den König tätig waren, die Militärs und hohen Priester, gibt es aus der Zeit *Amenophis' II.* eine Fülle an Informationen. Besonders die Felsgräber in der Nekropole von Theben-West mit ihren Bildern und Inschriften erlauben einen Einblick in die Elite der Verwaltung. Dabei fällt auf, wie bereits weiter oben erwähnt wurde, dass viele der Amtsinhaber von klein auf enge Beziehungen zum Königshof hatten. Zumeist bekleideten bereits deren Väter wichtige Positionen unter *Thutmosis III.*, während ihre Mütter ebenfalls oft aus populären Beamtenfamilien stammten und als königliche Ammen und Kinderfrauen tätig waren. Das Wesirsamt hatte seit Generationen in den Händen einer einflussreichen thebanischen Familie gelegen. Diese Tradition endete unter *Amenophis II.* Nach dem Ausscheiden von Rechmire, dessen Großvater, Vater und Onkel ebenfalls als Wesir gedient hatten, besetzte *Amenophis II.* das Amt mit *Amenemopet-Pairi*, der ebenso wie dessen Cousin *Sennefer* (»Bürgermeister von Theben«), ein »Milchbruder« des Königs war.

Eine bemerkenswerte Entwicklung in der Regierungszeit von *Amenophis II.* ist das deutlich vermehrte Auftreten syrisch-palästinensischer Gottheiten in Ägypten. Kulte für *Baal, Reschef, Hauron, Astarte, Anat* und *Qadesch* lassen sich zunehmend im Land am Nil nachweisen. Sie erhielten Votivgaben und wurden zum Teil als »Gastgötter« in den Tempeln ägyptischer Gottheiten, zum Teil in eigenen Tempelanlagen verehrt. Auch in anderen Bereichen erscheint die Herrschaft *Amenophis' II.* innovations- und wandlungsreich. So zeigt die Dekoration der Privatgräber eine weniger strenge Verwendung des Proportionskanons, besonders in kleineren Subszenen, sodass die Bilder von Landwirtschaft, Handwerk und Festmahlen eine neue Lebendigkeit ausstrahlen. SMvF

LITERATUR:

E. HORNUNG, in: *LÄ I* (1975) Sp. 203–206. W. HELCK, in: *GM* 53 (1982) S. 23–26. CH. VAN SICLEN, in: *GM* 82 (1984) S. 61–64. M. DEFOSSEZ, in: *GM* 85 (1985) S. 25–36. CH. VAN SICLEN, in: *GM* 87 (1985) S. 85–88. P. DER MANUELIAN, *Studies in the reign of Amenophis II, HÄB 26*, Hildesheim 1987. C. ROEHRIG, *Royal nurse/Royal tutor* (1990) S. 198–206. W. HELCK in: Schoske (Hg.) *Akten (1991)* S. 1–13. SCHNEIDER, *Lexikon* (1996) S. 84–87. B. BRYAN, in: *OHAE* (2000) S. 218–271. M. VON FALCK, in: *Pharao siegt immer* (2004) Nr. 163, S. 172. P. DER MANUELIAN, in: E. H. Cline/D. O'Connor (Hg.), *Thutmose III* (2006) S. 413–429. E. HORNUNG, in: Hornung/Krauss/Warburton, *Ancient Egyptian Chronology* (2006) S. 197–217. P. LACOVARA, in: *Fs Josephson* (2010) S. 217–221. CH. VAN SICLEN, in: Chr. Leblanc/G. Zaki (Hg.), *Temples de millions d'années* (2010) S. 81–89. L. POPKO, in: A. Verbovsek/B. Backes/C. Jones (Hg.), *Methodik und Didaktik* (2011) S. 649–665. ST. PASQUALI, in: Égypte, Afrique & *Orient* 65 (2012) S. 11–24. A. SESANA, in: *Fs Wilkinson* (2013) S. 325–331. J. C. DARNELL, in: *ENiM* 7 (2014) S. 239–276.

THUTMOSIS IV.

Titel	Name	Übersetzungsvorschlag
Horus	*Ka-nacht-tut-chau*	»Starker Stier, mit vollkommenen Erscheinungen«
Der der beiden Herrinnen	*Djed-nisut-mi-Itemu*	»Mit beständigen Königtum wie Atum«
Goldhorus	*User-chepesch-der-pedjet-9*	»Stark an Kraft, der die Neunbogen-Völker zurückschlägt«
König von Ober- und Unterägypten	*Men-cheperu-Re*	»Bleibend an Gestalten ist Re«
Sohn des Re	*Djehutimes*	»Von Thot geboren«

Thutmosis IV. wurde als Sohn *Amenophis' II.* und dessen »Großer Königlicher Gemahlin« *Tiaa* der achte Pharao der 18. Dynastie. Er regierte von 1400–1390 v. Chr. *Thutmosis* war zunächst mit einer gewissen *Nefertari* verheiratet, von der die älteste Tochter *Tiaa* stammt. Später heiratete er zudem seine Schwester *Jaret* und als Nebengemahlin *Mutemwia*, welche den Thronfolger *Amenophis III.* gebar und eventuell mit einer mitannischen Prinzessin identisch ist, welche der König aus politischen Gründen ehelichte.

Häufig wird die sogenannte Traum- oder auch Sphinxstele mit seiner Thronbesteigung in Verbindung gebracht. Bei dieser handelt es sich um eine Rosengranitstele, die zwischen den Pranken des großen Sphinx von Giseh aufgestellt wurde. Auf dieser beschreibt *Thutmosis*, wie er eines Tages nach einer Jagd und anderen Sportarten ermattet im Schatten des Sphinx einschlief und einen Traum hatte, in welchem ihm der Gott *Harmachis-Chepre-Re-Atum* erschien und ihm die Herrschaft über Ägypten weissagt. Darüber hinaus schildert der Gott, wie er unter dem Sand leidet und bestimmt, dass *Thutmosis* ihn davon befreien soll. Streng genommen liegt diesem Text keine Aufforderung zu einer solchen Tat zugrunde und auch ein gegenseitiges Geschäft wird nicht genannt, in dem der Gott *Thutmosis* mit der Königswürde belohnt, wenn er den Sphinx restauriere. Die Traumstele in den Kontext einer Legitimation zu rücken ist dennoch zulässig, da der Gott *Thutmosis* explizit die Königswürde weissagt und ihn daher über den Umweg einer Prophezeiung als König bestätigt.

Die Bautätigkeiten *Thutmosis' IV.* sind über ganz Ägypten verteilt belegt, auch wenn er nicht das enorme Bauvolumen seines Großvaters *Thutmosis III.* zu erreichen vermochte. Vor allem sein Totentempel in Gurna und sein unvollendetes Grab im Tal der Könige (KV 43) sind jedoch hervorzuheben. Das Grab selbst wurde 1903 von HOWARD CARTER entdeckt. Zu Lebzeiten des Königs war es unvollendet geblieben und ist bis auf wenige Stellen im Bereich des sogenannten Grabräuberschachts gänzlich undekoriert. Aus architektonischer Sicht aber ist es ein schönes Beispiel für die königliche Grabarchitektur der 18. Dynastie. Es orientiert sich im Grundriss stark am Grab *Amenophis' II.* (KV 35). Drei aufeinander folgende Korridore führen zum sogenannten Grabräuberschacht hinab. Hinter diesem macht das Grab einen 90°-Knick nach links in eine Kammer mit zwei Pfeilern und weitere Korridore führen von hier hinab in eine Vorkammer, von der linkerhand die eigentliche Grabkammer zu erreichen ist. Ihre Decke wird von sechs Pfeilern getragen, vier Nebenkammern – zwei auf jeder Seite – lieferten zusätzlichen Lagerraum. Zahlreiche Reste des Grabinventars befanden sich – zum großen Teil zerschlagen und in schlechtem Zustand – noch immer im Grab. Vor allem die Reste eines Streitwagens verdienen hier besondere Beachtung. Die stukkierten Abbildungen auf dem Wagenkasten zeigen den König im Kampf gegen die Feinde Ägyptens. Darüber hinaus fanden sich im Grab unter anderem Uschebtis, Truhen und Kästen, Waffen und Waffenzubehör, magische Ziegel, Reste von Textilien und Möbel. Das Grab wurde wohl in der Nach-Amarnazeit ein erstes Mal geplündert, denn eine Inschrift vor Ort verrät, dass im achten Regierungsjahr unter *Haremhab* eine Inspektion inklusive Instandsetzung durch den königlichen Schatzhausvorsteher und Leiter der Arbeiten am Königsgrab *Maja* notwendig geworden war. Während der 21. Dynastie verschlechterte sich die Sicherheitslage im Tal dann jedoch derart, dass die Mumie unter *Pinodjem* in das Grab *Amenophis' II.* (KV 35) überführt werden musste, wo sie 1898 von VICTOR LORET gefunden wurde. Die Mumie ist mit 1,65 m vergleichsweise klein und gehörte einem Mann, der zwischen dem 30. und 40. Lebensjahr verstarb und zum Zeitpunkt seines

Todes wohl aufgrund einer Krankheit stark abgemagert war. Die eigentliche Todesursache ist bislang nicht bekannt.

Ebenfalls von Interesse ist der Totentempel des Königs in Gurna. Wenngleich die Anlage zu großen Teilen heute zerstört ist, so liefern ihre Überreste doch genügend Informationen um einige Aussagen zum Erscheinungsbild zu treffen. Zwei große Lehmziegelpylone sind dem eigentlichen Tempelhaus vorgelagert, welches im Eingangsbereich aus einer Kolonnade mit anschließendem Säulenhof besteht. Darauf folgend betrat man die inneren Räume, die zunächst aus einer vierundzwanzig-säuligen Halle mit seitlichen Nebenräumen bestanden. Darauf folgte eine quergestellte Säulenhalle, die den Sanktuarräumen und einem kleinen Sonnenhof vorgelagert war. Jüngste Ausgrabungen haben gezeigt, dass *Thutmosis IV.* mit seinem Konzept die Vorlage für jenen gewaltigen Totentempel geliefert hat, den sein Sohn und Nachfolger *Amenophis III.* im benachbarten Kom el-Hetan schließlich erbaute.

Mit der Außenpolitik blieb der König in der Tradition seiner Vorgänger. Es sind mehrere Militärkampagnen gegen die direkten Nachbarn Ägyptens bekannt, wenngleich ihre Zahl nicht sicher angegeben werden kann. Im siebten und achten Regierungsjahr sind Strafexpeditionen nach Kusch durch die Konosso-Stelen und zahlreiche Graffiti im Gebiet des 1. Kataraktes belegt. Aus Karnak und dem Totentempel des Königs wissen wir von zwei Asienfeldzügen, die gegen Naharina und Gezer geführt wurden. Darüber hinaus setzte *Thutmosis* die von seinem Vater begonnenen diplomatischen Beziehungen zu Mitanni fort, die vor allem von dessen König *Artatama I.* forciert wurden. Dieser wünschte eine Allianz mit Ägypten, um sich gegen die zunehmend aggressiv auftretenden Hethiter behaupten zu können. Das Bündnis kam schließlich zustande durch die Heirat *Thutmosis IV.* mit der Tochter *Artatamas I.*, die als Nebenfrau an den ägyptischen Königshof kam. JPG

Literatur:

Aling, *Prosopographical Study* (1976). E. S. Higazy/B. Bryan, in: *VA* 2 (2) (1986) S. 93–100. S. Bickel, in: *BSFE* 13 (1989) S. 23–32. A. Masson/M. Millet/B. Letellier, in: *BSFE* 122, (1991) S. 36–52. B. M. ryan, *The reign of Thutmose IV*, Baltimore/London 1991. H. A. Schlögl/R. M. Janssen, in: *SAK 19* (1992) S. 217–224. R. R.

BIGLER/B. GEIGER, in: *ZÄS 121* (1994) S. 11–17. M. C. GUIDOTTI, in: *EVO 18* (1995) S. 23–29. SCHNEIDER, *Lexikon* (1996) S. 464–466. M. C. GUIDOTTI, in: *EVO 12* (1989) S. 55–77. F. LARCHÉ, in: *EA 13* (1998) S. 19–22. D. FORBES, in: *KMT 11* (3) (2000) S. 42–47. D. FORBES, in: *KMT 13* (2) (2002) S. 40–56. GUIDOTTI/SILVANO, *La ceramica* (2003). A. MASSON/M. MILLET, in: *EA 23* (2003) S. 17–19. DODSON/HILTON, *Royal Families* (2004). R. GUNDLACH, in: GUNDLACH/KLUG (Hg.), *Das ägyptische Königtum* (2004) S. 119–219. C. M. ZIVIE-COCHE, in: WARMENBOL, *Sphinx* (2006) S. 55–69. T. KENDALL/P. WOLF, in: *Fs Lenoble* (2011) S. 237–259. A. M. CALVERT, in: VELDMEIJER/IKRAM (Hg.), *Chasing chariots* (2012) S. 45–71. H. A. SCHLÖGL, in: *Sokar 27* (2013) S. 52–57. http://www.thebanmappingproject.com/sites/browse_tomb_857.html (18.05.2018).

AMENOPHIS III.

Titel	Name	Übersetzungsvorschlag
Horus	*Ka-nacht-cha-em-maat*	»Starker Stier, erschienen in Maat«
Der der beiden Herrinnen	*Semen-hepu-segereh-taui*	»Der die Gesetze dauern lässt und die beiden Länder befriedet«
Goldhorus	*Aa-chepesch-chui-setjtiu*	»Mit großer Kraft, der die Asiaten schlägt«
König von Ober- und Unterägypten	*Neb-maat-Re*	»Herr der Maat ist Re«
Sohn des Re	*Amen-hetep-heqa-waset*	»Amun ist zufrieden, Herrscher von Theben«

Amenophis III. wurde als Sohn *Thutmosis' IV.* und dessen Nebenfrau *Mutemwia* der neunte Pharao der 18. Dynastie. Er regierte von 1390–1353 v. Chr. Im Alter von ungefähr acht Jahren nach dem Tod seines älteren Bruders *Amenemhet* zum Thronerben ernannt, wurde *Amenophis III.* nach dem Tod seines Vaters mit etwa zwölf Jahren zum König gekrönt. Seine Mutter fungierte jedoch noch einige Jahre als Regentin. Ihre Bedeutung vor allem in dieser frühen Phase erkennt man unter anderem daran, dass sie zusammen mit Königin *Teje* auf den elf Jahre später errichteten Memnonskolossen an der Seite des Königs dargestellt wurde. *Amenophis III.* hat seiner Mutter auch im Bildzyklus der »Geburtslegende« im Luxortempel ein Denkmal gesetzt. Dort ist zu sehen, wie sich der Gott *Amun* in

Gestalt des Königs *Thutmosis IV.* mit Königin *Mutemwia* vereint, um so den göttlichen *Amenophis III.* als Nachfolger zu zeugen. Eine Rebusstatue der Königin, die bildlich ihren Namen (»Die Göttin *Mut* ist in der Barke«) wiedergibt, befindet sich heute im British Museum (EA 43).

Einen Teil seiner Kindheit verlebte *Amenophis* im königlichen Palast von Gurob, der relativ nah an der Hauptstadt Memphis gelegen war. Er war auch noch minderjährig, als er in seinem zweiten Regierungsjahr *Teje* heiratete und sie damit zu seiner »Großen Königlichen Gemahlin« machte. Die Beziehung der beiden zueinander war zur damaligen Zeit durchaus ungewöhnlich und hat in der Forschung zahlreiche Fragen aufgeworfen. *Teje* war nicht adelig, was zunächst einmal keineswegs außergewöhnlich war – auch die »Große Königliche Gemahlin« *Meritre-Hatschepsut* des *Thutmosis III.* war beispielsweise nicht von Adel gewesen. *Teje* jedoch spielte von Anfang an eine auffallend dominante Rolle, die weit über das Eheleben der beiden hinausging. So wurden königliche Gesetze nicht nur im Namen ihres Mannes, sondern auch in ihrem eigenen erlassen. Sie korrespondierte mit *Tuschratta*, dem Herrscher von Mitanni und war in politische Vorgänge nicht nur eingeweiht, sondern lenkte diese offenbar aktiv mit. Ein schönes Beispiel hierfür ist jener Brief aus dem Korpus der Amarna-Briefe, in welchem *Teje* nach dem Tod *Amenophis' III.* an *Tuschratta* schrieb und ihn darum bat, die guten Beziehungen, die es zwischen *Tuschratta* und *Amenophis III.* gegeben hat, auch auf ihren Sohn *Amenophis IV.* zu übertragen. *Tuschrattas* Antwort (EA 26) richtet sich wiederum an *Amenophis IV.* Er bestätigt die Freundschaft beider Länder und Könige, jedoch nicht, ohne sich zugleich über die minderwertigen Geschenke zu beklagen, die er vom Pharao erhalten hatte. Er empfiehlt *Amenophis IV.*, sich bei seiner Mutter *Teje* zu erkundigen, wie sein Vater *Amenophis III.* die Auswahl und Menge der Geschenke gehandhabt hat: »Alle Worte, die ich zu deinem Vater sprach, sind deiner Mutter bekannt. Niemand sonst kennt sie, aber du kannst deine Mutter *Teje* nach ihnen fragen.«

Die Familie *Tejes* stammte aus Achmim. *Juja*, *Tejes* Vater, war ein Priester des *Min*. Er trug die Titel »Gottesvater«, »Aufseher der Pferde« und weitere Titel wie »Iri-pat«, »Hati-a«, »Königlicher Siegler« und »Einziger Freund«. *Tuja*, *Tejes* Mutter, war »Sängerin des *Amun*«. Sie trug zudem unter anderem die Titel »Schmuck des Königs«, »Große des Harems des *Amun*«, »Große des Harems des *Min*« und natürlich »Gottesmutter der Großen Königlichen Gemahlin«. Nicht bei allen Titeln kann zweifelsfrei gesagt werden, welche erst durch die enge Verbindung zum Königshaus durch Protektion des Herrschers zustande gekommen sind. Das Grab der beiden (KV 46) wurde am 5. Februar 1905 von JAMES EDWARD QUIBELL unter der Grabungslizenz von THEODORE M. DAVIS im Tal der Könige gefunden. Es war weitestgehend unberührt geblieben und beinhaltete einige der schönsten Stücke, die man aus den erhaltenen Grabinventaren der 18. Dynastie kennt. Neben den prächtigen vergoldeten Särgen und Totenmasken fanden sich unter anderem Kanopen, Schmuckstücke, Möbel und ein kompletter Streitwagen. Die Stücke befinden sich heute im Museum in Kairo.

Als Kinder des Königs sind nur jene aus der Ehe mit *Teje* namentlich bekannt. Der erstgeborene Kronprinz hieß *Thutmosis*. Die Quellen zu ihm sind spärlich. Erwähnung finden sollte allerdings der 1892 in Sakkara gefundene Sarkophag seiner Katze *Ta-miat*, der sich heute im Museum in Kairo befindet. Auf einem im Ägyptischen Museum Berlin ausgestellten Relief ist er als »Hohepriester des *Ptah*« belegt. Nach dem Tod des *Thutmosis* wurde *Amenophis IV*. Kronprinz. Als Töchter sind *Sitamun*, *Isis*, *Henuttaunebu* und *Nebet-tah* belegt. *Sitamun* wurde im 30. Regierungsjahr des Königs in den Rang einer »Großen Königlichen Gemahlin« erhoben und damit zu einer weiteren Ehefrau des Herrschers.

Amenophis übernahm von seinem Vater die Vorgehensweise, ausgewählte Herrscher der ägyptischen Einflusszone familiär an sich zu binden. Hierzu heiratete er in seinem zehnten Regierungsjahr *Giluchepa*, die Tochter König *Schuttarnas II.* von Mitanni. Der spätere Mitanni-Herrscher *Tuschratta* war als Bruder der *Giluchepa* hierbei Unterhändler. Im 34. Regierungsjahr des Königs kam es in diesem Zusammenhang zu diplomatischen Verwicklungen, als ein mitannischer Bote, der sich am ägyptischen Königshof aufhielt, die ihm vorgestellte *Giluchepa* nicht als dieselbe identifizieren konnte. *Tuschratta* ließ daher anfragen, was mit seiner Schwester geschehen sei. *Amenophis III.* gibt sich in seiner Antwort irritiert und zweifelt die Kompetenz des Boten an, der *Giluchepa* doch hätte erkennen müssen. Gleichzeitig fragt er jedoch an, ob er nicht eine weitere *Mitanni*-Prinzessin bekommen könne. Tatsächlich wird ihm diese schließlich zugesandt – *Taduchepa*, eine Tochter des *Tuschratta*, wird an den ägyptischen Königshof geschickt. Nach dem Tod *Amenophis III.* wurde sie von dessen Nachfolger *Amenophis IV.* geheiratet. Als weitere diplomatische Eheschließungen durch *Amenophis III.* sind Verbindungen mit einer Tochter des *Kurigalzu*, des Königs von Babylon, belegt und des Weiteren mit einer Tochter des *Tarchundaradu* von Arzawa, mit einer Tochter des Herrschers von Ammia und mit einer Tochter des *Kadaschman-Enlil* von Babylon. Letzterem geschah das gleiche, wie seinem mitannischen Amtskollegen, denn *Amenophis III.* war bereits mit seiner Schwester verheiratet, die jedoch ebenfalls von den babylonischen Gesandten am ägyptischen Königshof nicht identifiziert werden konnte. *Amenophis* forderte dennoch eine weitere babylonische Königstochter an, die ihm auch schließlich zugestanden wurde. Im Gegenzug fragte *Kadaschman-Enlil* nach einer ägyptischen Prinzessin für sich selbst. *Amenophis'* hochfahrende Antwort jedoch lautete, dass noch nie eine ägyptische Prinzessin an jemanden im Ausland vergeben worden sei. *Kadaschman-Enlil* bemühte sich nun um Gesichtswahrung und bot an, dass man ihm einfach irgendeine schöne Ägypterin zuschicken möge, schließlich würde sich in seinem Land niemand erdreisten, ihren Status als ägyptische Prinzessin infrage zu stellen. Doch selbst hier erhielt der babylonische König eine Abfuhr.

Die ägyptische Außenpolitik ist relativ gut dokumentiert durch die bereits genannten Amarna-Briefe, die als diplomatische Korrespondenz jener Zeit in Amarna gefunden wurden. Bei ihnen handelt es sich um in Keilschrift geschriebene Tontafeln, die größtenteils auf akkadisch verfasst wurden. Nachdem erste Stücke bereits 1887 durch Raubgrabungen zutage gefördert worden waren, konnte William Matthew Flinders Petrie 1891 durch systematische Ausgrabungen in Amarna den Ursprungsort dieser Stücke ermitteln. Insgesamt sind 350 Diplomatenbriefe bekannt, sowie 32 Tafeln, die unter anderem Inventarlisten, Wörterbücher und Silbentabellen beinhalteten. Die Briefe stammen aus der Regierungszeit *Amenophis' III.* und *IV*. Sie vermitteln ein lebendiges Bild von den historischen bzw. politischen Zuständen der Levante in diesen Jahren. Vor allem der sich langsam entwickelnde

Konflikt zwischen dem Reich der Hethiter und dem der Ägypter wird detailreich beschrieben, was in erster Linie Auswirkungen auf Byblos und Amurru hatte. *Rib-Addi*, der König von Byblos und zugleich nominell Vasall Ägyptens, wendet sich mehrfach um militärische Hilfe an Ägypten. Von ihm allein sind rund sechzig Briefe bekannt.

Politisch profitierte *Amenophis III*. vornehmlich von den Leistungen seiner Vorgänger. Nur ein einziger Feldzug nach Nubien im fünften Regierungsjahr ist sicher unter ihm belegt. Allerdings gibt es keine sicheren Hinweise auf eine persönliche Teilnahme des Königs an diesem Unterfangen. Innenpolitisch war es vor allem die gute Wirtschaftslage und die effiziente Verwaltung, die Ägypten eine Ära von Wohlstand und innerer Sicherheit verschaffte. Viele Beamte aus seiner Regierungszeit sind namentlich bekannt, nicht wenige von ihnen machten eine beispiellose Karriere, so z. B. *Eje*, der schließlich selbst Pharao werden sollte. Auch ist *Amenophis*, der Sohn des *Hapu*, zu nennen, der zunächst Rekrutenschreiber, dann Vorsteher der Arbeiten des Königs und schließlich Vermögensverwalter der »Großen Königlichen Gemahlin« *Sitamun* wurde. Er fungierte nicht nur als Beamter, sondern auch als Architekt und Priester. Sein König gewährte ihm schließlich die Gunst eines eigenen Totentempels südwestlich des Totentempels seines Herrn in Qurnet Murai. Die Anlage war 45 × 110 m groß, bestand aus drei Sanktuaren und einem beeindruckenden Hof, der bauumstanden war und in seiner Mitte ein 25 × 25 m großes Wasserbecken besaß. Der Tempel ist heute fast vollkommen zerstört.

Die gute innen- und außenpolitische Situation ermöglichte ein extensives Bauprogramm, welches sich an zahlreichen Orten im Land nachweisen lässt. In Karnak erbaute *Amenophis III*. den 3. Pylonen, vor dem 10. Pylonen ließ er zwei gewaltige Quarzitstatuen von sich selbst aufstellen, von denen heute nur noch die Sockel mit den Füßen existieren. Im Luxortempel erbaute er einen großen säulenumstandenen Hof, in Soleb errichtete er einen großen Tempel für *Amun-Re*. Weitere Bauaktivitäten sind bekannt aus Athribis, Bubastis, Heliopolis, Sakkara, Hermopolis, Abydos, dem *Mut*-Bezirk in Karnak und el-Kab. Auf dem thebanischen Westufer errichtete *Amenophis* eine der gewaltigsten Tempelanlagen Ägyptens: In Kom el-Hetan baute er jenen heute

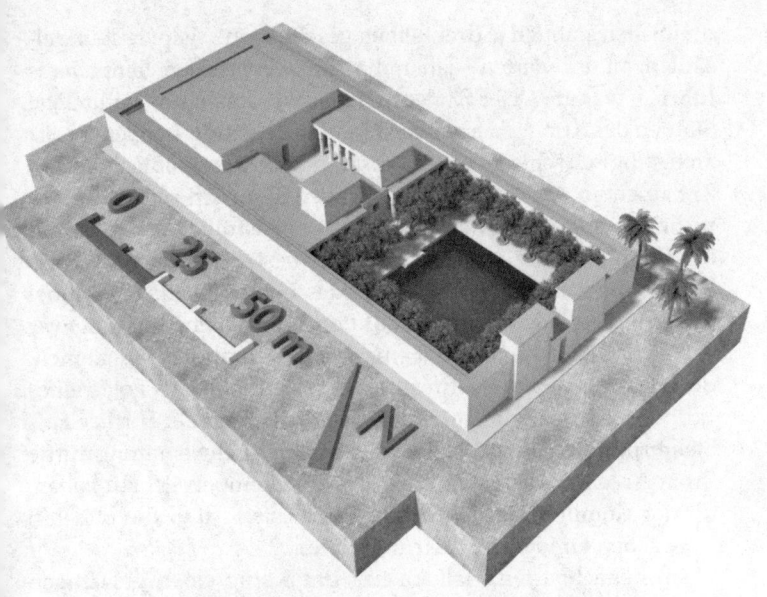

Totentempel des Amenophis, Sohn des Hapu
in Theben-West (Rekonstruktion)

fast vollkommen zerstörten Totentempel, der vor allem durch die Memnonskolosse bekannt ist. Jene zwei Kolossalstatuen des Königs aus Quarzit standen ursprünglich vor dem 1. Pylonen der Tempelanlage, welcher heute jedoch vollkommen verschwunden ist. Innerhalb einer 8,5 m starken Umfassungsmauer aus Lehmziegeln von 700 × 550 Metern gab es mehrere voneinander getrennte Bereiche. Das Tempelhaus selbst befand sich im südwestlichen Teil der Anlage. Ein Prozessionsweg mit drei Pylonen war dem Tempel vorgelagert. Zumindest zwischen dem 3. Pylonen und dem Tempel selbst existierte eine Sphingenallee. Alle drei Pylonen wurden von je zwei monumentalen Sitzbildern des Königs flankiert, von denen sich nur jene des 1. Pylons – die sogenannten Memnonskolosse – in schwer beschädigtem, aber nennenswertem Zustand erhalten haben. Der Zugang zum eigentlichen Tempel erfolgte durch ein Tor, von dem man einen 86 × 85 Meter großen Hof betrat, der mit einem umlaufenden Peristyl, einem Säulengang, versehen war. Auf

drei Seiten standen je drei Reihen geschlossener Papyrusbündel-
säulen, an der vierten – jener, die zum eigentlichen Tempelhaus
führte – waren es vier Säulenreihen. Zwei Stelen und zahlreiche
Statuen des Königs zierten den Hof. Das folgende Tempelhaus ist
archäologisch schlecht erfasst, doch lässt sich eine Säulenhalle mit
24 Säulen im Anschluss an den großen Hof nachweisen, welche
nicht die volle Breite des Tempelhauses ausfüllte. Der Totenkult
im Tempel dürfte nur wenige Jahre bestanden haben. Schon
unter *Echnaton* wurde der Name des Gottes *Amun* im Tempel
entfernt, was Auswirkungen auf den Königsnamen hatte. Zwar
gab es nach der Amarnazeit einzelne Restaurationsmaßnahmen,
doch spätestens unter *Merenptah* war der Tempel als Folge eines
Erdbebens so stark beschädigt worden, das er in der Folgezeit als
Steinbruch diente. Auch die jährliche Nilüberschwemmung dürfte
ihren Anteil an der Zerstörung des Totentempels gehabt haben,
da der Komplex jährlich unter Wasser stand und die ohnehin
schwachen Fundamente darunter litten.

Im benachbarten Malqata ließ der König einen gewaltigen
Palastkomplex errichten, der aus mehreren Palästen und Hei-
ligtümern bestand. Unmittelbar im Osten der Anlage wurde ein
großer künstlicher See angelegt, der für Bootsfahrten geeignet war.
Audienzhallen, Höfe, Wohnungen, Verwaltungs- und Lagerstätten
waren komplett aus Lehmziegeln und Holz errichtet. Die Wände
wurden mit einer Stuckschicht versehen, die mit herrlichen
Malereien verziert wurden. 1888 von Georges Daressy entdeckt,
erfolgten weitere Grabungen durch Percy E. Newberry (1900),
das New Yorker Metropolitan Museum of Art (1910–1924), der
University of Pennsylvania (1971–1977) und ab 1985 durch die
Waseda University of Tokio.

Das Statuenprogramm des Königs war gewaltig und ist in
vielerlei Hinsicht ungewöhnlich. Auffallend ist vor allem ein neuer
Stil, der sich bei der Darstellung des königlichen Gesichtes zeigt.
So werden die Augen oft relativ schlitzartig und zudem schräg
dargestellt. Zusätzlich zu den ansonsten vollkommen fehlenden
persönlichen Charakteristika eines menschlichen Gesichts (Falten,
Asymmetrien, etc.) entsteht hierdurch ein maskenhaftes Aussehen,
das erst in seinen späten Regierungsjahren durch einige natürlicher
wirkende Stücke wieder etwas relativiert wird. Im *Mut*-Bezirk von

Karnak ließ er um die 600 Statuen der Göttin *Sachmet* aufstellen, einige Statuen dieses Typs waren auch in seinem Totentempel aufgestellt. Der Grund für diese ungewöhnliche Häufung ist trotz einiger Theorien letztlich unbekannt.

Gegen Ende seines Lebens dürfte *Amenophis III.* schwer krank gewesen sein, wenn man zu dieser Frage jene Mumie heranzieht, die 1898 von Victor Loret im Grab *Amenophis' II.* (KV 35) gefunden wurde. Zwar war dieselbe mit dem Namen des Herrschers versehen, doch lag sie in der Sargwanne *Ramses' III.*, die wiederum mit dem Sargdeckel *Sethos' II.* verschlossen war. Die fragliche Mumie gehörte einem Mann von 156 cm Körpergröße, der zwischen seinem 40. und 50. Lebensjahr verstarb, offenbar fettleibig war und unter schlechten Zähnen litt. Letzteres war möglicherweise todesursächlich, da mehrere starke Zahnabszesse, bzw. eine schwerwiegende Entzündung des Zahn- und Kieferbereiches nachweisbar waren. Die Mumie selbst ist in einem schlechten Zustand, das Gesicht ist im Wesentlichen skelettiert und zeigt keinerlei Gesichtszüge mehr. Vielleicht steht der schlechte Gesundheitszustand des Königs in Zusammenhang mit jenem Schriftwechsel der Amarna-Briefe, in welchem *Amenophis* bei *Tuschratta* von Mitanni nach der Statue der Göttin *Ischtar* von Ninive fragte. Dieselbe Statue, von der eine heilende Wirkung bekannt ist, war schon zu Zeiten *Thutmosis' IV.* in Ägypten gewesen, von dem man weiß, dass er am Ende seines Lebens ebenfalls schwer krank war. *Tuschratta* sandte *Amenophis III.* die wundertätige Statue auch zu, schrieb jedoch ausdrücklich, dass die Statue zurückgeschickt werden solle, wenn die Göttin dies wünsche (EA 23).

Das Grab des Königs befindet sich in einem Nebental des Tals der Könige, dem sogenannten West Valley (WV 22) und folgt den Charakteristika der späten 18. Dynastie. Sein Grundaufbau folgt im wesentlichem jenem von KV 43 (*Thutmosis IV.*). Mit einer Gesamtlänge von 126,68 m und einem Volumen von 1485,88 m^3 ist es von beeindruckenden Dimensionen, doch ist die Dekoration zu weiten Teilen zerstört. Vielerorts wird der König vor verschiedenen Gottheiten dargestellt, zudem ist das *Amduat* belegt. Das Grab war schon von der napoleonischen Expedition besucht worden, doch erst Theodore M. Davis führte eine erste Säuberung durch. Howard Carter untersuchte das Grab genauer, auch er

konnte noch zahlreiche Stücke sichern. Unter anderem konnte er das Gründungsdepot nachweisen, welches auf *Thutmosis IV.* zurückging. Durch den Fund zweier Fragmente von *Teje*-Uschebtis nahm CARTER an, dass auch *Teje* selbst hier bestattet worden ist. Darüber hinaus fand er weitere Reste zerstörten Grabinventars aus verschiedenen Epochen bis hin zur dritten Zwischenzeit, in Form von Möbeln, Schmuckstücken, Krügen, Statuetten, Waffen und Mumienresten. Die letzten Untersuchungen des Grabes fanden ab 1989 durch die Waseda-University Tokyo statt.
JPG

LITERATUR:

A. P. KOZLOFF/B. M. BRYAN/L. M. BERMAN (Hg.), *Egypt's dazzling sun* (1992). SCHNEIDER, *Lexikon* (1996) S. 87–95. D. O'CONNOR/E. H. CLINE (Hg.), *Amenhotep III, Perspectives on His Reign*, Ann Arbor (1998). A. CABROL, *Amenhotep III: le magnifique*, Monaco 2000. J. FLETCHER, *Sonnenkönig von Nil: Amenophis III. Die persönliche Chronik eines Pharao*, München 2000. W. HELCK, *Das Grab Nr. 55 im Königsgräbertal: sein Inhalt und seine historische Bedeutung*, SDAIK 29, Mainz 2001. J. M. GALÁN, in: HAWASS (Hg.), *Egyptology* (2003) Bd. 2, S. 221–229. R. GUNDLACH, in: GUNDLACH/ KLUG, *Das ägyptische Königtum* (2004) S. 119–219. A. KLUG, in: GUNDLACH/KLUG, *Das ägyptische Königtum* (2004) S. 221–273. S. YOSHIMURA/J. KONDO, in: *ASAE* 78 (2004) S. 205–209. M. REISINGER, *Entwicklung der ägyptischen Königsplastik in der frühen und hohen 18. Dynastie*, Münster 2005. A. P. KOZLOFF, in: *KMT* 17 (3) (2006) S. 36–46. A. P. KOZLOFF, *Amenhotep III: Egypt's radiant pharaoh*, New York 2012. S. MCAVOY, in: *Antiguo Oriente* 5 (2007) S. 183–194. A. RADWAN, in: *Fs O'Connor* (2007) S. 289–297. S. BICKEL, in: J.-L. CHAPPAZ et al. (Hg.), *Akhénaton et Néfertiti: soleil et ombres des pharaons*, Genf/Mailand 2008, S. 25. J. E. HARRIS, in: *Newsletter of the Society for the Study of Egyptian Antiquities* 2008 (Fall) S. [1–3]. P. LACOVARA, in: CH. ZIEGLER (Hg.), *Queens of Egypt: from Hetepheres to Cleopatra*, Paris 2008, S. 62–73. N. MEKAWI, in: *Fs Handoussa* 1 (2008) S. 333–348. I. SHAW, in: Ch. Ziegler (Hg.), *Queens of Egypt: from Hetepheres to Cleopatra*, Paris 2008, S. 104–115. A. GAR-NETT, in: CORBELLI/BOATRIGHT/MALLESON (Hg.) *Current research* (2011) S. 53–66. H. SOUROUZIAN, in: *ASAE* 85 (2011) S. 273–327. R. HACHMANN, in: R. HACHMANN (Hg.), *Kāmid el-Lōz, 20: die Keilschriftbriefe und der Horizont von el-Amarna*, Bonn 2012, S. 107–224. A. P. KOZLOFF, *Amenhotep III: Egypt's radiant pharaoh*, New York 2012. D. C. PATCH/C. ROEHRIG/P. LACOVARA, in: *KMT* 23 (4) (2012–2013) S. 76–84. L. M. BERMAN, in: *Soleb VI* (2013) S. 37–54. W. J. MURNANE, in: *Soleb VI* (2013) S. 103–124. M. ULLMANN, in: *EA* 42 (2013) S. 38–40. D. C. FORBES, in: *KMT* 25 (2) (2014) S. 36–49. M. E. HABICHT, in: *GM* 241 (2014) S. 25–36. H. HOHNECK, in: *ZÄS* 141 (2) (2014) S. 112–131. Z. Z. GAMALELDEEN, in: *Fs el-Aguizy* (2015) S. 149–157. T. KIKUCHI, in: KOUSOULIS/LAZARIDIS (Hg.), *Tenth proceedings* (2015) S. 1709–1718. A. NISHISAKA/K. TAKAHASHI/S. YOSHIMURA, in: M. S. PINARELLO ET. AL. (Hg.), *Current Research* (2015) S. 29–38. HAWASS/SALEEM/SAHAR, *Scanning* (2016). http:// www.thebanmappingproject.com/sites/browse_tomb_836.html [18.05.2018].

AMENOPHIS IV. / ECHNATON

Titel	Name	Übersetzungsvorschlag
Horus	Ka-nacht-kai-schuti	»Starker Stier mit hoher Doppelfederkrone«
Der der beiden Herrinnen	Ur-nesut-em-Ipet-sut	»Groß an Königtum in Karnak«
Goldname	Utjes-chau-em-Iunu-Schemai	»Der die Kronen erhebt in Theben«
König von Ober- und Unterägypten	Nefer-cheperu-Re-wa-en-Re	»Mit vollkommenen Gestalten des Re, Einziger des Re«
Sohn des Re	Imen-hetep (netjer-heka-Waset) (Amenophis)	»Amun ist zufrieden (Gott und Herrscher in Theben)«

Titel	Name	Übersetzungsvorschlag
Horus	Ka-nacht meri-Iten	»Starker Stier geliebt von Aton«
Der der beiden Herrinnen	Ur-nesut-em-Achet-Iten	»Mit mächtigem Königtum in Achetaton«
Goldname	Utjes-ren-en-Iten	»Der den Namen des Aton emporhebt«
König von Ober- und Unterägypten	Nefer-cheperu-Re-wa-en-Re	»Mit vollkommenen Gestalten des Re, Einziger des Re«
Sohn des Re	Ach-en-Iten (Echnaton)	»Nützlich für Aton«

Kaum ein Pharao erscheint uns als eine derart faszinierende Persönlichkeit wie *Amenophis IV.*, der sich später in *Echnaton* umbenannte. Die fundamentalen Änderungen im religiösen Weltbild Ägyptens und der einzigartige Kunststil der Amarnazeit polarisieren bis heute die Beurteilung des Königs durch Wissenschaftler und interessierte Laien. Neben den Pyramiden und der Goldmaske *Tutanchamuns* stellt die Büste von *Echnatons* »Großer Königlicher Gemahlin« *Nofretete* heute eine Ikone für die Kunst und Kultur des Alten Ägypten dar.

Der Tod von *Thutmosis*, dem ältesten Sohn von *Amenophis III.* und *Teje*, machte *Amenophis IV.* zum Kronprinzen und Nachfolger seines Vaters. Wie üblich ist er als Prinz so gut wie nicht durch

Quellen zu belegen. Bei seiner Krönung dürfte er zumindest im mittleren Teenageralter gewesen sein. Bereits zu Beginn seiner Regierung tritt *Nofretete* als seine »Große Königliche Gemahlin« in Erscheinung. *Nofretetes* Abstammung ist nur eines von zahlreichen vieldiskutierten Themen der sogenannten »Amarnazeit«. Da sie weder als »Königstochter« noch als »Königsschwester« tituliert wird, ist ihre Zugehörigkeit zum Königshaus falls überhaupt entfernterer Natur. Ihr Name »Die Schöne ist gekommen« hat zu der Annahme geführt, sie sei eine ausländische Prinzessin. Jüngste auf DNA-Analysen basierende Rekonstruktionen schlagen jedoch ihre Verwandtschaft sowohl zur Königsfamilie als auch zur nicht adeligen Familie ihrer Schwiegermutter *Teje* vor. *Nofretetes* Amme war die Frau des hohen Beamten *Eje*, der nach dem Tod *Tutanchamuns* sogar selbst als betagter Mann das Amt des Königs übernahm. Einige Ägyptologen halten ihn sogar für den Vater der *Nofretete*, da sein Titel »Gottesvater« von königlichen Schwiegervätern getragen werden kann. *Nofretetes* Mutter wäre nach dieser Rekonstruktion eine erste, früh verstorbene Frau des *Eje* gewesen. Eine »Schwester der Königin *Nofretete*« namens *Mutnedjmet* (andere Lesung *Mutbeneret*) ist in einigen Grabdarstellungen in Amarna zu sehen. Sie ist größer als die Königskinder, aber noch mit kindlicher Frisur dargestellt.

Wie auch ihre Schwiegermutter *Teje* nahm *Nofretete* an der Seite ihres Mannes eine ganz außergewöhnliche Position sowohl in religiöser als auch politischer Hinsicht ein. Von Beginn an war sie eine zentrale Figur im Konzept der sich neu entwickelnden *Aton*-Religion, indem sie und *Echnaton* eine göttliche Triade mit dem Gott *Aton* bildeten. Neben *Echnaton* vollzog exklusiv *Nofretete* den Kult für den *Aton*. Im Dekorationsprogramm der während der ersten Regierungsjahre in Karnak entstandenen Kultbauten für *Aton* ist ihre Rolle beispiellos prominent. Titel, Beinamen und ihre Ikonographie, die in vielen Teilen der eines regierenden Königs gleicht, machen ihren Status einzigartig. Anders als ihre Schwiegermutter *Teje* jedoch scheint sie nicht aktiv an der internationalen Hofkorrespondenz beteiligt gewesen zu sein.

Echnaton und seine Hauptfrau *Nofretete* bekamen sechs Töchter: Die älteste, *Meritaton*, wurde wohl im vierten Regierungsjahr geboren. Es folgten *Maketaton*, *Anchesenpaaton*, *Neferneferuaton*,

Echnaton (Amenophis IV.). Das Relief zeigt den König in der
expressionistischen Darstellungsart der frühen Regierungsjahre.
Um 1350 v. Chr., Berlin, Ägyptisches Museum

Neferneferure und *Setepenre*. Alle Töchter werden auf Tempelwänden, Stelen und Statuen als wichtige Protagonisten des *Aton*-Kultes und Vertreter der royalen Familie abgebildet. Die Darstellungen der liebevollen familiären Intimität des Königspaares mit seinen Mädchen sind einzigartig in der ägyptischen Kunst. Vermutlich überlebten nur die älteste Tochter *Meritaton* und *Anchesenpaaton*, die spätere Frau *Tutanchamuns* ihre Eltern. Die Trauer der Königsfamilie am Sterbebett der zweitältesten Tochter *Maketaton* ist auf einem Relief im Königsgrab von Amarna eindrücklich dokumentiert.

Mit *Kija* besaß *Amenophis IV.* eine zweite Ehefrau, deren Rolle in der Forschung kontrovers diskutiert wird. Sie trägt unter anderem die Bezeichnung einer »sehr geliebten Ehefrau« und »edlen Dame«. Deutlich hebt sie sich damit von den vermutlich zahlreichen Bewohnerinnen des königlichen Harems ab, in dem auch einige Töchter von Verbündeten aus Vorderasien lebten. Jedoch tritt *Kija* nicht wie *Nofretete* in offizieller politischer oder religiöser Funktion auf. Darstellungen zeigen eine Tochter, deren Namen nicht erhalten ist. Ob sie mit der Prinzessin *Baketaton* identisch ist oder ob diese eine jüngere Tochter von *Amenophis III.* und *Teje* war, bleibt unsicher. In den letzten Regierungsjahren *Echnatons* wurden Darstellungen der *Kija* umgeändert und mit den Namen von *Meritaton* oder *Anchesenpaaton* beschriftet. Ob die zweite Frau des Königs früh verstorben oder in Ungnade gefallen war, bleibt Spekulation.

Als mögliche Söhne *Echnatons* können seine unmittelbaren Nachfolger *Semenchkare* und *Tutanchamun* diskutiert werden. Für den mit *Echnatons* ältester Tochter *Meritaton* verheirateten *Semenchkare* liegen keine Quellen über seine Herkunft vor. Alleine die Tatsache, dass normalerweise der älteste Sohn dem Vater auf den Thron folgt, lässt eine Verbindung zu *Echnaton* vermuten. Der Titel »leiblicher Königsohn« ist für *Tutanchamun* auf einem Block aus Amarna belegt und auch DNA-Untersuchungen machen eine Vater-Sohn-Beziehung *Echnatons* und *Tutanchamuns* wahrscheinlich. Über die Mutter bzw. die Mütter der Prinzen ist aus den zeitgenössischen Quellen nichts bekannt.

Bereits unter *Echnatons* Vater *Amenophis III.* werden viele kreative Neuerungen in Religion, Königsdogma und als Ausdruck dessen auch in der bildenden Kunst deutlich. Es scheint, als sei Echnaton in einem Klima des Wandels und neuer Ideen aufgewachsen. Wer und was ihn in seiner Jugendzeit beeinflusst haben, bleibt uns verborgen, allerdings liefern uns seine Bauprojekte der ersten Regierungsjahre ein spannendes Bild seiner Visionen. Zunächst führte er in Theben, der alten Hauptstadt und dem religiösen Zentrum des Landes, einige Bauprojekte seines Vaters im traditionellen Stil weiter und ließ unter anderem unfertig gebliebene Pylonen in Karnak dekorieren.

Schon bald begann er aber mit neuen Tempelbauten für den Sonnengott *Aton*, die östlich des Karnaktempels entstanden. Hier zeigt sich die durch *Echnaton* neu definierte Sonnentheologie, die den bisherigen Hauptgott von Theben, *Amun* samt seiner Göttergefolgschaft, ignoriert. *Aton* war als solare Gottheit bereits unter *Amenophis III.* hervorgetreten und besaß als Mann mit Falkenkopf eine ähnliche Ikonographie wie der Sonnengott *Re-Harachte*. Unter *Echnaton* erfuhr der Sonnengott eine Abstraktion. Sein Bild wandelte sich zu dem einer Sonnenscheibe mit Strahlenhänden, die das Anch-Symbol, das für Leben und Wohlstand steht, zum Königspaar und damit zu allen Lebewesen der Erde hinunterreichen.

Mehrere Neuerungen zeichnen *Echnatons Aton*-Tempel in Theben aus. Um einen schnellen Fortschritt der Bauten zu gewährleisten, wurde die Standardgröße der Sandsteinblöcke stark reduziert. Die sogenannten »Talatat«-Blöcke waren so klein, dass ein einzelner Bauarbeiter sie gut tragen konnte. Ein Grund zur Eile war vermutlich das im dritten Regierungsjahr gefeierte Sedfest des Königs, für das eine adäquate Bühne zur Verfügung stehen sollte. Während bislang die Tempeldekoration in erster Linie aus Szenen bestand, in denen der König verschiedenen Gottheiten diverse Opfergaben überreicht und für diese belohnt wird, traten jetzt Szenen des täglichen Lebens in den Vordergrund. Die Sonnenscheibe *Aton* erstrahlt über allem und ist die omnipräsente Kraft des Seins. Als Mittler zwischen Menschen und Gottheit treten *Echnaton* und *Nofretete* auf, nur durch sie besteht die Verbindung zwischen weltlicher und göttlicher Sphäre. Fahrten des Königspaares im von Pferden gezogenen Paradewagen oder die Präsentation des Paares im sogenannten »Erscheinungsfenster« fanden Eingang in die Tempeldekoration. Rituale wurden auf die Präsentation von Opfergaben reduziert, auch die »Götterreden« – von den Gottheiten »gesprochene« Texte innerhalb der

Grab- und Tempeldekoration – existieren nicht mehr. Die entrückte Sonnenscheibe, von der es auch keine Kultbilder in Form von Statuen gab, bleibt stumm. Einzig auf dem Sarkophag *Echnatons* »spricht« die Gottheit. *Aton* erhielt darüber hinaus ein eigenes Namensprotokoll, welches ab dem dritten Regierungsjahr wie ein Königsname in Kartuschen eingeschlossen wurde.

In den frühen Jahren besonders ausgeprägt ist der neue Stil der Statuen und Reliefs. Realismus, zum Teil ins Expressionistische gesteigert, prägt den »Amarnastil«. Die Kolossalstatuen *Echnatons* aus Karnak bilden einen »Höhepunkt« dieser Entwicklung. Der Herrscher hat fast groteske Züge. Das Gesicht ist langgezogen, das Kinn spitz, die Wangen sind hohl, die Augen schlitzartig. Auch die Gliedmaßen sind zu lang und dünn, während die Oberschenkel und der Bauch aufgedunsen wirken. Unzählige Theorien haben versucht, diese unvorteilhafte Darstellungsweise zu erklären, unter anderem mit diversen Krankheitsbildern. Im Zuge der religiösen Umstrukturierung sind wohl eher theologisch und ideologisch begründete Ursachen anzusetzen. Denn bereits das Statuenprogramm seines Vaters *Amenophis III.* weißt viele Besonderheiten in Hinblick auf die physische Präsentation des Herrschers auf. In den späten Regierungsjahren *Echnatons* nimmt die Radikalität des Kunststils wieder ab, und die Darstellungen des Königs und seiner Familie weisen nicht mehr die extravaganten Züge der frühen Jahre auf.

Neben den Szenen des Alltags stehen Pflanzen- und Tiermotive besonders im Fokus der Amarnakunst. Die Natur galt als Sinnbild der schöpferischen Kraft des *Aton*, durch dessen Präsenz überschäumendes Leben möglich wird. Durch mehrere Quellen ist uns der leitende Künstler und Baumeister *Echnatons* bekannt. Der »Oberste Bildhauer des Königs« namens *Bak* berichtet in einer Inschrift, er sei vom König selbst unterwiesen worden. *Echnatons* persönlicher Einfluss und seine Ideen von Religion und Kunst erscheinen uns greifbarer als es bei anderen Königen der Fall ist, denn die Texte verweisen explizit darauf, dass der König selbst für die Innovationen verantwortlich gewesen sei.

Die Entwicklung der thebanischen Jahre findet ihren Niederschlag auch in der Dekoration einiger Beamtengräber in der Nekropole von Theben-West. Im Grab des Wesirs *Ramose* (TT 55) findet man sowohl eine traditionelle Darstellung des Königs aus dem Beginn der Regierungszeit als auch ein Relief, auf dem *Echnaton* im Erscheinungsfenster unter den Strahlen des *Aton* im neuen Amarnastil gezeigt wird. Die zunehmende Hinwendung des Königs zum Gott *Aton* wird auch in seinem Verhältnis zum bisher vorherrschenden *Amun*-Kult deutlich. So datiert der letzte Beleg für einen »Hohepriester des *Amun*« unter *Echnaton* in das vierte Regierungsjahr des Königs. Es handelt sich um ein Graffito aus dem Wadi Hammamat in der Ostwüste, wohin der Hohepriester *May* eine Expedition leitete, um Grauwacke für eine Statue des Königs brechen zu lassen. Zu einem unbekannten Zeitpunkt wurden *May* und seine Priesterkollegen in Karnak dann aus ihren Ämtern entfernt und der Kultbetrieb im größten Tempelkomplex des Landes beendet.

Im fünften Regierungsjahr vollzog der König einen weiteren programmatischen Schritt, indem er sein Namensprotokoll änderte. Aus *Amenophis* (»*Amun* ist zufrieden«) wurde *Echnaton* (»Nützlich für *Aton*«), und auch die übrigen Namen wurden der neuen Sonnentheologie angepasst. Der Herrinnenname, der zunächst »Mit großem Königtum in Karnak« gelautet hatte, wurde in »Mit großem Königtum in Achetaton« geändert.

Dieser Name nimmt zugleich auf ein wichtiges und einmaliges Ereignis Bezug. Zum Zwecke einer vom *Amun*-Kult in Theben unvorbelasteten Entfaltung der *Aton*-Religion gab *Echnaton* den Befehl zur Gründung einer neuen Hauptstadt, die Achetaton (»Horizont des *Aton*«) genannt wurde. Als Baugrund wurde eine bis dato unbebaute, von Felsenkliffen halbkreisförmig umschlossene Ebene auf dem Ostufer des Nils gewählt. Der neue Wohnort der Königsfamilie ist heute unter dem Namen Amarna (oder Tell el-Amarna) bekannt und liegt ca. 300 km südlich von Kairo in der Provinz Minya. Die Dimensionen der Stadt auf dem Ostufer und die landwirtschaftliche Nutzfläche auf dem Westufer werden durch 15 Grenzstelen aus den Regierungsjahren 5, 6 und 8 markiert. Auf drei Stelen ist ein Text *Echnatons* erhalten, in welchem der König seine Pläne für die Gestaltung der Stadt beschreibt, die zu Ehren des Gottes *Aton* errichtet werden soll.

Im Zentrum lag der »Große *Aton*-Tempel«, daran anschließend ein großer Palast- und Verwaltungskomplex, der »Kleine

Aton-Tempel« und das zentrale Stadtgebiet. Im Süden der Stadt schloss sich ein »Vorort« an, ebenso wie auf der Nordseite, wo sich außerdem die sogenannte »Nordstadt« als eigenständiger Komplex am Fuße der Felsabhänge befand. Mehrere isolierte Kultbezirke verteilten sich über die Ebene von Achetaton. So lag nördlich der Stadt der sogenannte »Nordpalast« mit Kult- und Repräsentationsbauten, einem Gartenhof sowie Stallungen für Antilopen, Steinböcke und Rinder. Ein weitläufiges Gartenareal mit zwei künstlichen Seen, kleinen Tempeln und Palasträumen namens Maru-*Aton* erstreckte sich südlich der Stadt. Die separate Arbeitersiedlung von Amarna befand sich östlich der Stadt auf halbem Weg zu den Felsenkliffen, in welchen die Privatgräber der hohen Beamten angelegt wurden. Ein zentrales Wadi in den Felswänden führt zum Königsfriedhof von Amarna, der circa elf Kilometer entfernt von Achetaton abgelegen im Wüstengebirge liegt. Neben dem Grab *Echnatons* (mit Nebenräumen für Familienangehörige) befinden sich hier drei weitere Gräber, deren Besitzer nicht bekannt sind.

Die in so kurzer Zeit als Gesamtanlage geplante Stadt zeichnete sich durch breite Prozessionsstrassen aus, auf denen sich der König und seine Familie den Einwohnern während Fahrten im Pferdewagen präsentierten. Sogenannte »Erscheinungsfenster« dienten ebenfalls als Bühne für die Auftritte *Echnatons* und *Nofretetes*. Neben ihrer persönlichen Präsenz waren Statuen, Reliefs und Wandmalereien des Paares und seiner Töchter allgegenwärtig. Malereien von Pflanzen und Tieren sowie farbenprächtige Einlagen von pflanzlichen Ornamenten aus Fayence schmückten die Gebäude der Stadt, um der durch die Sonnenstrahlen *Atons* blühenden Natur zu huldigen.

Amarna ist aus heutiger Sicht ein archäologischer Glücksfall. Während die meisten antiken Siedlungen in Ägypten von heutigen Ortschaften überbaut und damit zerstört und verloren sind, lässt sich in Amarna die ganze Bandbreite der architektonischen Bestandteile einer – wenn auch speziellen – Residenzstadt mit ihren Tempel- und Palastanlagen, Villenvierteln für die hohen Beamten, Standardhäusern und Arbeiterunterkünften erkunden. Regierungsgebäude, Wirtschafts- und Vorratshöfe, Werkstätten und Friedhöfe geben uns einen einmaligen Einblick in den Mikrokosmos von *Echnatons* Hauptstadt.

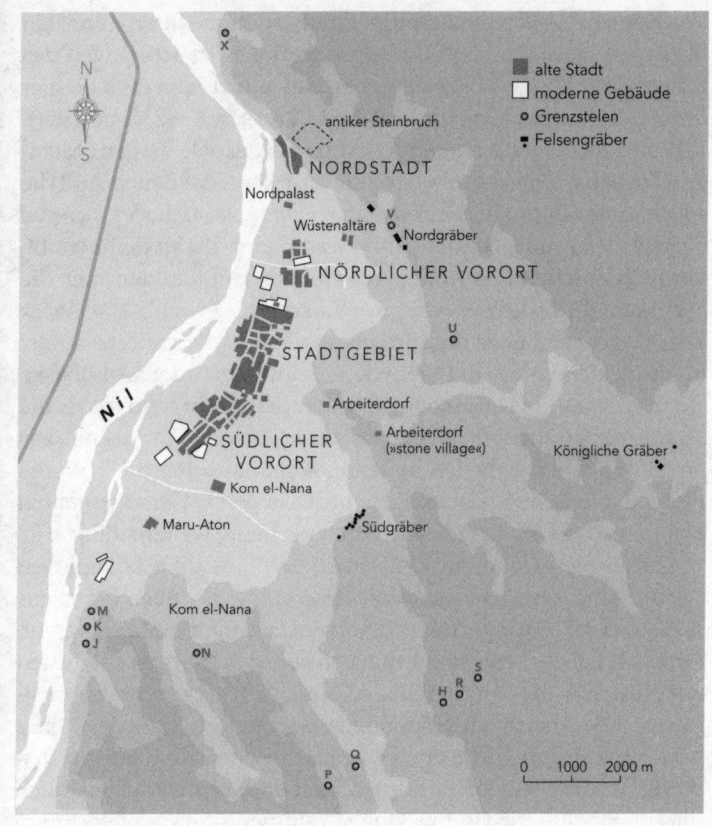

Tell el-Amarna, 300 km südlich von Kairo: Hier befand
sich Achet-Aton, die Haupstadt Echnatons.

Auch wenn man die Stadt nach *Echnatons* Tod bald wieder
aufgab, die meisten Besitztümer entfernt und die Steine der
Gebäude für andere Bauprojekte wiederverwendet wurden,
konnten Archäologen hier einmalige Funde machen. Dazu zählt
das internationale Archiv mit der diplomatischen Korrespondenz
Amenophis' III. und *Echnatons*, welches in einem Haus in der Nähe
des Palastes entdeckt wurde. Über 300 in Keilschrift verfasste Briefe
zwischen dem ägyptischen Königshof und Fürsten bzw. Vasallen

Vorderasiens geben einzigartige Einblicke in die internationalen Beziehungen dieser Zeit. Das als »Ort der Aufzeichnungen des Palastes des Königs« bezeichnete Archiv wurde von dem Pionier der englischen Archäologie Flinders Petrie 1891/92 identifiziert. 1911 bis 1914 fanden in Amarna Grabungen der »Deutschen Orientgesellschaft« unter Ludwig Borchardt statt, bei denen 1912 die sogenannte »Bildhauerwerkstatt des *Thutmosis*« freigelegt wurde. Neben vielen unvollendet gebliebenen oder als Modell genutzten Statuenteilen des Königs und seiner Familie kam hier die berühmte Büste der *Nofretete* zum Vorschein. Obwohl sie als Werk der Amarnazeit eher unrepräsentativ für die ägyptische Kunst im Allgemeinen ist, gilt sie, wie gesagt, neben der Goldmaske *Tutanchamuns* doch als Ikone derselben. Zu Recht wird sie als die »schönste Botschafterin Ägyptens« in Deutschland bezeichnet. Die archäologischen Arbeiten in Tell el-Amarna durch die britische Egypt Exploration Society (EES) wurden in den 1920er/30er-Jahren begonnen und ab den 1970er-Jahren bis heute weitergeführt.

Durch die genannten Keilschrifttafeln aus dem königlichen Archiv sind wir, wie auch bei *Amenophis III.*, über *Echnatons* Außenpolitik gut informiert. Lange herrschte die Meinung vor, *Echnaton* habe – beschäftigt mit sich selbst und seiner religiösen Revolution – die internationalen Aufgaben Ägyptens vernachlässigt. Die Amarnakorrespondenz zeigt jedoch, dass der König und seine Beamten die engen diplomatischen Kontakte zu den vorderasiatischen Höfen pflegten, und dass Echnaton persönlich die außenpolitischen Entwicklungen aufmerksam verfolgte, Ereignisse kommentierte, Anweisungen erteilte und das Verhalten der Bündnispartner bewertete.

Im Gebiet des heutigen Anatolien und nördlichen Syrien erstarkte zu jener Zeit das Reich der Hethiter und sorgte für Machtverschiebungen in der Region, die auch für Ägypten besorgniserregend waren. Das südlich des Hethitergebietes gelegene Königreich Mitanni war mit Ägypten verbündet. Zwei mitannische Prinzessinnen waren mit *Echnatons* Vater *Amenophis III.* verheiratet worden, eine davon übernahm *Echnaton* in seinen eigenen Harem. Doch nicht nur das Reich Mitanni drohte unter den expansiven Einfluss der Hethiter zu geraten, auch andere Vasallen Ägyptens waren in Gefahr, diesem zu erliegen.

Echnaton selbst schickte zwar daraufhin detaillierte Anweisungen an seine Verbündeten, scheint aber sehr bewusst auf
militärische Maßnahmen verzichtet zu haben. Verzweifelte Bitten
von *Rib-Addi*, dem Fürsten von Byblos, der ägyptische Truppen
anforderte, wies *Echnaton* zurück und beklagte sich stattdessen
über die Briefeflut des Fürsten. Die mangelnde Unterstützung für
Rib-Addi hinderte *Echnaton* allerdings nicht daran, dessen Ermordung durch *Aziru*, den Fürsten von Amurru, scharf zu kritisieren.
Aziru selbst wurde von *Echnaton* nach Ägypten beordert und blieb
ein Jahr, bis er nach Amurru zurückkehren durfte. Nach seiner
Rückkehr lief *Aziru* dann tatsächlich zu den Hethitern über. Die
restlichen Provinzen jedoch blieben unter ägyptischer Kontrolle.
Somit war ein direkter militärischer Konflikt mit den Hethitern
vorerst vermieden worden.

In den nubischen Gebieten im Süden trat *Echnaton* von Beginn
seiner Regierung an als Bauherr in Erscheinung. Er ließ die Stadt
Sesebi befestigen, und an den bestehenden nubischen Tempeln
wurden Baumaßnahmen durchgeführt. *Echnatons* »Vizekönig
von Kusch« *Thutmosis* ist gut belegt, und in *Echnatons* zwölftem
Regierungsjahr wurde er vom König beauftragt, eine Rebellion
niederzuschlagen. Zwei Stelen aus Buhen und Amada berichten
von dem Ereignis: *Echnaton* erreichten in Achetaton Nachrichten,
Nomaden aus dem Wadi Allaqi seien in das nubische Gebiet
eingedrungen. Sogleich befahl *Echnaton Thutmosis*, den Aufstand
gnadenlos niederzuschlagen. 370 Aufständische kamen um oder
wurden gefangen genommen. Einige von ihnen richtete man
zur Abschreckung durch Pfählung hin. Hier zeigt sich also ein
durchaus wachsamer und auch in militärischer Hinsicht durch-
setzungsfähiger König, der auf Konflikte mit angemessenem
Realismus reagierte.

Das theologische Konzept der *Aton*-Religion erfuhr um das achte
Regierungsjahr eine weitere Radikalisierung. Das Namensprotokoll
des *Aton* wurde verändert. Um die Alleinstellung des *Aton* noch
klarer zu betonen, wurden die bisher erwähnten Götternamen
Re-Harachte und *Schu* entfernt. Nur *Re* als Manifestation der Sonne
blieb erhalten. Vermutlich fällt auch die Verfolgung des Gottes
Amun und seiner Mitgötter in diese Phase. Namen der Götter
wurden in Tempeln und Gräbern sowie auf Statuen ausgehackt

und Götterstatuen zerstört. Sogar die Pluralschreibung »Götter« fiel der Auslöschung zum Opfer, da sie mit der Einzigartigkeit des *Aton* unvereinbar war.

Der Tempelbetrieb des riesigen Kultzentrums von Karnak dürfte vollständig unterbunden worden sein. Die Verfolgung von Gottheiten in anderen Landesteilen und die Auswirkungen der Amarnazeit auf die dortigen Kultzentren konnte noch nicht abschließend geklärt werden. Zwar zeigen Funde aus Amarna selbst, dass die Einwohner weiter traditionelle Gottheiten verehrten, es handelt sich jedoch um ein begrenztes Spektrum. Zum einen sind dies Schutzgottheiten des Hauses und der Familie wie der zwergengestaltige Schutzpatron *Bes* und die Geburtshelferin *Thoeris*, zum anderen Götter, die bestimmten Berufen zugeordnet waren, wie *Thot*, der pavian- oder ibisgestaltige Gott der Schreiber. Das Ausmaß an königlicher Repression auf den Einzelnen im Hinblick auf die privaten religiösen Ansichten wird durchaus kontrovers – je nach Beurteilung der Person des *Echnaton* – diskutiert.

Obwohl sich *Echnatons* Bautätigkeiten vor allem in Amarna konzentrierten, sind doch landesweite Aktivitäten nachzuweisen. Überreste fanden sich in Nubien (Sesebi, Amada), auf Elephantine, in Armant, Assiut, Illahun, Antinoe, Medum, Memphis, Heliopolis und Athribis. Zwar war die königliche Residenz nach Amarna umgezogen, der König und seine Verwaltung waren aber nach wie vor im ganzen Land präsent. Das neue theologische Konzept *Echnatons* beinhaltete die Stärkung der königlichen Position. Alte elitäre Strukturen innerhalb der Beamtenschaft – besonders der Amunspriesterschaft – wurden zugunsten königstreuer Gefolgsleute aufgelöst. Die religiöse Teilhabe der Einzelnen konnte nur über *Echnaton* und *Nofretete*, den Mittlern zwischen *Aton* und den Menschen, erfolgen.

Besonders deutlich wird diese Entwicklung im funerären Bereich, d. h. den Grabanlagen. Die *Aton*-Religion besaß keine Mythologie und damit auch keine urzeitliche Entstehungsgeschichte. Die Schöpfung vollzog sich täglich bei Sonnenaufgang, dem Erscheinen des *Aton* am Horizont, neu. Zuvor hatte man die Nacht als Reise des Sonnengottes *Re-Harachte* durch die Unterwelt begriffen, wo die Toten am (nächtlichen) Sonnenlauf teilhaben konnten. In der Amarnazeit bedeutete die Nacht eine mit dem

Tod gleichgesetzte Lichtferne. Die Verstorbenen konnten demnach ebenfalls nur tagsüber von dem Licht und den auf zahllosen Altären präsentierten Opfergaben profitieren. Und dazu bedurfte es wiederum des Königs als *Atons* Vertreter. Damit war das Weiterleben nach dem Tod ebenfalls eng mit dem König verbunden – vielleicht die radikalste Änderung, die *Echnaton* durchsetzte.

Entsprechend ersetzt der König mit seiner Familie in den Beamtengräbern von Amarna die traditionellen Götter. Es war nun die Verbindung der einzelnen Beamten zur Königsfamilie, die ihren jenseitigen Status sicherte. In vielen Gräbern sind die zuvor verwendeten Götterhymnen durch den sogenannten »Sonnenhymnus des *Echnaton*« ersetzt, dessen Text möglicherweise durch den König persönlich verfasst wurde. Diese Texte preisen den Sonnenschein und das Licht als Essenz des Gottes, der die Schöpfung täglich bei seinem Aufgang erneuert.

Einige wichtige politische und familiäre Ereignisse fallen in die letzten Regierungsjahre *Echnatons*. Im Jahr 12 fand eine große Versammlung ausländischer Gesandter in Amarna statt, die dem König ihre als »Tribute« beschriebenen Warenlieferungen präsentierten. In zwei Privatgräbern (*Huja, Merire II*) von Amarna ist dieses für die Stadt und ihre Bewohner außerordentliche Ereignis dargestellt und beschrieben. Vertreter aus Syrien und Kusch, aus Ost und West, aus der Ägäis und Punt huldigten dem König, der als Herrscher der Welt und damit über alle verfügbaren Waren erscheint.

Die Darstellungen in *Hujas* Grab erlauben uns zudem spannende Einblicke in das königliche Familienleben dieser Jahre. Als »Haushofmeister der Königin *Teje*« zeigt *Huja* Bilder aus seinem Arbeitsalltag, der unter anderem in der Bewirtung des Königs, *Nofretetes*, ihrer Kinder und *Echnatons* Mutter *Teje* bestand, die bei gemeinsamen Festmahlen und Besuchen von Tempelanlagen in Amarna zu sehen sind. Ob *Teje* dauerhaft in Amarna wohnte oder aus Theben oder dem Palast von Gurob zu Besuch kam, ist nicht zu sagen. Sie verstarb wohl in den letzten Regierungsjahren ihres Sohnes und wurde im Königsgrab von Amarna bestattet. Unter *Tutanchamun* fand dann ihre Umbettung nach Theben statt. Teile ihrer Grabausstattung wurden im Grab ihres Mannes *Amenophis III.* sowie in KV 55, dem sekundären Bestattungsort ihres Sohnes gefunden.

Nicht nur die Königswitwe *Teje* starb in *Echnatons* letzten Regierungsjahren. In den Szenen der großen »Tributfeier« im Jahr 12 ist das Königspaar zum letzten Mal mit seinen sechs Töchtern zu sehen. Die zweitälteste Tochter *Maketaton* starb bald darauf mit circa neun Jahren und wurde in einer Seitenkammer des Königsgrabes beigesetzt. Szenen an den Grabwänden zeigen die trauernden Eltern und Geschwister – eine bislang beispiellose Dokumentation der emotionalen Verfassung der königlichen Familie. Auch die drei jüngeren Töchter sind vermutlich kurz darauf verstorben und im Königsgrab bestattet worden.

Eine neu entdeckte Inschrift im Steinbruch von el-Berscheh belegt, dass *Nofretete* noch im 16. Regierungsjahr ihres Mannes lebte. Uschebti-Fragmente aus Amarna (Louvre AF 9904 und Brooklyn 33.51) lassen vermuten, dass sie dort bestattet wurde, ebenso wie *Echnaton* selbst, der in seinem 17. Regierungsjahr verstarb. Aus dem Königsgrab stammen Fragmente von zwei Sarkophagen (*Echnaton, Maketaton*), einem Kanopenkasten des *Echnaton* und über 200 Uschebti. Nach der Aufgabe der Stadt Amarna unter *Tutanchamun* wurden die möglicherweise bereits beraubten und zerstörten Begräbnisse der Königsfamilie nach Theben überführt. Für *Echnaton* wurden der Sarg und die Kanopen der Nebenfrau *Kija* umgearbeitet. Schließlich setzte man ihn samt einem Schrein der Königin *Teje* in KV 55 im Tal der Könige neu bei.

Nach *Echnatons* Tod sahen sich seine Anhänger ihrer eigentlichen Machtbasis beraubt. Die Vertreter des *Amun*-Kultes von Karnak erlangten hingegen erneut die Oberhand, und die hohen Staatsbeamten unter *Tutanchamun* leiteten die Restauration ein. Die *Aton*-Religion verschwand vollständig, der Kunststil wurde erneut den traditionellen Regeln angepasst, die Bauweise mit den kleinformatigen Talatat-Blöcken gehörte der Vergangenheit an. Amarna wurde aufgegeben, die Bauten *Echnatons* abgetragen und als Baumaterial wiederverwendet. Statuen des Königs und seiner Familie fielen der Zerstörung zum Opfer, und *Haremhab*, der Nachfolger von *Tutanchamun* und *Eje* strich schließlich die komplette Amarnazeit aus den Annalen und zählte seine Regierungsjahre ab dem Tod von *Amenophis III.*

Die Jahre *Echnatons* waren für Ägypten dennoch prägend, da auf die einschneidenden Neuerungen eine entschiedene

Gegenbewegung folgte. Die *Aton*-Theologie hatte die Menschen in Ägypten ihres unmittelbaren Zuganges zu den Gottheiten beraubt, besonders in Hinblick auf das Weiterleben im Jenseits. Eine unmittelbare Reaktion darauf war die Betonung der persönlichen Frömmigkeit. Auf Stelen und Votivgaben formulierten die Ägypter fortan ihre Wünsche und Hoffnungen an die Götter. Die privaten Grabanlagen glichen kleinen Grabtempeln, in denen der König nur noch eine sehr untergeordnete Rolle spielte und die direkte Verbindung des Grabherrn zu den Göttern, allen voran dem Totengott *Osiris*, im Vordergrund stand. Auf politisch-klerikaler Ebene bauten die Priesterschaften der großen Tempelbezirke ihre Macht gegenüber dem König aus. Gegen Ende der Ramessidenzeit führte dies im Resultat sogar zur Übernahme der Macht seitens hoher Beamter, die mit dem Karnaktempel in Theben verbunden waren.

SMvF

Literatur:

A. Dodson, *Amarna sunset* (2009). D. B. Redford, in: *JAOS* 83/2 (1963) S. 240–241. W. Helck, in: *SAK* 8 (1980) S.117–126. D. B. Redford, Akhenaten, *The Heretic King*, Princeton 1984. Ch. Loeben, in: *MDAIK* 42 (1986) S. 99–107. Schneider, *Lexikon* (1996) S. 95–102. R. E. Freed/Y. J. Markowitz/Sue H. D'Auria (Hg.), *Pharaohs of the Sun. Akhenaten, Nefertiti, Tutankhamen*, Boston 1999. J. Van Dijk, in: *OHAE* (2000) S. 272–313. M. Eaton-Krauss, in: *OEAEI* (2001) S. 48–51. M. Gabolde, in: A. Grimm/S. Schoske (Hg.), *Das Geheimnis des goldenen Sarges*, München 2001, S. 9–41. Th. Hikade, in: *JEA* 92 (2006) S. 153–168. E. Hornung, in: Hornung/Krauss/Warburton, *Ancient Egyptian Chronology* (2006) S. 197–217. C. Knigge Salis, in: *Das Wissenschaftliche Bibellexikon im Internet* (www.wibilex. de), 2006, http://www.bibelwissenschaft.de/stichwort/14189/[29.03.2017]. St. Hardekopf, in: *Das Wissenschaftliche Bibellexikon im Internet* (www.wibilex. de), 2008, http://www.bibelwissenschaft.de/stichwort/13205/ [29.03.2017]). A. Dodson, *Amarna sunset* (2009). M. Fitzenreiter, in: *IBAES* X (2009) S. 61–80. L. Manniche, *The Akhenaten Colossi of Karnak*, Kairo 2010. Ch. Tietze (Hg.), *Amarna. Lebensräume – Lebensbilder – Weltbilder*, 2. überarbeitete Auflage Weimar 2010. S. Martinssen-von Falck, in: Ch. Tietze (Hg.), Ägyptische Gärten, Weimar 2011, S. 156–174. F. B. Kemp, *The City of Akhenaten and Nefertiti: Amarna and its People*, London 2012. D. B. Redford, *Akhenaten, The Heretic King*, Princeton 1984. F. Seyfried (Hg.), *Im Licht von Amarna, 100 Jahre Fund der Nofretete*, Petersberg 2012. M. Gabolde, in: *ENiM* 6 (2013) S. 177–203. http://www.amarnaproject. com (18.05.2018).

TUTANCHAMUN

Titel	Name	Übersetzungsvorschlag
Horus	Ka-nacht-tut-mesut	»Starker Stier mit vollkommener Geburt«
Der der beiden Herrinnen	Nefer-hepu-segerech-taui	»Der mit vollkommenen Gesetzen, der die beiden Länder beruhigt«
Goldname	Utsches-chau-sehetep-netjeru	»Der die Kronen erhebt, der die Götter zufriedenstellt«
König von Ober- und Unterägypten	Neb-cheperu-Re	»Herr der Gestalten des Re«
Sohn des Re	Tut-anch-Imen (zunächst Tut-anch-Iten) (Tutanchamun/ Tutanchaton)	»Lebendes Abbild des Amun« (zunächt »Lebendes Abbild des Aton«)

Tutanchamun kann zu Recht als der berühmteste der ägyptischen Könige gelten, was vor allem dem spektakulären Fund seines fast unberaubten Grabes im Jahr 1922 durch HOWARD CARTER zu verdanken ist. Das archäologische Abenteuer und die Goldschätze haben eine bis heute anhaltende Begeisterung der Weltöffentlichkeit ausgelöst. Im Gegensatz dazu betont die ägyptologische Literatur immer wieder beinahe verschämt, Tutanchamun habe eine eher unwichtige und zudem durch seinen frühen Tod kurze Rolle innerhalb der ägyptischen Geschichte gespielt. Dabei ist die sogenannte Nachamarnazeit eine politisch und religiös höchst spannende Epoche des Umbruchs und der Restauration. Viele ungelöste Fragen rund um Tutanchamun und seine Familie beschäftigen die moderne Ägyptologie auch fast 100 Jahre nach dem Fund seines Grabes.

Die erste Unsicherheit ist bereits Tutanchamuns Herkunft. Als Tutanchaton wurde der spätere König vermutlich in Amarna geboren, der Stadt, die König Echnaton als neue Hauptstadt und religiöses Zentrum des Aton-Kultes hatte errichten lassen. Für Tutanchaton ist der Titel »leiblicher Königssohn« auf einem Block aus Amarna belegt und DNA-Untersuchungen aus dem Jahre 2009 zeigen, dass es sich bei der Mumie aus dem Grab KV 55 vermutlich um seinen Vater handelt. Die wahrscheinlichste – wenn auch nicht absolut zwingende – Rekonstruktion ist, dass *Echnaton* der Vater des Prinzen *Tutanchaton* war, der in den letzten Jahren seiner Regierung geboren wurde. Inschriftliche Quellen, die explizit *Tutanchamuns* Mutter nennen, gibt es nicht. Theoretisch käme *Nofretete*, die »Große Königliche Gemahlin« *Echnatons* infrage, während die früher verstorbene Nebenfrau *Kija*, für die eine Tochter belegt ist, eher ausscheidet. Die DNA-Untersuchungen der Mumie der sogenannten »Younger Lady« zeigen, dass es sich bei ihr vermutlich um *Tutanchamuns* Mutter handelt. Während das Forscherteam um ZAHI HAWASS sie für eine Tochter von *Amenophis III.* und *Teje* und damit für eine Vollschwester *Echnatons* hält, nimmt MARC GABOLDE an, sie sei eine Cousine *Echnatons*, die er mit *Nofretete* gleichsetzt. Festzuhalten bleibt, dass es trotz modernster Untersuchungsmethoden eine Herausforderung bleibt, DNA-Ergebnisse und historische Quellen befriedigend in Einklang zu bringen.

Als König *Echnaton* nach 17 Regierungsjahren starb, waren vermutlich auch *Nofretete* und vier der sechs Töchter bereits verstorben. Zurück blieben die älteste, etwa dreizehnjährige Tochter *Meritaton* und die wohl elfjährige *Anchesenpaaton*. *Tutanchaton* dürfte circa fünf Jahre alt gewesen sein. Das Schicksal dieser verwaisten Königskinder und das des Landes Ägypten lag für die nächsten Jahre in den Händen von Beamten, die möglicherweise zu rivalisierenden Lagern gehörten und um die Macht rangen. Die folgenden drei oder vier Jahre bis zu *Tutanchatons* Thronbesteigung sind schwer zu rekonstruieren. Im Grab des *Merire II.* in Amarna zeigt eine Darstellung den König *Semenchkare* mit seiner »Großen Königlichen Gemahlin« *Meritaton*. Es scheint sich bei *Semenchkare* um den unmittelbaren Nachfolger *Echnatons* zu handeln, für den sicher nur ein Regierungsjahr 1, höchstens aber ein Jahr 3 belegt ist. Seine Herkunft ist ebenso unbekannt wie seine Todesumstände. Ein Grab oder Objekte aus seiner Bestattung konnten bislang nicht gefunden werden.

Bei der folgenden Alleinregentin und der unmittelbaren Vorgängerin *Tutanchamuns* wird es sich um seine älteste Schwester *Meritaton* gehandelt haben, der Witwe von *Semenchkare*. Sowohl *Semenchkare* als auch *Meritaton* beziehen sich durch ihre

Namenswahl eindeutig auf *Echnaton*. Auch auf Objekten aus dem Grab *Tutanchamuns* finden sich die Namen dieser drei vereint. Unter der Herrschaft der *Meritaton* scheint jedoch bereits eine Rückbesinnung auf die traditionellen religiösen Vorstellungen stattgefunden zu haben. Das beweisen die vielen Objekte ihrer Grabausstattung mit traditionellen Texten, die später für die Beisetzung *Tutanchamuns* wiederverwendet wurden. Vielleicht stammt auch das Graffito des *Pawah* in dem thebanischen Grab TT 139 aus der Regierungszeit der *Meritaton*. Der hier genannte Totentempel zeigt an, dass *Tutanchamuns* Vorgänger eine traditionelle Bestattung in Theben plante, und auch die Restauration des *Amun*-Kultes wird hier offenkundig. Bislang hatte man den Königsnamen in TT 139 als den des *Semenchkare* interpretiert, jedoch ist *Meritatons* Königsname identisch, wenn er in der grammatikalisch männlichen Variante benutzt wird, was vorkommt.

Für die Beurteilung der Herrscherabfolge vor *Tutanchamun* ist auch die innerhalb der Ägyptologie sehr unterschiedliche Zuordnung der Bestattung des Grabes KV 55 im Tal der Könige von großer Bedeutung. Es handelt sich offenbar um Grabinventar, das ursprünglich aus Amarna stammte und durch *Tutanchamun* nach Theben gebracht wurde. Ein Schrein stammt aus dem Besitz von *Echnatons* Mutter *Teje*, und Kanopenkrüge und Sarg gehörten ursprünglich *Kija*, *Echnatons* Nebenfrau. Die skelettierte Mumie ist jedoch männlich, und die Inschriften des Sarges und der Kanopen scheinen für *Echnaton* geändert worden zu sein. DNA-Untersuchungen zeigen zudem, dass die Mumie als Sohn von *Amenophis III.* und *Teje* einzuordnen ist. Das Sterbealter des Mannes aus KV 55 wird jedoch jünger interpretiert, als es für *Echnaton* aufgrund seiner Regierungslänge passend erscheint. Daher wurde die Mumie lange *Semenchkare* zugeschrieben. Die derzeitig sinnvollste Rekonstruktion scheint zu sein, dass *Tutanchamun* das (vermutlich bereits geplünderte und zerstörte) Begräbnis seines Vaters aus Amarna unter Verwendung und Umarbeitung anderer dort gefundener Ausstattung nach Theben überführt hat. Damit läge ein historisch bedeutsamer Rückbezug *Tutanchamuns* auf *Echnaton* vor. Viele bereits fertiggestellte Objekte der Grabausstattung seiner Schwester und Vorgängerin *Meritaton* wurden für *Tutanchamuns* eigene Bestattung umgearbeitet. Warum *Meritaton* nicht mit diesen

Gegenständen bestattet wurde, ist unklar. Möglicherweise wurden sie und *Semenchkare* nicht als legitime Herrscher akzeptiert.

Sein spätes Auftreten in den Quellen aus Amarna, ein Regierungsjahr 9 als höchstes bekanntes Datum und das Alter seiner Mumie lassen vermuten, dass *Tutanchaton* mit ungefähr zehn Jahren den ägyptischen Thron bestieg. Anrührende Zeugen dieses Ereignisses sind die in Kindergröße angefertigten Herrschaftsinsignien Krummstab und Wedel, die im Grab des Königs gefunden wurden. Auch ein thronartiger Stuhl ist von kleinem Format und diente dem Kindkönig vielleicht als offizielles Sitzmöbel.

Vermutlich aus Anlass der Thronbesteigung wurde *Tutanchaton* mit seiner Schwester *Anchesenpaaton* verheiratet, die als seine »Große Königliche Gemahlin« auftritt. Kinder des Paares sind in Inschriften nicht belegt. Angesichts des jungen Alters des Königs sind Nachkommen auch erst gegen Ende seiner Herrschaft überhaupt denkbar. In *Tutanchamuns* Grab lagen in einer Holztruhe die sterblichen Überreste zweier kleiner Mädchen. Vermutlich handelt es sich bei den mit circa sechs und acht Monaten zu früh zur Welt gekommenen Kindern um Töchter des Königs, deren Mutter unbekannt bleibt.

Bereits unter *Tutanchamuns* Vorgängerin *Meritaton* wurde die Abkehr von der *Aton*-Religion der Amarnazeit deutlich. Möglicherweise war Amarna bereits als Sitz der Königsfamilie aufgegeben worden oder dieser Schritt erfolgte früh in der Regierung des *Tutanchaton*. Dieser benannte sich zu einem unbekannten Zeitpunkt zu *Tutanchamun* (Lebendes-Abbild-des-*Amun*) um, aus Königin *Anchesenpaaton* (Sie-lebt-durch-den-*Aton*) wurde *Anchesenamun* (Sie-lebt-durch-*Amun*). Dass dieser programmatische Namenswechsel des Herrscherpaares mit dem Weggang aus Amarna zusammenhängt, wie oft angeführt, ist nicht zwingend, da keine einzige Quelle aus Amarna bislang den Namen *Tutanchaton* in Verbindung mit dem Königstitel nennt. Nur ein Objekt, das nicht aus dem Königsgrab KV 62 stammt, trägt diesen Namen. Dabei handelt es sich um eine Stele unbekannter Herkunft, auf der *Tutanchaton* mit *Amun* und *Mut*, also den thebanischen Göttern, auftritt.

Unabhängig davon, wie sich die Ereignisse im Einzelnen vollzogen haben, kann festgehalten werden, dass Theben wieder zum religiösen Zentrum des Landes aufstieg und der Kult des

Amun sowie seiner thebanischen Götterfamilie wieder seine ursprüngliche Bedeutung zurückerlangte. Memphis im Norden des Landes diente fortan als politisches Zentrum und damit wohl auch als Hauptwohnsitz der Königsfamilie. Der erste datierbare Beleg für den Austausch des Götternamens *Aton* durch den des *Amun* im Namen des Herrschers ist ein Graffito aus Sakkara aus dem vierten Regierungsjahr des *Tutanchamun*. Im Grabschatz des Herrschers finden sich jedoch viele Objekte mit seinem ursprünglichen Namen. Dazu zählen der Elfenbeinthron und der Goldthron, Waffen, Schreibequipment und diverse Teile der Streitwagen. Bei einigen Gegenständen ist zu erkennen, dass der Name nachträglich geändert wurde, beispielsweise bei den Thronen.

Die Rückkehr zu den traditionellen Werten und die Beseitigung von sämtlichen Schäden, welche *Echnaton* im Rahmen seiner religiösen Revolution verursacht hatte, beschreibt *Tutanchamun* eindrücklich auf der sogenannten »Restaurationsstele« (Kairo CG 34183), die 1905 im Tempel von Karnak gefunden wurde. Vor der Usurpation durch König *Haremhab* zeigte das Bildfeld der Stele *Tutanchamun* zusammen mit *Anchesenamun*, die dem Götterpaar *Amun* und *Mut* Opfergaben darreichen. Der Text schildert die unter *Echnaton* angerichtete Verwüstung im Land. Tempel und Kapellen seien zerstört und die Götterkulte vernachlässigt worden. Ägyptens Grenzen seien nicht mehr sicher gewesen und die Götter hätten sich von den Menschen abgewandt. Weiter heißt es, *Tutanchamun* habe neue Götterbilder aus Gold und Edelsteinen geschaffen (deren Vorgänger vermutlich unter *Echnaton* eingeschmolzen wurden), den Bedarf an Opfergaben für die Kulte gesichert, Tempelinventar erneuert und die Tempelwirtschaft mit Arbeitskräften und Material ausgestattet. Priester, Sängerinnen und Tänzerinnen wurden wieder oder neu eingesetzt. Fragmente von Dubletten der Restaurationsstele zeigen, dass dieser programmatische Text an mehreren Orten – vielleicht sogar landesweit – aufgestellt war.

Der religiöse Umsturz der Amarnazeit hatte sich vor allem gegen den Kult des *Amun* von Theben gewandt. Entsprechend konzentrierte sich die Restauration unter *Tutanchamun* vor allem auf die Beseitigung der Bauschäden, die an den Monumenten in Theben verursacht worden waren. Die Zuschreibungen von Ausbesserungen der ausgehackten Inschriften des Götternamens

»*Amun*« an *Tutanchamun* gestalten sich gelegentlich schwierig, weil nachfolgende Könige (vor allem *Haremhab*, *Sethos I.* und *Ramses II.*) wiederum ihren Namen über denjenigen *Tutanchamuns* geschrieben und so die Arbeiten für sich verbucht haben. In den mehrfach abgeschliffenen, ausgehackten, mit Gips überlagerten und beschrifteten Arealen sind Hieroglyphen fallweise nur mit detektivischen Fähigkeiten aufzuspüren und historisch korrekt einzuordnen.

Ganz sicher hat *Tutanchamun* Reliefs in den Tempeln von Karnak und Luxor ausbessern lassen, vermutlich auch in den Totentempeln von *Amenophis III.* und *Hatschepsut* in Theben-West sowie in Gebel Barkal, Amada und Elephantine. Eine weit größere Herausforderung als die Ausbesserungen der Inschriften war die Erneuerung sämtlicher Statuen des Gottes *Amun* und seiner Gemahlin *Mut*, die fast gänzlich durch *Echnaton* zerstört worden waren. Wenige ließen sich reparieren, wie eine Triade, die *Thutmosis III.* mit *Amun* und *Amaunet* zeigt. Die beiden durch *Tutanchamun* neu in Auftrag gegebenen Götterstatuen stehen heute am 6. Pylonen des Karnaktempels. Andere Statuen des *Amun*, seiner Gemahlin *Mut* und des Götterkindes *Chons* mussten gänzlich neu geschaffen werden. Dazu kamen Statuen des Königs selbst, der als Opfer- und Standartenträger sowie in betender Haltung dargestellt wurde.

Tutanchamuns Architekten konzentrierten sich neben der Beseitigung von *Echnatons* Bildersturm vor allem auf die Weiterführung der unvollendet gebliebenen Bauprojekte seines Großvaters *Amenophis III.* In Karnak wurde der Pfeilerhof *Echnatons* vor dem durch *Amenophis III.* errichteten 3. Pylonen rückgebaut und vermutlich der 2. Pylon durch *Tutanchamun* begonnen, allerdings erst unter *Haremhab* vollendet. Die Außenmauer des Hofes zwischen dem 7. Pylonen und der Umfassungsmauer der Haupttempelachse wurde unter *Tutanchamun* dekoriert. Passend zu den in der Nähe liegenden Wirtschaftsgebäuden des Tempels zeigen die Reliefs die Versorgung der Götter mit Opfergaben. Nilgötter präsentieren die Erträge des Landes und auch die Feld- und Erntegöttin *Renenutet* ist dargestellt. Eine unter *Echnaton* angelegte Sphingenallee, die vom 10. Pylonen zum *Mut*-Tempel führte, wurde unter *Tutanchamun* umgearbeitet. Die Köpfe der Statuen von *Echnaton* und *Nofretete* wurden durch Widderköpfe ersetzt und kleine Königsfiguren *Tutanchamuns* zwischen den Pfoten der Sphingen platziert.

Das eindrücklichste Zeugnis der unter *Tutanchamun* entstandenen Baukunst ist die Dekoration der durch *Amenophis III.* errichteten, aber undekoriert gebliebenen Kolonnade des Luxortempels. Wunderschöne Reliefs zeigen Darstellungen des jährlichen Opetfestes, bei dem Statuen des Gottes *Amun* mit seiner Gemahlin *Mut* und dem Götterkind *Chons* aus Karnak in Tragebarken den Luxortempel besuchten. Auch *Tutanchamun* und *Anchesenamun* sitzen in Barken und begleiten den bunten Festzug, bei dem Sänger und Musiker für Unterhaltung sorgen. Bunt geschmückte Schlachtstiere werden mitgeführt und eine Fülle von Opfergaben präsentiert. Das Fest fand einmal im Jahr statt und dauerte mehrere Tage. Im Auftrag des bedeutenden Ägyptologen SIR ALAN GARDINER zeichnete HOWARD CARTER 1916/17 mehrere Szenen der von *Tutanchamun* in Auftrag gegebenen Opetreliefs. Die unveröffentlicht gebliebenen Zeichnungen sind Zeugen einer frühen Beschäftigung CARTERS mit dem Pharao, dessen Grab er fünf Jahre später entdecken sollte.

In Amarna, der unter *Tutanchamun* zugunsten von Memphis verlassenen Hauptstadt seines Vaters *Echnaton*, haben sich sehr wenige Zeugnisse von *Tutanchamun* erhalten. Die Stadt wurde jedoch bis in die Zeit *Haremhabs* zumindest teilweise genutzt. In kleinen Kapellen lässt sich ein traditioneller Götterkult belegen. Ob es sich bei der Darstellung eines Königs in einem der Wohnhäuser um *Tutanchamun* handelt, ist nicht sicher zu sagen. In Memphis, der neuen Hauptstadt, hat *Tutanchamun* unter anderem in einem Palast gewohnt, der ursprünglich von *Thutmosis I.* erbaut wurde. Es ist zu vermuten, dass hier nach dem Umzug aus Amarna Erweiterungen vorgenommen worden sind, wofür es aber nur wenige Hinweise gibt. In jedem Fall fand unter seiner Regierung eine *Apis*-Beisetzung statt. Starb der jeweils amtierende *Apis*-Stier, der als heiliges Tier des Gottes *Ptah* verehrt wurde, stattete der König als oberster Priester des Landes ein Staatsbegräbnis für den Stier aus.

Insgesamt gibt es aber außerhalb von Theben wenige Bauprojekte, die *Tutanchamun* zugeschrieben werden können. Gründe hierfür mögen in der kurzen und außergewöhnlich schwierigen Regierungszeit liegen. Die Behebung von Zerstörungen der Amarnazeit ist hier sicher nur eine Herausforderung von vielen gewesen. Hinzu kommen die posthumen Usurpationen, die einige Aktivitäten *Tutanchamuns* für uns nicht mehr erkennen lassen.

Fayenceringe mit dem Namen *Tutanchamuns* und seiner »Großen königlichen Gemahlin« sind jedoch weit verbreitet, und auch Siegelabdrücke, die zum Beispiel auf dem Sinai gefunden wurden, bezeugen die landesweit funktionierende Verwaltung unter dem König. In Nubien, dem südlich an das ägyptische Kerngebiet anschließenden annektierten Territorium, zeugen Bauten und Inschriften von der Präsenz *Tutanchamuns* und seiner Beamten. In Faras, heute ca. 25 km südlich der ägyptischen Grenze zum Sudan, lag das Verwaltungszentrum. Innerhalb des dortigen Forts stand ein Tempel für den König, der hier als Inkarnation des *Amun* göttliche Verehrung erfuhr, wie zuvor sein Großvater *Amenophis III.* und der spätere König *Ramses II.* Auch in Karwa, 90 km nördlich des 3. Nilkataraktes, errichtete *Tutanchamun* einen Tempel, in dem neben den traditionellen Göttern er selbst Adressat der Verehrung war.

Neben der innenpolitischen und religiösen Restauration standen für *Tutanchamun* und seine Beamten nach den unruhigen Zeiten der vorausgehenden 20 Jahre auch die Sicherung der Grenzen sowie die Kontrolle der nubischen und vorderasiatischen Einflussgebiete im Fokus. Mindestens eine Militärkampagne in das nubische Gebiet ist unter *Tutanchamun* belegt, angeführt durch General *Haremhab*. Dass der General auch in Vorderasien aktiv war, belegen Darstellungen und Inschriften seines Grabes in Sakkara, welches er vor seiner eigenen Thronbesteigung anlegen ließ. Es ist aufgrund des jugendlichen Alters des Königs wenig wahrscheinlich, aber nicht auszuschließen, dass er persönlich an Militärkampagnen teilgenommen hat. Darstellungen, wie diejenige auf einer Truhe aus seinem Grab, die ihn als kämpfenden, siegreichen Pharao zeigen, gehören zu den traditionellen Motiven des ägyptischen Königs als Weltherrscher sowie Bezwinger des Chaos und sind kein Abbild realen Geschehens. Im Hinblick auf militärische Ausrüstung bietet der Grabschatz des *Tutanchamun* jedoch viele Informationen. Alleine sechs Streit- und Jagdwagen, zwei davon eher königliche Paradewagen, konnten aus dem Grab geborgen werden. Neben unzähligen realen und zeremoniellen Waffen (Bogen, Wurfhölzern, Keulen, Stäbe, Schwerter, Dolche) enthielt *Tutanchmuns* Ausrüstung für das Jenseits auch acht Schilde und einen Lederpanzer zu Verteidigungszwecken.

Tutanchamun hat den größten Teil seiner Amtszeit aufgrund seines Alters nicht selber regieren und Entscheidungen treffen können. Ein Blick auf die den König umgebene Beamtenschaft vermittelt uns ein umfassenderes Bild von seiner Herrschaft, als es die offiziellen royalen Zeugnisse vermögen. Durch die Entdeckung ihres Grabes 1996 durch französische Archäologen in Sakkara, ist uns die Frau bekannt, die sich um *Tutanchaton* als Baby und Kleinkind gekümmert hat. *Tutanchamuns* Amme *Maja* ließ ihre Grabstätte anlegen, als dieser bereits König war und seine Namensänderung vollzogen hatte. Eine Darstellung zeigt den König, der auf dem Schoß seiner Amme sitzt. Von der Größe her übertrifft *Majas* Grab sogar das benachbarte des Wesirs *Aper-el*, der unter *Amenophis III.* und *Echnaton* tätig gewesen war, was eine besondere Auszeichnung durch den König an seine Amme bedeutet.

Der Besitzer eines großen Grabes bei Achmim, das aus der Zeit des *Tutanchamun* stammt, und der den Titel »Aufseher der Erzieher« trägt, war vielleicht ebenfalls für die Betreuung des Prinzen zuständig. Eine Darstellung auf der Grabfassade zeigt einen König (*Tutanchamun?*) im Streitwagen in Begleitung eines Mannes, bei dem es sich um den Tutor handeln könnte. Da Könige normalerweise immer alleine ohne Wagenlenker im Streitwagen abgebildet werden, ist die Darstellung ungewöhnlich.

Einer der einflussreichsten Beamten war *Eje*, der auch *Tutanchamuns* Nachfolger werden sollte. Die enge Verbindung zur Königsfamilie bestand schon seit längerer Zeit – unter anderem war *Eje* mit *Tij*, der Amme von Königin *Nofretete* verheiratet. *Ejes* Titel »Gottesvater«, der oft vom Schwiegervater eines Königs geführt wird, deutet ebenfalls auf eine enge Verbindung zu Nofretete hin. Möglicherweise war *Eje* sogar ihr Vater (und *Tutanchamuns* Großvater). Ihre Mutter wäre dann die erste Frau *Ejes* gewesen, die früh verstorben sein müsste. Wie die bürgerliche Familie von Königin *Teje*, der Mutter *Echnatons*, stammte auch *Eje* offenbar aus der mittelägyptischen Stadt Achmim. Während er unter *Amenophis III.* nicht aktenkundig ist, lässt sich seine Karriere unter *Echnaton* gut rekonstruieren. Innerhalb des Militärs stieg er bis zum Rang eines Generals der Streitwagentruppe auf. Als »Schreiber des Königs« und »Wedelträger zur Rechten des Königs« war er Mitglied im persönlichen Stab von *Echnaton* und eng mit diesem verbunden. In seinem unfertig gebliebenen Grab in Amarna findet sich eine Version des von *Echnaton* verfassten großen und kleinen *Aton*-Hymnus. Ebenfalls dort dargestellt ist die Überreichung des »Ehrengoldes« durch *Echnaton* an *Eje* und seine Frau *Tij*, was die besondere Wertschätzung des Königs für seinen Beamten und die Amme seiner Frau *Nofretete* zeigt.

Als *Tutanchamun* den Thron bestieg, scheint *Eje* einer der wichtigsten Beamten, vielleicht sogar der eigentliche Kopf der Regierung gewesen zu sein. Er trägt den Wesirstitel und hat trotz seiner offenkundig engen Beziehung zu *Echnaton* und der *Aton*-Religion die Restauration unter *Tutanchamun* tatkräftig vorangetrieben. Nach dem frühen Tod *Tutanchamuns* übernahm *Eje* möglicherweise gegen das Interesse *Haremhabs* das Amt des Königs. Ein Ring mit seinem Namen und dem der Königswitwe *Anchesenamun* zeigt wohl weniger eine Heirat der beiden als eine Legitimierung *Ejes* über die bislang herrschende Königsfamilie an. Offenbar versuchte der hochbetagte *Eje* für seine eigene Nachfolge den Militär *Nachtmin* einzusetzen, der den Titel »Königssohn« trug. Ob es sich um einen leiblichen Sohn *Ejes* oder um einen Ehrentitel handelt, ist unsicher. *Nachtmin* hatte bereits unter *Tutanchamun* als hoher Militär gedient und stiftete fünf Uschebtis für den Grabschatz des jung verstorbenen Königs. Die Nachfolge *Ejes* trat *Nachtmin* jedoch aus ungeklärten Gründen nie an. Zwei Uschebti für *Tutanchamuns* Grabausrüstung spendete auch der Schatzmeister und Friedhofsverwalter *Maja*, der in Kooperation mit *Eje* das Begräbnis des Königs organisierte. Er hatte ebenfalls regen Anteil an der Neuordnung des Landes unter *Tutanchamun*, *Eje* und *Haremhab* – *Maja* ist damit einer der Beamten, deren Karriere alle Thronwechsel unbeschadet überstand. Als Friedhofsverwalter sorgte er nach Grabräubereien für die Wiederherstellung der Bestattungen, so im achten Regierungsjahr des *Haremhab* im Grab *Thutmosis IV.*, dem Urgroßvater *Tutanchamuns*. Vermutlich zeichnet er auch für die Beseitigung der Grabräuberschäden am Grab des *Tutanchamun* verantwortlich. Sein eigenes wunderschön dekoriertes Grab liegt in Sakkara in der Nähe desjenigen, das *Haremhab* als General vor Übernahme des Königsamtes anlegen ließ. Die beeindruckende Grabstatue von *Maja* und seiner Frau *Merit* ist heute im Museum von Leiden zu sehen.

Das höchste Staatsamt, das Wesirat, war zu Zeiten *Tutanch-amuns* in einen nördlichen und einen südlichen Zuständig-keitsbereich geteilt. Namentlich bekannt sind demzufolge zwei Wesire, *Usermonth* und *Pentu*. Vielleicht sind sie die beiden Wesire, die im Grab des *Tutanchamun* dargestellt sind, wie sie mit anderen Beamten des Palastes den Sargschlitten des Königs ziehen. Die Verwaltung Nubiens hatte unter *Tutanchamun* der »Vizekönig von Kusch« namens *Amenophis Hui* unter sich. Bereits unter *Echnaton* war er als Verwaltungsbeamter in Nubien tätig gewesen. Unter *Tutanchamun* stieg er dann zum »Vizekönig von Kusch« auf. In Anwesenheit des Königs und wichtiger Beamten wurde *Hui* in einer großen Zeremonie im Palast das neue Amtssiegel durch den Schatzmeister überreicht. Bei der Verwaltung Nubiens arbeitete *Hui* eng mit der lokalen Ober-schicht zusammen. Zum Teil waren die nubischen Prinzen am ägyptischen Hof aufgewachsen und ausgebildet worden, bevor sie in ihre Heimat zurückkehrten, um dort für den ägyptischen König tätig zu sein. Einer von ihnen, der »Fürst von Miam« mit ägyptischem Namen *Hekanefer*, ist im Grab des *Hui* abgebildet. Sein eigenes Grab, das er im ägyptischen Stil dekorieren ließ, konnte im nubischen Toschka lokalisiert werden.

Neben der politischen Organisation der nubischen Gebiete gehörte auch die Überwachung der wichtigen Warenlieferun-gen aus dem Süden nach Ägypten zu *Huis* Aufgaben. In seiner Grabdekoration ist er in Begleitung von Vertretern der nubischen Oberschicht dabei zu sehen, wie er *Tutanchamun*, der in einem Kiosk thront, »Tributlieferungen« aus Nubien vorführt. Luxus-güter wie Gold, Tierfelle, Edelsteine, tropische Hölzer, Möbel, Goldschmiedearbeiten und exotische Tiere, darunter eine Giraffe, werden in großen Mengen präsentiert.

Huis herausragende Stellung manifestiert sich auch in eigenen Bauprojekten in Nubien. Am Gebel Barkal ließ er aus Blöcken eines abgerissenen Tempels aus der Zeit *Echnatons* eine kleine Kapelle für sich errichten und in Faras, dem Zentrum der nubischen Verwaltung, errichtete *Huis* Frau *Taemwadji* eine Gedenkkapelle für ihren Mann. Neben *Hui* selbst waren viele seiner Familienmit-glieder in der Verwaltung und im Kultdienst für *Tutanchamun* tätig. So hatte *Taemwadji* nicht nur das Amt der »Vorsteherin des Harems des *Tutanchamuns*«inne, sondern betätigte sich auch im Kult des Königs in Nubien, ebenso wie *Huis* Bruder, der als »Zweiter Prophet des *Nebcheperure*« fungierte, während seine Söhne als »königlicher Wagenlenker« und Herold sowie als »Aufseher der Streitwagentruppen« eingesetzt waren.

Für die Beurteilung der religiösen Rückbesinnung auf den *Amun*-Kult und die Aufgabe des *Aton*-Glaubens ist das Grab des »Ersten Hohepriesters des *Amun*« namens *Parennefer* in Theben (Nr. -162-) von großem Interesse. In der Grabdekoration finden Motive Verwendung, die typisch für die Monumente der Amarnazeit sind, wie zum Beispiel die »Heimfahrt im Pferdewagen« oder das morgendliche Erwachen der Natur bei Sonnenaufgang. Gleichzeitig gibt es traditionelle Darstellungen und Inschriften aus dem Repertoire der Voramarnazeit. Auch die Architektur des Grabes vereint Amarna-Elemente mit traditioneller Bauweise. *Parennefers* Grab dokumentiert in einzigartiger Weise den fließenden Übergang der Restauration, in der es offenbar unter *Tutanchamun* möglich war, Ideen und Motive der Amarnazeit zumindest auf Denkmälern von Beamten zu integrieren.

Der frühzeitige Tod *Tutanchamuns* mit nur etwa 18 Jahren bedeutete eine neue Herausforderung für Ägypten in ohnehin unruhigen Zeiten. Über die Todesursache des Königs ist viel spekuliert worden. Seine angebliche Ermordung durch einen Schlag auf den Hinterkopf konnte widerlegt werden. Letzte Untersuchungen, die aufgrund des schlechten Erhaltungszustandes der Mumie jedoch problematisch bleiben, fügen einer endlos langen Liste von Leiden des Königs Morbus Köhler II und Malaria hinzu. Als Todesursache wird aufgrund von Bruchverletzungen an den Beinen der Mumie unter anderem ein Unfall, möglicherweise ein Sturz von einem Streitwagen diskutiert. Übereinstimmung herrscht inzwischen bei dem Todesalter des Königs, dass zwischen 17 und 19 Jahren angegeben wird. Die Weinernte seines neunten Regierungsjahres muss *Tutanchamun* noch erlebt haben, denn Wein aus diesem Jahrgang wurde in seinem Grab deponiert. Wenn die Bestattung nach der traditionellen Mumifizierungszeit von 70 Tagen stattgefunden hat, lässt sich anhand des frischen Blumenschmuckes, der bei der Beisetzung Verwendung fand, der Tod des Königs in die Monate Januar oder Februar datieren.

Eine vielleicht schon begonnene Grabanlage für *Tutanchamun* war zum Zeitpunkt seines frühen Todes offenbar noch nicht soweit fertiggestellt, dass sie als Ruhestätte verwendet werden konnte. Bei seinem Grab im Tal der Könige (KV 62) handelt es sich um eine notdürftig erweiterte Anlage, die ursprünglich für eine Privatperson oder ein rangniederes königliches Familienmitglied gedacht gewesen war. Die Dekoration der Sarkophagkammer zeigt, wie hohe Beamte den Sargschlitten des Königs zu seinem Grab ziehen. Dort leitet der neue Könige *Eje* die Bestattungsriten. Schließlich ist die Aufnahme des toten Königs in die Welt der Götter zu sehen. In der Sarkophagkammer war die Mumie des Königs samt der berühmten Goldmaske in drei ineinander verschachtelte Särge gebettet, der innerste aus massivem Gold gefertigt. Die Särge lagen in einem Steinsarkophag, um den vier vergoldete Schreine installiert waren. Die anschließende »Schatzkammer« enthielt den Schrein mit den Eingeweiden des Königs, Schreine mit Götterfiguren, Bootsmodelle, Truhen und eine große Figur des schakalgestaltigen Totengottes Anubis, der über die Mumie des Königs wachte. In der sogenannten Vorkammer waren drei große Ritualbetten, Stühle, Truhen, auseinandergenommene Streitwagen, eine »Kleiderbüste« sowie Boxen mit Nahrungsmitteln deponiert. Zwei lebensgroße Königsfiguren »bewachten« den zugemauerten Durchgang zur Sarkophagkammer. Eine kleine Seitenkammer enthielt ein ungeordnetes Durcheinander von Möbeln, Waffen, Bootsmodellen, Alabastervasen, Ölen, Wein und Lebensmitteln. Die jüngst postulierte Existenz weiterer Kammern, die angeblich hinter der dekorierten Wand der Sarkophagkammer liegen, konnte nicht bestätigt werden.

Die Faszination, die bis heute von der Goldmaske, dem goldenen Sarg, den Schmuckstücken und anderen Kostbarkeiten ausgeht, ist mehr als berechtigt. Der eigentliche Wert der archäologischen Entdeckung liegt aber in der Einzigartigkeit des Fundes. Die vielfältigen Grabbeigaben *Tutanchamuns* sind eine beispiellose Informationsquelle für die Wissenschaft. Bis auf das Grab *Psusennes I.* ist kein ägyptisches Königsgrab nahezu unberaubt aufgefunden worden. Bereits kurz nach der Bestattung von Königen und Beamten traten zeitgenössische Grabräuber auf den Plan, um Edelmetalle, aber auch Wein und kostbare Salböle zu stehlen. *Tutanchamuns* Grab wurde zweifach sehr zeitnah zur Bestattung beraubt. Das Chaos, welches die Diebe angerichtet hatten, ihre Fußspuren und Fingerabdrücke sowie die notdürftige Wiederherrichtung und erneute Versiegelung des Grabes durch die Nekropolenaufsicht konnte HOWARD CARTER in kriminalistischer Weise dokumentieren. Einige Objekte wie Blumenkränze, Tonvasen, Natronbündel und Tierknochen, die bei der Bestattung *Tutanchamuns* und dem Totenmahl eine Rolle gespielt hatten, waren ursprünglich im Korridor des Grabes deponiert gewesen. Nach dem ersten Grabraub wurden sie entfernt und in einer Grube (KV 54) in der Nähe erneut beigesetzt. Einige Jahre später errichteten Bauarbeiter eines Königsgrabes aus der Ramessidenzeit ihre notdürftigen Unterkünfte über dem Eingang zu *Tutanchamuns* Grab. So ruhte der Pharao mit seinen Grabschätzen fast 3250 Jahre bis zum November 1922, als ein Arbeiter HOWARD CARTERS im Schutt den Beginn einer Steintreppe entdeckte. Am Ende der Treppe und des folgenden Korridors fand HOWARD CARTER die in der Antike versiegelte Lehmziegelmauer, hinter der im Kerzenschein »wundervolle Dinge« zu erkennen waren.

SMvF

LITERATUR:

M. EATON-KRAUSS, in: *LÄ* VI (1986) Sp. 812–816. H. BEINLICH, in: *GM* 102 (1988) S. 7–18. H BEINLICH/SALEH, *Corpus der Hieroglyphischen Inschriften aus dem Grab des Tutanchamun* (1989). R. GERMER, *Die Pflanzenmaterialien aus dem Grab des Tutanchamun*, Hildesheim 1989. EATON-KRAUSS, *Sarcophagus* (1993). M. GABOLDE, *Toutankhamon*, Paris 2015. F. KAMPP, in: *MDAIK* 50 (1994) S. 175–188. F. KAMPP/K. J. SEYFRIED, in: *Antike Welt* 26 (1995) S. 325–342. REEVES, *The complete Tutankhamun* (1995). SCHNEIDER, *Lexikon* (1996) S. 471–474. F. KAMPP-SEYFRIED, in: *Fs Stadelmann* (1998) S. 303–319. W. WETTENGEL (Hg.): *Mythos Tutanchamun*, Reimlingen 2000. WIESE (Hg.), *Das goldene Jenseits* (2004). H. BEINLICH, in: *SAK* 34 (2006) S. 17–31. E. HORNUNG, in: HORNUNG/KRAUSS/WARBURTON, *Ancient Egyptian Chronology* (2006) S. 197–217. DARNELL/MANASSA, *Tutankhamun's Armies* (2007). EATON-KRAUSS, *The thrones* (2008). DODSON, *Amarna sunset* (2009). R. KRAUSS, in: *PalArch's Journal of Archaeology of Egypt/Egyptology* 6, 1 (2009) S. 1–20. Z. HAWASS et al., in: *JAMA 303,7* (2010) S. 638–647. N. KAWAI, in: *JEH* 3 (2010) S. 261–292. VELDMEIJER: *Tutankhamun's footwear* (2010). WINLOCK: *Tutankhamun's funeral* (2010). F. BREYER, in: *Fs Kitchen* (2011) S. 85–94. M. EATON-KRAUSS, in: *GM 230* (2011) S. 29–35. M. VON FALCK, in: *Sokar* 25 (2012/2) S. 86–97. M. R. GUASCH JANÉ, in: *JARCE 48* (2012) S. 111–118. D. KURTH, in: H. BEINLICH (Hg.): »Die Männer hinter dem König« (2012) S. 67–86. S. IKRAM, in: *EtudTrav* 26 (2013) S. 291–301. S. MARTINSSEN-VON FALCK, *Tutanchamun* (2013). SEIPEL/SCHOLZ (Hg.): *Adventure* (2013). SCHLÖGL, *Echnaton – Tutanchamun* (2013). D. SEMMELMANN (Hg.): *Tutankhamun: sein Grab und die Schätze* (2013). F. J. RÜHLI/S. IKRAM, in: *Homo – Journal of comparative human biology 65,1* (2014) S. 51–63. CH. THEIS, in: *WdO* 44 (2014) S. 141–144. M. Gabolde, *Toutankhamon*, Paris 2015. Hawass, *Auf den Spuren Tutanchamuns* (2015). N. Kawai, in: *Fs Bryan* (2015) S. 309–322. Ch. Theis, in: T. R. Kämmerer/ M. Kõiv (Hg.): *Cultures in comparison: religion and politics in ancient Mediterranean regions*, Münster 2015, S. 187–201. Eaton-Krauss, *The unknown Tutankhamun* (2016). http://www.griffith.ox.ac.uk/discoveringTut (18.05.2018).

Haremhab

Titel	Name	Übersetzungsvorschlag
Horus	*Ka-nacht-seped-cheru*	»Starker Stier, mit wirksamen Plänen«
Der der beiden Herrinnen	*Wer-biaut-em-Ipetsut*	»Groß an Wundern in Karnak«
Goldhorus	*Hor-maat-secheper-taui*	»Der über die Maat zufrieden ist, der die Beiden Länder entstehen lässt«
König von Ober- und Unterägypten	*Djeser-cheperu-Re-setep-en-Re*	»Heilig sind die Erscheinungen des Re, auserwählt von Re«
Sohn des Re	*Hor-em-heb (meri-en-Amun)*	»Horus ist im Fest (geliebt von Amun)«

Haremhab gehörte verwandtschaftlich nicht zum Herrscherhaus der 18. Dynastie, deren letzter Vertreter *Tutanchamun* gewesen war. Obwohl er nicht-königlicher Abstammung war und seine Eltern namentlich nicht bekannt sind, wird er formell als letzter König der 18. Dynastie geführt. Er regierte von 1319–1292 v. Chr. und übernahm die Regierung des Landes von *Eje*, der ebenfalls nicht dem Herrscherhaus der 18. Dynastie entstammte. Möglicherweise legitimierte sich *Haremhab* über seine Ehefrau *Mutnedjmet*, deren Name auch für eine Schwester *Nofretetes* belegt ist. In letzter Zeit sind allerdings Zweifel an dieser Theorie entstanden. Geboren wurde *Haremhab* in Hut-nesu, im 18. oberägyptischen Gau. Es sind keinerlei Verwandte von ihm namentlich bekannt, auch Kinder hinterließ er offenbar nicht.

Möglicherweise ist *Haremhab* mit einem gewissen *Pa-Aton-em-hab* identisch, der aus seinem Grab in Amarna (Grab 24) bekannt ist.

Wann *Haremhab* seine militärische Karriere begann, ist umstritten. Sicher ist, dass er an der Seite *Ejes* für den minderjährigen *Tutanchamun* die Regierungsgeschäfte versah. In dieser Zeit trug er unter anderem die Titel »Stellvertreter des Königs an der Spitze der Beiden Länder«, »Oberbefehlshaber der Armee«, »Oberster Mund (Herold) des Landes«, »Erbfürst«, »Wedelträger auf der rechten Seite des Königs« und »Obervermögensverwalter«. Nach dem Tod *Tutanchamuns* übernahm zunächst *Eje* die Regierung und ließ sich zum Pharao krönen. Die vier Jahre seiner Regierung brachten dem Land jedoch nicht die benötigte Stabilität zurück. Erst nach seinem Tod konnte *Haremhab* den Thron besteigen und die notwendigen Reformen durchführen, die das Land mit der folgenden 19. Dynastie zu neuer Blüte führten. Hierbei ließ er die Namen seiner unmittelbaren Vorgänger – soweit sie zu irgendeinem Zeitpunkt *Echnatons* *Aton*-Kult angehört hatten – tilgen und ihre Regierungsjahre sich selbst zuschreiben. Seine tatsächliche Regierungslänge ist jedoch nicht sicher zu bestimmen. Je nach Einschätzung schwankt diese zwischen 14 Jahren und etwa 27 Jahren. Sein höchstes und vollkommen zweifelsfrei zu datierendes Datum ist ein 14. Regierungsjahr, gefunden auf einem Weinetikett in seinem Grab (KV 57).

Seine Krönung selbst ist unter anderem deshalb interessant, weil er ebenso wie schon *Hatschepsut* vor ihm einer besonderen Legitimation bedurfte. Auch er wählte die Orakelbefragung als Nachweis göttlicher Gunst. Hierbei ließ er sich selbst als Sohn des *Horus*, Herr von Hut-nesu, bezeichnen, der ihn als Pharao erwählt habe. Zusätzlich wurde dies durch das Orakel des *Amun* von Karnak bestätigt, welches am 19. August 1319 v. Chr. durchgeführt wurde, sodass *Haremhab* nun offiziell als von den Göttern erwählt betrachtet werden konnte.

Eine seiner schwerwiegendsten Amtshandlungen als König dürfte jene *Damnatio Memoriae* gewesen sein, die er über seine unmittelbaren Vorgänger verhängte. So ließ er die Namen *Echnatons*, *Semenchkares*, *Meritatons*, *Tutanchamuns*, *Anchesenamuns* und *Ejes* von allen königlichen Bauwerken tilgen. Das Grab *Ejes* (WV 23) wurde möglicherweise auf seinen Befehl hin zerstört, zudem ließ er den Totentempel *Ejes* in Medinet Habu usurpieren und für sich selbst fertigstellen. Seine innenpolitischen Leistungen sind vor allem durch das sogenannte »Dekret des *Haremhab*« bekannt. Dieses

Dekret – gefunden von Gaston Maspero im Jahre 1882 vor dem 10. Pylonen des Karnaktempels – listet eine Reihe von Reformen auf, die *Haremhab* zur Stabilisierung der Inneren Sicherheit festlegte. Vor allem das Gerichtswesen wurde mithilfe teils drakonischer Strafen reformiert und bedeutend verschärft. Die hiermit verbundenen Maßnahmen zielten vornehmlich auf den Schutz der Untertanen vor der Willkür von Beamten ab. Die Gerichtshöfe sollten von Korruption befreit und durch Rechtssicherheit die innenpolitische Stabilität erhöht werden. Auch die Rolle des Militärs wurde mit zahlreichen Privilegien wieder hervorgehoben, sodass dem Land wieder eine funktionstüchtige Exekutive verschafft wurde.

Aus Haremhabs Regierungszeit sind nur wenige ägyptische Quellen außenpolitischen Inhalts bekannt. Die meisten Aussagen finden sich interessanterweise in hethitischen Quellen, doch sie erlauben keinen allzu detaillierten Blick auf die Kriegskampagnen der Ägypter im syrischen Sektor.

Die Bautätigkeiten *Haremhabs* sind wiederum gut belegt. Sie sind in starkem Maße im Zusammenhang mit der Restauration der alten Tempelkulte zu sehen, die bereits durch *Tutanchamun* begonnen worden war. So ließ er den im Osten Karnaks gelegenen *Aton*-Tempel des *Echnaton* schleifen. Die hier verwendeten sogenannten Talatat-Steine wurden als Füllmaterial im 9. Pylonen von Karnak verwendet. Diese für die Amarna-Epoche typischen Steine haben eine standardisierte Größe von 27 × 27 × 54 cm (½ × ½ × 1 Elle), was zwar ein schnelles Aufmauern von Wänden gestattete, jedoch andererseits ebenso einen zügigen Abriss ermöglichte. Die von *Haremhab* auf diese Weise wiederverwendeten Sandsteinblöcke sind mit Reliefs hoher Qualität geschmückt und konnten zu mehreren Bildzyklen rekonstruiert werden. Mehr als 40 000 dieser Blöcke sind erhalten geblieben, von denen allein rund 850 ein Sedfest *Echnatons* darstellen. Auch für den Abriss der alten Hauptstadt Achetaton (Tell el-Amarna) war *Haremhab* in starkem Maße verantwortlich. Von hier kennt man rund 1500 Kalkstein-Talatat, deren Löwenanteil in der Antike auf die andere Nilseite nach Hermopolis verbracht worden war. Dort wurden sie zwischen 1929 und 1939 bei den Hildesheimer Grabungen unter Günther Roeder wiederentdeckt, der sie jedoch aufgrund des Krieges nicht vollständig sichern konnte. Daher finden sich heute Blöcke aus diesem Fundzusammenhang im Brooklyn Museum und ebenso im Metropolitan Museum of Art in New York. Im Luxortempel vollendete *Haremhab* jenen hohen Säulensaal, der bereits unter *Tutanchamun* begonnen worden war. Darüber hinaus baute er Felsentempel in Gebel es-Silsileh und Gebel Adda. Aus Sakkara kennt man vor allem sein Grab, welches er sich noch als Beamter hatte anlegen lassen. Es ist unterteilt in einen unterirdischen Bereich und einen oberirdischen, der die Form eines Totentempels einnimmt. Dieser wurde in drei Bauphasen errichtet, wobei die Reliefs im letzten Abschnitt nicht mehr vervollständigt wurden. Wahrscheinlich führte die Inthronisation *Haremhabs* zur Einstellung dieser Arbeiten, da er als König ein Grab in Theben errichten wollte. Zu diesem Zeitpunkt lag allerdings seine erste Frau *Amenia* vermutlich bereits hier bestattet. Auch seine zweite Frau, die »Große Königliche Gemahlin« *Mutnedjmet* wurde hier in seinem 13. Regierungsjahr beigesetzt. Die im Grab gefundenen Knochen stammen möglicherweise von ihr und gehörten einer Frau, die um ihr 45. Lebensjahr bei schlechter Gesundheit im Zuge einer Geburt verstarb. Zu diesem Zeitpunkt ließ *Haremhab* noch letzte Änderungen an den unterirdischen Strukturen des Grabes ausführen, nachdem er zuvor schon infolge seiner Krönung seine Darstellungen im oberirdischen Totentempelbereich um die der Königskobra an der Stirn komplettiert hatte. Die Reliefs in diesem Bereich erinnern stilistisch noch stark an jene der Amarnazeit, die man von den Talatatblöcken kennt, doch lassen sich bereits erste Merkmale ramessidischer Elemente erkennen. Die Darstellungen zeigen das tägliche Leben in Militärlagern ebenso wie die Verleihung von Ehrengold an verdienstvolle Beamte, oder die Verschleppung von Kriegsgefangenen. Gerade die letztgenannten Darstellungen liefern durch ihren Detailreichtum zahlreiche Informationen zu Frisuren, Kleidung oder Bewaffnung der Nachbarvölker Ägyptens zu jener Zeit. Von besonderem Interesse ist eine Darstellung, auf welcher *Haremhab* als Regent unter *Tutanchamun* einen älteren Beamten mit dem Ehrengold auszeichnet. Wenngleich der auf diese Weise Geehrte nicht namentlich bekannt ist, so wird aufgrund seiner Physiognomie angenommen, dass es sich hierbei um den Offizier *Paramessu*, den späteren *Ramses I.*, handelt. Die durchweg in hoher Qualität dargestellten Szenen sind noch aus einem anderen Grund bemerkenswert: Obwohl *Haremhab* auf mehreren Reliefs als

Verstorbener vor bestimmten Göttern erscheint, ist nirgendwo im Grab der Gott *Amun* zu sehen. Dies mag Zufall sein, doch weist es mit einiger Wahrscheinlichkeit auf die Entstehung der Reliefs in der späten *Echnaton-*/frühen *Tutanchamun*-Zeit hin. Akzeptiert man diese Datierung, so zeigt sich eindrucksvoll, dass die Amarnaperiode keinesfalls, wie in der Vergangenheit oftmals postuliert, eine Zeit des Monotheismus war. Letztendlich waren – abgesehen von *Amun* – alle Götter grundsätzlich erlaubt und anerkannt. So verwundert es also nicht, wenn wir in diesem Grab vor allem Darstellungen von *Isis*, *Osiris*, *Re-Harachte*, *Thot* und *Atum* finden.

Nach seiner Inthronisation begann *Haremhab* den Bau eines königlichen Grabes im Tal der Könige (KV 57). Es wurde zu einem der größten und zugleich herrlichsten Gräber überhaupt im Tal. Bei einer Länge von 127,88 Metern führt es 29,52 Meter in die Tiefe und erreicht ein Gesamtvolumen von 1328,17 m^3. Es ist das erste Grab im Tal der Könige, welches die Dekoration nicht allein durch Wandbemalung löst, sondern stattdessen auch kolorierte Flachreliefs aufweist. Der für Königsgräber bis dahin charakteristische Linksknick der Achse ist auch hier nicht vorhanden. Zuletzt war dieser im Grab *Amenophis' III.* (WV 22) verwendet worden. Die nachfolgenden Gräber der Amarnazeit (*Echnaton*/Amarna-Grab 26, *Tutanchamun*/KV 62, *Eje*/WV 23) wiesen dieses Bauelement auch schon nicht mehr auf. Die Dekoration im Grab wurde nie vollständig fertiggestellt, doch findet sich hier zum ersten Mal in Teilen das sogenannte *Pfortenbuch*, welches ab der 19. Dynastie grundsätzlich in Königsgräbern vorkommt. Das Grab wurde im Februar 1908 von Edward Ayrton wiederentdeckt, der zu dieser Zeit für Theodore M. Davis grub. Er fand im roten Quarzitsarkophag zwar noch Bestattungsreste, jedoch keine, die zweifelsfrei *Haremhab* zugeordnet werden konnten. Seine Mumie gilt heute als verschollen.

Der unmittelbar nördlich Medinet Habus gelegene Totentempel des *Haremhab* ist zum überwiegenden Teil zerstört, doch seine Überreste zeigen, dass er von beeindruckenden Ausmaßen war und sich stark am Totentempel *Amenophis' III.* orientierte. Ebenso wie sein Vorbild verfügte auch er über drei Pylonen (hier aus Lehmziegeln), von denen der erste der mächtigste war. Die beiden Folgenden hatten dieselbe Breite wie der Säulenhof des eigentlichen Tempels. Südlich des Prozessionsweges zwischen dem dritten

Pylonen und dem Tempel lag ein Ritualpalast, der jedoch so stark zerstört ist, dass eine glaubwürdige Rekonstruktion schwierig ist. Die vorhandenen Säulenreste in Tempelhof und Tempelhaus zeigen die gleichen gebündelten Papyrussäulen, die als Typ auch unter *Amenophis III.* im Luxortempel und in dessen eigenem Totentempel in Kom el-Hetan umgesetzt wurden. Interessant sind auch die Höhenunterschiede der Gesamtanlage, die vom östlichen Eingangspylonen bis zur Westseite der Umfassungsmauer rund 9 m betragen. Diese wurden mittels Rampen ausgeglichen.

Eine Besonderheit ist der ungewöhnlich große Sonnenhof in der Nordwestecke des Tempelhauses. Seine Proportionen und seine Eingliederung in das Raumsystem des Tempels sind ungewöhnlich. Vollkommen singulär ist, dass er quer- und nicht längsgelegt wurde und zudem das eigentliche Allerheiligste nur über diesen Hof überhaupt erreichbar war. Da der Tempel ursprünglich unter *Eje* begonnen und dann von *Haremhab* usurpiert und erweitert wurde, mögen Effizienzgründe hinter dem Bauplan gesteckt haben, denn die realisierte Lösung ist zweifelsohne jene, die mit dem geringsten Bauaufwand umgesetzt werden konnte. Eine Alternative wäre die Annahme, dass *Haremhab*, der sich bei der Ausgestaltung seines Totentempels stark am Totentempel *Amenophis' III.* in Kom el-Hetan orientierte, dieses Bauelement von dort kannte und ebenfalls kopierte. Aufgrund des schlechten archäologischen Befundes in Kom el-Hetan wird sich diese Hypothese aber wohl nicht mehr klären lassen.

JPG

LITERATUR:

E. MEYER, in: *ZÄS* 15 (1877) S. 148–157. M. JORDAN/S. BICKEL/J.-L. CHAPPAZ, *La porte d'Horemheb* (2015). SCHNEIDER, *Memphite Tomb* (1996). SCHNEIDER, Lexikon (1996) S. 190–193. J. Van Dijk, in: *BARCE* 7 (1996) S. 29–42. M. J. RAVEN/G. T. MARTIN/J. VAN DIJK/B. G. ASTON, in: *OMRO* 79 (1999) S. 9–17. S. ALLAM, in: *ZÄS* 127 (2000) S. 103–111. G. B. Johnson, in: *Amarna Letters* 4 (2000) S. 120–159. S. ALLAM, in: HAWASS (Hg.), *Egyptology* (2003) S. 97–102. J. VAN DIJK, in: *BARCE* 44 (2008) S. 193–200. C. BOOTH, *Horemheb: The Forgotten Pharaoh*, Stroud (2009). G. WILHELM, in: *WdO* 39 (2009) S. 108–116. N. KAWAI, in: *JEH* 3 (2) (2010) S. 261–292. M. J. RAVEN et al., in: *PALMA* 6 (2011). M. GABOLDE, in: *EAO* 76 (2014–2015) S. 19–34. N. GUILHOU, in: *EAO* 76 (2014–2015) S. 51–60. M. J. RAVEN, in: *EAO* 76 (2014–015) S. 3–18. http://www.thebanmappingproject.com/sites/browse_tomb_871.html [22.05.1018].

SETHOS I.

Titel	Name	Übersetzungsvorschlag
Horus	*Ka-nacht-chai-em-Waset-seanch-taui*	»Starker Stier, der in Theben erscheint, der die beiden Länder am Leben erhält«
Der der beiden Herrinnen	*Wehem-mesut-sechem-chepesch-der-pedjet-9*	»Erneut geboren, mit machtvollem Schwert, der die Neunbogenvölker vernichtet«
Goldhorus	*Wehem-chau-user-pedjut-em-tau-nebu*	»Erneut gekrönt, mit starken Bögen in allen Ländern«
König von Ober- und Unterägypten	*Men-maat-Re*	»Beständig ist die Weltordnung des Re«
Sohn des Re	*Seti-meri-em-Ptah*	»Seth, geliebt von Ptah«

Sethos I. war als Sohn *Ramses' I.* und der »Großen Königlichen Gemahlin« *Satre* der zweite Pharao der 19. Dynastie. Er regierte von 1290–1279 v. Chr., nachdem sein Vater nur 16 Monate auf dem Thron Ägyptens gesessen hatte. Als Ehefrau ist die »Große Königliche Gemahlin« *Tuja* belegt, sowie die Söhne *Nebenchasetnebet*, *Ramses* und eine Tochter namens *Tia*. Diese wurde wohl in jungen Jahren an einen königlichen Schreiber verheiratet, der ebenfalls *Tia* hieß. Wahrscheinlich fand diese Heirat zu einem Zeitpunkt unter *Haremhabs* Regierung statt, da noch nicht absehbar war, dass *Sethos'* Vater *Paramessu* einmal Pharao werden und *Sethos* daher zum Königshaus gehören würde. Andernfalls wäre die Heirat einer potenziellen Prinzessin mit einem Beamten kaum denkbar gewesen. Die Karriere des Beamten *Tia* wurde durch diese Heirat unter *Sethos* als Pharao massiv gefördert – er brachte es bis zum »Vorsteher des Schatzhauses« und »Vorsteher der Rinderherden des *Amun*«. Das Grab der beiden *Tias* liegt in unmittelbarer Nachbarschaft zum Privatgrab des *Haremhab* in Sakkara. Der älteste Bruder *Nebenchasetnebet* wurde um 1290 v. Chr. von *Sethos* zum Thronfolger ernannt und für eine militärische Ausbildung nach Heliopolis geschickt. Dort verstarb er unter unbekannten Umständen, und sein jüngerer Bruder *Ramses* wurde mit 15 Jahren zum Mitregenten ernannt.

Der Name des Königs ist mit seinem Bezug zum Gott *Seth* ungewöhnlich, jedoch scheint der Name in der Familie auch zuvor schon vorgekommen zu sein, wie *Ramses II.* auf einer Stele andeutet. Da sowohl *Sethos*, als auch sein Vater *Paramessu* eine Karriere im Militär absolviert hatten und anzunehmen ist, dass dies auch für frühere Vorfahren anzusetzen ist, mag die mit dem kriegerischen Gott *Seth* verbundene Namensgebung sowohl traditionelle als auch glückbringende Gründe gehabt haben. Für eine Familie von Militärs wäre der starke und zudem auch mit dem Ausland in Verbindung gebrachte *Seth* in der Tat ein naheliegender Namenspatron gewesen. Nach der Inthronisation *Sethos' I.* jedoch trat *Seth* im Zusammenhang mit König und Königshaus in den Hintergrund. *Sethos* berief sich für gewöhnlich auf den Schutz anderer Gottheiten und verwendete oft Namenschreibungen, die ohne die typische *Seth*-Hieroglyphe auskamen.

Eine der ersten Amtshandlungen des Königs war noch im ersten Regierungsjahr ein Feldzug gegen Retjenu, auf welchem die Stadt Bet Sche'an erobert wurde. Im dritten bis fünften Regierungsjahr kämpfte er in Syrien um die politische Vorherr-schaft, welche ebenso von den Hethitern beansprucht wurde. Der hethitische Vasallenstaat Amurru, die Stadt Kadesch und die Länder der Fenechu wurden schließlich von ihm eingenom-men. Im achten Regierungsjahr wurde ein Aufstand in Nubien niedergeschlagen, auch gegen libysche Marodeure im Bereich um Memphis musste der König aktiv werden. Von besonderem Interesse in Verbindung mit den Kriegszügen des Königs sind einige Texte und Darstellungen auf der Außenseite der Nord-mauer der Hypostylhalle des *Amun*-Tempels von Karnak. Dort ließ der König den sogenannten Horusweg beschreiben, der als Aufmarschweg für Kriegszüge nach Syrien diente. In der Region um Memphis bzw. Heliopolis beginnend, folgte die Straße zunächst dem pelusischen Nilarm, überquerte den Isthmus von Qantara, wandte sich zwischen Ballah-See und dem *Horus*-See weiter nach Norden und führte dann durch den nördlichen Sinai nach Gaza. Zahlreiche Brunnen, Festungen und Siedlungen tra-gen Bezeichnungen, die durch den Königsnamen *Men-maat-Re* gebildet werden, sodass sie wohl unter *Sethos I.* neu gegründet oder aber erweitert wurden.

Unter den von *Sethos I.* errichteten Bauwerken befinden sich einige, die zu den schönsten und zugleich beeindruckendsten Architekturleistungen des Alten Ägypten gehören. Vor allem sein Totentempel in Abydos ist hier zu nennen. Mit dem Bau dieses Komplexes wurde wohl schon unter *Haremhab* begonnen, jedoch wurde die Anlage erst unter *Sethos* bautechnisch fertiggestellt, letzte Änderungen und Teile der Dekoration wurden noch unter *Ramses II.* hinzugefügt. Der Kerntempel beschreibt die ungewöhnliche Form des Buchstaben L und misst 157 × 59 m. Umgeben wurden Tempel und Wirtschaftsgebäude von einer gewaltigen Lehmziegelmauer, die 220 × 273 m maß und durch zahlreiche Türme durchbrochen war. Der dem Nil zugewandte Eingangsbereich wurde durch einen Pylonen gebildet, der heute fast vollkommen zerstört ist und eine Ausdehnung von 30 × 3,5 m hatte. Es folgte ein erster Hof, der über zwei ummauerte Brunnen verfügte und zum 1. Pylonen hin mit einer Pfeilerkolonnade versehen war, zwischen deren Pfeilern Statuen von *Sethos I.* und *Ramses II.* aufgestellt wurden. Über eine Rampe gelangte man zum 2. Pylonen, dem eine weitere Pfeilerkolonnade vorgelagert war und der in den nächsten Hof führte. Von hier gelangte man über eine Rampe zum eigentlichen Tempelhaus, dessen Fassade wiederum eine Pfeilerkolonnade vorgelagert war. Im Inneren betrat man zunächst einen ersten Säulensaal, der mit 26 × 5,5 m von 24 Papyrussäulen getragen wird. Sieben Tore bilden den Zugang zum zweiten Säulensaal von 26 × 8 m, welcher den eigentlichen Sanktuaren vorgelagert ist. Ursprünglich sollten sieben Kultachsen durch die zwei Säle führen, doch nach einer Planänderung durch *Ramses II.* wurden die Zugänge aus dem zweiten Hof zu den Kapellen *Sethos' I.*, *Re-Harachtes*, *Ptahs* und *Isis'* zugemauert. Über eine direkte Kultachse verfügen daher nur noch die Kapellen des *Amun-Re*, des *Osiris* und des *Horus*. Neben den Sanktuaren ist vor allem die Königsgalerie zu erwähnen, in welcher sich die sogenannte »Königsliste von Abydos« findet. 76 Könige Ägyptens, beginnend mit *Menes* und endend mit *Sethos I.* sind hier namentlich verzeichnet. Es fehlen allein die Herrscher der Ersten und Zweiten Zwischenzeit sowie die mit der Amarnazeit assoziierten Könige *Echnaton*, *Tutanchamun*, *Semenchkare*, *Eje* und auch *Haremhab*. Neben der Funktion als Totentempel war der Tempel

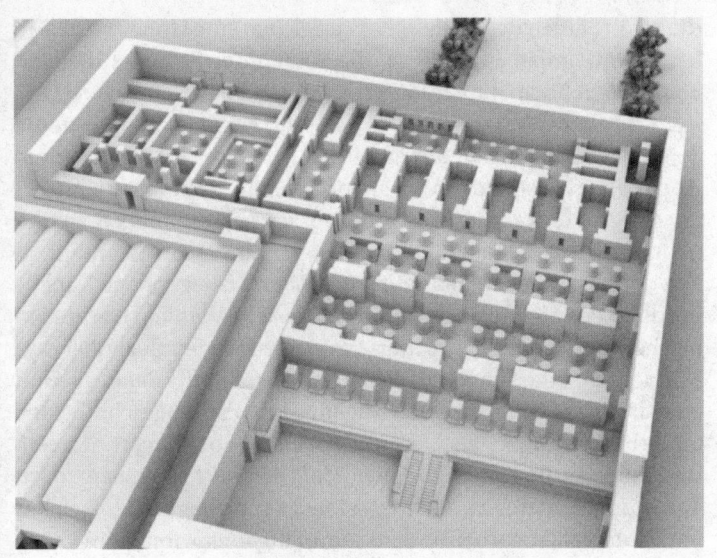

Der Totentempel Sethos' I. in Abydos (Rekonstruktion)

vor allem für den Kult des *Osiris* in Abydos von Bedeutung. Die Kapelle des *Osiris* verfügt anders als die anderen sechs Kapellen an ihrem Ende nicht über eine Scheintür, sondern über eine reale Tür, die in einen eigenen *Osiris*-Komplex führt. Dieser verfügt über drei weitere Kapellen, die *Osiris*, *Isis* und *Horus* gewidmet sind. Westlich des Kerntempels befindet sich das unterirdische Osireion – ein symbolisches *Osiris*-Grab, in welchem auf einer künstlichen Insel die Auferstehung des *Osiris* rituell nachvollzogen wurde. Westlich des Osireions schließt ein weiterer Pylon das Gelände ab. Er ist auf die westliche Nekropole ausgerichtet, welche das tatsächliche Grab des *Osiris* bergen sollte.

In Karnak verewigte sich der König vornehmlich durch den Bau der sogenannten Hypostylhalle, ein gewaltiges Bauwerk zwischen dem 2. und 3. Pylonen des *Amun*-Tempels. Ursprünglich handelte es sich um einen offenen Hof, der jedoch unter *Haremhab* und *Sethos I.* mit Säulen gefüllt wurde. Auch die Dekoration wurde unter *Sethos I.* begonnen, jedoch erst unter *Ramses II.* abgeschlossen. Auf einer Fläche von 103 × 53 m stehen hier 134 Papyrussäulen, die zwölf Säulen des Mittelschiffs erreichen eine Höhe von 22,5 m bei einem Umfang von 10 m, die Säulen der Seitenschiffe sind knapp 15 m hoch, ihr Umfang beträgt rund 6 m.

In Theben-West errichtete sich der König einen weiteren Totentempel in Gurna, der äußerlich Ähnlichkeiten zu jenem in Abydos aufweist, jedoch im Innern gänzlich anders konzipiert ist. Aufgrund der kurzen Regierungszeit seines Vaters *Ramses I.* integrierte *Sethos* auch hier eine Kapelle für dessen Totenkult. In Abydos hatte er ebenfalls eine unter *Ramses I.* begonnene Kapelle nördlich des eigenen Komplexes fertigstellen lassen. Der thebanische Totentempel des Königs verfügt jedoch letztlich über drei Kultachsen: eine für *Sethos* selbst, eine zweite für *Ramses I.* und eine dritte, die einen direkten Zugang zum nischengeschmückten Opferhof ermöglichte. Dem Tempelhaus vorgelagert war ein ummauerter, baumbestandener Hof, der mittels eines großen Tores den Zugang zum Prozessionsweg ermöglichte, welcher am Ritualpalast vorbeiführend zum Eingangspylonen im Osten wies. Ebenso wie in Abydos war auch hier eine Lehmziegelumfassungsmauer angelegt worden, die durch zahlreiche Wachtürme durchbrochen wurde.

Sethos' I. Grab im Tal der Könige (KV 17) ist zwar nicht nach Volumen, nach Länge aber eines der größten Gräber im Tal. Giovanni Battista Belzoni entdeckte es im Oktober 1817 und fertigte mit seinem Zeichner Ricci zahlreiche farbige Abbildungen an, die heute von unschätzbarem Wert sind, weil das Grab in der Zwischenzeit stark unter seinen Besuchern gelitten hat. Neben einem massiven Verlust an Farben ist auch die Zerstörung ganzer Reliefs zu beklagen, in einem Abschnitt sind Teile der Decke herabgefallen. Das Grab selbst ist trotz seiner gewaltigen Dimensionen von mehr als 1900 m^3, verteilt auf sieben Korridore und zehn Kammern, eines der am vollständigsten dekorierten Gräber im Tal der Könige. In seinem Innern finden sich Auszüge aus dem *Pfortenbuch*, die *Litanei des Re*, das *Totenbuch*, Szenen aus dem *Amduat* und das *Buch von der Himmelskuh*. Unter dem Sarkophag des Königs stieß Belzoni auf einen Geheimgang, der eine erhebliche Strecke bergab führte. Belzoni musste die Erforschung dieses Ganges schließlich abbrechen, da die mangelnde Sauerstoffversorgung in diesen Tiefen die mitgebrachten Kerzen und Fackeln erlöschen ließ. Immerhin konnte er eine Gesamtlänge des Grabes von mehr als 137 m feststellen. Moderne Ausgrabungen dieses Schachtes erweiterten die Gesamtlänge des Grabes auf 174 m. Der in der Grabkammer gefundene Alabastersarkophag wurde von BELZONI nach London gebracht, wo er heute im Sir John Soane's Museum ausgestellt ist. Die Mumie des Königs, der am 26. Schemu III (18. Mai 1279 v. Chr.) verstorben war, wurde indes 1881 in der Cachette von Deir el-Bahari (DB/TT 320) gefunden. Sie gilt als eine der besterhaltenen Mumien überhaupt. Das Gesicht ist so gut erhalten, dass man auf der Stirn noch immer den Abdruck der offenbar schweren königlichen Kronen erkennen kann.

JPG

LITERATUR:

BELZONI, *Description* (1821). R. O. FAULKNER, in: *JEA* 33 (1947) S. 34–39. R. STA-DELMANN, in: *MDAIK* 28 (1972) S. 293–299. R. STADELMANN, in: *MDAIK* 31 (1975) S. 353–356. R. STADELMANN, in: *MDAIK* 33 (1977) S. 125–131. R. STADELMANN/K. MYSLIWIEC, in: *MDAIK* 38 (1982) S. 395–405. SCHNEIDER, *Lexikon* (1996) S. 424–427. D. C. FORBES, in: *KMT* 9 (3) (1998) S. 64. U. EFFLAND, in: *Kemet* 9 (2) (2000) S. 34–38. THIEM, *Speos* (2000). G. CAVILLIER, in: *GM* 185 (2001) S. 23–33. W. J. MURNANE, in: *KMT* 12 (3), (2001) S. 50–59. R. GUNDLACH, in: GUNDLACH/RÖSSLER-KÖHLER (Hg.), *Königtum der Ramessidenzeit* (2003) S. 17–53. C. MADERNA-SIEBEN, in: *Fs Assmann* (2003) S. 237–282. E. ALTHOFF, in: *AW* 35 (1) (2004) S. 37–40. DODSON/HILTON, *Royal Families* (2004). R. STADELMANN, in: JÁNOSI (Hg.), *Structure and Significance* (2005) S. 485–491. P. BRAND, in: *Fs Kitchen* (2011) S. 51–84. J. C. DARNELL, in: *Fs Kitchen* (2011) S. 127–144. J. VAN DIJK, in: *Fs Bourriau* (2011) S. 325–332. HAWASS/ SALEEM/SAHAR, *Scanning* (2016).

RAMSES II.

Titel	Name	Übersetzungsvorschlag
Horus	Ka-nacht-meri-maat	»Starker Stier, geliebt von Maat«
Der der beiden Herrinnen	Wer-schefit-mek-kemet	»Groß an Ansehen, Beschützer Ägyptens«
Goldhorus	Aa-chepesch-meri-taui	»Groß an Schlagkraft, Geliebter beider Länder«
König von Ober- und Unterägypten	User-maat-Re-setep-en-Re	»Stark ist die Maat des Re, Erwählter des Re«
Sohn des Re	Ra-mes-su-meri-Imen	»Von Re geboren, geliebt von Amun«

Ramses II. war als Sohn *Sethos' I.* und dessen »Großer Königlichen Gemahlin« *Tuja* der dritte Pharao der 19. Dynastie und regierte von 1279–1213 v. Chr. Er gilt damit als einer der dienstältesten Monarchen der Weltgeschichte. Sein älterer Bruder *Nebenchasetnebet* verstarb vorzeitig, sodass Ramses im Alter von 15 Jahren zum Mitregenten seines Vaters ernannt wurde. Eine ältere Schwester namens *Tia* heiratete einen Bürgerlichen zu einem Zeitpunkt, da sein Großvater *Ramses I.* noch keine Aussicht auf den Thron hatte. Als »Große Königliche Gemahlinnen« sind *Nefertari, Isisnofret* und *Maathorneferure* belegt, wobei die beiden Erstgenannten schon zu Zeiten seiner Mitregentschaft bekannt sind. *Ramses II.* ist für seine zahlreiche Nachkommenschaft bekannt – 45 Söhne und 40 Töchter sind namentlich belegt, vor allem durch eine Liste, die sich im Totentempel des Königs, dem Ramesseum, erhalten hat. *Nefertari* gebar den Erstgeborenen und Kronprinzen *Amunherchepeschef*, der jedoch nur bis zum 20. Regierungsjahr seines Vaters belegt ist und in dieser Zeit offenbar verstarb. Weitere Söhne von ihr sind *Paraherwenemef, Sethos* und *Meriatum.* Bekannte Töchter sind *Meritamun* (die zu einer weiteren »Großen Königlichen Gemahlin« ihres Vaters wurde), *Henuttaui, Baketmut* und *Nefertari.* Von *Isisnofret* sind die Söhne *Ramses, Chaemwaset* und *Merenptah* bekannt, die Töchter waren *Bintanat, Nebettaui* (beide später »Große Königliche Gemahlinnen« ihres Vaters) und *Isisnofret. Maathorneferure* zuletzt war eine hethitische Prinzessin namens *Sauškanu*, die von ihren Eltern, dem hehtitischen König *Hattuschili III.* und seiner Frau *Puduhepa*, im Zuge des Friedensvertrages zwischen beiden Ländern an den ägyptischen Königshof gegeben worden war. Von ihr ist nur die Tochter *Neferu-Re* bekannt. Die übrigen Kinder entstammten dem offenbar großen Harem des Königs. Von all diesen Kindern sind vor allem jene der *Isisnofret* von besonderem Interesse: ihr ältester Sohn *Ramses* war einige Zeit Kronprinz und nahm an der Schlacht von Kadesch teil, er verstarb jedoch um das 50. Regierungsjahr seines Vaters. Der Zweitgeborene *Chaemwaset* ist vor allem als »Hohepriester des *Ptah*« in Memphis bekannt. Er führte an zahlreichen Gräbern in Sakkara Restaurationsmaßnahmen durch und ging in die ägyptische Geschichte als Magier ein, der über die Fähigkeit verfügte, die Totenwelt besuchen zu können. In den sogenannten »Setne-Geschichten« ist ihm ein literarisches Denkmal gesetzt worden. Er verstarb um das 55. Regierungsjahr seines Vaters, nachdem er zuvor zum Kronprinzen ernannt worden war. Der Drittgeborene *Merenptah* wurde als insgesamt 13. Sohn schließlich der Nachfolger des Königs. Die Tochter *Bintanat* hat aufgrund ihres Namens zu der Vermutung geführt, dass ihre Mutter *Isisnofret* syrischen Ursprungs gewesen sein könnte, denn der Name bedeutet soviel wie »Tochter der Göttin *Anat*«, wobei *Anat* eine asiatische Göttin war. *Bintanat* wurde ebenso wie ihre Schwester *Nebettaui* »Große Königliche Gemahlin« *Ramses' II.* Ihre gemeinsame Tochter *Bintanat II.* wurde zur »Großen Königlichen Gemahlin« des *Merenptah*.

Am Tag nach dem Tod *Sethos' I.* übernahm *Ramses II.* die Regierung des Landes. Seine außenpolitischen Tätigkeiten sollten vor allem durch die Konfrontation mit den Hethitern geprägt sein. Nachdem schon sein Vater ägyptische Interessen in der Levante mit militärischen Mitteln hatte verteidigen müssen, zog auch *Ramses II.* in seinem vierten Regierungsjahr nach Norden, um Amurru auf dem Gebiet des heutigen Libanon erneut einzunehmen, welches unmittelbar zuvor an die Hethiter gefallen war. Dies kam von beiden Seiten einer Kriegserklärung gleich. 1274 v. Chr., zwei Jahre später, zog *Ramses* erneut nach Syrien, wo er die Stadt Kadesch erobern wollte, jedoch auf das Heer der Hethiter traf. Die folgende sogenannte Schlacht von Kadesch ist vornehmlich aus ägyptischen Quellen bekannt, in welchen sie als großer Sieg dargestellt wird. In Karnak, Luxor, Abu Simbel, Abydos und el-Derr sind Texte mit z. T. großen Darstellungszyklen angebracht worden, darüber hinaus existieren auch Papyrustexte, sodass sich eine Gesamtzahl von 13 Quellen ergibt. Neben der Schlacht von Megiddo unter *Thutmosis III.* gilt diese Schlacht als eine der am besten dokumentierten der ägyptischen Geschichte. *Ramses II.* verfügte über vier Divisionen zu je 5000 Mann, die nach den Göttern *Amun, Re, Ptah* und *Seth* benannt waren. Der König übernahm den direkten Befehl über die *Amun*-Division, welche an der Spitze des Heeres loszog. Die anderen Divisionen folgten im Abstand von je etwa 10 km. Auf der Ebene von Sharon wurde eine Truppeneinheit gen Westen geschickt, die entlang der Küstenstraße nach Norden zu ziehen hatte und verhindern sollte, dass feindliche Truppen im Rücken des Königs aufmarschierten. Sie sollte sich später mit dem Hauptteil des Heeres vor Kadesch wieder vereinigen. Zwei Einheimische, die man unterwegs aufgegriffen hatte, behaupteten fälschlich, dass der hethitische König eine Auseinandersetzung scheue und noch weit im Norden in Halpa säße. Daraufhin zog *Ramses* schnellstmöglich nach Kadesch weiter, da er an einen schnellen Sieg glaubte. Als kurz darauf zwei weitere Spione der Hethiter gefangen wurden und unter der Folter gestanden, dass die hethitischen Einheiten in Wahrheit in unmittelbarer Nähe östlich von Kadesch standen, war es bereits zu spät: Durch die Ungeduld *Ramses' II.* war das ägyptische Heer weit auseinandergezogen worden. Die *Re*-Division war zwar noch relativ nah südlich der *Amun*-Division, die *Seth*- und *Ptah*-Divisionen hingegen waren 20–30 km entfernt und konnten zunächst nicht in den weiteren Kampfverlauf eingreifen. Der hethitische König *Muwatalli* – von den Ägyptern durch den Orontes getrennt – sandte 1000 Streitwagen über den Fluss und fiel der *Re*-Division in die Flanke. Die betroffenen Einheiten wurden fast vollständig aufgelöst – wer nicht unter den hethitischen Waffen fiel, war auf der Flucht. *Muwatalli* stand nun zwischen der *Amun*-Division und den noch immer weit entfernten Divisionen des *Seth* und des *Ptah*. Eine Niederlage der Ägypter schien unausweichlich, zumal die 5000 Mann um *Ramses* zwei feindlichen Divisionen von je etwa 19 000 Mann gegenüberstanden. In dieser Situation traf jedoch von

Westen eben jene Truppeneinheit ein, die zuvor die Küstenstraße hatte sichern sollen. Sie fiel den Hethitern in die Flanke und konnte trotz ihrer offenbar geringen Größe genug Verwirrung stiften, um den König aus der Umklammerung des Feindes zu lösen. Dieser griff mit seinen Streitwagen an und konnte den Feind solange hinhalten, bis von Süden die *Ptah*-Division in Sichtweite kam. *Muwatalli* zog sich mit seinen Truppeneinheiten wieder hinter den Orontes zurück, weitere direkte Kampfhandlungen unterblieben. Allerdings ist bekannt, dass im weiteren Verlauf mehrfach syrische Plänkeltruppen den Rückzug der Ägypter empfindlich störten. Das Ziel – die Eroberung Kadeschs – war verfehlt worden, es hatte enorme Verluste gegeben und die militärische Vorherrschaft in Syrien war bei den Hethitern verblieben. Und doch war zumindest eine weitere Ausdehnung der feindlichen Einflusssphäre gen Süden gestoppt worden, wenngleich mehrere ägyptische Vasallenstaaten in Syrien im weiteren Verlauf die Tributzahlungen an Ägypten einstellten. Daraufhin kam es in den folgenden Jahren erneut zu Feldzügen in diese Region, in deren Verlauf Tyros, Sidon, Beirut, Byblos, Tunip und Dapur wieder zurückerobert werden konnten. Obwohl Dapur rund 100 km nördlich von Kadesch lag, versuchte sich *Ramses II.* nie wieder an einer Eroberung der Stadt. *Muwatallis* Nachfolger *Murschili III.* hingegen mied eine direkte Auseinandersetzung mit dem Pharao. Innere Machtkämpfe und die neu aufkommende Bedrohung durch die Assyrer zwangen die Hethiter schließlich, mit *Ramses II.* einen Nichtangriffs- und Beistandspakt abzuschließen. Mehr als 15 Jahre nach der Schlacht von Kadesch schloss so der Hethiterkönig *Hattuschili III.*, der seinen Neffen *Murschili III.* entthront und ins Exil nach Ägypten vertrieben hatte, einen Friedensvertrag, der als der erste seiner Art gilt, welcher die Zeiten bis heute überdauert hat. Aufgrund seiner großen historischen Bedeutung befindet sich eine Kopie dieses Vertrages im UNO-Hauptgebäude in New York. Auf ägyptischer Seite sind zwei Reliefs in Karnak und dem Ramesseum bekannt, die den Vertrag wiedergeben. Die hethitische Seite besaß ursprünglich eine Version, die auf einer Silbertafel eingraviert war, jedoch heute verloren ist. Stattdessen sind fragmentarische Reste auf Keilschrifttafeln erhalten geblieben. In insgesamt 18 Paragraphen werden als Hauptpunkte festgelegt: ein Nichtangriffspakt beider Länder, ein

Bündnis gegen innere und äußere Feinde, eine Anerkennung des hethitischen Königssohnes *Tudchaliya IV.* durch Ägypten sowie Amnestie- und Auslieferungsbestimmungen für ägyptische und hethitische Gefangene. Dieser Vertrag verschaffte der ägyptischen Seite rund 50 Jahre Frieden. Den Hethitern bedeutete er Beistand vor den Assyrern, die im Falle eines Angriffs auf Hatti, das Land der Hethiter, durch eine ägyptische Bedrohung von Süden mit einem Zweifrontenkrieg hätten rechnen müssen.

Im weiteren Verlauf entwickelten sich zwischen Ägypten und Hatti geradezu herzliche Beziehungen, wie aus der erhaltenen diplomatischen Korrespondenz ersichtlich ist, die einen regen Schriftverkehr zwischen beiden Seiten bezeugt. Königin *Nefertari* schrieb an Königin *Puduhepa*, auch die Königsmutter *Tuja* oder der Wesir *Paser* korrespondierten mit den Hethitern. *Ramses II.* profitierte, wie oben bereits erwähnt, vor allem durch die politische Heirat 1246 v. Chr. mit der Tochter des *Hattuschili III. Sauškanu*, die als *Maathorneferure* nach Ägypten kam. Die Verhandlungen zu jener gewaltigen Mitgift, welche ihr zuletzt mitgegeben wurde, lesen sich ungemein unterhaltsam. Noch vor Geburt ihrer Tochter *Neferu-Re* ließ *Ramses II.* anfragen, ob im Falle der Geburt eines Sohnes dieser ein Thronfolgerecht in Hatti erhalten könne. Eine Antwort auf diese Frage ist nicht bekannt, was bedauerlich ist, widerspricht diese Anfrage doch der im Friedensvertrag von 1259 v. Chr. festgelegten Anerkennung des hethitischen Kronprinzen *Tudchaliya*. Durch die auffallend umfangreiche Diplomatenkorrespondenz jener Epoche wissen wir zudem von einem der ersten Gipfeltreffen auf politischer Ebene, denn der Thronfolger *Tudchaliya* bereiste das Land am Nil und *Ramses II.* schlug *Hattuschili III.* vor, seinen Sohn persönlich abzuholen. Hierzu trafen sich die beiden in Kanaan, von wo aus *Ramses II.* seinen königlichen Gast bis nach Pi-Ramesse begleitete.

Das Bauprogramm des Königs war gewaltig und wurde noch durch den Umstand ausgeweitet, dass der König zahlreiche Bauwerke und Statuen seiner Vorgänger usurpierte und mit seinem eigenen Namen versah. Unter den von ihm errichteten oder aber erweiterten Bauwerken sind der Tempel des *Amun* in Karnak zu nennen (steinerne Umfassungsmauer und Dekoration der Hypostylhalle), der Luxortempel (erster Hof, Pylon mit

Darstellungen der Kadesch-Schlacht), das Millionenjahrhaus in Abydos (nördlich vom Tempel *Sethos' I.* gelegen), der Tempel des *Ptah* in Memphis (erste Säulenhalle und Pylon), das Serapeum in Sakkara (Erweiterungen), der *Thot*-Tempel in Hermopolis Magna, der Tempel des *Herischef* in Herakleopolis Magna, der *Re-Harachte*-Tempel in Heliopolis, das Ramesseum in Theben-West sowie zahlreiche kleinere Tempel und Kapellen vor allem im nubischen Sektor, von denen die zwei Felsentempel von Abu Simbel die bekanntesten sind. Die Baukunst unter *Ramses II.* ist vornehmlich auf Monumentalität ausgelegt, die Reliefs sind oft von minderwertiger Qualität und reichen für gewöhnlich bei weitem nicht an die seines Vaters *Sethos I.* heran. Dies fällt besonders an Orten wie dem Totentempel *Sethos' I.* in Abydos auf, dessen Dekoration unter *Sethos I.* begonnen, jedoch erst unter *Ramses II.* abgeschlossen wurde. Die mangelhafte Fundamentlegung vieler seiner Bauwerke ist, wie z. B. im Ramesseum zu beobachten, ein Grund für die zum Teil gravierenden späteren Bauschäden gewesen, die sich mancherorts feststellen lassen. Neben den genannten Sakralbauten war der König vor allem für die Errichtung einer neuen Hauptstadt namens Pi-Ramesse verantwortlich, die in unmittelbarer Nähe zur alten Hyksos-Hauptstadt Avaris am pelusischen Nilarm gelegen war. Diese Stadt, die inklusive sämtlicher Wasser- und Nutzflächen mit bis zu 30 km^2 Grundfläche von gewaltigen Ausmaßen war, ist heute fast vollkommen zerstört. Während sie noch unter *Ramses III.* prosperierte, führte ihre Aufgabe gegen Ende der 20. Dynastie und der in dieser Zeit erfolgte Umzug der Reichshauptstadt ins 30 km entfernte Tanis zu ihrem Niedergang.

In Theben-West ließ sich der König als Totentempel das gewaltige Ramesseum errichten. Die Anlage erinnert vor allem mit ihrem großen zentralen Säulensaal stark an die Hypostylhalle in Karnak. Ein heute stark beschädigter Pylon führt zunächst in einen ersten Hof, an dessen südlichem Ende ein Ritualpalast stand. Von den zwei Kolossalstatuen, die sich ursprünglich in diesem Hof befanden, liegt nur noch eine zertrümmert mit dem Gesicht nach oben an seinem Westende. Sie dürfte intakt ein Gewicht von rund 1000 Tonnen gehabt haben. Ein einfaches Tor, welches oft fälschlich als zweiter Pylon bezeichnet wird, führte in den zweiten Hof, der von Säulen umstanden und mit weiteren

Statuen des Königs geschmückt war. Kopf und Oberkörper einer dieser Statuen wurden 1816 von Giovanni Battista Belzoni im Auftrag des britischen Generalkonsuls Henry Salt nach Kairo verbracht, von wo aus das Stück nach London gesandt werden sollte. 1818 kam es dort an und inspirierte Percy Bysshe Shelley zu seinem bekannten Gedicht »Ozymandias«, dessen Titel eine Verballhornung des Thronnamens »User-maat-Re« ist, die auf Diodorus Siculus zurückgeht, der das Ramesseum als das »Grab des Osymandias« bezeichnet hatte. Hinter dem bereits genannten Säulensaal befanden sich die eigentlichen Kulträume und ein Sonnenhof, die heute fast vollständig zerstört sind. Die Grundrisse der Räume sind zwar noch immer zu sehen, doch wo die jeweiligen Türdurchgänge anzusetzen sind, ist größtenteils nicht mehr zu ermitteln. Um den eigentlichen Tempel herum sind zahlreiche Werkstätten, Verwaltungsgebäude und Lagerhäuser gelegen, die zum Teil noch immer gut erhalten sind.

In Abu Simbel ließ der König jene zwei Felsentempel errichten, die vermutlich mehr als alle anderen Bauwerke mit seinem Namen verbunden sind. Der größere der beiden zeigt auf seiner Fassade vier aus dem Berg gemeißelte Kolossalbilder des Königs. In seinem Innern befindet sich neben einer Statuenpfeilerhalle vor allem ein Sanktuar, das den Göttern *Ptah* von Memphis, *Amun-Re* von Theben, *Re-Harachte* von Heliopolis und Ramses II. gewidmet ist. Der kleinere Tempel ist der Göttin *Hathor* und Königin *Nefertari* gewidmet. Beide Anlagen mussten aufgrund des durch den Bau des neuen Assuan-Hochdamms gestiegenen Wasserpegels versetzt werden. Dies geschah zwischen November 1963 und September 1968 mithilfe einer von der UNESCO koordinierten Aktion, an der über 50 Länder finanziell beteiligt waren.

Das Grab *Rames II.* im Tal der Könige (KV 7) ist mit 168 m Länge und einem Volumen von 2286,43 m^3 von ähnlichen Dimensionen, wie das seines Vaters *Sethos I.* (KV 17). Allerdings ist es in schlechtem Zustand, was vornehmlich seiner ungünstigen Lage im Tal zuzurechnen ist. Aufgrund des an tiefer Stelle des Talbodens gelegenen Eingangs konnten mehrfach große Wassermassen in das Grab eindringen und haben so nicht nur das Grab mit Geröll gefüllt, sondern zudem nachhaltige Wasserschäden bewirkt. Von den Wandmalereien ist noch genug erhalten, um das Bild- und

Textprogramm nachvollziehen zu können. Demnach waren die Wände mit der *Litanei des Re*, dem *Pfortenbuch*, dem *Totenbuch*, dem *Amduat*, dem *Buch von der Himmelskuh* und Szenen der Mundöffnungszeremonie geschmückt. Die Mumie des Königs selbst wurde bereits in der 21. Dynastie in das Grab *Sethos' I.* umgebettet, später in das Grab der *Inhapi* und schließlich in die Mumiencachette DB 320 in Deir el-Bahari. Dort wurde sie 1881 gefunden und von EMIL BRUGSCH nach Kairo verbracht. Vom damaligen Direktor der Antikenverwaltung GASTON MASPERO im Museum von Boulaq (Kairo) unsachgemäß ausgewickelt, entstanden zahlreiche Beschädigungen an der Mumie. In den kommenden Jahrzehnten litt sie weiter, ein Pilzbefall erzwang schließlich eine umfassende Restaurierung der Mumie. Hierzu wurde *Ramses II.* 1976 nach Paris geflogen, wo er mit militärischen Ehren – einem ausländischen Staatsoberhaupt entsprechend – empfangen wurde. Eine Kobalt-60-Bestrahlung tötete Keime und Pilze ab, anschließend wurde er in einen mit Edelgas gefüllten gläsernen Sarg gelegt und ist heute wieder im Museum in Kairo zu sehen. Die Untersuchungen in Paris bestätigten das hohe Sterbealter des Königs. Zuletzt litt er an Rückenproblemen, Rheuma und Arteriosklerose sowie einem eitrigen Abszess im Unterkiefer, der zu einer möglicherweise todesursächlichen Blutvergiftung geführt haben mag.

Seinem Grab gegenüberliegend ließ *Ramses II.* ein weiteres Grab anlegen (KV 5), welches in seinen Dimensionen alle anderen Gräber im Tal übertrifft. Es war für die Söhne des Königs gedacht. Ein erstes Mal 1825 von JAMES BURTON oberflächlich untersucht, wurde erst 1995 unter der Leitung von KENT WEEKS damit begonnen, das Grab endgültig vom Schutt der Jahrtausende zu befreien. Erst jetzt erkannte man die gewaltigen Ausmaße der Anlage, die vermutlich mehr als 150 Kammern hatte. Mehrere gefundene Uschebti und zahlreiche Schmuckfragmente belegen, dass das Grab unzweifelhaft benutzt worden ist.

Für seine Frau *Nefertari* ließ er im Tal der Königinnen ein Grab anlegen (QV 66), welches an Größe und Erhaltungszustand eines der bedeutendsten Königinnengräber in ganz Ägypten ist. 1904 wurde es von ERNESTO SCHIAPARELLI wiederentdeckt, der die von den Grabräubern übersehenen Stücke in das Museo Egizio in Turin überführte. Mehrere Uschebtis, ein Paar Sandalen aus Palmbast, zwei Kästchendeckel und ein Knauf aus blauer Fayence mit dem Namen *Ejes* fanden auf diese Weise ihren Weg nach Italien. Das Grab besticht vor allem durch die kräftigen Farben, die sich vielerorts erhalten haben und die einen wunderbaren Einblick in das Aussehen eines ägyptischen Königinnengrabes der 19. Dynastie gestatten. Tourismus und das Ausblühen von Salzen im Gestein haben im 20. Jahrhundert schließlich zu Schäden im Grab geführt, die so gravierend wurden, dass von 1986–1992 durch die ägyptische Antikenverwaltung in Kooperation mit dem Getty Conservation Institute umfassende Restaurierungen durchgeführt wurden.

JPG

LITERATUR:

M. ABDELRAHIEM, in: *SAK* 39 (2010) S. 1–17. G. FECHT, in: *GM* 80 (1984) S. 23–54. BALOUT/ROUBET, *Momie* (1985). M. E. HABICHT et al., in: *PLoS One* 11 (11) (2016) e0166571, https://doi.org/10.1371/journal.pone.0166571 [22.05.2018]. H. KLENGEL, *Hattuschili und Ramses* (2002). H. A. SCHLÖGL, *Ramses II.*, Reinbek 2000. TH. SCHNEIDER, *Lexikon* (1996) S. 354–362. WEEKS, *Lost Tomb* (1998). J. TYLDESLEY, *Ramses. Das Leben des Pharao*, Berlin 2002. DODSON/HILTON, *Royal Families (2004)*. C. DESROCHES-NOBLECOURT, *Ramses II: an illustrated biography*, Paris 2007. C. LEBLANC, in: *Memnonia* 20 (2009) S. 195–211. S. ALLAM, in: Lang/Barta/Rollinger (Hg.), *Staatsverträge* (2010) S. 81–115. U. EFFLAND/J. BUDKA/A. EFFLAND, in: *MDAIK* 66 (2010) S. 19–91. WILLEITNER, *Abu Simbel* (2010). P. J. BRAND, in: *Fs Kitchen* (2011) S. 51–84. M. ULLMANN, in: *Fs Luft* (2011) S. 301–315. G. XEKALAKI/R. KHODARY, in: *Fs Kitchen* (2011) S. 561–571. T. C. PRAKASH, in: *JSSEA*38 (2011–2012) S. 141–171. OBSOMER, *Ramses II* (2012). M. ABDELRAHIEM, in: *SAK* 42 (2013) S. 1–14. P. J. BRAND et al., in: *CdK* 14 (2013) S. 193–229. KENNING, *Feldzug nach Kadesch* (2014). ISKANDER/GOELET, *Temple* (2015). M. E. HABICHT et al., in: *PLoS One* 11 (11) (2016) e0166571, http://doi.org/10.1371/journal.pone.0166571 [22.05.2018]. C. OBSOMER, in: KARLSHAUSEN/OBSOMER (Hg.), *Nubie à Qadech* (2016) S. 81–170. http://www.thebanmappingproject.com/sites/browse_tomb_821.html [22.05.2018]. http://www.thebanmappingproject.com/sites/browse_tomb_819.html [22.05.2018].

MERENPTAH

Titel	Name	Übersetzungsvorschlag
Horus	*Ken-hai-em-maat*	»Der über die Maat jubelt«
Der der beiden Herrinnen	*Iri-bau-er-ta-en-Tjemhu*	»Dessen Macht bis zum Land der Libyer reicht«
Goldhorus	*Neb-senedj-aa-schefit*	»Herr der Furcht, groß an Ehrfurcht«
König von Ober- und Unterägypten	*Ba-en-Re-meri-Amun*	»Ba des Re, geliebt von Amun«
Sohn des Re	*Meri-en-Ptah-hetep-her-maat*	»Geliebt von Ptah, zufrieden mit der Maat«

Merenptah war als Sohn *Ramses II.* und dessen »Großer Königlichen Gemahlin« *Isisnofret* der vierte Pharao der 19. Dynastie und regierte von 1213–1203 v. Chr. In der Gesamtfolge der Thronanwärterschaft stand er nur auf Platz 13, er profitierte jedoch von der langen Lebens- und Regierungsdauer *Ramses II.*, denn seine 12 älteren Brüder bzw. Halbbrüder verstarben noch zu Lebzeiten ihres Vaters. So verwundert es auch nicht, dass *Merenptah* selbst schon im vorgerückten Alter war, als er nach dem Tod *Ramses' II.* selbst auf den Thron gelangte. Das höchste belegte Datum seiner Regierungszeit liegt bei 9 Jahren und 3 Monaten. Er war mit seiner Schwester *Isisnofret* verheiratet. Seine »Große Königliche Gemahlin« *Bintanat II.* war als Tochter *Ramses' II.* und dessen »Großer Königlichen Gemahlin« und Tochter *Bintanat* sowohl Merenptahs Halbschwester, als auch seine Nichte. Sein Sohn *Seti-Merenptah* wurde schließlich Thronfolger des Königs. Die Außenpolitik des Königs war durch zahlreiche Militärkampagnen gekennzeichnet. Sowohl in Nubien als auch in Syrien wurden Aufstände gegen die ägyptische Oberhoheit niedergeschlagen. Ein spannender Zeuge hierfür ist die als Israelstele bekannte Siegesstele des Merenptah aus seinem fünften Regierungsjahr, die heute im Museum von Kairo verwahrt wird (Inv.-Nr.: CG 34025 bzw. JE 31408). 1896 von WILLIAM MATTHEW FLINDERS PETRIE im Totentempel des Königs in Theben-West gefunden, handelt es sich um eine schwarze Granitstele von 310 × 160 × 32 cm. Die

Stele wurde für *Amenophis III.* und seinen Totentempel in Kom el-Hetan hergestellt, jedoch in der Amarnazeit beschädigt und unter *Sethos I.* restauriert. *Merenptah* schließlich ließ die Rückseite neu gestalten: In Begleitung der Götter *Mut* und *Chons* wird ihm von *Amun-Re* ein Sichelschwert überreicht und der Sieg über die Fremdländer verheißen. Unter den aufgelisteten Fremdvölkern taucht zum ersten Mal außerhalb der Bibel der Name Israel auf. Dem Determinativ zufolge ist hier kein Staat gemeint, sondern eine Volksgruppe. Die Israelstele nimmt in verkürzter Form Bezug auf den sogenannten Libyerkrieg, der weit ausführlicher auf einer Siegesinschrift in Karnak geschildert wird. Demnach kam es im fünften Regierungsjahr des Königs (1208 v. Chr.) zu kriegerischen Auseinandersetzungen im Norden Ägyptens. Der libysche Fürst *Meria* begann mit Einfällen im Westdelta, die offenbar den Charakter einfacher Raubzüge überstiegen. Zudem hatte *Meria* offenbar erfolgreich eine Allianz mit den sogenannten Seevölkern schließen können, die sich an den Kampfhandlungen im Nildelta beteiligten. Bei den Seevölkern handelte es sich um ein Völkergemisch, das im Einzelnen nicht ganz klar und zweifelsfrei einzuordnen ist. Im Falle des Libyerkrieges sind dies die Turischa, die Schekelesch, die Luka, die Scherden und die Aqi-wascha. Auf libyscher Seite waren zudem neben den Lebu (Libyer) auch die Meschwesch, die Tjehenu und die Tjemehu beteiligt. Zum Zeitpunkt der Invasion war *Merenptah* an der Grenze des Ostdeltas mit dem Bau von Verteidigungsanlagen beschäftigt. Nur zwei Wochen später traf er im Westdelta bei Per-Irer auf den Feind. Die ägyptische Truppenstärke lag bei 20 000 Mann, die des Feindes bei mindestens 18 000 Mann. Die Schlacht war bereits nach wenigen Stunden entschieden und endete für *Merenptah* mit einem klaren Sieg. Die ägyptischen Quellen sprechen von 8481 feindlichen Toten und 9376 Gefangenen. Über ägyptische Verluste ist nichts bekannt, doch muss man sicher mit einer Gesamtzahl von mehr als 10 000 Gefallenen für diese Schlacht rechnen.

Der unter *Ramses II.* mit den Hethitern geschlossene Friedensvertrag hielt auch unter *Merenptah.* Als in Kleinasien unter dem Hethiterkönig *Šuppiluliuma II.* eine Hungersnot ausbrach, schickte *Merenptah* Getreide, obwohl dies nicht Teil des Vertrages war. Andererseits stand er seinem Bündnispartner nicht gegen jene Feinde bei, die schließlich den Fall des hethitischen Reiches herbeiführten. Um was für Feinde es sich hierbei handelte, ist nicht mit letzter Sicherheit zu sagen. Vermutlich handelte es sich um eine Kombination von äußeren Feinden (den Seevölkern) und inneren (Volksaufstände bzw. Bürgerkriege). *Šuppiluliuma II.* sollte der letzte König der Hethiter sein. *Merenptah* half ihm vermutlich deshalb nicht, weil seine militärischen Kräfte durch den Libyerkrieg im eigenen Land gebunden waren.

In Theben-West ließ sich *Merenptah* einen Totentempel errichten, von dem sich allein die Grundmauern erhalten haben. Aufgrund des hohen Alters des Königs bei Regierungsantritt ist der Tempel bedeutend kleiner als der seines Vaters *Ramses II.* Dennoch folgt er diesem in seinen Grundzügen. Ein massiver Eingangspylon eröffnet die Anlage. Ein erster Säulenhof beinhaltet an seiner Südseite den Ritualpalast. Ein zweiter Pylon folgt, dem sich ein von Statuenpfeilern umstandener Hof anschließt. Eine Pfeilerkolonnade bildet die Fassade des Tempelhauses, das aus zwei Säulenhallen, mehreren Kulträumen und einem kleinen Sonnenhof besteht. Des Weiteren verfügt der Komplex über einen kleinen Heiligen See, Werkstätten, Verwaltungsgebäude und Magazine, umgeben von einer schmalen Lehmziegelumfassungsmauer.

Das Grab, welches sich *Merenptah* im Tal der Könige anlegen ließ (KV 8), besticht noch heute durch die Qualität seiner Dekoration. Bei einem Volumen von 2622 m^3 erreicht es eine Länge von 165 m. Wie schon beim Grab Sethos' I. wurde das Grab axial angelegt, ohne den sonst für Königsgräber charakteristischen 90°-Knick der Hauptachse. Dieses Merkmal wird von nun an bei den folgenden Ramessidengräbern im Tal beibehalten. Obgleich zahlreiche Wandszenen im Grab durch Wasserschäden zerstört wurden, lassen sich im hinteren Teil des Grabes die *Litanei des Re*, das *Pfortenbuch*, das *Amduat*, das *Mundöffnungsritual*, sowie das *Höhlenbuch* finden. In der Grabkammer fanden sich zwei Granitsarkophage und Reste eines weiteren aus Alabaster. Ein vierter Sarkophag des *Merenptah* aus Rosengranit wurde 1940 von PIERRE MONTET im Grab des *Psusennes I.* in Tanis gefunden. Offenbar lag *Merenptah* also ursprünglich in vier ineinander geschachtelten Sarkophagen, deren Transport in das Grab mit Problemen verbunden gewesen ist: Um die wuchtigen Sarkophage in ihre endgültige Position zu bringen, mussten die aus dem Fels gemeißelten Türpfosten der Grabkammer entfernt werden. Sie wurden anschließend durch Sandsteinblöcke ersetzt. Das Grab muss schon in der Antike offen gestanden haben, wie insgesamt 135 Graffiti aus griechisch-römischer und byzantinischer Zeit belegen. 1738 besuchte RICHARD POCOCKE das Grab und drang bis in die Grabkammer vor. 1799 gelangte die napoleonische Expedition jedoch nur bis zur Pfeilerhalle. Es folgten weitere Untersuchungen von JAMES BURTON (1825), ROBERT HAY (1825–1835), CARL RICHARD LEPSIUS (1844–1845), HOWARD CARTER (1903–1904) und EDWIN C. BROCK (1985–1988). Die Mumie des Königs, die aufgrund ihrer ungewöhnlichen Farbe die »Weiße Mumie« genannt wird, wurde 1898 von VICTOR LORET im Grab *Amenophis' II.* (KV 35) gefunden. JPG

LITERATUR:

H. JARITZ, in: *MDAIK* 48 (1992) S. 65–91. H. JARITZ/B. DOMINICUS/H. SOUROUZIAN, in: *MDAIK* 51 (1995) S. 57–83. H. JARITZ et al., in: *MDAIK* 52 (1996) S. 201–232. SCHNEIDER, *Lexikon* (1996) S. 242–246. H. JARITZ et.al., in: *MDAIK* 55 (1999) S. 13–62. H. JARITZ et al., in: *MDAIK* 57 (2001) S. 141–170. J. VON BECKERATH, in: *GM* 191 (2002) S. 5–6. C. MANASSA, *Merneptah* (2003). J. OSING, in: *Fs Altenmüller* (2003) S. 315–321. C. BARBOTIN/S. GUICHARD, in: *Memnonia* 15 (2004) S. 153–164. DODSON/HILTON, *Royal Families* (2004). C. BARBOTIN/S. GUICHARD, in: *Memnonia* 18 (2007) S. 105–117. ASTON, *The Pottery* (2008). R. M. PORTER, in: *Tel Aviv* 35 (2) (2008) S. 244–248. A. SIMONY, in: *Memnonia* 21 (2010) S. 149–182. H.-W. FISCHER-ELFERT, in: *Festgabe Neues Museum* (2012) S. 47–73. STERNBERG-EL HOTABI, *Seevölker* (2012). SERVAJEAN, *Mérenptah* (2014). S. ISKANDER, in: Kousoulis/Lazaridis (Hg.), Tenth Proceedings (2015) S. 2035–2045. http://www.thebanmappingproject.com/sites/browse_tomb_822.html [24.05.2018].

Tausret

Titel	Name	Übersetzungsvorschlag
Horus	*Ka-nacht-meri-maat*	»Starker Stier, geliebt von Maat«
Der der beiden Herrinnen	*Gereget-Kemet-waf-chasut*	»Die Ägypten gründet und die Fremdländer zerschlägt«
Goldname	–	–
König von Ober- und Unterägypten	*Sat-Re-meri-Imen*	»Tochter des Re, geliebt von Amun«
Sohn des Re/ Tochter des Re	*Ta-Useret (setep/ merit-en-Mut) (Tausret)*	»Die Starke/Mächtige (auserwählt/geliebt von Mut)«

Königin *Tausret*, letzte Herrscherin der 19. Dynastie, war zunächst die »Große Königliche Gemahlin« von König *Sethos II.* Über die genaue familiäre Einordnung sowohl des Königs als auch seiner Königin ist sich die Forschung noch uneinig. Der Titel »Königstochter« ist für *Tausret* nicht belegt, aber ihre Stellung als »Große Königliche Gemahlin« und ihr Titel »große Fürstin« lassen vermuten, dass sie aus dem Königshaus stammt. Vielleicht war sie eine Enkelin von *Ramses II.* König *Sethos II.* selbst ist wohl mit dem Prinzen *Seti-Merenptah* zu identifizieren, der bereits als Kronprinz wichtige Aufgaben für seinen betagten Vater *Merenptah* übernahm. Möglicherweise war *Sethos II.* zunächst mit einer Frau namens *Tachat* verheiratet. Ab dem zweiten Regierungsjahr des Königs tritt jedoch *Tausret* als »Große Königliche Gemahlin« auf.

Die historische Einordnung der sechsjährigen Regierungszeit *Sethos' II.* gestaltet sich kompliziert. Entweder direkt nach dem Tod *Merenptahs*, vermutlich aber eher während der Herrschaftsjahre 2–4 von *Sethos II.* ist ein Gegenkönig namens *Amenmesse* belegt, der zumindest das oberägyptische Territorium beherrscht hat. Seine Herkunft ist ungewiss, vermutlich stammt er aus einem rivalisierenden Zweig der Königsfamilie. Im Grab *Sethos' II.* im Tal der Könige (Theben-West, KV 15) sind zwischenzeitliche Zerstörungen durch *Amenmesse* von *Sethos II.* wieder behoben worden. Umgekehrt sind Denkmäler des *Amenmesse* nach der Rückeroberung der Macht durch *Sethos II.* annektiert worden. Da

Amenmesse offenbar das oberägyptische Territorium kontrolliert hat, könnte *Sethos II.* das unterägyptische Gebiet beherrscht haben – eindeutige Quellen hierfür fehlen jedoch.

Noch vor der (teilweisen) Entmachtung *Sethos' II.* durch *Amenmesse* wurde für die »Große Königliche Gemahlin« *Tausret* im zweiten Regierungsjahr ihres Mannes ein Grab im Tal der Könige angelegt. Seit Nutzung des Tals als Königsnekropole wurden Angehörige des Königshauses und auch verdiente Beamte sowie ihre Familienmitglieder auf dem royalen Friedhof bestattet. Jedoch besaßen sie entweder einfache Schachtgräber oder wurden in den königlichen Anlagen mit beigesetzt. *Tausret* jedoch erhielt das Privileg eines eigenen dekorierten Grabes, dessen Größe etwa zwei Dritteln eines zeitgleichen Königsgrabes entsprach. Allein diese Tatsache unterstreicht ihre bedeutende Stellung, die möglicherweise nicht nur durch die Wertschätzung ihrer Person seitens ihres Mannes begründet war, sondern auch ihre eigene starke Position im Königshaus widerspiegelt. Aus *Tausrets* Zeit als Königin stammen auch mehrere Schmuckstücke, die mit ihrem Namen sowie dem von *Sethos II.* beschriftet sind. Sie wurden in einem kleinen Schachtgrab (KV 56) im Tal der Könige gefunden. Zierliche Handauflagen und Sandalen mögen auf die Bestattung eines früh verstorbenen Kindes von *Tausret* und *Sethos II.* hindeuten. Vielleicht handelt es sich aber auch um Reste der Bestattung *Tausrets*, die hier deponiert wurden.

Nach nur knapp sechsjähriger Regierungszeit, die von chaotischen politischen Verhältnissen geprägt war, starb *Sethos II.*, und *Tausret* blieb als Königswitwe zurück. Sie organisierte die Bestattung ihres Mannes in seinem unfertigen, notdürftig fertiggestellten Grab KV 15. Die instabilen innerpolitischen Zustände spiegeln sich in dem Umstand wieder, dass eine Beraubung der Grabausrüstung *Sethos' II.* unmittelbar vor oder nach der Bestattung durch einen Vorarbeiter der Arbeitersiedlung von Deir el-Medineh namens *Paneb* und seine Räuberbande stattfand.

Die Nachfolge von *Sethos II.* als ägyptischer König trat der noch minderjährige *Siptah* an. Als dessen Mutter ist durch ein Relief im Louvre (E 26901) eine (syrische?) Frau namens *Sutiraja* belegt. Sein Vater könnte sowohl *Sethos II.*, dessen Vater *Merenptah* und sogar der Gegenkönig *Amenmesse* gewesen sein. Als Regentin für den Kindkönig übernahm *Tausret* als Witwe *Sethos' II.* die Verantwortung für die Regierung des Landes.

Eine Statue, die heute im Museum in München aufbewahrt wird (Gl. 122), spiegelt die damalige Situation wider. Auf dem Schoß einer erwachsenen Person sitzt eine deutlich kleinere Figur, die jedoch das Königsornat trägt. Fast alle Namen auf der Statue wurden zerstört, aber auf dem Schurz des Königs ist der Name des *Siptah* erhalten geblieben, und zwar in der Form *Merenptah-Siptah*, die ab seinem zweiten Regierungsjahr gebräuchlich war. Die stark zerstörte, auf einem Thron sitzende, erwachsene Figur muss ebenfalls königlicher Herkunft sein. Sandalen und ein langes, plissiertes Gewand könnten sowohl von einem Mann als auch einer Frau getragen worden sein. Es ist aber sicher anzunehmen, dass es sich hier um eine Darstellung der *Tausret* als Regentin mit dem minderjährigen *Siptah* auf ihrem Schoß handelt. Eine ähnliche Statue ist von der Königsmutter *Anch-nes-Merire II.* und ihrem Sohn *Pepi II.* bereits aus dem Alten Reich bekannt.

Maßgeblich beteiligt an der Installation des neuen Königs und an der Politik der kommenden Jahre war der möglicherweise aus Asien stammende Kanzler *Bay*, der seine Rolle als »Königsmacher« durch Inschriften und Darstellungen propagierte. Bereits unter dem verstorbenen *Sethos II.* besaß *Bay* wichtige Ämter in der ägyptischen Verwaltung. Als »Schreiber des Königs« und »Truchsess« war er im unmittelbaren Umfeld des Pharao beschäftigt. Die Gründe für *Bays* außergewöhnliche Stellung am ägyptischen Königshof sind unklar. Es wurde vermutet, er könne familiäre Beziehungen zu *Siptah* gehabt haben, dessen Mutter wie *Bay* selbst aus Vorderasien stammte.

In außergewöhnlicher Weise tritt *Bay* bei der Inthronisierung von *Siptah* als Nachfolger von *Sethos II.* in Erscheinung. In Inschriften in Gebel es-Silsileh, Assuan und Buhen erklärt *Bay*, »er habe den König auf dem Thron seines Vaters installiert«, eine Aussage, die sonst nur Götter und Könige für sich beanspruchen durften. Das gleiche trifft auch für *Bays* Behauptung zu, er sei einer »der die Lügen beseitigt und die Wahrheit spricht«. Seinen Titel »Kanzler« erweiterte *Bay* zu »Großer Kanzler des gesamten Landes«, was an den von *Tausret* häufig geführten Titel »Große Regentin im ganzen Land« erinnert.

Bay tritt mit dem König Siptah vor den Gott Amun und betont seine Rolle bei der Inthronisation des Herrschers, Speos des Haremhab, Gebel es-Silsileh

Zunächst bieten die erhaltenen Quellen keinen Hinweis darauf, dass *Tausret* und *Bay* Rivalen um die Macht in Ägypten gewesen sein könnten. Im Tempel von Amada (Nubien), ursprünglich durch *Thutmosis III.* errichtet, wurden ab dem zweiten Regierungsjahr des *Siptah* Restaurierungen vorgenommen und Reliefs im unteren Register des Türdurchganges im Tempel angebracht. Bemerkenswerterweise ist der sehr junge König nur durch Inschriften, nicht aber durch eine bildliche Darstellung präsent. Zu sehen ist stattdessen auf der einen Seite die stehende, Sistrum spielende *Tausret*, auf der anderen Seite der vor einer Inschrift mit den königlichen Namen kniende *Bay* – also die Regentin und der königstreue

Bay begleitet König Siptah bei einer Audienz mit dem
Vizekönig von Kusch Seti und betont seine Rolle bei der
Inthronisation des Herrschers, Felsinschrift bei Assuan

Beamte. Sogar eigenständige diplomatische Korrespondenz
hat *Bay* geführt, wie Funde aus Ugarit belegen. Kurz vor der
Zerstörung der vorderasiatischen Stadt durch Seevölkerangiffe,
traf ein Brief an den letzten König von Ugarit *Hammurapi III.* ein,
der von dem »Großen Truppenvorsteher des ägyptischen Königs
Beya« geschickt wurde, der mit *Bay* zu identifizieren ist. Leider
ist der Brief stark zerstört und der Inhalt daher unklar, aber das
Dokument bietet ein wichtiges Datierungskriterium für die kurz
darauf erfolgte Eroberung und Zerstörung Ugarits.

Ein weiterer Hinweis auf *Bays* prominenten Status ist die Tatsache, dass für ihn ein Grab im Tal der Könige (KV 13) angelegt
wurde, das ganz in der Nähe der Gräber von *Sethos II., Tausret*
und *Siptah* liegt. Die Dimensionen des Grabes ähneln denen
der Regentin *Tausret*. Beide Gräber sind kleinere Versionen der
zeitgleichen Königsgräber. Auch in den Gründungsgruben im
Totentempel des *Siptah* wurden zahlreiche Objekte mit Namen
und Titeln des *Bay* gefunden – ein weiterer Hinweis auf *Bays*
unmittelbare Einflussnahme auf königliche Angelegenheiten.

Über das Verhältnis und die Machtaufteilung zwischen *Tausret*,
Bay und *Siptah* ist viel spekuliert worden, aber keine antike Quelle
erhellt das Verhältnis der drei Personen an der Spitze des ägyptischen
Staates. Spektakulär ist jedoch das Ende dieser außergewöhnlichen

Konstellation. Im Jahre 2000 veröffentlichte der französische Ägyptologe PIERRE GRANDET den kurzen Text eines Ostrakons (Kalksteinscherbe). Es handelt sich um eine Mitteilung des »Schreibers des Königsgrabes« *Paser* an die Arbeiter in Deir el-Medineh: »Jahr 5, 3. Monat Schemu, Tag 27 [...] der Pharao, Leben – Heil – Gesundheit, hat den großen Feind *Bay* hinrichten lassen.« Aus uns unbekannten Gründen hat *Siptah* (oder eine Person aus dem königlichen Umfeld) den einflussreichen Beamten *Bay* exekutieren lassen. Die Arbeiten an seinem Grab wurden umgehend eingestellt, wie die Information für die Arbeiter aus Deir el-Medineh zeigt.

Ob und wo *Bay* bestattet wurde, bleibt unklar. Bemerkenswert ist jedoch, dass die oben erwähnten Darstellungen *Bays*, die ihn in prominenter Rolle mit dem König und *Tausret* zeigen, unbeschädigt blieben und sein Andenken folglich nicht bewusst ausgelöscht wurde. Nur wenige Monate nach der Hinrichtung des *Bay* starb auch der jugendliche König *Siptah*. Er wurde in seinem nur im hinteren Bereich unfertigen Grab KV 47 im Tal der Könige beigesetzt. Außer einigen Felsinschriften, die Expeditionen in die Wüstengebiete oder Tributeintreibungen in Nubien bezeugen, sind aus der kurzen Regierungszeit *Sipaths* keine nennenswerten historischen Ereignisse überliefert.

Nach sechs Jahren als »Große Königliche Gemahlin« an der Seite von *Sethos II.* und sechs Jahren als Regentin für *Siptah*, vermutlich anfänglich in Kooperation mit dem Kanzler *Bay*, ergab sich für *Tausret* nach *Sipthas* Tod eine neue Situation. Offenbar stand kein legitimer männlicher Thronfolger zur Verfügung, sodass *Tausret* offiziell die Rolle als Pharao annahm.

Zunächst ist bemerkenswert, dass *Tausret* die Zählung ihrer Regierungsjahre nicht nach dem Tod des *Siptah* mit ihrem offiziellen ersten Jahr als Pharaonin beginnen lässt, sondern dessen Herrschaft ignoriert. Sie schließt ihre Königsherrschaft direkt an diejenige ihres Mannes *Sethos' II.* an und vereinnahmt *Siptahs* Regierungszeit als ihre eigene. Auch in der Wahl ihrer Königsnamen orientiert sich *Tausret* sowohl an den Namen ihres Mannes *Sethos' II.* als auch an den Namen *Ramses' II.*, was einen Hinweis auf ihre eigene dynastische Abstammung liefern mag. Dabei folgt sie dem Beispiel der Königinnen *Nofrusobek* und *Hatschepsut*, indem sie sowohl männliche als auch weibliche Varianten von Titeln und Namen nebeneinander führt, ihr Geschlecht also nicht offiziell verleugnet.

Auch die einzige Statue, die von *Tausret* als Pharao erhalten geblieben ist, zeigt die Königin mit deutlich weiblichen Formen, allerdings ist ihr Ornat das eines männlichen Pharao. Die aus Medinet Nasr in der Nähe von Kairo stammende Statue ist nahezu lebensgroß und wurde leider ohne Kopf aufgefunden. Die Inschriften bezeichnen die Königin mehrfach als »geliebt von *Hathor*, Herrin des ›Roten Berges‹«, was auf das nahegelegene Steinbruchgebiet von »Gebel el-Ahmar« verweist, dessen arabischer Name mit dem antiken identisch geblieben ist. Auch der Quarzit aus dem die Statue gefertigt wurde, stammt von dort. Vermutlich war die Skulptur der Königin in einem hier gelegenen Tempel aufgestellt. Die sehr qualitätsvolle Figur hat starke Ähnlichkeit mit zwei Statuen *Ramses' II.* in Turin (1380) und Kairo (CG 42140) – ein weiterer Hinweis auf *Tausrets* Bemühungen, sich auf diesen Herrscher zu beziehen.

Die Verbindung von *Tausret* und *Sethos II.* hingegen verdeutlicht die Statue des Hohepriesters von Memphis *Iiri*, die sowohl *Tausrets* Königsnamen als auch denjenigen von *Sethos II.* trägt. Die Statue ist damit in *Tausrets* Regierungszeit zu datieren, erinnert aber auch an die Herrschaft ihres verstorbenen Mannes.

Die wenigen ägyptischen Quellen werden ergänzt von interessanten Funden in Vorderasien. Fragmente von Fayencevasen aus Deir 'Alla (Jordanien), Sidon (Libanon) und Timna (Israel) tragen *Tausrets* Königsnamen. Die Königin hat sich demnach um diplomatische Aktivitäten gerade im unruhigen vorderasiatischen Raum bemüht und mit königlichen Geschenken und Weihgaben ägyptische Präsenz bekundet.

Tausrets Grab im Tal der Könige (KV 14) war bereits unter *Sethos II.* angelegt worden und hat in seiner Architektur und Dekoration mehrere Phasen durchlaufen, die eindrücklich die Stationen von *Tausrets* politischem Leben dokumentieren. Im zweiten Regierungsjahr *Sethos' II.* wurde die Bestattungsanlage als Grab für die »Große Königliche Gemahlin« angelegt. Die Architektur entspricht dabei den zeitnahen Königsgräbern, die Dimensionen sind allerdings etwas kleiner. Eine Weiterführung der Bauarbeiten belegt ein Grafitto am Grabeingang aus dem ersten Regierungsjahr des *Siptah*, also aus der Zeit, in der *Tausret* als Regentin für den jungen König fungierte.

Die erste Sarkophagkammer (J) sollte offenbar durch eine größere von königlichen Maßen ersetzt werden. Dieses Vorhaben wurde aber offenbar wegen Rissen im Gestein aufgegeben. Zwei Inschriften in den neuen Räumen nennen ein Jahr 6 eines namentlich nicht genannten Königs. Damit kann nur *Siptah* gemeint sein, was bedeutet, dass sich *Tausret* zum Ende der Herrschaft *Siptahs* bereits eine Grabkammer royalen Ausmaßes zulegen wollte. Auch die Fassade des Grabes wurde vergrößert und entspricht damit dem Grab eines alleinigen Herrschers.

Eine Erweiterung des Grabes um eine ganze Raumfolge mit einer zweiten Sarkophagkammer scheint aus der Zeit ihrer Alleinherrschaft zu stammen. Unter einer später angebrachten, dicken Gipsschicht sind ihre Königsnamen aus dieser Epoche verborgen. Durch diese bauliche Erweiterung wurde KV 14 zu einem der größten dekorierten Gräber im Tal der Könige. Noch deutlicher als die Veränderungen in der Architektur zeigt die Wanddekoration der Räume, wie sich der Status *Tausrets* von dem einer »Großen Königlichen Gemahlin« über den einer Regentin hin zur Alleinherrscherin gewandelt hat. Zunächst ist sie als »Große Königliche Gemahlin« von *Sethos II.* bei Opferhandlungen für die Götter dargestellt. Als Regentin für den minderjährigen *Siptah* wurden ihre Namen in den Kartuschen erweitert, wodurch ihr neuer Rang angezeigt wurde. In der Zeit ihrer alleinigen Herrschaft wurden die Königinnenkronen durch die blaue Krone eines Pharao ersetzt. Die Figuren des *Siptah* erhielten eine Überarbeitung und repräsentieren jetzt *Sethos II.*, der *Tausret* als Legitimierung für ihre eigene Königswürde diente. Statt Opfergaben für die Götter darzureichen, hält *Tausret* die Insignien einer »Großen Königlichen Gemahlin«, Wedel und Lotusblume beziehungsweise Stoffstreifen in den Händen.

Unter *Ramses III.* wurde *Tausrets* Grab KV 14 für dessen Vater *Sethnacht* wiederverwendet. Während früher angenommen wurde, die bauliche Erweiterung des Grabes auf königliche Maße hätte für *Sethnacht* stattgefunden, sind jetzt alle Bauphasen in die Zeit von *Tausret* zu datieren. In der Zeit der Umgestaltung von KV 14 für *Sethnacht* wurde vermutlich auch der Königinnensarkophag der *Tausret* aus dem Grab entfernt. Diesen fand man umgearbeitet für die Bestattung des Prinzen *Amunherchepeschef* – einem Sohn *Ramses' III.* – im benachbarten Grab des *Bay*. Ein weiterer, größerer (königlicher?) Sarkophag, wiederverwendet für den Prinzen *Mentuherchepeschef*, der ebenfalls im ehemaligen Grab des *Bay* lag, mag ursprünglich zur königlichen Grabausstattung der *Tausret* gehört haben. Außer den Schmuckstücken aus dem kleinen Schachtgrab KV 56 unklarer Zuordnung hat sich kein Hinweis auf eine Bestattung *Tausrets* im Tal der Könige erhalten. *Tausrets* Grab lag wie alle Gräber der Pharaonen des Neuen Reiches im abgelegenen Wüstental, dem »Tal der Könige«. Als kultische Ergänzung der Gräber errichteten die Könige am Rand des Fruchtlands ihre Totentempel, die sogenannten »Häuser der Millionen Jahre«, in denen Gebete, Opfergaben und Interaktionen mit den Göttern der umliegenden Tempel das royale Leben im Jenseits ermöglichen sollten.

Nach notdürftigen Grabungen durch die Arbeiter von FLINDERS PETRIE Ende des 19. Jahrhunderts wurde der Totentempel der *Tausret* durch ein Forscherteam der University of Arizona 2004–2011 gründlich untersucht. Bei dem zwischen den Totentempeln *Ramses' II.* und *Merenptahs* gelegenen Tempel hat es sich offenbar zunächst um einen Ziegelbau gehandelt. Später, im achten Regierungsjahr der Herrscherin, wurden Fundamentgräben ausgehoben, die ein aus Stein errichtetes Tempelhaus tragen sollten. Reste von verputzten Wandblöcken legen nahe, dass das Gebäude fertiggestellt, aber noch nicht oder nur teilweise dekoriert war. Zudem gibt es Hinweise auf Nebengebäude wie Magazine und Brunnen. Demnach wäre der Tempel funktionstüchtig, wenn auch möglicherweise nicht vollständig fertiggestellt gewesen.

Ob *Tausrets* Herrschaft durch ihr natürliches Ableben oder durch politische Machtkämpfe endete, ist unklar. Die neuen Funde aus den Gründungsdepots ihres Tempels nennen ein achtes Regierungsjahr. Da die Architektur des Tempels offenbar fertiggestellt wurde, könnte man ein neuntes oder sogar zehntes Regierungsjahr hypothetisch ansetzen.

Tausrets Nachfolger als ägyptischer Pharao wurde *Sethnacht*, der vielleicht aus einem Nebenzweig der ramessidischen Königsfamilie stammte und als Gründer der 20. Dynastie gilt. Er und seine Nachfolger ließen das Andenken der nach ihrer Auffassung illegitimen Herrscher *Siptah* und *Tausret* tilgen, und so erwähnen spätere Quellen lediglich *Sethos II.*, auf den *Sethnacht* folgt. Zwei Quellen geben Hinweise auf die Ereignisse vom Übergang der 19.

zur 20. Dynastie. Der Text der sogenannten »Elephantine-Stele« berichtet, *Sethnacht* habe den Sieg über ägyptische Machthaber errungen, die mit Hilfe von asiatischen Truppen das Land unter ihre Kontrolle bringen wollten. Diese Ereignisse müssen sich auf die Zeit kurz vor oder nach dem Tod der Königin *Tausret* beziehen.

Im *Papyrus Harris I* aus der Zeit *Ramses' IV.* wird über einen Asiaten namens *Irsu* berichtet, dessen Herrschaft Ägypten in ein politisches Chaos gestürzt habe. Während *Irsu* früher mit *Bay* identifiziert wurde, handelt es sich bei *Irsu* eher um König *Siptah*, für den eine asiatische Mutter nachweisbar ist. Inwieweit hier reale historische Ereignisse beschrieben werden oder eine (teil-) fiktive Situation zur Legitimierung einer Herrschaftsübernahme bei unklarer Thronfolge geschildert wird, ist nicht abschließend festzustellen. In jedem Fall stand kein legitimer Thronfolger bei *Tausrets* Tod zur Verfügung, und eine neue Dynastie musste sich in unruhigen Zeiten etablieren.

SMvF

LITERATUR:

R. DRENKHAHN, *Elephantine-Stele* (1980). H. ALTENMÜLLER, in: *SAK 10* (1983) S. 1–24. H. ALTENMÜLLER, in: *SAK 11* (1984) S. 37–47. H. ALTENMÜLLER, in: *GM 84* (1985) S. 7–17. K. KITCHEN, in: *LÄ VI* (1986) Sp. 244–245. H. ALTENMÜLLER, in: *SAK 19* (1992) S. 15–36. H. ALTENMÜLLER, in: Reeves (Hg.), *After Tut'ankhamun* (1992) S. 141–164. H. ALTENMÜLLER, in: *SAK 21* (1994) S. 1–18. H. ALTENMÜLLER, in: *GM 145* (1995) S. 29–36. H. ALTENMÜLLER, in: *SAK 23* (1996) S. 1–9. SCHNEIDER, *Lexikon* (1996) S. 286–287. N. DAUTZENBERG, in: *GM 156* (1997) S. 37–46. ST. SEIDLMAYER, in: *Fs Stadelmann* (1998) S. 363–386. H. ALTENMÜLLER, in: *GM 171* (1999) S. 13–18. A. DODSON, in: *JEA 85* (1999) S. 131–142. P. GRANDET, in: *BIFAO 100* (2000) S. 339–345. H. ALTENMÜLLER, in: Gundlach/Rößler-Köhler (Hg.), *Königtum der Ramessidenzeit* (2003) S. 109–128. TH. SCHNEIDER, in: *ZÄS 130* (2003) S. 134–146. V. G. CALLENDER, in: *SAK 32* (2004) S. 81–104. E. HORNUNG, in: HORNUNG/KRAUSS/WARBURTON, *Ancient Egyptian Chronology* (2006) S. 197–217. D. KAHN, in: *Journal of Ancient Egyptian Interconnections 2 (1)* (2010) S. 14–23. H. ALTENMÜLLER, in: *Fs Allam* (2011) S. 59–69. R. H. WILKINSON, *The temple of Tausret* (2011). M. BIERBRIER, in: *Fs Kitchen* (2011) S. 19–21. A. DODSON, in: *Fs Kitchen* (2011) S. 145–158. R. H. WILKINSON, *Tausret* (2012). H. BASSIR, in: *Fs Wilkinson* (2013) S. 71–87. J. B. MCCLAIN/W. R. JOHNSON, in: *JARCE 49* (2013) S. 177–187. A. SAFRONOV, in: *JEA 99* (2013) S. 290–295. P. P. CREASMAN et al., in: *Near Eastern Archaeology 77/4* (2014) S. 274–283. H. ALTENMÜLLER, in: *Fs Rößler-Köhler* (2015) S. 15–26.

RAMSES III.

Titel	Name	Übersetzungsvorschlag
Horus	*Ka-nacht-aa-nesit*	»Starker Stier, mit großem Königtum«
Der der beiden Herrinnen	*Wer-habu-sed-mi-Ta-tenen*	»Groß an Sedfesten, wie Taten«
Goldhorus	*User-renput-mi-Atum*	»Reich an Jahren wie Atum«
König von Ober- und Unterägypten	*User-maat-Re-meri-Amun*	»Stark ist die Maat des Re, geliebt von Amun«
Sohn des Re	*Ra-mes-su-heqa-Iunu*	»Von Re geboren, Herrscher von Heliopolis«

Ramses III. war als Sohn des *Sethnacht* und seiner »Großen Königlichen Gemahlin« *Teje-Mereniset* der zweite Pharao der 20. Dynastie. Er regierte von 1187–1157 v. Chr. Seine »Große Königliche Gemahlin« war *Isettahemdjert*, es dürfte jedoch zumindest eine weitere Ehefrau gegeben haben, da zwei seiner Söhne als Erstgeborene bezeichnet werden. Der Name dieser hypothetischen Ehefrau ist nicht bekannt. Von seinen Kindern sind vor allem die Söhne *Amunherchepeschef* und *Chaemwese* zu nennen, deren prächtige Gräber im Tal der Königinnen bekannt sind (QV 55 und QV 44). Darüber hinaus sind die späteren Könige *Ramses IV.*, *Ramses VI.* (ebenfalls *Amunherchepeschef*) und *Ramses VIII.* (*Setherchepeschef*) seine Söhne. Weitere Prinzen sind *Paraherwenemef*, *Mentuherchepeschef* und *Meriamun*. Von einer Nebenfrau namens *Teje* ist ein weiterer Sohn bekannt, dessen Name jedoch nicht überliefert ist. Er wird im Zuge der sogenannten »Haremsverschwörung« in den Prozessakten mit dem Pseudonym *Pentawer* belegt. Als Töchter sind *Nebtaui*, *Meritamun* und *Bintanat* belegt.

Politisch ist die Regierungszeit *Ramses III.* vor allem mit der sogenannten Seevölkerschlacht verbunden, die der König in seinem Totentempel in Medinet Habu verewigen ließ. Im achten Regierungsjahr des Königs griff ein Bündnis dieser Seevölker Ägypten an und drang von Norden ins Nildelta ein. Den ägyptischen Quellen zufolge handelte es sich um die Völker der Scherden, der Schekelesch, der Turischa, der Danuna, der

Tjeker, der Peleset und der Waschasch. Einige dieser nur unsicher zu bestimmenden Gruppen waren schon in der Libyerschlacht unter *Merenptah* aufgefallen. In Medinet Habu werden sie mit spezifischen Merkmalen ihrer Ausrüstung gezeigt. Sie alle tragen kurze, gestreifte Schurze. Peleset, Tjeker, Danuna und Waschasch tragen Helme mit Federkrone. Die Scherden verfügen über Hörnerhelme. Einige der feindlichen Kämpfer sind scheinbar durch einen Körperpanzer geschützt, ihre Bewaffnung besteht aus Rundschilden, Schwertern und Speeren. Bögen als Distanzkampfwaffen scheinen völlig zu fehlen. Offenbar ließ *Ramses III.* die feindlichen Schiffe zunächst ins Nildelta eindringen, versperrte dann jedoch die betroffenen Nilarme mit seinen eigenen Schiffen. Den Abbildungen zufolge bestanden die Kampfhandlungen aus zwei Phasen. Zunächst nahmen am Ufer postierte Bogenschützen den Feind auf der Flussmitte unter Beschuss. Dieser konnte sich nicht adäquat wehren und hatte allein seine Schilde gegen den Pfeilhagel einzusetzen. Schließlich trafen die Seevölkerschiffe auf die Seeblockade der ägyptischen Marine. Spätestens jetzt müssen die Bogenschützen an Land ihren Beschuss eingestellt haben, um die eigenen Marinesoldaten nicht zu gefährden. Von diesem Augenblick an entwickelte sich eine Seeschlacht, bei der die Gegner sowohl auf den Schiffen miteinander kämpften, als auch die gegnerischen Schiffe zu versenken suchten. Nicht wenige feindliche Krieger dürften sich hierbei schwimmend an Land gerettet haben, wo die Infanterie des Königs bereits wartete – dies ist aus den Darstellungen gefangener Feinde zu schließen. Mit dem Sieg über diese Feinde gelang *Ramses III.* etwas, was im Zuge dieser Völkerwanderung im östlichen Mittelmeerraum einmalig blieb, denn zeitgleich brachen unter dem Ansturm der Seevölker das Reich der Hethiter und alle mit ihm verbundenen Klientelstaaten zusammen. Allein Ägypten konnte sein Fortbestehen sichern.

Innenpolitisch muss die Regierungszeit *Ramses' III.* ebenfalls als stürmisch bezeichnet werden. Die Zeit war geprägt von wirtschaftlichen Unsicherheiten und damit verbundenen sozialen Unruhen. Deutlich wird dies z. B. an den Geschehnissen im 29. Regierungsjahr des Königs (1159 v. Chr.) in Theben-West, die auf dem *Papyrus Turin p1880* festgehalten wurden. In der

Arbeitersiedlung von Deir el-Medina kam es zu den ersten organisierten Streiks der Menschheitsgeschichte, die sich historisch fassen lassen. Betroffen waren jene Arbeiter, die an der Errichtung der Königsgräber im Tal der Könige beteiligt und als solche Staatsbedienstete waren. Nachdem es schon Mitte des Jahres zu Lieferengpässen bei Getreide und Arbeitsmaterial gekommen war, legten die Arbeiter am 4. November 1159 die Arbeit nieder und zogen zum Totentempel *Thutmosis' III.* in Gurna, auf dessen Rückseite sie sich niedersetzten. Sie skandierten »Wir sind hungrig!« und beschwerten sich darüber, dass ihre Entlohnung seit 18 Tagen überfällig sei. Die Priester des Totentempels versuchten die Streikenden zu beruhigen, doch die Arbeiter blieben an Ort und Stelle. Erst am Abend gingen sie schließlich zurück in ihr Dorf. Am folgenden Tag kamen die versprochenen Rationen noch immer nicht und so zogen die Arbeiter erneut los, diesmal zum Ramesseum, an dessen Südtor sie lagerten. Dort blieben sie die Nacht über, am folgenden Tag jedoch drangen sie in den Totentempel *Ramses' II.* ein, und die Situation begann außer Kontrolle zu geraten. Nun wurde der Polizist *Monthmes* losgesandt, um in Theben-Ost den Bürgermeister zu benachrichtigen. Zugleich besorgte der Schreiber *Patwer* Verpflegung für die Streikenden, was er auch schon am Tag zuvor getan hatte. Der »Bürgermeister von Theben« schickte Unterhändler zu den Streikenden und sorgte zudem dafür, dass der überfällige Lohn des vergangenen Monats gezahlt wurde. Dieser Punkt ist bemerkenswert, da er zeigt, dass durchaus Getreide zur Bezahlung vorhanden war, man dasselbe jedoch zurückgehalten hatte. Am folgenden Tag wurde aber erneut gestreikt, da noch immer nicht alle rückständigen Lieferungen eingetroffen waren. Dieses Mal lagerten die Arbeiter beim Totentempel *Sethos' I.* Zwei Tage später – am 10. November – erfolgte eine weitere Teillieferung. Am 12. November wurde der Rest für Oktober geliefert. Der Arbeiter *Mose*, Sohn des *Aanacht* wurde als einziger Streikender bestraft, jedoch nicht aufgrund der Arbeitsniederlegung, sondern wegen Majestätsbeleidigung. Er hatte dem König mit einem Fluch gedroht, sollte man ihn vom Streikort fortschleppen. Schon Mitte Dezember kam es zu den nächsten Streiks, wieder aufgrund ausgebliebener Zahlungen und wieder mussten die Verantwortlichen nachgeben. Im Frühjahr

1158 v. Chr. wiederholten sich die Streiks, die erneut in mehreren Wellen über einige Tage erfolgten. Zu diesem Zeitpunkt muss eine etwas nachhaltigere Lösung gefunden worden sein, denn wir hören erst im 31./32. Regierungsjahr von neuerlichen Streiks (1157/1156 v. Chr.). Die genannten Arbeiterstreiks sind auch vor dem Hintergrund einer anderen Quelle zu sehen, die aus der Regierungszeit *Ramses' III.* bekannt ist: Der *Papyrus Harris I* des British Museum liefert ein Verzeichnis von Schenkungen, die der König an ausgewählte Tempel des Landes machte. Die hier genannten Zahlen machen deutlich, dass Ägypten keineswegs an wirtschaftlicher Schwäche litt, was die Streiks der Arbeiter in Deir el-Medina erklären würde. Vielmehr müssen wir unter *Ramses III.* von massiver Korruption in Wirtschaft und Verwaltung ausgehen. Die im *Papyrus Harris I* gelieferten Zahlen sprechen allein beim Tempel des *Amun* in Karnak von gewaltigen Besitztümern: 86 486 Leute arbeiteten für den Tempelkult. 433 Gärten, 83 Transportschiffe, 46 Werften, 65 Siedlungen, 421 362 Rinder und 864 168 Aururen Land gehörten dem Tempel. Bedenkt man diese enorme Wirtschaftsmacht der Tempel und des Königshauses, wird deutlich, dass man nicht von einer mangelhaften Versorgungslage z. B. in Form von Missernten ausgehen kann.

Ebenfalls mit der Regierungszeit *Ramses' III.* eng verbunden sind jene Quellen, die auf die sogenannte Haremsverschwörung Bezug nehmen (*Juristischer Papyrus Turin 1875, Papyrus Rollin, Papyrus Rifaud, Papyrus Lee*). Ihnen zufolge plante die Königsgemahlin *Teje* ihren Sohn *Pentawer* auf den Thron zu bringen. Um dies zu erreichen, sollte im Lande Unruhe gestiftet und schließlich ein Putsch durchgeführt werden. Hierzu hatte sich *Teje* einer breiten Machtbasis bedient, die im Verlauf von Untersuchungen aufgedeckt werden konnte. Demzufolge waren mehr als vierzig Personen, Männer und Frauen, an dem geplanten Putsch beteiligt – Militärs, Beamte, Vertreter des Hofes, Richter und Haremsangehörige. Selbst der Einsatz von Magie wurde nachgewiesen, denn zwei der Angeklagten hatten magische Wachspuppen vom König und seinen Getreuen angefertigt und dieselben mit einem Zauber belegt. Während der Untersuchung dieses Falls wurden zudem zwei der mit dieser Angelegenheit beauftragten Richter selbst des Verrats überführt, denn offenbar hatten sie sich mit einigen der angeklagten Haremsdamen eingelassen und sexuelle Gefälligkeiten angenommen. Bis auf eine Ausnahme – ein angeklagter Standartenträger erhielt einen Verweis – wurden alle streng bestraft. Das Strafmaß reichte vom Abschneiden der Nase und der Ohren bis hin zu Hinrichtungen. Einige Personen erhielten die Möglichkeit, sich selbst das Leben zu nehmen. Der bereits genannte Königssohn *Pentawer* gehörte zu diesem Personenkreis. Jüngst wurde die Vermutung aufgestellt, dass der unbekannte Mann E aus der Mumiencachette DB 320 besagter *Pentawer* sein könnte. Der genetische Nachweis für diese Theorie ist jedoch aus technischer Sicht fragwürdig. Das Strafmaß für *Teje* ist nicht bekannt. Aus vielerlei Sicht sind die mit diesem Fall verbundenen Quellen interessant. So fällt im *Juristischen Papyrus Turin 1875* vor allem auf, dass er aus der Sicht *Ramses' III.* geschrieben wurde, was zunächst vermuten lässt, dass der Putsch rechtzeitig aufgedeckt werden konnte und der König ihn überlebte. Andererseits wird der König im gleichen Text mit Epitheta belegt, die normalerweise einem Verstorbenen zukommen. So ist also nicht sicher, ob der Text seinem Nachfolger *Ramses IV.* zuzuordnen ist, der seinem Vater die Worte posthum in den Mund legt, oder ob *Ramses III.* starb, noch bevor die Täter vor Gericht gestellt werden konnten, er jedoch noch Zeit hatte, die Untersuchung des Falles zu befehlen. Da keine der bekannten Quellen eine Datierung der Haremsverschwörung liefert, ist eine abschließende Aussage hierzu nicht möglich. Bemerkenswert aber ist, dass jüngste CT-Untersuchungen der Mumie *Ramses' III.* belegen konnten, dass er ermordet wurde. Es gilt als gesichert, dass dem König die Kehle durchschnitten wurde, wobei Luft- und Speiseröhre, sowie alle Blutgefäße zwischen fünftem und siebtem Halswirbel durchtrennt wurden. Der Schnitt muss unmittelbar tödlich gewesen sein. Aus magischen Gründen wurde während der Mumifizierung ein Amulett in der Wunde platziert. Der Tod muss um das 65. Lebensjahr des Königs eingetreten sein, seine Mumie wurde 1881 in der Mumiencachette von Deir el-Bahri gefunden (DB 320).

Das Bauprogramm des Königs ist nur an wenigen Orten in Ägypten zweifelsfrei nachweisbar. Hier sind vor allem seine Bauwerke in der Thebais zu nennen. In Karnak errichtete er ein Millionenjahrhaus, welches im ersten Hof zwischen erstem und zweitem Pylonen die Südmauer des Hofes durchbricht und noch immer gut erhalten ist. In Theben-West baute er in Medinet Habu den heute am besten erhaltenen Totentempel überhaupt. Offenkundig hatten seine Architekten aus den Baufehlern an einigen Totentempeln vor Ort gelernt – zu seiner Zeit lag der Totentempel *Amenophis' III.* in Kom el-Hetan bereits in Trümmern, auch einige andere Tempel mögen bereits Schäden durch Grundwasser und Erdbeben davongetragen haben. So ließ der König seinen eigenen Totentempel deutlich außerhalb des Fruchtlandes erbauen und sorgte zugleich für eine ungewöhnlich massive Bausubstanz, die im Wesentlichen als erdbebensicher angesehen werden kann. Durch *Ramses II.* und seinen Drang nach Okkupation von Bauwerken seiner Vorgänger gewarnt, ließ er seine Namenskartuschen auffallend tief in die Wände meißeln – die Hieroglyphen liegen oft tiefer als die Handlänge eines erwachsenen Mannes und sind letztendlich nicht zu tilgen. Zudem ließ er eine zweite Umfassungsmauer um den Tempel errichten und bezog so jenen kleinen Tempel in seine Anlage mit ein, der von *Hatschepsut* und *Thutmosis III.* errichtet worden und dem *Amun-Kamutef* geweiht war. Da der *Amun* von Karnak diesen Ort alle zehn Tage in einer Prozession aufsuchte und der zentrale Totentempel nicht nur dem König, sondern auch *Amun* selbst geweiht war, stellte *Ramses III.* auf diese Weise sicher, dass auch im Falle von zukünftigen Bauschäden sein Totentempel von der *Amun*-Priesterschaft erhalten und gepflegt würde. Man betrat die Anlage durch das sogenannte Hohe Tor oder auch Migdol, ein steinernes Eingangstor mit mehreren Kammern im Innern, das architektonisch zum altägyptischen Festungsbau verweist. Rechts und links des von Seitenflügeln flankierten Torhofes schmücken steinerne Feindesköpfe die Mauern. Im Innern befindet sich im ersten Stock über dem Tordurchgang ein Zimmer mit einer bemerkenswerten reliefierten Haremsszene. Hinter dem Hohen Tor liegt heute ein großer Platz, der in der Antike zu beiden Seiten der Prozessionsachse Gärten und Verwaltungsgebäude aufwies. An seinem südlichen Ende stehen heute die lange nach *Ramses III.* errichteten Grabkapellen der »Gottesgemahlinnen des *Amun*« *Amenirdis I., Schepenupet II.* und *Nitokris I.* Ihnen folgend durchschritt man auf der Prozessionsachse zunächst einen 1. Pylonen, der heute verschwunden ist, danach folgte der mächtige

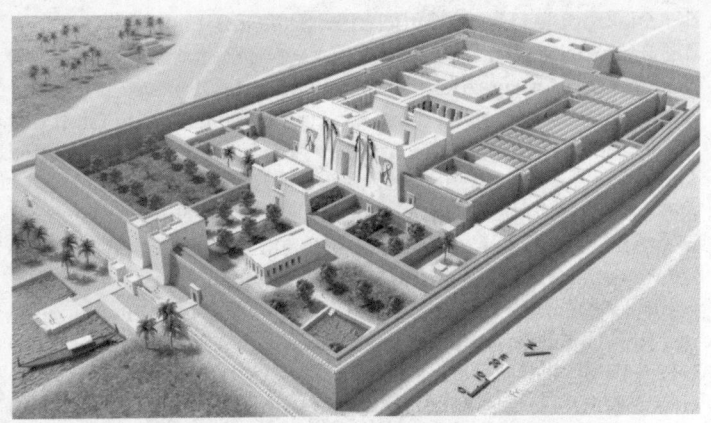

Der Totentempel Ramses' III. in Medinet Habu (Rekonstruktion)

Eingangspylon zum eigentlichen Kerntempel. Ebenso wie beim Ramesseum lag an der Südseite des dahinterliegenden Säulenhofs das Erscheinungsfenster mit dem daran anschließenden Ritual-palast. Dieser ist in Medinet Habu noch relativ gut erhalten, seine Grundmauern geben ein gutes Beispiel für die Architektur dieses Bauelements. Dem ersten Hof angeschlossen findet sich ein weiterer Pylon, der den Zugang zum zweiten Tempelhof ermöglichte. Eine Pfeilerkolonnade schloss den Hof gen Westen ab und bildete die Front des eigentlichen Tempelhauses. Dieses ist heute stark beschädigt, doch vor allem an der Südseite haben sich bis heute Räume erhalten, die selbst ihre Decken noch immer tragen. Vor allem hier und im zweiten Säulenhof vermitteln reiche Farbreste einen Eindruck vom ehemaligen Aussehen des Tempels. In koptischer Zeit nutzten die Einheimischen die mächtigen Umfassungsmauern und Tore des Komplexes und siedelten in der Anlage. Der Ort hieß damals Djeme, der zweite Tempelhof wurde zu einer Kirche umgebaut, deren Reste noch heute zu erkennen sind. Auf der breiten Umfassungsmauer entstanden zahlreiche Häuser, deren Überreste ebenfalls gut zu sehen sind.

Das Grab *Ramses' III.* im Tal der Könige (KV 11) zählt mit 188 m Länge und einem Gesamtvolumen von 2174 m³ zu den größten der Nekropole. Ursprünglich für *Sethnacht* begonnen, waren die Bauarbeiten zunächst gestoppt worden, nachdem man im dritten Korridor versehentlich in das Grab des *Amenmesse* (KV 10) eingebrochen war. Nach der Grablegung *Sethnachts* im Grab der *Tausret* (KV 14) wurden die Arbeiten am Grab KV 11 jedoch unter *Ramses III.* fortgeführt, der eingebrochene Korridor rechts umgangen und der Komplex im weiteren Verlauf zu einer Anlage mit insgesamt zwanzig Kammern ausgebaut. Der vordere Bereich ist spätestens seit griechisch-römischer Zeit zugänglich gewesen, wie zahlreiche Graffiti zeigen. In der Neuzeit erfolgten Untersuchungen und Dokumentationen des Grabes durch RICHARD POCOCKE (1737–1738), JAMES BRUCE (1769), GIOVANNI BATTISTA BELZONI (1816, 1819), JAMES BURTON (1825), ROBERT HAY (1825–1835), CARL RICHARD LEPSIUS (1844–1845) und zuletzt MAREK MARCINIAK (1959–1981). Zum Dekorationsprogramm gehören unter anderem das *Amduat*, die *Litanei des Re*, das *Pfortenbuch*, das *Buch von der Erde*, das *Buch von der göttlichen Himmelskuh*, sowie auch das *Mundöffnungsritual*. Von der Grabausstattung hat sich nur wenig erhalten. Die Sarkophagwanne befindet sich heute im Louvre, der Deckel in Cambridge. Fünf Bronze-Uschebtis sind bekannt, die heute in Turin, Durham, im Louvre und im British Museum ausgestellt sind.

JPG

LITERATUR:

U. HÖLSCHER, *Medinet Habu* I (1934). U. HÖLSCHER, *Medinet Habu* II(1939). U. HÖLSCHER, Medinet *Habu* III (1941). U. HÖLSCHER, *Medinet Habu* IV (1951). U. HÖLSCHER, *Medinet Habu* V (1954). J. J. JANSSEN, in: *OA* 18 (1979) S. 301–308. M. MARCINIAK, in: *EtudTrav* 12 (1983) S. 295–305. B. CIFOLA, in: *Or* 57 (1988) S. 275–306. SCHNEIDER, *Lexikon* (1996) S. 362–367. H. ALTENMÜLLER, in: *Fs López* (2001) S. 15–22. E. N. HIRSCH in: Gundlach/Rößler-Köhler (Hg.), *Königtum der Ramessidenzeit* (2003) S. 197–238. DODSON/HILTON, *Royal Families*, 2004. F. MAURIC-BARBÉRIO, in: *BIFAO* 104 (2) (2004) S. 389–456. F. JUNGE, in: JANOWSKI/WILHELM (Hg.), *Staatsverträge* (2005) S. 230–245. H. REFAI, in: *Memnonia* 16 (2005) S. 203–218. H. REFAI, in: *Memnonia* 18 (2007) S. 177–198. P. WOLINSKI, in: Griffin (Hg.) *Current research* (2008) S. 151–158. J. D. C. SALES, in: *Oriental Studies* 1 (2012) S. 85–116. STERNBERG-EL HOTABI, *Seevölker* (2012). C. SIMON, in: KARLSHAUSEN/OBSOMER (Hg.), *Nubie à Qadech* (2016) S. 171–194. http://www.thebanmappingproject.com/sites/browse_tomb_825.html [24.05.2018].

Die Dritte Zwischenzeit

3. Zwischenzeit[3]		ca. 1076–723
21. Dynastie		**ca. 1076–944**
	Smendes	ca. 1076–1052
	Psusennes I.	ca. 1051–1006
	Amenemnisut	ca. 1005–1002
	Amenemope	ca. 1002–993
	Osochor (Osorkon der Ältere)	992–987
	Siamun	986–ca. 968
	Psusennes II.	ca. 967–944
22. Dynastie		**943–ca. 746**
	Schoschenq I.	943–923
	Osorkon I.	922–ca. 888
	Takelot I.	ca. 887–874
	Schoschenq II.	ca. 873
	Osorkon II.	ca. 872–842
	Schoschenq III.	841–803
	Schoschenq IIIa	?–790
	Pami	789–784
	Schoschenq V.	783–ca. 746
23. Dynastie		**845–722**
24. Dynastie		**ca. 735–723**
	Tefnacht	ca. 736–729
	Bokchoris	728–723

Die Phase der Dritten Zwischenzeit umfasst etwa 300 Jahre und kennzeichnet den Übergang vom Neuen Reich in die Spätzeit. Hierzu zählen die 21. bis 24. Dynastie. Es handelt sich um eine Epoche der ägyptischen Geschichte, die historisch betrachtet noch immer viele Fragen aufwirft und die durch das neu erwachte Interesse der aktuellen Forschungen an dieser Zeit in vielen Bereichen neue Aspekte und Ansatzpunkte hinzugewonnen hat. Dies betrifft insbesondere Fragen zur Chronologie sowie zu politischen und sozio-kulturellen Entwicklungen.

---

3 Nach E. HORNUNG/R. KRAUSS/D. A. WARBURTON, *Ancient Egyptian Chronology* (2006).

Unter der Herrschaft *Ramses' XI.*, dem letzten König der 20. Dynastie, gewannen die Amunspriester in Theben zum Ende des Neuen Reiches immer größeren politischen und militärischen Einfluss. Der »Hohepriester des *Amun*« von Karnak *Herihor* schließlich verdeutlichte seinen Machtanspruch nicht zuletzt durch das Schreiben seines Namens in einen königlichen Kartuschenring. Die in zeitlicher Nähe hierzu erfolgte Thronbesteigung des *Smendes* im Norden des Landes kann als Beginn der 21. Dynastie betrachtet werden. Einschneidend in der Entwicklung des Nillandes ist die Tatsache, dass es sich bereits bei der 21. Dynastie um libyschstämmige Herrscher handelt und daher diese Phase als eine Periode libyscher Dynastien angesehen werden muss.

Doch nicht nur der thebanische Raum entwickelte sich erneut zu einem politisch und religionspolitisch bedeutenden Ort. Allgemein wird die Dritte Zwischenzeit durch die Zweiteilung des Landes charakterisiert und damit durch das Vorhandensein zweier wichtiger Machtzentren. Neben dem oberägyptischen Theben stand das im Ostdelta gelegene Tanis, in das die Herrscher der 21. Dynastie von der Ramsesstadt aus umsiedelten. Der »Hohepriester des *Amun*« von Karnak führte zudem hohe militärische Titel, die andeuten, dass zu seinem Machtbereich auch eine Reihe von Festungen in Mittelägypten zählten. Gottesentscheide, die durch Orakelhandlungen herbeigeführt wurden, regelten und legitimierten religiöse wie politische Handlungen.

Wie die Zusammenarbeit zwischen der thebanischen Elite und den Herrschern der 21. Dynastie organisiert war, ist in vielen Bereichen nicht sicher geklärt. Die nur fragmentarisch erhaltene, odysseehafte Geschichte des *Wenamun* verdeutlicht neben allen Gemeinsamkeiten auch Unterschiede zwischen Nord und Süd.

Andererseits wurde auch durch den Aufbau verwandtschaftlicher Bindungen eine gewisse Einheit angestrebt. Das in Theben ausgeübte und überaus wichtige Amt einer »Gottesgemahlin des *Amun*« wurde oftmals mit Töchtern aus dem nördlichen Königshaus besetzt.

Eine Neuerung in der königlichen Grablege zeichnet sich bereits zu Beginn der Dritten Zwischenzeit ab. Die letzte

Ruhestätte der Herrscher wurde nicht mehr im thebanischen Tal der Könige gesucht. Statt der Felsgräber der Könige des Neuen Reiches errichtete man für die neuen Herrscher kleine, steinerne Grabbauten innerhalb der wehrhaften Mauern des Tempelareals des Amun von Tanis. Einige dieser prächtig mit kostbaren Beigaben ausgestatteten Grabstätten wurden kurz vor Beginn des Zweiten Weltkrieges von PIERRE MONTET entdeckt. Zu Unrecht stehen diese Schätze in der weit verbreiteten Vorstellung der Ägypteninteressierten im Schatten der zuvor von HOWARD CARTER entdeckten, etwa 400 Jahre älteren Grabbeigaben des *Tutanchamun* aus der 18. Dynastie.

Schoschenq I. Hedjcheperre ist der Begründer der 22. Dynastie. Es gelang ihm, seinen direkten Einfluss auf ganz Ägypten auszudehnen und die wichtigsten Ämter mit Familienangehörigen zu besetzen. Allerdings währte diese Phase einer politischen und kulturellen Blüte nur etwa 100 Jahre. Danach wurde Ägypten erneut in verschiedene Regionen und Machtbereiche aufgespalten. Wichtige Zentren entwickelten sich neben Theben, Tanis und Bubastis insbesondere in Leontopolis im östlichen Delta, in Sais im Westdelta, in Herakleopolis und Hermopolis.

In der 24. Dynastie sind allerdings wieder verstärkt Bestrebungen zu erkennen, weite Gebiete des Landes erneut unter eine Herrschaft zu bringen. Zentrale Figuren diesbezüglich sind die im Westdelta herrschenden *Tefnacht* und *Bokchoris*.

Im Allgemeinen sind noch viele Rätsel der Dritten Zwischenzeit ungelöst. Dies betrifft insbesondere chronologische Fragen. In den letzten Jahren wurde unter anderem die zeitliche Stellung des Königs *Amenemnisut* als Vorgänger oder Nachfolger *Psusennes I.* diskutiert, die Existenz *Psusennes II.* gar in Frage gestellt. Zudem hat man neue oder neu entdeckte Herrscher in den dynastischen Listen hinzugefügt. Hierzu zählen z. B. die allerdings noch nicht sicher chronologisch fixierbaren, doch etwa um die Zeit *Osorkons II.* anzusetzenden Könige *Schoschenq II.a Hekacheperre*, *Schoschenq II.b Tutcheperre* und *Schoschenq II.c Maacheperre*. Hierzu ist durch die Publikation und Aufarbeitung archäologischer Untersuchungen in den nächsten Jahren weiteres Material zu erwarten.

AE

LITERATUR:

MYŚLIWIEC, *Herr beider Länder* (1998). MYŚLIWIEC, *The twilight of ancient Egypt* (2000). G. VITTMANN, Ägypten und die Fremden im ersten vorchristlichen Jahrtausend, Kulturgeschichte der antiken Welt 97, Mainz 2003. KITCHEN, TIP (²2004). JANSEN-WINKELN, *Inschriften der Spätzeit*, Teil 1–4 (2007–2014). RITNER, *Libyan Anarchy* (2009). DODSON, *Afterglow of Empire* (2012). RUZICKA, *Trouble in the West* (2012). MOJE, *Lokalregenten* (2014). PAYRAUDEAU, *Administration* (2014). MEFFRE, *Héracléopolis* (2015).

SMENDES

Titel	Name	Übersetzungsvorschlag
Horus	*Meri-Re seuser-Amun chepeschef-er-seqai-maat*	»Geliebt von Re, dessen starker Arm durch Amun gestärkt wurde um die Maat hoch zu halten«
Der der beiden Herrinnen	*Sechem-pehti hui-reqiuef behatuef hepet-em [...]*	»Dessen Kraft machtvoll ist, der die gegen ihn Rebellierenden schlägt, und jene die vor ihm fliehen [...] umfängt.«
Goldname	Chesef-denden	»Der die Wut bändigt«
König von Ober- und Unterägypten	*Hedj-cheper-Re*	»Strahlend ist die Erscheinung des Re«
Sohn/Tochter des Re	*Nes-ba-neb-djeded*	»Der zum Widder von Mendes gehörige«

Ramses XI. war der letzte Pharao der 20. Dynastie (ca. 1106–1077 v. Chr.). Das Land hatte zunehmend an altem Glanz verloren. Revolten – im thebanischen Raum gut dokumentiert – flammten immer wieder auf. Der König regierte von seiner Residenz im Norden aus, während in Theben der »Hohepriester des *Amun*« *Amenophis* seine Macht ausüben konnte. *Amenophis* geriet jedoch mit dem »Vizekönig von Kusch«, *Panehesi*, in einen schweren Konflikt, der in militärischen Auseinandersetzungen mündete. Der Amtssitz des *Amenophis* wurde mehrere Monate lang belagert, der Tempel von Medinet Habu angegriffen und teilweise zerstört. Die chronologischen Ereignisse dieser Phase stehen seit einigen Jahren erneut in der wissenschaftlichen Diskussion.

Vermutlich folgte im Amt des Hohepriesters, wie auch als Gegner des rebellierenden *Panehesi*, bald ein General namens *Pianch*. Infolge der unsicheren Zustände kam es zu umfassenden Plünderungen in Oberägypten. Nach Niederschlagung dieser Aufstände begründete *Ramses XI.* indes eine neue Ära, indem er eine neue Zeitzählung einführte: Sein 19. Regierungsjahr ist gleichzeitig das erste Jahr der »Wiederholung der Schöpfung«. Am Ende seiner Regierungszeit jedoch verlor der König immer mehr die Macht an den im Norden von Tanis aus herrschenden *Smendes* und den im Süden als Nachfolger *Pianchs* agierenden Hohepriester *Herihor*. Die Umstände des politisch-historischen Überganges von der 20. zur 21. Dynastie sind bis heute nicht sicher geklärt. *Herihor* übte von Theben aus seine Macht als »Hohepriester des *Amun*« von Karnak und oberster Heerführer aus. Nach dem Tod *Ramses' XI.* scheint sich *Herihor* jedoch selbst zum König erhoben zu haben. Ein Orakel des *Chons* und des *Amun*, das ihm viele Jahre der Herrschaftsausübung prophezeite, verschaffte ihm die nötige Legitimation. Trotz dieser Machtkonzentration durch hohe und höchste Ämter in den Bereichen Religion, Politik und Militär sowie einer Regierungszeit von etwa zehn Jahren ist *Herihor* bislang nicht weiträumig durch Quellen belegt. Seine Bautätigkeit beschränkt sich unserem Wissen nach ausschließlich auf den thebanischen Bereich. Ein prächtiger goldener Oberarmreif mit der Nennung des *Herihor* befindet sich durch Ankauf im Jahre 1986 im Roemer- und Pelizaeus-Museum in Hildesheim, die Herkunft des Schmuckstückes ist allerdings leider ungeklärt.

Im Norden des Landes herrschten *Smendes* und seine Gattin *Tanutamun* von dem im Ostdelta gelegenen Tanis aus. Es wird angenommen, dass *Smendes* als eine weitere Gattin mit Namen *Henuttaui* (Q) eine jüngere Tochter *Ramses' XI.* geehelicht hat. Dies könnte ihn familiär in die Nähe einer möglichen Thronfolge gebracht haben, da *Ramses XI.* ohne hinterbliebene Söhne starb. Trotz einer *Smendes* gemeinhin zugeschriebenen Regierungszeit von 25 bis 26 Jahren sind auch für diesen Herrscher bislang nur sehr wenige Belege bekannt geworden. Sie lassen sich tatsächlich an den Fingern einer Hand aufzählen: eine Felsstele im Steinbruch von Dababieh bei Gebelein, in der von einer veranlassten Restaurierung im Bezirk des Luxortempels erzählt wird, der durch eine besonders hohe Nilflut in Mitleidenschaft gezogen worden war; zwei Kanopengefäße, die möglicherweise aus Tanis stammen und so von einer eventuellen Bestattung des *Smendes* an diesem Ort zeugen; eine Perle aus Lapislazuli; und im Tempel von Karnak, in einer Ritualszene *Sethos' I.* vom Portal *Thutmosis' I.* im Vorhof des *Month*-Tempels, findet sich die graffitoartig eingesetzte Figur eines Königs mit dem Namenszusatz *Smendes*. Von sonderlich eindrucksvollen königlichen Dokumenten kann hier wahrlich nicht die Rede sein.

Die Bedeutung des *Smendes* und die ihm bei Manetho zugesprochene recht lange Regierungszeit von etwa 25 Jahren scheinen eine deutliche Diskrepanz zu den wenigen ihm zuzurechnenden Hinterlassenschaften darzustellen. Umso erfreulicher war vor wenigen Jahren der Fund einer mit schwarzer Tinte beschrifteten Scherbe eines Votivgefäßes in Umm el-Qaab, Abydos, die offensichtlich seinen Namen trägt und auf *Smendes* als Stifter der Opfergabe hinweist. Es handelt sich dabei nicht um ein Ostrakon, also eine Scherbe, die erst nachträglich beschriftet worden ist, sondern um das Fragment einer original beschrifteten Keramik. Möglicherweise scheint auch bei *Smendes* der Wunsch oder die Notwendigkeit durch, an diesem Platz der Verehrung des ägyptischen Königtums und der königlichen Ahnen eine Art von Legitimation zu finden. Immerhin verteilen sich die Belege für *Smendes* über den Norden und den Süden des Landes, was eventuell eine gewisse weiterreichende, anerkannte Autorität bezeugt, die nicht allein auf den Raum Tanis beschränkt war.

Bekannt sind sowohl *Herihor* als auch *Smendes* allerdings eher durch die Erwähnungen ihrer Namen und die Beschreibung ihrer Taten und ihres Einflusses in der geradezu odysseehaften Erzählung des im mittelägyptischen el-Hibe gefundenen *Papyrus Moskau 120* (Puschkin-Museum), dem *Reisebericht des Wenamun*. Von Seiten der Wissenschaft wird weiterhin diskutiert, ob es sich bei dieser Erzählung eher um eine Art Propagandaschrift handelt oder um eine literarische Fassung tatsächlicher Ereignisse, die die wirtschaftlichen und politischen Verhältnisse der frühen 21. Dynastie widerspiegeln. Die Niederschrift auf dem Papyrus selbst stammt wohl aus der späten 21. Dynastie, etwa 100 Jahre nach den in dem Bericht geschilderten Ereignissen und ist die einzige bislang bekannte Fassung des Textes.

Gemäß der Schrift soll *Wenamun* im Auftrag des »Hohepriesters des *Amun*« *Herihor* von Karnak aus über Tanis in die Levante reisen, um für die Barke des thebanischen *Amun* edles Bauholz aus dem Libanon zu beschaffen. Die am Beginn des Textes genannte Datierungsformel ist nicht eindeutig, das angegebene Jahr 5 wurde meist dem Pharao *Ramses XI.* zugeschrieben. Neueren Untersuchungen zufolge handelt es sich aber wohl tatsächlich um die Regierungszeit des *Herihor*: »Jahr 5, vierter Monat der Schemu-Jahreszeit, Tag 16, Tag an dem *Wenamun*, der ›Älteste der Halle‹ vom Tempel des *Amun-Re*, des Herrn der Throne der Beiden Länder, abreiste um Bauholz zu holen für die große, herrliche Kultbarke des *Amun-Re*, des Königs der Götter […]. An dem Tag, an dem ich nach Tanis gelangte, dem Aufenthaltsort von *Smendes* und *Tanutamun*, gab ich ihnen das Schreiben des *Amun-Re*, des Königs der Götter. Sie ließen es sich vorlesen und sagten: ›Ich tue ja, wie *Amun-Re*, der König der Götter unser [Herr] gesagt hat‹. Ich blieb bis zum (Ende des) vierten Monats der Schemu-Jahreszeit in Tanis. Dann sandten mich *Smendes* und *Tanutamun* mit dem Schiffskapitän *Mengebet* ab […].«

Nach einem Zwischenaufenthalt und ersten Abenteuern im phönizischen Dor, wobei er seine ohnehin nicht üppigen Finanzmittel einbüßt, reist *Wenamun* schließlich mittellos weiter nach Byblos, doch ohne entsprechenden Gegenwert will es *Wenamun* nicht gelingen, das benötigte Holz zu organisieren. Erst ein Schreiben an *Smendes* und *Tanutamun* in Tanis mit der Bitte um finanzielle Unterstützung und die Ankunft dieser bereitgestellten Gelder und Güter in Byblos, scheinen auf ein gutes Ende der Geschichte hinzudeuten. Allerdings gestaltet sich offenbar auch die Rückfahrt äußerst schwierig. Was genau geschah und wie ihm die Heimkehr gelang, bleibt leider im Bereich reiner Spekulation, da die einzig erhaltene Quelle, der *Papyrus Moskau 120*, nicht vollständig ist. Wir erfahren im Text noch von der Abfahrt *Wenamuns* aus Byblos, einer abenteuerlichen Flucht vor zuvor geprellten Phöniziern, einem furchtbaren Seesturm und dem Anlanden auf Zypern. Dann bricht der Papyrus jedoch mitten in der Erzählung ab. Darauf, dass *Wenamun* dann doch irgendwie nach Ägypten zurückkehren und zudem noch seinen Auftrag erfüllen konnte, verweist eine Darstellung im Tempel von Karnak, die *Herihor* mit einer prächtigen *Amun*-Barke zeigt.

AE

Literatur:

W. Barta, in: *MDAIK* 37 (1981) S. 35–39. J. von Beckerath, in: *LÄ V* (1984), Sp. 991–992. Naguib, *OLA* 38 (1990). A. Niwiński, in: *Fs Brunner-Traut* (1992) S. 235–262. D. C. Forbes, in: *KMT* 4 (3) (1993) S. 25–28, 33, 37, 40–41. Römer, *ÄAT* 21 (1994). N. Dautzenberg, in: *GM* 142 (1994) S. 61–66. A. Niwiński, in: *BIFAO* 95 (1995) S. 329–360. A. Niwiński, in: *BIFAO* 136 (1996) S. 5–26. K. Jansen-Winkeln, in: *GM* 157 (1997) S. 49–74. Schneider, *Lexikon* (²1997) S. 276–277. J. H. Taylor, in: *ICE* 7 (1998) S. 1143–1155. A. Egberts, in: *ZÄS* 125 (1998) S. 93–108. R. de Spens, in: *Méditerranées* 24 (2000) S. 81–97. G. P. F. Broekman, in: *GM* 191 (2002) S. 11–18. K. A. Kitchen, *TIP* (²2004). Schipper, *OBO* 209 (2005). A. Thijs, in: *ZÄS* 132 (2005) S. 73–91. Lull, *Los sumos sacerdotes* (2006). Jansen-Winkeln, *Inschriften der Spätzeit, Teil 1* (2007). J. Lull, in: *Boletín de la Asociación Española de Orientalistas* 43 (2007) S. 233–253. Ritner, *Libyan Anarchy* (2009). Dodson, *Afterglow of Empire* (2012). B. Haring, in: *SAK* 41 (2012) S. 139–152. S. R. W. Gregory, in: *BEJ* 1 (2013) S. 5–18. Gregory, *Herihor in art and iconography* (2014). Effland/Effland, *Abydos* (2013). M. Barwik, in: *ZÄS* 142 (2015) S. 2–11. T. Mekis, in: *BdE* 161 (2016) S. 383–395. I. Mladjov, in: *BEJ* 5 (2017) S. 1–23.

Schoschenq I.

Titel	Name	Übersetzungsvorschlag
Horus	*Meri-Re sechai-ef-em-nesut-er-sema-taui*	»Geliebt von Re, wenn er als König auszieht, die Beiden Länder zu vereinen«
Der der beiden Herrinnen	*Chai-em-sechemti-mi-Hor-sa-aset sehetep-netjeru-em-maat*	»Der mit der Doppelkrone erscheint wie Harsiese, der die Götter mit Maat zufrieden stellt«
Goldname	*Sechem-pehti Huj-pedjet wer-nechtu-em-tau-neb*	»Mit mächtiger Stärke, der die Neun-Bogen-Völker schlägt, groß an Kraft in allen Ländern«
König von Ober- und Unterägypten	*Hedj-Cheper-Re*	»Mit glänzender Erscheinung des Re«
Sohn/Tochter des Re	*Schoschenq*	Schoschenq

Schoschenq ist offensichtlich ein libyscher Eigenname und der Name einer bislang nicht sicher bezifferbaren Anzahl von Königen über Ägypten oder Teilen von Ägypten während der Dritten Zwischenzeit. *Schoschenq I.* ist zweifellos der weithin berühmteste Träger dieses Namens. Seine Ahnen waren bereits seit mehreren Generationen Großfürsten eines libyschen Stammes. Das von ihm begründete Herrscherhaus war sehr stolz auf seine ethnische Abstammung und bezeichnete später ihren ältesten bekannten Vorfahren einfach als »der Libyer«. Aus der Zeit des Neuen Reichs gibt es immer wieder Nachrichten über kriegerische Zusammenstöße zwischen Ägyptern und Libyern. In den Auseinandersetzungen mit den sogenannten Seevölkern werden zudem neue Stämme in den Quellen erwähnt. *Merenptah* gelang in der 19. Dynastie ein großer Sieg gegen die Libyer und die mit ihnen verbündeten Stämme der Seevölker. Auch in der 20. Dynastie unter *Ramses III.* wurden die Libyer in zwei großen Schlachten besiegt. Viele der Gefangenen wurden daraufhin in Söldnerkolonien und Festungen angesiedelt. Darüber hinaus mussten sie die ägyptische Sprache lernen und im ägyptischen Heer dienen. Doch trotz der militärischen Erfolge der Ägypter kam es in der folgenden Zeit immer wieder zu bewaffneten Auseinandersetzungen mit nachdrängenden libyschen Kräften.

Für die auf das Neue Reich folgende Epoche, die 21. Dynastie, sind nur recht spärliche Quellen vorhanden, ausführlichere Informationen über politische Ereignisse fehlen fast gänzlich. Deutlich ist indes, dass die 21. Dynastie nicht, wie verschiedentlich behauptet, eine Art Ausklang des Neuen Reiches war, sondern etwas völlig Neues. Die Herrscherfamilie war eine andere, ebenso die Organisation der Herrschaft: Unterägypten wurde von einem König regiert, der zugleich »Hohepriester des *Amun*« von Tanis war. Oberägypten hatte einen Regenten, der zugleich als oberster Militärbefehlshaber sowie als »Hohepriester des *Amun*« von Theben fungierte und oft auch königliche Attribute annahm. Offiziell war der Gott *Amun* der eigentliche König und gab seine Anweisungen durch Orakel bei Festen.

Insgesamt entsprechen die Verhältnisse der 21. Dynastie in vielen Bereichen denen der nachweislich libyschen 22. und 23. Dynastie. Wie es zu diesem Umschwung am Ende der 20. Dynastie gekommen ist, liegt allerdings noch im Dunkel. Bislang scheint nur gesichert, dass die neuen Herrscher ihre Regentschaft in Oberägypten noch in der Zeit *Ramses' XI.* begonnen haben, und dass jener Entwicklung ein Krieg in Ägypten vorausging.

In der 21. Dynastie hatte die libysche Oberschicht bereits die ägyptische Religion angenommen. Ein sehr deutliches Anzeichen für andersartige Vorstellungen sind allerdings die Bestattungssitten, die sich nach dem Ende des Neuen Reiches sehr veränderten. Offenbar legten die Libyer beispielsweise keinen besonderen Wert auf ausgesprochen monumentale Gräber. Davon abgesehen ist von ihrer Alltagskultur, von ihren Sitten und Gebräuchen oder ihrer Tracht bislang nur wenig bekannt.

Die Karriere des *Schoschenq* begann als Großfürst der Libyer. Sein Vater war *Nimlot*, seine Mutter hieß *Tanetsepeh*. Die Geschichte, wie *Schoschenq* auf den Pharaonenthron gelangte, ist ein atemberaubendes Beispiel für extravagante Machtpolitik: Um 1860 entdeckte AUGUSTE MARIETTE bei Ausgrabungen in Abydos eine fragmentierte große Stele (Kairo JdE 66285), die als Spolie im südlichen Bereich des westlichen Tores des *Osiris*-Tempels verbaut worden war. 26 Zeilen des unteren Bereiches sind noch erhalten und leidlich lesbar. Der obere Bereich mit den einst den Text illustrierenden Darstellungen im Giebelfeld der Stele ist leider verloren. Die Stele ist aus Rosengranit geschnitten und misst etwa 1,04 × 1,52 m. Aus den noch vorhandenen Maßen lässt sich die einstige Gesamthöhe der Stele errechnen: Sie war ursprünglich etwa 3 m hoch. Damit war sie weithin sichtbar, ein hoch aufragendes, imposantes und monumentales Denkmal, das geradezu eine Landmarke in der Sakrallandschaft von Abydos gebildet haben muss. Allerdings ist der einstige, originale Aufstellungsort bislang nicht bekannt. Der Stelentext bietet eine der wenigen, dafür umso wichtigeren Quellen zum Verständnis der religiösen und politischen Verhältnisse der frühen 22. Dynastie. Prinzipiell geht es darin »nur« um einen Statuenkult für jemanden namens *Nimlot*, den Anführer des libyschen Stammes der Meschwesch. Es handelt sich jedoch um eine königliche Stele, graviert, hergestellt und aufgerichtet für einen Pharao, bei dem es sich vermutlich um *Psusennes II.* gehandelt hat, den letzten König der 21. Dynastie. Er, *Psusennes II.*, dürfte einst im Bildfeld des Stelengiebels dargestellt gewesen sein, wahrscheinlich allerdings in Begleitung eines gewissen *Schoschenq*.

Der Inhalt des Textes allerdings ist im Detail nicht nur interessant, sondern zugleich durchaus brisant. Die dort zusammengefassten Ereignisse markieren einen zentralen Wendepunkt in der Geschichte von Abydos und ganz Ägyptens; es ist aber auch das wichtigste historische Dokument, das möglicherweise Erklärungen anbietet, wie es überhaupt zum Wechsel von der 21. auf die 22. Dynastie kommen konnte. Gemäß der Inschrift wendet sich der König im Namen eines hohen Beamten an *Amun* von Karnak mit einer Orakelanfrage. Der Beamte ist ein hoher Militärbefehlshaber und Anführer der libyschen Meschwesch, sein Name ist *Schoschenq*. Er hatte *Psusennes II.* dazu gedrängt, in Karnak ein Orakel von *Amun*, dem König der Götter, einzuholen, der höchsten Autorität im Staate. Ziel war es, für *Schoschenq* beim Gott die Legitimierung für einen Statuen- und Ahnenkult zu erlangen. Die Statue sollte *Nimlot*, den zu *Osiris* gewordenen, verstorbenen Vater des *Schoschenq* darstellen. Ort der Ahnenverehrung sollte der alte Kultplatz des *Osiris* in Abydos sein.

Die Fragen, die der König dem Orakel stellte, lauteten sinngemäß: Soll *Schoschenq* seinen Vater beerben? Soll es *Schoschenq* erlaubt sein, die Kultstätte, die für den Totendienst an dessen Vater vorgesehen ist, mitzubenutzen, an dessen Seite, an der Stätte der seligen Geister? Soll es *Schoschenq* gestattet sein, den Totendienst an einer Kultstatue seines Vaters in Abydos zu vollziehen? Soll es ihm gestattet werden, einen schönen Kultplatz in der Stadt Abydos zu errichten, und zwar gegenüber oder im Angesicht der Stätte des *Osiris*? Soll *Schoschenq* ein hohes Alter erreichen und im Amt durch dessen eigenen Sohn beerbt werden? Soll *Schoschenq* bei Festen seiner Majestät an der Seite des Königs als Ko-Partner erscheinen dürfen?

In allen Fragen stimmt *Amun* zu. Es folgt der Dank des Königs für das Orakel. Der König bestätigt gegenüber *Schoschenq* den Orakelspruch des *Amun*: »Du bist gerechtfertigt *Schoschenq*, gerechtfertigt, Großer Anführer der Meschwesch, […] zusammen mit allen, die dir gegenüber loyal sind, und deine Armee ebenso; darüber hinaus, weil *Amunrasonther* dich begünstigt, der du so viel für deinen Vater getan hast, mögest du ein hohes Alter erreichen und dauern auf Erden, deine Erben mögen dir in deinem Amte folgen.« Gemäß dieses Orakelspruches ließ der Pharao eine osirianische Statue von *Schoschenqs* Vater *Nimlot* in Begleitung zahlreicher Schiffe nach Abydos bringen. Die Statue wurde in einem Sakralraum aufgestellt und es folgte eine Reinigung und rituelle Mundöffnung. Man richtete großzügige Stiftungen für den Statuenkult und auch für den *Osiris*-Tempel von Abydos ein. Die entsprechenden Mittel dafür waren so hoch bemessen, dass sie den Kosten für die Opfergaben eines ganzen Jahres entsprachen. Im Vergleich hatte der ganze Tempel des Gottes *Harsaphes* in der bedeutenden Stadt Herakleopolis Magna etwa zur selben Zeit eine nahezu gleich hohe Summe zur Verfügung. Und Herakleopolis war libyscher Stammsitz, eines der bedeutendsten Zentren in jener Epoche. In Abydos erfolgte demgemäß eine sehr bemerkenswerte Investition. Die Stiftung für den Kult an der Statue des Vaters des *Schoschenq* scheint außergewöhnlich hoch, für eine einfache Statue zu hoch.

In dieser Stele kann kaum etwas anderes als eine clevere, unblutige Usurpation gesehen werden. *Schoschenq* ist dieselbe Person, die als *Schoschenq I. Hedjcheperre* die neue 22. Dynastie begründete. *Psusennes II.*, selbst ohne einen legitimen leiblichen Erben ausgestattet, wurde auf irgendeine Weise motiviert, den Militärführer *Schoschenq* als Ko-Partner an seiner Seite zu akzeptieren. Zugleich wurde *Schoschenqs* Erben das Recht eingeräumt, ihrem Vater im Amt zu folgen, was faktisch einer Dynastiegründung gleichkommt. Die götterweltliche Legitimierung erfolgt über eine durch das Orakel des *Amunrasonther* gesprochene Anordnung, einen Ahnenkult an einer osirianischen Statue des *Nimlot* durchzuführen, der in Abydos stattfinden soll. Die Wahl dieses Ortes für den zukünftigen Kult trägt entscheidend zur Legitimation des neuen Herrschers bei, da nach altägyptischer Vorstellung der mythische König *Osiris* in Abydos begraben lag und dort auch sein Sohn *Horus* als legitimer Amtsnachfolger auf Erden erschien. Dies ist der Ort, an dem der *Osiris*-Mythos direkten Einfluss auf die ägyptische Königsideologie ausübte, der neue legitime König an die ehemals herrschende Göttergeneration angebunden sowie das väterliche Amt an den legitimen Sohn bzw. die legitimierten Erben übergeben wurde. Eine weltliche Legitimierung erfährt diese Verbindung darüber hinaus durch die Heirat der Tochter *Psusennes' II.*, *Maatkare*, mit dem Sohn des *Schoschenq*, dem zukünftigen Pharao *Osorkon I.* Eine gewisse Beziehung zum Pharaonenthron bestand für *Schoschenq I.* vermutlich bereits früher, da der drittletzte König der 21. Dynastie, *Osochor* oder *Osorkon* der Ältere, wohl sein Onkel gewesen ist.

Dem antiken Historiographen Manetho folgend hat *Schoschenq I.* für 21 Jahre regiert (ca. 943–923 v. Chr.). In dieser Zeit kam es zu einschneidenden Veränderungen für Ägypten. Alle wichtigen Staatsämter wurden mit Familienangehörigen besetzt. *Schoschenq* machte seinen Sohn *Iuput* (A) zum Hohepriester von Karnak und Militärbefehlshaber, setzte ihn also an die Spitze des thebanischen Gottesstaates. Ein anderer Sohn, *Nimlot* (B), wurde Gouverneur des strategisch besonders bedeutsamen Herakleopolis Magna. Mehrere Prinzessinnen heirateten in die führenden und einflussreichen alten Priesterfamilien ein.

An zahlreichen Orten ist unter seiner Regentschaft rege Bauaktivität verzeichnet, wie in Tanis, Pithom, Athribis, Heliopolis, Memphis, Sakkara, Abydos und el-Hibe. Zahlreiche Dokumente und Monumente seiner Familienangehörigen haben die Zeiten überdauert.

Möglicherweise plante der König bereits sein erstes Sedfest, was insofern bemerkenswert ist, da dieses zumeist erst im 30. Regierungsjahr eines Königs begangen wurde. Auf einer Stele am Gebel es-Silsileh aus dem Jahr 21 seiner Herrschaft wird berichtet, dass *Schoschenq I.* plante, in Karnak einen Festhof zu errichten. Ein möglicherweise dazugehöriges Sedfesttor wurde vor kurzer Zeit aus vereinzelten Blöcken, die im Tempel des *Horus* von Edfu wiederverbaut worden waren, rekonstruiert und mit *Schoschenq I.* in Verbindung gebracht. Ganz sicher ist dies jedoch nicht, da die Lesung der spezifischen, usurpierten und nur in Teilen erhaltenen Kartusche jüngst auch *Schabataqa* aus der 25. Dynastie zugeordnet wurde.

In Karnak, am sogenannten Bubastiden-Portal findet sich jedenfalls das zweifellos meistdiskutierte Dokument der Herrschaft *Schoschenqs I.*, nämlich die Texte und Reliefs zu seinem Palästinafeldzug. *Schoschenq I.* wird im Alten Testament der Bibel – sofern er tatsächlich mit dem dort *Schischak* genannten König identisch ist – an drei Stellen genannt. *Jerobeam* flieht nach 1 Kön 11,40 vor *Salomo* nach Ägypten an *Schoschenqs* Hof. Außerdem wird in 1 Kön 14,25–26 und 2 Chr 12,2–9 ein Feldzug gegen Jerusalem erwähnt. Als ägyptische Quelle dieses biblischen Feldzuges wird trotz einiger inhaltlicher

Schwierigkeiten weithin die Triumphszene am Bubastiden-Portal angesehen sowie ein Stelenfragment *Schoschenqs I.* aus Megiddo.

Ein Begräbnsiplatz *Schoschenqs I.* ist nicht explizit bekannt. Favorisiert werden diesbezüglich insbesondere Areale in Tanis oder Memphis.

Seine Herrschaft wirkte noch lange nach. Er ist nicht nur der erste namentlich erwähnte Pharao in der Bibel, auch HERODOT, DIODOR und JOSEPHUS gedenken seiner insbesondere und vornehmlich aufgrund der kriegerischen Aspekte seiner Regierungszeit. 1968 restituierte die Académie Berbère in Paris einen Kalender, der mit dem Jahre 950 v. Chr. beginnt, dem Jahr, in welchem zumindest der Académie zufolge *Schoschenq I.* den ägyptischen Pharaonenthron bestiegen hatte.

AE

LITERATUR:

M. BIERBRIER, in: *LÄ V* (1984) Sp. 585. SCHNEIDER, Lexikon (²1997) S. 249–250. WILSON, *Shoshenq I into Palestine* (2005). T. SAGRILLO, in: *GM* 205 (2005) S. 95–102. K. JANSEN-WINKELN, in: *Or* 75 (2006) S. 297–316. G. P. F. BROEKMAN, in: *GM* 211 (2006) S. 11–20. JANSEN-WINKELN, *Inschriften der Spätzeit*, Teil 1 (2007). JANSEN-WINKELN, *Inschriften der Spätzeit*, Teil 2 (2007). RITNER, *Libyan Anarchy* (2009). T. SAGRILLO, in: *EU* 23 (2009) S. 341–359. O. E. KAPER, in: *EU* 23 (2009) S. 149–159. A. DODSON, in: *EU* 23 (2009) S. 103–112. BEN-DOR, *Shishak's Karnak relief* (2011) S. 11–22. DODSON, *Afterglow of Empire* (2012). SAGRILLO, *Shoshenq I* (2012) S. 369–370. L. COULON, in: *Hommages Yoyotte* (2012) S. 375–386. A. EFFLAND, in: *Fs Beinlich* (2012) S. 77–88. A. EFFLAND, in: *Gs Pardey* (2013) S. 32–39. EFFLAND/ EFFLAND, *Abydos* (2013). A. NIWINSKI, in: *EtudTrav* 26 (2013) S. 488–499. M. VON FALCK/A. EFFLAND, in: *Fs Gabra* (2013) S. 77–96. PAYRAUDEAU, *Administration* (2014). T. SAGRILLO, in: *Solomon and Shishak* (2015) S. 61–81. A. THIJS, in: *Solomon and Shishak* (2015) S. 42–60. E. GASS, in: *Ugarit Forschung* 46 (2015) S. 115–159. J. HOURDIN, in: *CRIPEL* 30 (2015) S. 191–200.

TEFNACHT

Titel	Name	Übersetzungsvorschlag
Horus	*Sia-chet*	»Der das Innere versteht«
Der der beiden Herrinnen	*Sia-.?.*	
Goldname	-	
König von Ober- und Unterägypten	*Schepses-Re*	»Der Erhabene des Re«
Sohn des Re	*Tai-ef-nacht*	»Sein ist die Stärke«

Die Zeit der libyschen Fürstentümer insbesondere des Deltas und Mittelägyptens in der späteren Dritten Zwischenzeit und die dort agierenden und regierenden Lokalherrscher gehören zu den am schwierigsten fassbaren geschichtlichen Abschnitten des Nillandes. Die ungeordnet erscheinende Situation des in zahlreiche kleine Fürstentümer zersplitterten Ägyptens während des achten vorchristlichen Jahrhunderts mag einer erfolgreichen Invasion des Nillandes Vorschub geleistet haben. Der Auftakt dazu erfolgte ab der Mitte des 8. Jahrhundert v. Chr., als im Süden des Landes eine neue Macht auf den Plan trat. Der aus Nubien – Kusch – stammende Herrscher *Kaschta* wurde auf Elephantine, d. h. auf ägyptischem Boden, als Herrscher anerkannt. Sein Nachfolger *Pije* ließ nach dem Tod *Osorkons III.* die Thebais durch seine Truppen besetzen. *Pijes* Schwester *Amenirdis* wurde von der »Gottesgemahlin des *Amun*« *Schepenupet I.*, einer Tochter *Osorkons III.* adoptiert und als Nachfolgerin angenommen.

Doch ganz so einfach ließ sich Ägypten nicht durch die Kuschiten einnehmen. Eine Region im Nordwesten des Landes leistete Widerstand, der durch *Tefnacht*, den Fürsten von Sais, organisiert wurde. Gemeinhin gilt die Herrscherfigur des *Tefnacht* (ca. 736–729 v. Chr.) als gut bekannt, wird er doch gleich mehrfach in der wichtigsten historischen Quelle dieser Zeitperiode, der sogenannten *Pije*-Stele, erwähnt. *Tefnacht* erscheint dort als überaus bedeutende und machtvolle Person im Norden des Landes. Doch im Grunde ist darüber hinaus kaum etwas über ihn bekannt. Es ist nicht einmal gewiss, ob er tatsächlich Pharao war.

Er begann seine Karriere als Prinz oder als libyschstämmiger
Häuptling eines Gebietes um die berühmte Stadt Sais im westlichen Delta, bis er – im Verlauf der Auseinandersetzungen mit
seinen südlichen, insbesondere kuschitischen Gegnern – König
und Begründer der 24. Dynastie wurde. In der Königsliste des
antiken Historiographen MANETHO taucht *Tefnacht* indes nicht auf.
Von den Vorgängern des *Tefnacht* ist ebenfalls kaum etwas
bekannt. Im Louvre in Paris (E. 10943) befindet sich ein kleiner
Talisman aus grüner Fayence, und in der Petrie Collection des
University College in London finden sich zwei Uschebtis eines
Osorkon (C). Dieser *Osorkon* (C) trägt religiöse und militärische
Titel, die zu jenen des jungen *Tefnacht* analog gelesen werden
können, sodass er oft als unmittelbarer Vorgänger genannt wird.

Besser wissen wir allerdings über seine eigenen Nachkommen
Bescheid, von denen drei Söhne inschriftlich belegt sind. Ein Sohn
fiel – der *Pije*-Stele zufolge – bei der Belagerung der Festung von
Tihna, nordöstlich des mittelägyptischen Minja, das jenem anver-
traut gewesen war. Ein weiterer Sohn wurde laut derselben Quelle
nahe des Einganges zum Faijum im Verlauf von Kriegshandlungen
um eine Festung bei Medinet Gurob gefangen genommen. Mit
seinem dritten Sohn und Thronfolger *Bokchoris* bildet *Tefnacht* das
»Duumvirat« der kurzen 24. Dynastie (ca. 736–723 v. Chr.).

Die wenigen Quellen für diesen Herrscher sind rasch aufgezählt. Aus Sais stammt eine von *Tefnacht* gestiftete Bronzestatuette
des *Amun* (heute Florenz 1777), und aus Buto stammen zwei
Landschenkungsstelen, die in das 36. und 38. Regierungsjahr
Schoschenqs V. datieren. Eine Stele befand sich zwischenzeitlich
in der Sammlung Farouk, die andere wurde 1957 beim Haus des
Gafirs, des Wächters von Buto gefunden; heute ist der aktuelle Aufbewahrungsort beider Gedenksteine leider unbekannt. Die Titel,
die *Tefnacht* auf diesen Objekten führt, lauten zusammengefasst:
Großfürst des ganzen Landes, Großfürst (des libyschen Stammes)
der Ma, Großfürst (des Stammes) der Libu, Erster (militärischer)
Befehlshaber, Priester der *Neith* und der *Uto*, Herrin von Imau und
Sachmet, Mek von Pahut, Mek von Keheten (beides libysche Titel),
Herrscher aller Provinzen des Westens. Auf der zweiten Stele, jener
aus dem 38. Regierungsjahr *Schoschenqs V.*, wird ersichtlich, dass
Tefnacht seine Besitzansprüche bereits weit über das Territorium

von Sais hinaus erweitert hatte und offensichtlich auch Memphis einzunehmen wusste, denn auf dieser Stele wird er mit dem Leopardenfell der memphitischen Hohepriester dargestellt und führt später auch den Titel eines *Sem*-Priesters des *Ptah*.

Ob dieser Großfürst der Ma und Libu tatsächlich identisch ist mit dem als König angesprochenen *Tefnacht* (I.) der hier nun folgenden Quellen ist letztlich nicht ganz sicher, gleichwohl aber nicht ganz unwahrscheinlich. Aus der Umgebung von el-Awasgah, etwa 9 km nordöstlich von Bubastis im östlichen Delta stammt eine weitere Landschenkungsstele. Sie zeigt im ersten Register den König von Ober- und Unterägypten *Schepses-Re*, Sohn des *Re Tefnacht-Sohn-der-Neith* vor den Göttern *Harendotes* und *Uto*. Die Stele befand sich eine längere Zeit in der Sammlung Michaelidis, der heutige Aufbewahrungsort ist jedoch nicht bekannt. Eine weitere Landschenkungsstele, die sich heute im Archäologischen Nationalmuseum in Athen befindet, stammt erneut aus Sais. Sie ist in das achte Regierungsjahr des Königs *Tefnacht* datiert. Auch wenn diese beiden Stelen zumeist als Quellen für *Tefnacht* (I.), den ehemaligen Großfürsten der Ma und Libu in Anspruch genommen werden, kann eine Zuordnung an einen *Tefnacht* (II.), einen Sohn des *Bokchoris* und damit namensgleichen Enkel *Tefnachts* (I.), nicht vollkommen ausgeschlossen werden. Bei diesem könnte es sich dann um einen jener Vasallenfürsten von kuschitischen Gnaden handeln, die im Delta herrschten. Eine mögliche Identifizierung mit dem *Stephinates* der Königsliste bei MANETHO wäre dann nicht ganz unwahrscheinlich.

Der Thronname *Schepses-Re* ist von keinem anderen König zuvor bekannt, ebenso wie die weiteren Namen des *Tefnacht*. Die Bedeutung, ja schon die Lesung seines nur einmal belegten Herrinnennamens ist unsicher. Ein Goldname ist nicht überliefert. An der einzigen Stelle, an der er zu finden sein könnte, der Schenkungsstele des Jahres 8, ist die entsprechende Passage nach der Einleitung ausgelassen worden. Es ist möglich, dass *Tefnacht*, unabhängig von gängigen Traditionen und in Anbetracht seiner nichtköniglichen Vorfahren, eine gänzlich neue Titulatur kreierte oder erhielt. Ein Rückbezug auf große Ahnen oder Anleihen an solche – und damit nicht zuletzt auch eine gewisse Legitimationsanreicherung durch diese – ist in der gegebenen Titulatur nicht erkennbar. Eine »Royalisierung« seiner Regentschaft, die Übernahme königlicher Insignien und Titulaturen, könnte möglicherweise infolge der Auseinandersetzungen mit den Kuschiten unter *Pije* erfolgt sein.

In der Sieges-Stele des *Pije* erscheint *Tefnacht* an mehreren Stellen. Gleich zu Beginn dieses ausführlichen Tatenberichtes wird das Herrschaftsgebiet des Deltafürsten umschrieben. Bei Ausbruch der Feindseligkeiten hatte *Tefnacht* bereits den ganzen Westen (des Deltas) erobert, von den nördlichen Küstenregionen bis hin nach Itj-taui (dem heutigen Lischt, südlich von Memphis). Dann wandte sich der Deltafürst noch weiter dem Süden zu. Die Motivation *Tefnachts* für die territoriale Ausdehnung ist nicht überliefert. Ziel des Zuges scheint allerdings zunächst die Eroberung des Gebietes von Herakleopolis gewesen zu sein. Mehrere weitere Deltafürsten und Kleinkönige hatten sich dem Feldzug angeschlossen, so unter anderem *Osorkon IV., Iuput II.* und der zunächst wohl mit den Nubiern assoziierte, dann jedoch mit *Tefnacht* verbündete *Nimlot* von Hermopolis.

Peftjaubastet von Herakleopolis zog sich zur Verteidigung in seine Hauptstadt zurück und musste das Vorfeld *Tefnacht* und seinen Verbündeten überlassen. Damit hatte *Tefnacht* seinen Einflussbereich von den Küsten des Mittelmeeres bis zur starken Festung el-Hibe ausdehnen können. *Pije*, der mit seinen Truppen die südlich gelegene Thebais beherrschte, musste sich durch diese Situation bedroht fühlen. Er schickte die oberägyptischen Truppen unter den Generälen *Paurem* und *Rumersekeni* gegen *Tefnacht*. Nach mehreren Schlachten mit wechselndem Schlachtenglück griff *Pije* persönlich in den Konflikt ein. Auf dem Weg nach Memphis eroberte der Kuschite Stadt um Stadt und Region um Region. In Memphis jedoch harrten 8000 Mann der Garnison aus, die *Tefnacht* treu ergeben waren. Dennoch erbrachte der geleistete Widerstand letztlich nur einen begrenzten zeitlichen Aufschub gegen das kuschitische Vordringen. Nach der erfolgreichen Belagerung der Garnison durch *Pije* unterwarfen sich die einzelnen Deltafürsten – wie unter anderem *Iuput II.* von Leontopolis, *Iukanesch* von Sebennytos, *Padiese* von Athribis sowie schließlich auch *Osorkon IV.* von Tanis und Bubastis – dem siegreichen König von Nubien. Der unterlegene *Tefnacht* erschien selbst nicht in Memphis, sondern blieb in Sais und sagte den Abgesandten des *Pije* von seiner Residenz aus Treue und Unterwerfung zu. *Pije* blieb nach seinem erfolgreichen Feldzug nicht lange in Ägypten, sondern kehrte in seine nubische Hauptstadt Napata zurück. In seiner Abwesenheit fiel Memphis zu einem nicht ganz sicheren Zeitpunkt an *Tefnacht* zurück. Dessen Sohn und Nachfolger *Bokchoris* herrschte den größten Teil seiner sechs Regierungsjahre wohl von dieser Stadt aus.

Einer Textstelle bei Herodot (II, 169) kann möglicherweise entnommen werden, dass *Tefnacht* selbst in Sais bestattet worden ist. Eine letzte Ruhestätte dieses Königs ist jedoch bislang nicht wirklich verifizierbar. Eine eigenwillige, so gar nicht ägyptisch klingende Anekdote oder Legende ist bei zwei klassischen Autoren überliefert. Plutarch (*De Iside et Osiride* 8) berichtet, dass in einem thebanischen Tempel einst eine Stele mit einem Fluch wider den legendären König *Menes*, den Begründer des ägyptischen Königtums aufgestellt gewesen wäre, denn *Technaktis*, Vater des *Bokchoris*, hätte während eines Feldzuges gegen die Araber notgedrungen das anspruchslose Leben schätzen gelernt und den *Menes*, der einst die Ägypter von ihrem ursprünglichen, einfachen Leben abgebracht hätte, verflucht und die Fluchstele mit Zustimmung der Priester schließlich aufstellen lassen. Diodor (I, 45,2) nennt den verantwortlichen Herrscher *Tnephachthos*, Vater des weisen *Bokchoris*, und malt die anekdotenhafte Begebenheit noch weiter aus. Er präzisiert den Ort der Veröffentlichung der Stele als Tempel des *Zeus* in Theben, womit unzweifelhaft der große Tempel des *Amun* von Karnak gemeint ist. Einen historischen Kern dieser Legende auszumachen, fällt nicht ganz leicht. Eine mühselige und möglicherweise entbehrungsreiche Durchquerung des Sinai – vielleicht auf dem Weg nach Palästina – ist nicht ausgeschlossen. Dort könnte *Tefnacht* grundsätzlich auch mit Arabern zusammengetroffen sein. Man ist jedoch unwillkürlich auch an eine Passage aus der *Pije*-Stele erinnert, in der *Tefnacht* im Angesicht seiner Unterwerfung selbst sagt: »Ich esse das Brot des Hungrigen und trinke das Wasser des Dürstenden [...] meine Kleider sind Lumpen [...].«

Schließlich gibt es noch eine Bibelstelle aus dem *Alten Testament* die ebenfalls gerne mit *Tefnacht* assoziiert wird. In 2 Kön 17,4 ist zu erfahren, dass *Hosea*, König von Israel gegen den assyrischen Herrscher *Salmanassar V.* intrigierte und »Boten an *So*, den König von Ägypten schickte«. Viel Tinte ist geflossen, um diesen »König *So*« zu interpretieren. Auch wurde versucht in »*So*« eher den Ort Sais erkennen zu wollen. Entsprechend wurde die Textstelle gerne gelesen als »er sandte Boten nach Sais ›zum‹ König von Ägypten«, und das wäre dann *Tefnacht* gewesen. Sprachlich kann »*So*« jedoch nur ein Eigenname sein, kein Toponym, und ist möglicherweise mit *Osorkon IV.* gleichzusetzen.

AE

Literatur:

K.-H. Priese, in: *ZÄS* 98 (1970) S. 16–32. F. Gomaà, *Libysche Fürstentümer* (1974). A. Spalinger, in: *LÄ* VI (1986) Sp. 295–296. Schneider, *Lexikon* (²1997) S. 287–288. Myśliwiec, *Herr beider Länder* (1998). D. Kahn, in: *GM* 173 (1999) S. 123–125. Myśliwiec, *Twilight of ancient Egypt* (2000). P. R. Del Francia, in: *Atti del V Convegno Nazionale di Egittologia e Papirologia* (2000) S. 63–112. R. B. Gozzoli, in: *GM* 182 (2001) S. 59–67. D. Kahn, in: *BzS* 8 (2003) S. 49–58. K. A. Kitchen, TIP (²2004). Wilson, *Survey of Saïs* (2006). D. Kahn, in: *BzS* 9 (2006) S. 45–61. Jansen-Winkeln, *Inschriften der Spätzeit, Teil 2* (2007). Ritner, *Libyan Anarchy* (2009). D. Kahn, in: *EU* 23 (2009) S. 139–148. A. Effland, in: *MDAIK* 65 (2009) S. 108–112. A. Dodson, *Afterglow of Empire* (2012). J. Moje, *Lokalregenten* (2014). Meffre, *Héracléopolis* (2015).

DIE SPÄTZEIT

Spätzeit[4]		ca. 722–332
25. Dynastie		ca. 722–ca. 655
	Pije	ca. 753–723
	Schabako	ca. 722–707
	Schebitko	ca. 706–690
	Taharka	690–664
	Tanutamun	664–ca. 655
26. Dynastie		664–525
	Psammetich I.	664–610
	Necho II.	610–595
	Psammetich II.	595–589
	Apries	589–570
	Amasis	570–526
	Psammetich III.	526–525
27. Dynastie (1. Perserzeit)		525–404
28. Dynastie		404–399
	Amyrtaios	404–399
29. Dynastie		399–380
	Nepherites	399–393
	Psamuthis	393
	Achoris	393–380
	Nepherites II.	380
30. Dynastie		380–343
	Nektanebos I.	380–362
	Tachos	365–360
	Nektanebos II.	360–343
2. Perserzeit		343–332
	Artaxerxes III. Ochus	343–338
	Arses	338–336
	Darius III. Kodomannus	335–332
Gegenkönig der Perserzeit		
	Chababasch	ca. 338–336
Alexander der Große		332–323

---

4 Nach R. HORNUNG/E. KRAUSS/D. A. WARBURTON, *Ancient Egyptian Chronology* (2006).

Die Spätzeit ist geprägt von wechselnden Fremdherrschaften. Nacheinander setzten sich unter anderen Nubier, ägyptisierte Libyer und Perser auf den Pharaonenthron. Nach dem Ende der ägyptischen militärischen Einflussnahme auf Nubien hatte sich mit dem Reich von Kusch ein neues Herrschaftsgebiet konsolidiert. Die kuschitischen Herrscher nutzten weiterhin die ägyptischen Tempelbauten in Nubien, und zeigten neben ihren traditionellen Sitten und Gebräuchen ein tiefes Verständnis für die ägyptische Religion und ägyptische Verhältnisse. Nicht zuletzt aufgrund der inneren Schwäche Ägyptens gelang es ihnen, ihr Einflussgebiet immer weiter über Unternubien bis nach Oberägypten auszudehnen.

Die verschiedenen Interessen der Anhänger der 24. Dynastie in Unterägypten auf der einen und der Angehörigen der kuschitischen Partei auf der anderen Seite führten zu militärischen Konflikten, in denen der Kuschitenherrscher *Pije* über *Tefnacht* von Sais und weitere mittel- und unterägyptische Kleinkönige und Fürsten siegte. Doch auch die Regierungszeit der nubischen 25. Dynastie währte nur knapp 100 Jahre.

Nach mehreren Versuchen gelang 671 v. Chr. assyrischen Streitkräften die Invasion Ägyptens. Memphis wurde belagert und erobert. Fünf Jahre später reagierten die Assyrer auf einen kuschitischen Vorstoß nach Oberägypten unter *Tanutamun* mit einem Angriff bis nach Theben, das zerstört und geplündert wurde. Als allerdings die Assyrer selbst in ihrem eigenen Kernland in Mesopotamien mit den Elamitern und Babyloniern in Konflikt gerieten, sahen die Fürsten von Sais eine Chance auf Unabhängigkeit und für die eigene Machtausdehnung gekommen. Sie hatten eine Heerschar aus karischen und ionischen Söldnern gesammelt. *Psammetich I.* begründete 656 v. Chr. schließlich gestützt auf seine militärische Stärke seinen Anspruch auf den gesamtägyptischen Thron als erster König der 26. Dynastie.

Doch bereits 525 v. Chr. rückten die medischen Perser und ihre Hilfstruppen auf Ägypten zu und vernichteten bei Pelusium das ägyptische Heer, das von griechischen Söldnern verraten worden war. Die 1. Perserzeit währte wiederum bis 401 v. Chr. In diese Zeit fällt auch der Besuch des Nillandes durch den antiken Historiographen HERODOT.

Mehrere ägyptische Aufstände gegen die erste Perserherrschaft, die auch als 27. Dynastie gezählt wird, schlugen fehl. Einzig erfolgreich war zunächst nur *Amyrtaios*, dessen kurze Regierungszeit von 404–399 v. Chr. man als 28. Dynastie bezeichnet. Die insgesamt vier zunächst von Mendes aus regierenden Könige der folgenden 29. Dynastie herrschten zusammengenommen nicht ganz 20 Jahre, bis sie von *Nektanebos I.* als erstem König der 30. Dynastie abgelöst wurden. Indes sollte auch dieser Dynastie nur eine kurze Lebensdauer von weniger als 40 Jahren beschieden sein. Mit der Thronbesteigung von *Artaxerxes III.* überwand das persische Reich der Achämeniden seine innere Krise. 343/42 v. Chr. rückte erneut ein persisches Heer auf Ägypten vor und eroberte das Land am Nil, womit die zweite Herrschaft der Perser begann. Diese Phase wurde schließlich noch einmal von dem rätselhaften König *Chababasch*, der keine eigene Dynastiezählung erhalten hat, für kurze Zeit unterbrochen. Mit dem Einmarsch der Makedonen unter *Alexander dem Großen* 332 v. Chr. endete schließlich auch die 31. Dynastie.

AE

Literatur:

J. Assmann, Ägypten. Eine Sinngeschichte, München-Wien 1996. Myśliwiec, *Herr beider Länder* (1998). Myśliwiec, *The twilight of ancient Egypt* (2000). G. Vittmann, Ägypten und die Fremden im ersten vorchristlichen Jahrtausend, Kulturgeschichte der antiken Welt 97, Mainz 2003. Ritner, *Libyan Anarchy* (2009). Ruzicka, *Trouble in the West* (2012). Dodson, *Afterglow of Empire* (2012).

PIJE

Titel	Name	Übersetzungsvorschlag
Horus	*Sehetep-taui-ef*	»Der seine Beiden Länder zufriedenstellt«
Der der beiden Herrinnen	*Heqa-Kemet*	»Herrscher Ägyptens«
Goldname	*Djeser-chau Sechem-pehti anch-her-neb-en-ma-ef-mi-achti*	»Prachtvoll an Erscheinungen, machtvoll an Kraft, jeder lebt bei seinem Anblick wie bei dem Horizontischen«
König von Ober- und Unterägypten	*User-maat-re* *Senefer-re*	»Stark an Maat ist Re« »Ein Wohltäter ist Re«
Sohn des Re	*Pije / Pianchi*	»Der Lebende«? »Der Lebende ist er«? »Herrscher«?

Nach dem Zusammenbruch des ägyptischen Neuen Reiches und während der Herrschaft der libyschstämmigen Pharaonen der Dritten Zwischenzeit war die ägyptische Kontrolle über den südlichen Nachbarn Nubien verloren gegangen. Seit dem 10. und 9. Jahrhundert v. Chr. entwickelte sich in der Gegend um den Gebel Barkal ein einheimisch nubisches Königreich. Hier wurden jedoch die altägyptischen Traditionen, die hieroglyphische Schrift und die Religion weiter gepflegt.

Kaschta gelang es schließlich in der Mitte des 8. Jahrhunderts v. Chr. den Macht- und Einflussbereich der aus dem Süden kommenden Kuschiten bis in das nördliche Nilland auszudehnen. Zumindest der südliche Bereich Oberägyptens um Assuan hörte bereits auf den Befehl des neuen starken Herrscherhauses. Nachfolger und zweiter Pharao dieser kuschitischen 25. Dynastie wurde *Pije / Pianchi* (ca. 753–723 v. Chr.). So rätselhaft seine Regentschaft in der ägyptischen Herrschaftsgeschichte – zumindest in weiten Bereichen – ist, so schwierig ist auch schon alleine die Lesung seines Namens. Einige Ägyptologen nahmen an, der Name sei ägyptisch, mit dem Artikel »Pa« und dem Anch-Zeichen geschrieben. Demnach wäre der Name als *Pianchi* zu lesen und zu übersetzen als »der Lebende«.

Andere Forscher argumentierten, der Name müsse meroitischer Herkunft sein. Da das Zeichen Anch nicht in allen Schreibungen des Herrschernamens auftritt, sei es nur eine Art Deutezeichen und nicht mitzulesen. Der Name würde dann *Pije* lauten und sich mit »Der Lebende ist er« übersetzen lassen. Eine erst vor kurzer Zeit geäußerte These, welche mittlerweile viele Anhänger gefunden hat, sieht in dem Namen eine meroitische Herkunft, liest jedoch das Anch wieder mit. Zu erkennen wäre in der hieroglyphischen Variante der meroitische Name /-bo(n)che /, was »König« oder »Herrscher« bedeutet. Ohne hier eindeutig Stellung beziehen zu können, wird der Einfachheit halber im Folgenden an der Lesung *Pije* festgehalten.

Auch die verwandtschaftlichen Beziehungen *Pijes* sind nicht sicher geklärt, was unter anderem mit der uneinheitlich behandelten Thronfolgeregelung in Zusammenhang steht. Wahrscheinlich war *Pije* ein Sprössling seines herrschaftlichen Vorgängers *Kaschta*. Er war eventuell der Bruder seines Nachfolgers, wohl *Schabaqo*, und der Bruder der *Amenirdis' I.*, die – durch ihre Adoption durch *Schepenupet I.* – in das enorm wichtige Amt einer »Gottesgemahlin des *Amun*« in Theben gehievt worden war. Vermutlich war *Pijes* Mutter die später auch in Abydos belegte *Pabatma*. Er selbst hatte mehrere Gattinnen, zu denen *Tabiry* und die in Abydos bestattete *Pekereslo* zählen. An gleicher Stelle fand wohl auch der General *Pekartror*, ein weiterer Verwandter des *Pije*, sein Grab.

Zu seinen bedeutendsten architektonischen Hinterlassenschaften zählt *Pijes* Bauaktivität in Napata, seiner Hauptstadt. Hier wurde unter seiner Regentschaft der ursprünglich noch aus dem Neuen Reich stammende *Amun*-Tempel B restauriert und erweitert. Diese Baumaßnahmen betrafen u. a. das Sanktuar, einen Hypostylensaal, den 1. und 2. Pylonen, den äußeren Hof und eine Umfassungsmauer. Zudem sind weitere Baumaßnahmen am sogenannten Tempel B 900 und dem Palast B 1200 bekannt. Vermutlich wurde unter *Pije* auch in Sanam gebaut, da von dort eine ihm zugesprochene fragmentarische Sitzfigur stammt. Aus dem dortigen »Schatzhaus« stammt nicht nur ein Fragment aus Silber, das den Namen des ägyptischen Herrschers *Nimlot* trägt und möglicherweise zu einer Kriegsbeute des *Pije* gehört, sondern auch ein Siegelfragment. Dies kann indirekt als ein Indiz für die Bauaktivität jenes kuschitischen Herrschers an diesem Ort gesehen werden.

Eine Reihe unterschiedlicher Monumente und Dokumente aus der Zeit *Pijes* sind erhalten. Nur wenige stammen aus Ägypten, wie eine Reihe von Blöcken im *Mut*-Tempel in Karnak. Die meisten Objekte ließen sich in seiner nubischen Heimat finden. Hierzu zählen ein Barkenuntersatz aus dem *Amun*-Tempel B 520, Bruchstücke eines Obelisken in Kadakol und mehrere Stelen. Zu letzterer Gattung zählt wiederum die wohl wichtigste Textquelle zur historischen Entwicklung jener Epoche: die große Siegesstele vom Gebel Barkal (Kairo JdE 48862 [+ 47086–47089]), die von der Eroberung Ägyptens durch die Kuschiten unter *Pije* berichtet.

Im 21. Jahr seiner Regierung führte *Pije* von Süden kommend einen aufwendigen Feldzug gegen Mittel- und Unterägypten. Der überaus lebendig geschilderte Stelentext lässt *Pije* selbstredend in einem glänzenden Licht erscheinen. Er ist nicht nur ein begnadeter Militärführer, sondern gemäß dieser Quelle auch überaus religiös, traditionsverbunden und zudem ein wahrer Pferdenarr. So interessieren den erfolgreichen Invasoren nach der Eroberung von Hermopolis nicht etwa die weiblichen Schönheiten der Stadt oder die Reichtümer der Schatzkammer des besiegten Herrschers *Nimlot*. Es ist die schlechte Behandlung der Schönheiten in dessen Pferdeställen, die *Pije* so sehr erregt: »Seine Majestät ging zu dem Stall der Pferde und den Ställen der Fohlen. Als er sah, dass man sie hatte hungern lassen, da sprach er: ›bei meinem Leben und so wahr ich Re liebe […] wie schmerzt es mein Herz, dass meine Pferde hungern mussten, mehr als jede andere Untat, die du […] begangen hast.‹«

Entsprechend diesem Faible gehören zu den Tributen und der Kriegsbeute des *Pije*, welche ihm von den besiegten Herrschern und Kleinkönigen überbracht werden, auch Pferde. Im Bildfeld der Siegesstele ist auch besonders herausgehoben, wie *Nimlot*, Herrscher von Hermopolis, ein Pferd vor den siegreichen, mächtigen *Pije* führt.

Als der kuschitische Monarch stirbt und in einer für ihn errichteten Pyramide in Kurru bestattet wird (Ku 17), gibt man ihm seine Lieblingspferde für die jenseitigen Gefilde mit. In den Gräbern Ku 221 und 222 fanden die Vierbeiner in der Nähe der Ruhestätte des nubischen Ägyptenbezwingers einen Stall für die Ewigkeit.

AE

Literatur:

J. Leclant, in: *LÄ* IV (1982) S. 1045–1052. Török, *The kingdom of Kush* (1997). Schneider, *Lexikon* (²1997), S. 197–198. Morkot, *The black pharaohs* (2000). R. B. Gozzoli, in: *GM* 182 (2001) S. 59–67. C. Rilly, in: *BIFAO* 101 (2001) S. 351–368. Lull, *Las tumbas reales egipcias* (2002). D. A. Welsby, in: *Sudan&Nubia* 6 (2002) S. 32–37. Török, *The image of the ordered world* (2002). D. Kahn, in: *BzS* 8 (2003) S. 49–58. Redford, *From slave to pharaoh* (2004). F. Payraudeau, in: *GM* 198 (2004) S. 79–90. D. Kahn, in: *Ä&L* 16 (2006) S. 275–291. D. Kahn, in: *JARCE* 42 (2005–6) S. 103–111. K. Zibelius-Chen, in: *Der Antike Sudan* 17 (2006) S. 127–133. Jansen-Winkeln, *Inschriften der Spätzeit*, Teil 2 (2007). D. Kahn, in: *BzS* 9 (2006) S. 45–61. D. Kahn, in: *Fs Israel Eph'al* (2008) S. 121–134. R. K. Ritner, in: *Fs Lesko* (2008) S. 305–314. D. Kahn, in: *EU* 23 (2009) S. 139–148. G. P. F. Broekman, in: *EU* 23 (2009) S. 91–101. J. Assmann, in: *Ägyptologie und Kulturwissenschaft* I (2009) S. 221–236. M. Fitzenreiter, in: *Fs Lenoble* (2011) S. 261–268. R. M. Porter, in: *GM* 230 (2011) S. 111–112. Dodson, *Afterglow of Empire* (2012). T. Kendall, in: *BMPES* 1 (2014) S. 663–686. A. Dodson, in: *Thebes in the first millennium BC* (2014) S. 3–12. A. Spalinger, in: Karlshausen/Obsomer (Hg.), *Nubie à Qadech* (2016) S. 235–274.

Schabaqo

Titel	Name	Übersetzungsvorschlag
Horus	*Sebeq-taui*	»Der die Beiden Länder segnet«
Der der beiden Herrinnen	*Sebeq-taui*	»Der die Beiden Länder segnet«
Goldname	*Sebeq-taui*	»Der die Beiden Länder segnet«
König von Ober- und Unterägypten	*Nefer-ka-Re*	»Vollkommen ist der Ka des Re«
Sohn/Tochter des Re	*Schabaqo*	Schabaqo

Schabaqo war wahrscheinlich ein Sohn des *Kaschta* und vermutlich der *Pabatma*. Einer anderen Theorie nach wird er als Bruder des *Taharqa* angesehen. Demzufolge wäre *Pije* sein Vater gewesen. Mehrere Kinder *Schabaqos* sind namentlich bekannt, wie die nicht in ihrer kuschitischen Heimat, sondern in Abydos bestattete *Asetemachbit* und der »Hohepriester des *Amun*« *Harmachis*. Auch wenn dies nicht gesichert ist, werden eine gewisse *Masbata* und *Tabakenamun* als seine Gattinnen angenommen, auch *Qalhata* wird diesbezüglich genannt.

In den letzten Jahren hat sich ein intensiver wissenschaftlicher Diskurs um die Frage der Abfolge der kuschitischen Könige in dieser historischen Phase entwickelt. Im Fokus des Diskurses steht die Frage, ob *Schabaqo* auf *Schebitqo* folgte oder umgekehrt. Es ist tatsächlich sehr schwer auszumachen, welcher König wen beerbte. Für beide Positionen gibt es gute Gründe. Aktuell wird zumindest die Reihenfolge *Schebitqo – Schabaqo – Taharqa* favorisiert. Der antike Historiograph MANETHO gibt – je nach überlieferter Version – als Regierungsdauer acht bis zwölf Jahre an. Das höchste von ägyptischen Quellen bislang bekannte Regierungsjahr des *Schabaqo* ist indes das Jahr 15, das entsprechend der derzeitigen chronologischen Einordnung um das Jahr 690 v. Chr. anzusetzen wäre. Aufgrund der Problematik in der Königsabfolge werden derzeit auch Aussagen zur allgemeinen politischen Geschichte seiner Regierungszeit – zumindest in Teilen – als nicht gesichert betrachtet.

Bauaktivität ist unter seiner Herrschaft an mehreren Orten nachgewiesen, insbesondere im Bereich Memphis und dem Raum Theben. In Karnak wurden verschiedene Restaurierungen durchgeführt. Im nördlichen Areal des Tempelbezirkes errichtete man Tore, wie beispielsweise ein Jubiläumstor vor dem *Ptah*-Tempel. Am 4. Pylonen ließ der König – laut einer dort angebrachten Restaurierungsinschrift – aufwendige und kostspielige Arbeiten durchführen. Dazu zählte u. a. die Vergoldung von Reliefs oder das Beschlagen von Säulenbasen mit Silber. Die finanziellen Mittel für solche Verschönerungen stammten dem Text zufolge aus Kriegsbeute. Bedeutend ist in einem unweit gelegenen Bereich auch der Bau eines Schatzhauses, der aktuell archäologisch untersucht wird. Möglicherweise ist in diesem Zusammenhang auch der Text auf einem Gedenkskarabäus zu sehen, der ohne inhaltlich spezifisch zu werden, von militärischen Erfolgen *Schabaqos* gegen Rebellen in Ober- und Unterägypten, in angrenzenden Fremdländern und gegen Beduinen berichtet.

In Luxor ließ *Schabaqo* den Durchgang des Pylons dekorieren, und in Medinet Habu wurde der Bau des 2. Pylons des kleinen Tempels begonnen, der allerdings erst unter *Taharqa* fertiggestellt werden konnte. Im nubischen Kawa errichtete er einen kleinen Tempel für die Göttin *Anukis*. Mehrere Blöcke eines Sakralgebäudes stammen aus Memphis und wurden im Süden der Umfassungsmauer des dortigen *Ptah*-Tempels entdeckt.

Aus Memphis stammt auch eines der berühmtesten Denkmäler der gesamten Kuschitenzeit, der sogenannte *Schabaqo*-Stein, der auch als »Denkmal memphitischer Theologie« bekannt ist. Auf dem heute im British Museum in London ausgestellten Stein (BM EA 498) ist ein mythologischer Text bewahrt. Die Inschrift auf dem rechteckigen, 137 × 66 cm großen dunklen Stein, der später als Mühlstein genutzt wurde und daher aufgrund des Abriebes teilweise nur noch sehr schwer lesbar ist, berichtet davon, dass *Schabaqo* im Tempel des *Ptah* in Memphis einen wurmzerfressenen Papyrus gefunden hätte und dessen Inhalt nun in Hieroglyphen auf diesen Stein meißeln ließ. Der Text behandelt ausführlich die in Memphis entwickelte Version eines Schöpfungsmythos, in dessen Zentrum natürlich der dortige Gott *Ptah* stand, der die Welt durch Herz und Zunge, quasi durch Erkenntnis – oder Geist und Wille – und Sprache oder wirksames Wort schuf und gestaltete. Weitere Anklänge finden sich an den Mythos von *Horus* und *Seth*, eine mythische Reflektion auf die ägyptische Reichseinigung. Auch auf den *Osiris*-Mythos wird Bezug genommen. *Horus* befiehlt seiner Mutter *Isis* und deren Schwester *Nephthys* beider Bruder *Osiris* aus dem Wasser zu fischen. Anschließend tritt *Osiris* »durch die geheimen Tore in die Unterwelt ein«. Auch von der Bestattung des *Osiris* in Memphis wird berichtet, und dass *Horus* nun König von ganz Ägypten sei.

Die Datierung des möglichen oder vermeintlichen Urtextes, von dem *Schabaqo* hier nach eigener Aussage eine Kopie habe anfertigen lassen, ist heftig umstritten. Sie reicht von einer angenommenen Entstehungszeit im Alten Reich bis zu einer Neuschöpfung der Kuschitenzeit. Im letzteren Fall wäre der erwähnte Fundbericht eines Papyrus eine Fiktion, die mit der Absicht in die Welt gesetzt worden wäre, den Text als altehrwürdig darzustellen. Andererseits konnten erst jüngst auch an anderen Orten – insbesondere in Umm el-Qaab bei Abydos – in kuschitischer Zeit erfolgte »Ausgrabungsarbeiten« an archäologischen Stätten nachgewiesen werden, die das potenzielle Auffinden alten Materials und von Ritualrelikten der Vorfahren an solchen Plätzen zumindest naheliegend erscheinen lassen. Bestattet wurde *Schabaqo* im nubischen el Kurru (Ku 15). Wie schon vor ihm Pije, war auch dieser nubische König ein Pferdeliebhaber. In der Nähe seines eigenen Grabplatzes wurde das Begräbnis seiner Lieblingspferde entdeckt (Ku 201), die ihrerseits selbst mit Schmuck behangen waren.

Schabaqo feiert bei einigen klassischen Autoren ein überaus widersprüchliches Nachleben. HERODOT (II, 137–139) zeichnet ihn als einen gottesfürchtigen und umsichtigen Regenten. Ihm zufolge ließ der König schuldhaft gewordene Ägypter beispielsweise nicht hinrichten, sondern stufte die Bestrafung gemäß der Größe der Schuld ab. Explizit erwähnt HERODOT auch das Aufschütten und Erhöhen von Siedlungshügeln. Am Ende seiner Regierungszeit verließ *Schabaqo* Ägypten aufgrund eines Orakelspruches. Die von HERODOT allein diesem Herrscher zugesprochene Regierungsdauer von 50 Jahren ließe sich nur erklären, wenn der antike Autor die Jahre der Herrscher *Schebitqo*, *Schabaqo* und *Taharqa* subsumiert hätte.

Auf die Aussagen von HERODOT bezieht sich später auch DIODOR (I, 65). Ihm zufolge hätte *Schabaqo* die Todesstrafe gänzlich abgeschafft und durch Frondienste für den Kanalbau ersetzt. Ein orakelhaftes Traumgesicht hätte den König abdanken und das Land verlassen lassen.

Dieses Bild eines frommen, rechtschaffenen Herrschers wird indes durch eine kurze Notiz bei MANETHO konterkariert, der angibt *Schabaqo* habe *Bokchoris*, den letzten Herrscher der 24. Dynastie, in Sais gefangen genommen und lebendig verbrannt.
AE

LITERATUR:

J. LECLANT, in: *LÄ* V (1984) Sp. 499–513. TÖRÖK, *The kingdom of Kush* (1997). SCHNEIDER, in: *Lexikon* (²1997) S. 244–246. SCHIPPER, *Israel und Ägypten* (1999). D. B. REDFORD, in: *Or* 68 (1999) S. 58–60. R. LOBBAN, in: *Recent research in Kushite history* (1999) S. 331–346. R. KRAUSS, in: *Fs Wente* (1999) S. 239–246. MYŚLIWIEC, *The twilight of ancient Egypt* (2000). MORKOT, *The black pharaohs* (2000). D. KAHN, in: *Or* 70 (2001) S. 1–18. K. DALLIBOR, in: *Der Antike Sudan* 11 (2001) S. 41–50. J. VON BECKERATH, in: *SAK* 29 (2001) S. 1–6. R. MORKOT/S. QUIRKE, in: *Fs Endesfelder, Priese, Reinecke, Wenig* (2001) S. 349–363. LULL, *Las tumbas reales* (2002). D. KAHN, in: *BzS* 8 (2003) S. 49–58. D. KAHN, in: *Ä&L* 16 (2006) S. 275–291. DALLIBOR, *Taharqo* (2005). D. MICHAUX-COLOMBOT, in: *Acta Nubica* (2006) S. 457–465. D. KAHN, in: *Der Antike Sudan* 17 (2006) S. 135–141. JANSEN-WINKELN, *Inschriften der Spätzeit, Teil 3* (2009). DODSON, *Afterglow of Empire* (2012). F. PAYRAUDEAU, in: *NeHeT* 1 (2014) S. 115–127. M. BÁNYAI, in: *JEH* 8,2 (2015) S. 115–18. G. P. F. BROEKMAN, in: *GM* 251 (2017) S. 13–20.

TAHARQA

Titel	Name	Übersetzungsvorschlag
Horus	*Qa-chau*	»Dessen Erscheinungen erhaben sind«
Der der beiden Herrinnen	*Qa-chau; Seanch-taui*	»Dessen Erscheinungen erhaben sind«; »Der die Beiden Länder belebt«
Goldname	*Chu-taui*	»Schützer der Beiden Länder«
König von Ober- und Unterägypten	*Nefertem-chu-Re*	»Nefertem ist der Schützer des Re« (oder: »Der den Nefertem schützt ist Re«, bzw. »Nefertem und Re schützen [mich]«)
Sohn/Tochter des Re	*Taharqa*	Taharqa

Taharqa ist der fünfte König der 25. Dynastie und gilt sicher nicht zu Unrecht als der wohl bedeutendste Herrscher der Kuschitenzeit. In seine lange Regierungsphase von 690–664 v. Chr. fallen eine Reihe politischer und militärischer Erfolge, aber auch Niederlagen, ebenso wie kulturelle Errungenschaften und künstlerische Höhepunkte. Während der Geschichtsschreiber MANETHO dem König lediglich 18 Regierungsjahre zuweist, sind durch *Apis*-Stelen 26 Jahre Herrschaft für *Taharqa* als gesichert anzunehmen.

Trotz zahlreicher überlieferter Dokumente und Monumente aus dieser Zeit sind viele Fragen zu seinen familiären Verhältnissen bis heute nicht sicher geklärt. Sicher belegt ist aber der Name seiner Mutter: *Abalo*. Dass *Pije* sein Vater war, wird von vielen Wissenschaftlern angenommen, ist aber bislang nicht wirklich beweisbar. Als eine Gattin ist *Tekehatamani* belegt. Von seinen Kindern sind die Söhne *Nesonuris* und *Nesschutefnut* sowie seine Tochter *Amenirdis II.* besonders hervorzuheben.

Während der Kuschitenzeit hatte das ägyptische Reich wieder bedeutende Ausmaße angenommen. Schon bei seiner Thronbesteigung in Memphis 690 v. Chr. sah sich *Taharqa* jedoch im Nordosten durch die Assyrer bedroht, die ihren Machtbereich bis nach Palästina ausgeweitet hatten. Einige Jahre vorher waren die Assyrer in der Schlacht von Elteke (701 v. Chr.) noch zurückgedrängt worden. Der Anführer der ägyptischen Truppen, »*Tirhaka*«, wird in zwei

Bibelstellen (2 Kön 19,9 und Jes 37,9) zwar bereits als »König« bezeichnet, doch dürfte dies eher Auskunft über die Herrschaftssituation zur Zeit der Abfassung dieser Schriften geben.

Für etwa eine Generation konnten daraufhin Konflikte zwischen den Kuschiten und den assyrischen Königen vermieden werden. Assyrien war nach dem Tod *Sargons II.* zunächst andernorts in mehrere Kleinkriege verwickelt, die auf Aufstände und Grenzstreitigkeiten zurückzuführen waren. Mehrere Städte in der Levante, in Syrien und Palästina waren in diesem Zusammenhang von den Assyrern abgefallen und hatten sich Ägypten zugewandt.

677 v. Chr. belagerte und besiegte der aus dem Osten herandrängende *Asarhaddon* von Assyrien die wichtigen Städte Sidon und Tyrus. Den assyrischen Quellen zufolge hatte *Taharqa* in der unmittelbar vorangegangenen Zeit diese Regionen Palästinas in ihrer antiassyrischen Haltung unterstützt. Dieses Verhalten nahm nun *Asarhaddon* zum Anlass, nicht nur den ägyptisch-kuschitischen Einfluss in der Region einzudämmen, sondern auch massiv gegen Ägypten selbst militärisch vorzugehen.

674/673 v. Chr. konnte der erste direkte Vorstoß gegen das Nilland noch an den östlichen Grenzbefestigungen von *Taharqa* abgewehrt werden. 671 v. Chr. jedoch wurden die ägyptisch-kuschitischen Verbände in mehreren offenen Feldschlachten besiegt. *Asarhaddon* gelang es, in Unterägypten einzudringen und sogar Memphis zu belagern. Der Zincirli-Stele, der Siegesstele des Asarhaddon, zufolge benötigten die Assyrer lediglich einen halben Tag, um durch Unterminieren der Festungsmauern, durch Brescheschlagen und unter Verwendung von Sturmleitern den befestigten Platz zu erobern. In der Folge wurde Memphis selbst zerstört und gebrandschatzt. Zudem fielen bei der Einnahme der Stadt der Harem und *Taharqas* Söhne in die Hände der Eroberer. Seine Gemahlin, die Palastfrauen, der Kronprinz und weitere Kinder wurden in die Gefangenschaft nach Assyrien verschleppt. *Taharqa* selbst gelang es, sich in den Süden abzusetzen und so zunächst zu flüchten. Lange blieben die Assyrer jedoch nicht am Nil. Bevor *Asarhaddon* mit dem Großteil seines Heeres in seine Heimat zurückkehrte, wurden lokale Vasallenkönige installiert. Aus der Thebais kommend nutzte *Taharqa* die sich bietende Gelegenheit aus, rückte erneut Richtung Memphis vor und ergriff in weiten Teilen wieder die Macht. *Asarhaddon* sah sich deshalb genötigt, erneut in Ägypten einzugreifen, verstarb jedoch bei den Vorbereitungen zu seinem dritten Feldzug gegen das Nilland 669 v. Chr. Im Verlauf der nun folgenden, wie bei einem Regierungswechsel in Assyrien stets unsicheren Zeit konnte *Taharqa* Memphis zurückerobern und seine Macht weiter festigen.

Assurbanipal, der neue Herrscher Assyriens, startete 667/666 v. Chr. allerdings einen sehr erfolgreichen Feldzug gegen Ägypten. Memphis ging nach Belagerung erneut verloren, und anders als beim letzten Mal machten die Assyrer hier nicht halt, sondern stießen unaufhaltsam bis nach Oberägypten und gar gegen Theben vor, wohin sich *Taharqa* zunächst geflüchtet hatte.

Ein Komplott ägyptischer Fürsten zugunsten von *Taharqa* wurde bald von den Assyrern aufgedeckt, die beteiligten Fürstensöhne teils nach Ninive deportiert und dort sowie unter anderem in Sais, Mendes und Pelusium hingerichtet.

Trotz der zahlreichen militärischen Auseinandersetzungen wurden an vielen Orten in Ägypten und im heimischen Kusch neue Sakralanlagen unter *Taharqa* errichtet. Es war die umfangreichste Bautätigkeit seit dem Neuen Reich. Wie für die gesamte Kuschitenzeit zu beobachten lag auch unter *Taharqa* ein besonderer Schwerpunkt der Bauaktivität im thebanischen Raum. In Karnak entstand ein bedeutender, wenn auch bis heute rätselhafter, dem Gott *Osiris* gewidmeter Bau am Heiligen See. Verschiedenen Erscheinungsformen des *Osiris* wurden im Norden des *Amun*-Bezirkes Kapellen errichtet. Im *Mut*-Bezirk, in Luxor und in Medinet Habu fanden umfangreiche Umbauten und Restaurierungen statt. Weitere Baumaßnahmen sind durch dekorierte Blöcke unter anderem in Memphis, Edfu und Athribis belegt. In Karnak und an anderen Plätzen wurden insbesondere den Pylonen vorgelagerte Kolonnaden angelegt. Auch in Nubien waren die Architekten aktiv. Neue Tempel sowie Um- und Anbauten erfolgten beispielsweise in Kawa, Sanam, Qasr Ibrim, Semna, Tabo, Buhen und am Gebel Barkal.

In der Kunst bzw. der Plastik und dem Relief sind verschiedene lokale Stile der Darstellungen des Königs zu beobachten. In qualitätsvoller Ausführung wurde ein Weg gefunden, die ethnisch kuschitische Abkunft des *Taharqa* mit traditionellen ägyptischen

Formen zu verbinden. Als typisch kuschitisches Element fand unter anderem die Darstellung des Doppeluräus und einer spezifischen Widderamulettkordel Eingang in das künstlerische Repertoire.

Von besonderer Bedeutung für das Verständnis der Regierungszeit des *Taharqa* sind zahlreiche königliche Textdokumente. In Kawa wurden fünf große Stelen unterschiedlichen Inhalts geborgen. Sie berichten unter anderem von den Bauten und der Ausstattung des dortigen *Amun*-Tempels, von der Umsiedlung libyscher Prinzen und Einwohner der Oase Bahariya nach Nubien, von dem 701 v. Chr. erfolgten Feldzug gegen die Assyrer, der nach der Thronbesteigung erfolgten Krönung in Memphis und dem Besuch seiner Mutter *Abalo*. Ein besonders faszinierender Bericht über mehrere wunderhafte Ereignisse findet sich auf der Stele Kawa V aus dem sechsten Regierungsjahr. Eine außerordentliche Nilflut von 21 Ellen, wie sie zwischen 950 und 650 v. Chr. nicht gemessen wurde, hatte Ägypten getroffen. *Amun* selbst intervenierte jedoch und tötete alles Ungeziefer und gefährliche Schlangen. Er verhinderte sowohl den zerstörerischen Heuschreckenfraß als auch den Raub der Ernte durch den glutheißen Südwind.

Ein weiterer ungewöhnlicher Text stammt aus dem ägyptischen Dahschur. Die sogenannte »Laufstele« berichtet vom Training des kuschitischen Heeres. Die Soldaten waren angehalten über eine Strecke von 2 × 50 km durch die Wüste zu laufen, von Memphis in das Faijum und zurück, und dies in einer Zeit von jeweils vier Stunden. Zwar wurde *Taharqa* wie alle seine Vorgänger anscheinend in Nubien bestattet, doch ließ er sich nicht in der alten königlichen Nekropole von el Kurru ein Grabmal errichten, sondern begründete weiter nördlich in Nuri einen neuen Friedhof. Mit fast 52 m Seitenlänge ist die Pyramide des *Taharqa* (Nu 1) die größte Pyramide des heutigen Sudan. Insbesondere der Bereich der unterirdischen Grabanlage wurde geradezu einzigartig gestaltet. Als Vorbild hierfür wird häufig und wohl zurecht auf das Osireion von Abydos am Tempel *Sethos' I.* verwiesen.

Taharqa hatte offensichtlich eine besondere Beziehung zu Abydos und zum Gott *Osiris* entwickelt. Dabei hat wahrscheinlich die Position des Gottes als Herr und Richter der Toten eine eher untergeordnete Rolle gespielt. Im Vordergrund des Gotteskonzeptes der pharaonischen Spätzeit stand eher der regenerative Aspekt und die aus dem Mythos erwachsende Bedeutung für die Legitimation und Ideologie des Königskonzeptes.

Osiris als Gott des Königtums fällt in Konstellation mit Taharqa als dem Horus-König die Rolle des mythischen Ahnen zu. Die Anerkennung des Königs vor der Götterwelt als Erbe des royalen Amtes ist die Voraussetzung für die legitime Regentschaft. Die Kapellen von Karnak und auch andere Denkmäler betonen die Rolle des Taharqa als Horus-König, der von Isis auf den Thron gebracht wird. In der kuschitischen Königsideologie fällt der Königsmutter die Rolle der Isis zu. Häufig angeführt wird diesbezüglich eine Textpassage auf der Stele Kawa V. Die Mutter des Taharqa, zu Isis stilisiert, besucht anlässlich der Krönung des Königs in Memphis ihren Sohn Horus, der »auf dem Thron seines Vaters Osiris« erschienen war. In einem anderen Text, auf dem Pylonen des Tempels von Kawa heißt es: »deine (Mutter ist Isis), seine Mutter ist Isis. Dein Vater ist Osiris, sein Vater ist Osiris. Der Sohn des Re Taharqa, den seine Mutter Isis geboren hat.« Es scheint daher naheliegend, dass sich Taharqa für den Fall seines Ablebens, nach dem er zu Osiris geworden sein sollte, ein osirianisches Grabmal in seiner Pyramide von Nuri anlegen ließ, das dem Konzept des Osireions von Abydos entsprach.

AE

Literatur:

J. Leclant, in: LÄ VI (1986) Sp. 156–184. Schneider, Lexikon (²1997) S. 281–283. Török, The kingdom of Kush (1997). Morkot, The black pharaohs (2000). Myśliwiec, The twilight of ancient Egypt (2000). Lohwasser, Die königlichen Frauen (2001). Lull, Las tumbas reales (2002). Breyer, Tanutamani (2003). Dallibor, Taharqo (2005). D. Kahn, in: Ä&L 16 (2006) S. 275–291. Michaux-Colombot, Acta Nubica (2006) S. 457–465. D. Kahn, in: Der Antike Sudan 17 (2006) S. 135–141. S. Wenig, in: Der Antike Sudan 17 (2006) S. 39–45. Kucharek, Konstruktionen der Macht (2006), S. 117–130. Bonnet/Valbelle, Pharaonen (2006). D. Kahn, in: SAK 34 (2006) S. 251–267. R. K. Ritner, in: Fs Lesko (2008) S. 305–314. T. Kendall, in: PAM Supplement Series 2:1 (2008) S. 117–147. Jansen-Winkeln, Inschriften der Spätzeit, Teil 3 (2009). Ritner, Libyan Anarchy (2009). Coulon, Le cult osirien (2010) S. 1–19. P. Meyrat, in: ZÄS 139 (2012) S. 46–65. Dodson, Afterglow of Empire (2012). M. Fitzenreiter, in: Fs Wenig (2014) S. 111–128. J. Pope, Taharqo (2014). Lenzo, Stèles de Taharqa (2015). Kitchen, in: The context of Scripture 4: Suppl. (2016) S. 18–24. G. P. F. Broekman, in: GM 251 (2017) S. 13–20.

PSAMMETICH I.

Titel	Name	Übersetzungsvorschlag
Horus	*Aa-ib*	»Groß an Herz«
Der der beiden Herrinnen	*Neb-a*	»Herr des (schlagenden) Armes«
Goldhorus	*Qenu*	»Der Tapfere«
König von Ober- und Unterägypten	*Uach-ib-Re*	»Mit beständigem Willen ist Re«
Sohn des Re	*Pesemetek*	Psammetich

Psammetich I., der vermutlich libyscher Abstammung war, gilt als Begründer der 26. Dynastie. Mit seiner Regierung fängt die sogenannte Saitenzeit an, die nach der Herkunft der Herrscherlinie (aus Sais) benannt ist und die mit der zweiten persischen Eroberung Ägyptens durch *Kambyses II.* sowie der Gründung der 27. Dynastie endete.

Psammetich I. war der Sohn und Nachfolger von *Necho I.* Sein Vater wurde von den assyrischen Königen *Asarhaddon* und *Assurbanipal* nach der Eroberung Ägyptens in der Funktion eines Vasallen als Herrscher von Sais und Memphis eingesetzt. *Psammetich I.* seinerseits wurde zunächst unter dem assyrischen Namen »*Nabuschezibani*« als Regent von Athribis eingesetzt. Insgesamt erstreckt sich seine Regierungszeit von 664 bis 610 v. Chr.

Bei den Kämpfen der Deltafürsten gegen *Tanutamun*, der Nachfolger von *Taharqa* und letzte König der kuschitischen 25. Dynastie, starb *Necho I. Tanutamun* eroberte in den Kämpfen mit den Deltafürsten Memphis und das Delta zurück. Diese Ereignisse sind auf der sogenannten »Traumstele des *Tanutamun*« beschrieben. Als *Tanutamun* ins Nildelta drängte, musste *Psammetich I.* vermutlich in den nordöstlichen Teil des Deltas fliehen. Nach der Darstellung auf der Traumstele schloss *Tanutamun* nach seinem erfolgreichen Vorstoß nach Norden Frieden mit der Delta-Fürstenschaft.

Der militärische Erfolg von *Tanutamun* währte jedoch nur kurze Zeit, denn die assyrische Armee, die unter der Führung von *Assurbanipal* stand, kehrte mit dem Ziel zurück, die kuschitische Herrschaft *Tanutamuns* zu beenden. Dabei plünderten die Assyrer im Jahr 663 v. Chr. Theben und *Tanutamun* wurde nach Süden vertrieben.

In Oberägypten regierten zu dieser Zeit immer noch der amtierende »Bürgermeister von Theben« *Monthemhet* und die »Gottesgemahlin des *Amun*«, *Schepenupet II.* Das Norddelta wurde hingegen von libyschen Fürstentümern beherrscht. Das Westdelta wurde von *Psammetich I.*, der sich in einer Vasallen-Beziehung mit dem assyrischen Staat befand, kontrolliert.

Psammetichs I. primäres Ziel bestand nun darin, die einzelnen Fürstentümer des Deltas aufzulösen und diese Mächte unter seiner Oberherrschaft zu vereinen. Dieses Ziel verfolgte er durch unterschiedliche Maßnahmen. Während der Großfürst von Mendes ab dem Jahr 660 v. Chr. »plötzlich« nicht mehr in den ägyptischen Quellen erwähnt wurde, ersetzte offenbar der saitische Beamte *Schesemunacht* den Fürsten von Busiris. In Sebennytos hingegen erkannte der Nachfolger der libyschen Fürstenfamilie, *Akanosh C*, die Herrschaft *Psammetichs I.* an und trug ebenso wie *Schesemunacht* den Titel eines Gouverneurs. Schrittweise wurden die Nachkommen der alten libyschen Fürstenfamilien aus dem Nildelta in den saitischen Verwaltungsapparat eingegliedert.

In seinem achten Regierungsjahr (657 v. Chr.) hatte *Psammetich I.* die Kontrolle über das ganze Delta gewonnen. Dies belegt die Schenkungsstele (E 10572 = C297) aus dem Louvre Museum. Die Schenkungsstele ist das am spätesten zu datierende Denkmal, auf dem der Name eines Großfürsten zu finden ist. Obwohl der Stifter der Schenkungsstele *Padichons* der lokale Fürst von Pharbaistos war, ist König *Psammetich I.* auf der Stele dargestellt. In der Inschrift der Stele ist zudem das achte Regierungsjahr *Psammetichs I.* und nicht das Regierungsjahr des lokalen Fürsten genannt. In der Darstellung trägt *Psammetich I.* den Beinamen »König der Beiden Länder«.

Für den Aufbau der Herrschaft *Psammetichs I.* in Unterägypten spielte die militärische Unterstützung durch König *Gyges* von Lydien um 660 v. Chr. eine wichtige Rolle. Diese bestand vor allem darin, dass Söldnertruppen zur Verfügung gestellt wurden, die sogar in assyrischen Annalen König *Assurbanipals* Erwähnung fanden. HERODOT berichtet ebenfalls darüber, dass Ionier und karische Söldner nach Ägypten kamen (Herodot II, 152–155). Eine zweite militärische Reform, die später für *Psammetichs* Feldzüge nach Asien eine große Rolle spielte, war der Ausbau der Kriegsflotte im Mittelmeer, die auch in den entsprechenden Amtstiteln ihren Ausdruck fand. Anstelle von Amtsbezeichnungen, die sich auf den Nilschiffsverkehr bezogen, tauchen jetzt Titel auf, die eine Verbindung zur Seeflotte aufwiesen.

In Mittelägypten hatte *Psammetich I.* eine starke Allianz mit der dort regierenden Familie etabliert. Der Fürst *Padiese*, der am Ende der 25. Dynastie in Herakleopolis herrschte, hatte in die saitische Dynastie eingeheiratet. Sein Sohn *Sematauitefnacht*, der *Padiese* im vierten Regierungsjahr *Psammetichs* (661 v. Chr.) nachfolgte, spielte schließlich auch eine bedeutende Rolle bei der Eroberung von Theben durch *Psammetich I.*

Seit der Regierungszeit des Königs *Taharqa* übten in Theben der bereits weiter oben genannte *Monthemhet*, der »Bürgermeister von Theben«, und die »Gottesgemahlin des *Amun*« *Schepenupet II.* die eigentliche Herrschaft aus. In Theben stellten sie das politische und religiöse Machtzentrum dar und verkörperten das politische Instrument und die anerkannte moralische Autorität des Pharaos. *Monthemhet*, der mit der kuschitischen Prinzessin *Udjarenes* verheiratet war, galt als einflussreichste Person der oberägyptischen Politik. Selbst die assyrischen Quellen bezeichneten ihn als Regenten von Oberägypten.

Im neunten Regierungsjahr *Psammetichs I.* (656 v. Chr.), ein Jahr nachdem er das ganze Delta wiedervereint hatte, fand ein politisches und religiöses Ereignis statt, das *Psammetich I.* die Macht über Oberägypten bestätigte. *Psammetich I.* setzte seine Tochter *Nitokris* als »Gottesgemahlin des *Amun*« ein. Dieses Ereignis wird in der sogenannten »Adoptionsstele der *Nitokris*« beschrieben. Die Stele, die im Tempel von Karnak gefunden wurde und sich heute im Museum Kairo (JE 36327) befindet, berichtet über die Reise von *Nitokris* nach Theben und ihre Ritualeinführung als »Gottesgemahlin des *Amun*«. Hierfür musste *Nitokris* von der amtierenden Gottesgemahlin adoptiert werden. Zu der Zeit war *Amenirdis II.*, die Tochter des *Taharqa*, im Amt. Sie wurde von ihrer Vorgängerin und Tante *Schepenupet II.* in das Amt eingeführt und adoptiert.

Nitokris trug als Gottesgemahlin den Namen *Schepenupet III.* Sie verließ Anfang März des Jahres 656 v. Chr. die Residenz in Richtung

Theben mit voll beladenen Schiffen. Die Nilreise wurde durch den Truppenvorsteher und Gouverneur von Herakleopolis *Sematauitefnacht* geleitet. Die Stele beschreibt die Ankunft als eine feierliche Prozession, in der *Nitokris* von Menschenmassen bejubelt wurde. Die sogenannten »*Pianchi*-Blöcke« (Kairo JE 31886) halten diesen Moment ebenfalls fest. Diese Reliefblöcke aus dem *Mut*-Tempel in Karnak wurden eine Zeit lang dem kuschitischen König *Pianchi* zugeschrieben. Heute werden diese Blöcke dahingehend gedeutet, dass sie den Augenblick der Ankunft von *Nitokris* in Theben darstellen. Eines der Fragmente zeigt das Ufergelände des Nils in Karnak, an dem ein mit dem Widderkopf des *Amun* geschmücktes Schiff anlegt. Vielleicht befand sich auf diesem Schiff *Nitokris*. An der Ufermauer steht eine Frau mit kurzer Perücke und langem Gewand, die mit erhobenen Armen die Ankommenden begrüßt. Vermutlich handelt es sich um *Amenirdis II.* oder *Schepenupet II.* Beeindruckend ist jedoch die Liste der auf der Adoptionsstele genannten Güter, die *Nitokris* als »Gottesgemahlin des *Amun*« erhält. Sie bekommt nicht nur Land aus unterägyptischen und oberägyptischen Gauen, sondern auch eine tägliche Opfergabenlieferung, bestehend aus Bier, Brot, Milch, Kräutern, Ochsen und Geflügel, die unter anderem von Propheten des *Amun* geliefert werden sollte. Der Gouverneur von Theben *Monthemhet* und die anderen Propheten des *Amun* blieben allerdings im Amt. So trug *Monthemhet* weiterhin den Titel »Imi-ra-Schema«, »Vorsteher von Oberägypten«, und er behielt seine Stellung in Theben, diente jedoch von nun an *Psammetich I.*

Eins der bekanntesten Denkmäler *Monthemhets* ist sein beeindruckendes Grab (TT 34) aus Theben-West. Es zeichnet sich durch seine Monumentalität, seine architektonische Originalität und Schönheit aus. Der hohe Pylon aus getrockneten Lehmziegeln beherrscht weithin die Landschaft des Asasif und wird sogar von früheren Besuchern beschrieben oder gezeichnet. Ein bemerkenswertes Element des Grabes bildet der erste Lichthof. Seine Wände sind mit großen stilisierten Bündeln von Papyruspflanzen, zwischen denen sich die Eingänge der Nebenräume befinden, dekoriert. Der zweite Lichthof grenzt an zwei Pfeilerhallen. Diese zeigen Reliefs mit bekannten Szenen aus den Gräbern des Alten Reiches, wie z. B. Tätigkeiten der Handwerker oder die Jagd im Papyrusdickicht.

Durch die Anerkennung der thebanischen Hierarchien und der Familienstrukturen der Eliten sowie durch die Einführung von *Nitokris* als »Gottesgemahlin des *Amun*« in Theben 656 v. Chr. festigte *Psammetich I.* seine Herrschaft über das ganze Land. In den folgenden Jahren bestand der Schwerpunkt der Politik *Psammetichs* darin, die Landesgrenzen zu sichern. Im elften Regierungsjahr *Psammetichs I.* (645 v. Chr.) griffen Eindringlinge aus der libyschen Wüste an. Diese wurden von *Psammetich* und seinen Truppen geschlagen. Eine Reihe von Gedenkstelen an der Wüstenstraße bei Dahschur erinnert an diesen Sieg. Vermutlich rüstete *Psammetich I.* die Verteidigung der Landesgrenzen nach diesen Ereignissen weiter auf. Dies geschah laut HERODOT durch Garnisonen in Elephantine, Daphnae und Mare (Kom el-Idris).

Innenpolitisch ließen *Psammetich I.* und seine Nachfolger die Ämter im Süden nach und nach durch Personen, die aus dem Delta stammten, besetzen. *Nesnaisut* wurde als Gouverneur in el-Kab und Edfu eingesetzt. *Nitokris* hatte ebenfalls Vertrauensleute aus dem Norden wie beispielsweise die Oberdomänenvorsteher *Aba*, *Pabasa* und *Pedihorresnet* an ihrer Seite. Auch in Theben gab es mit der Zeit einige Amtswechsel, jedoch wurden hier die Positionen meist innerhalb der hohen Beamtenfamilien weitergegeben. Die Mehrheit der Priester aus dem neunten Regierungsjahr *Psammetichs I.* erschienen wieder im *Orakelpapyrus pBrooklyn 47.218* aus dem 14. Regierungsjahr (651 v. Chr.). Die Ämter einiger Propheten des *Amun* wurden von deren Söhnen übernommen. Nach dem Tod von *Monthemhet* im 17. Regierungsjahr *Psammetichs I.* (648. v. Chr.) übernahm sein Amt als vierter Prophet des *Amun* sein Sohn *Nesptah B.* Dieser hatte seinersetis die Stellung bis zu seinem Tod im 25. Regierungsjahr inne. Danach verschwand diese Familie aus den führenden Ämtern in Theben.

In den Jahrzehnten nach 650 v. Chr. begann sich die außenpolitische Situation vor allem in Bezug auf Vorderasien zu ändern. Assyrien war durch die Kriege gegen Babylon und Elam geschwächt und verlor zunehmend die Kontrolle über die Levante. Nach altgriechischen Quellen nutzte *Psammetich I.* diese Gelegenheit, um seine Außenpolitik voranzutreiben und Ägyptens Macht auszubauen. HERODOT überlieferte, dass *Psammetich I.* die Städte Aschdod und Aschkalon einnahm. Diese Tatsache ist jedoch umstritten.

Nach dem Tod *Assurbanipals* im Jahre 626 v. Chr. war der Zerfall des assyrischen Reiches nicht mehr aufzuhalten. Die Allianz zwischen dem babylonischen König *Nabopolassar* und dem Meder *Kyaxares* führte dazu, dass *Psammetich I.* nun seinerseits das assyrische Reich militärisch aktiv unterstützte. Ägyptische Truppen kämpften 616 und 610 v. Chr. an der Seite der Assyrer. Aber auch diese militärische Unterstützung konnte die Zerstörung von Assur im Jahr 614 v. Chr. und die Zerstörung von Niniveh im Jahr 612 v. Chr. nicht verhindern.

Denkmäler von *Psammetich I.* sind in Ober- und Unterägypten zu finden. In Tell el-Balamun ließ *Psammetich I.* die Mauer um das Tempelareal des *Amun* bauen. Außerdem fand man Gründungsdepots eines Tempels, die ebenfalls *Psammetich I.* zuzuschreiben sind. Aus Athribis stammt zudem das Fragment einer Säulenschranke, das den Namen *Psammetichs I.* trägt. Außerdem fand man einen Skarabäus mit dem Namen des Königs im Grab der Gemahlin von *Psammetich II.* Im Bereich des heiligen Sees in Tanis wurden ferner verschiedene verbaute Blöcke gefunden. Diese gehörten vermutlich einerseits zu einem Kiosk *Psammetichs I.* mit palmenförmigen Säulen und andererseits zum Tempel des *Amun.* Die Reliefs zeigen Reste einer Gauprozession.

Nach Herodot soll *Psammetich I.* am *Ptah*-Tempel in Memphis gebaut haben (Herodot II, 153). Archäologisch ist dieser Umstand jedoch nicht nachzuweisen. Herodot berichtet außerdem, dass der König neben dem *Ptah*-Tempel einen Tempel für den *Apis*-Stier erbauen ließ. Der Tempel hatte einen Hof mit einer Kolonnade, die aus Statuen bestand. Laut einer Serapeumsstele aus seinem 52. Regierungsjahr (Louvre E.335) ließ *Psammetich I.* das Serapeum restaurieren und erweitern. Von den Bautätigkeiten *des Königs* in el-Kab ist außerdem die Erweiterung des *Nechbet*-Tempels hervorzuheben.

Denkmäler *Psammetichs I.* sind darüber hinaus belegt in: Sais (verbauter Block und Opfertafelfragment), Hermopolis parva (Fragmente eines Türpfostens und Unterteil eines Türpfostens aus einem Tempel), Tell el-Yahudiya (Fragment eines Reliefs aus Granit), Tell el-Daphne (Gründungsdepot), Heliopolis (Säulenschranke, Altarträgerstatue, Kniestatue, kleiner Granitnaos und eine Kolossstatue aus Quarzit), Abydos (Türsturzfragment mit

Darstellung von *Psammetich I.* und seiner Tochter *Nitokris*), Koptos (Pfeilerfragmente), Theben (Nilstandsmarken Nr. 39–42 am Kai in Karnak, Sphinx aus der Cachette von Karnak, Bronzestreifen), Esna (verbauter Block im Hypostylensaal *Ptolemaios VI*), Edfu (Blöcke einer Kapelle, Türpfosten), Wadi Hammamat (Graffito), Oase Dachla (Relief aus dem *Seth*-Tempel).

Psammetich I. starb 610 v. Chr. und wurde vermutlich in Sais begraben. Nachfolger war sein Sohn *Necho II.* Neben diesem und seiner Tochter *Nitokris* ist noch die Existenz zweier weiterer Prinzessinnen bekannt: *Meritneith* und *Diisethebsed*. Die Gemahlin von *Psammetich I.* war *Mehitenusechet*, die eine Tochter des Hohenpriesters von Heliopolis *Harsaiset* war.
CBV

LITERATUR:

J. LECLANT, *Montouemhat, quatrieme prophete d'Amon, Prince de la ville*, BdE35, Kairo 1961. H. GOEDICKE, in: *MDAIK* 18 (1962) S. 26–49. R. A. CAMINOS, in: *JEA* 60 (1964) S. 71–101. H. GOEDICKE, in: *JARCE* 8 (1969–1970) S. 69–71. GOMAÀ, *Libysche Fürstentümer* (1974). A. SPALINGER, in: *JARCE* 13 (1976) S. 133–147. A. SPALINGER, in: *LÄIV* (1982) Sp. 1164–1169. D. EIGNER, in: *UKÖAI* 6 (1984) S. 44–46. D. EIGNER, *Die monumentalen Grabbauten der Spätzeit in der Thebanischen Nekropole, UKÖAI* 6, Wien 1984. Redford, *Egypt, Canaan, and Israel* (1992). KITCHEN, *TIP* (²2004). SCHNEIDER, *Lexikon* (1996) S. 200–201. O. PERDU, *Recueil des Inscriptions royales saites* (2002). G. VITTMANN, Ägypten und die Fremden (2003). O. PERDU, in: *RdE* 57 (2006) S. 151–198. D. KAHN, in: *SAK* 34 (2006) S. 251–267. D. KAHN, in: *JAOS* 127.4 (2007) S. 507–516. F. LECLÉRE, *Les villes de Basse Égypte au 1er millénaire av. J.-C., BdE* 144, Kairo 2008. RITNER, *Libyan Anarchy* (2009) S. 575–592. RUZICKA, *Trouble in the West* (2012). DODSON, *Afterglow of Empire* (2012). K. RYHOLT, in: *Fs Neues Museum* (2012) S. 337–353. GAMER-WALLERT, *Wandreliefs Monthemhat (TT34)* (2013). D. AGUT-LABORDÈRE, in: Garcia (Hg.), *Ancient Egyptian Administration* (2013) S. 965–1027. K. JANSEN-WINKELN, *Inschriften der Spätzeit, Teil 4* (2014) S. 1–267. HERODOT, *Historien* II,31.

Necho II.

Titel	Name	Übersetzungsvorschlag
Horus	*Sia-ib*	»Mit erkennendem Herzen«
Der der beiden Herrinnen	*Maa-cheru*	»Gerechtfertigt an Stimme«
Goldhorus	*Meri-netjeru*	»Liebling der Götter«
König von Ober- und Unterägypten	*Uhem-ib-Re*	»Mit erneuerndem Willen ist Re«
Sohn des Re	*Nekau*	Necho

Nach dem Tod von *Psammetich I.* bestieg 610 v. Chr. sein Sohn *Necho II.* den ägyptischen Thron. *Necho II.* regierte zwischen 610 v. Chr. und 595 v. Chr. Seine Mutter war vermutlich *Mehitenusechet*. Als seine Gemahlin wird eine gewisse *Chedebnetiretbinet* im Betracht gezogen. *Necho II.* hatte drei Töchter und einen Sohn, der als *Psammetich II.* sein Nachfolger wurde.

Von Beginn seiner Regentschaft an wurde *Necho II.* mit außenpolitischen Problemen konfrontiert, die bis zu seinem Tod andauern sollten. Der Zerfall des Assyrischen Reiches und die zunehmende Bedrohung durch das Babylonische Reich, das militärisch von Medern und Skythen unterstützt wurde, beeinflussten die außen- und innenpolitischen Entscheidungen *Nechos II.* Über seine innenpolitischen Maßnahmen in Ägypten ist wenig bekannt. Dagegen lassen sich mit den ägyptischen Quellen, den Babylonischen Chroniken, dem *Alten Testament* und der antiken Historiographie vielfältige und ergiebige Quellen für die Außenpolitik *Nechos II.* finden. Er setzte die Asienpolitik seines Vaters fort, indem er das Assyrische Reich unterstützte. Vermutlich wurde er 610 v. Chr. noch als Prinz mit einem ägyptischen Heer nach Harran gesandt, um dem assyrischen König *Assuruballit II.* gegen die Babylonier zu Hilfe kommen. *Necho II.* und seine Truppen mussten sich jedoch aus der Stadt zurückziehen, als die babylonischen Truppen heranrückten. Noch im selben Jahr fiel Harran in die Hände des babylonischen Königs *Nabopolassar*. Ein Jahr später im Jahr 609 v. Chr. führte *Necho II.* erneut eine Armee nach Syrien. Im Verlauf dieses Feldzuges kam es zu einem Treffen in Megiddo mit *Josia*, dem König von Judea. Bei diesem Treffen fand König *Josia* – angeblich durch die Hände von *Necho II.* oder auf dessen Befehl – den Tod. Obwohl *Josia* ein assyrischer Vasall war, hatte *Necho II.* auf diese Art nach dem Tod des assyrischen Königs *Assuruballit II.* im Jahr 609 v. Chr. die Gelegenheit ergriffen, sein Königreich zu festigen und zu vergrößern. *Josia* seinerseits hatte sich mit Babylon verbündet, um seine Interessen zu verteidigen.

Der Nachfolger *Josias* wurde der Prinz *Joahas*, der für eine Fortsetzung der probabylonischen Politik seines Vaters war. Erst drei Monate später ließ *Necho II.* den neuen König *Joahas* zu sich in sein Hauptquartier bei Ribla am Orontes bestellen. *Necho II.* ließ *Joahas* ins Gefängnis einsperren und ernannte stattdessen seinen Bruder *Eljakim* zum neuen König von Judea. In diesem Zusammenhang veranlasste *Necho II.* zudem eine Namensänderung von *Eljakim* zu *Jojakim* (609–598 v. Chr.). *Joahas* wurde vermutlich nach Ägypten deportiert.

Im selben Jahr belagerten assyrische und ägyptische Truppen erfolgreich Harran und *Necho II.* ließ sein Hauptquartier in Karkemisch errichten. Damit bestand für vier Jahre eine formelle Oberherrschaft Ägyptens über Palästina.

Trotz dieser zwischenzeitlichen Erfolge auf assyrischer und ägyptischer Seite war der babylonische König *Nabopolassar* nicht bereit, von seiner expansiven Politik Abstand zu nehmen, und griff 607 v. Chr. erneut Westmesopotamien an. Die Auseinandersetzungen zwischen dem babylonischen Heer und den ägyptischen Truppen in den Jahren 606 und 605 v. Chr. sind gut in den sogenannten Babylonischen Chroniken belegt. Diese Chroniken bestehen aus Tontafeln, die historiographische Texte aus dem Alten Mesopotamien beinhalten. Laut diesen Quellen besetzte das babylonische Heer die Stadt Kimuchu in der Nähe von Karkemisch. Das ägyptische Heer jedoch rückte vor und eroberte die Stadt zurück. *Nabopolassar* ließ seine Truppen am Euphrat weiterziehen und schlug sein Lager bei Quramati auf. *Necho II.* und seine Truppen besiegten die Babylonier und zwangen sie zum Rückzug.

Schließlich kam es bei Karkemisch 605 v. Chr. zu einer Entscheidungsschlacht. Dieses Mal wurde das babylonische Heer nicht durch König *Nabopolassar*, sondern von seinem Sohn und Kronprinzen *Nebukadnezar II.* geführt, und das babylonische Heer schlug die ägyptischen Truppen. Der Rest der Truppen, der nach Hamath fliehen konnte, wurde eingeholt und nochmals geschlagen. Diese doppelte Niederlage des ägyptischen Heeres führte zum Verlust der Oberherrschaft über Syrien und Palästina an das Babylonische Reich. Das bedeutende Ereignis wird auch im *Alten Testament*, in Jer 46,2 und 2 Kön 24,7, erwähnt.

Zudem können archäologische Funde die Anwesenheit von Ägyptern in Karkemisch bestätigen. Im Haus D, Raum 4 und 5 fand man einen bronzenen Silberring mit dem Namen *Psammetich I.* und drei Situlen sowie mehrere Siegelabdrücke von *Necho II.*

Vermutlich aus dieser Zeit stammt auch ein aramäischer Brief auf einem Papyrus, der in einem Tonkrug während der Ausgrabungen in Sakkara im Jahr 1942 gefunden wurde. Der Papyrus enthält zusätzlich eine Zeile in demotischer Schrift. Es handelt sich um den Brief eines Fürsten von Ekron mit dem Namen *Edon*, der an den ägyptischen Pharao gerichtet war. *Edon* bittet darin um militärische Unterstützung gegen das nahende babylonische Heer.

Um das Jahr 604 v. Chr. bestieg *Nebukadnezar II.* selbst den Thron von Babylon und versuchte nun seinerseits, Ägypten zu annektieren. Aus den babylonischen Chroniken erfährt man, dass er im Jahr 601 v. Chr. gegen Ägypten zog, aber eine Niederlage gegen das Heer *Nechos II.* erlitt: »In einer Feldschlacht griffen sie einander an und brachten sich wechselseitig schwere Verluste bei. Der König von Akkad und seine Truppen kehrten zurück nach Babel«. Herodot schreibt jedoch, dass *Necho II.* die Babylonier bei Migdol zurückschlug und daraufhin Gaza zurückeroberte. (Herodot II, 159).

Ein weiterer Schwerpunkt in der Politik *Nechos II.* waren politische Maßnahmen in der Seefahrt, die das Ziel verfolgten, den Handel sicherer zu machen. *Necho II.* hatte mit der Anlage eines Kanals begonnen, der den Nil durch das Wadi Tumilat mit dem Roten Meer verbinden sollte. Arbeiten an diesem Kanal wurden später unter anderem auch von *Darius I.* und *Ptolemaios II.* durchgeführt. Einige antike Autoren berichten über den Bau des Kanals – darunter Herodot (II, 158), Diodor (I, 33) und Strabo (17, I, 25). Laut Herodot ließen 120 000 Arbeiter beim Kanalbau ihr Leben, und *Necho II.* soll schließlich den Bau des Kanals wegen einer negativen Prophezeiung nicht vollendet haben. Vermutlich ließ er in Zusammenhang mit diesem Bauvorhaben auch die

Siedlung Tell el-Maschuta (*Pr-Jtm*, »Haus des *Atum*«, Pithom) neu gründen.

Necho II. hatte wie sein Vater *Psammetich I.* die Beziehungen zu den griechischen Stadtstaaten gefestigt. So dienten u. a. griechische Söldner dem Pharao in den Kämpfen gegen das Babylonische Reich. HERODOT berichtet sogar, dass *Necho II.* für seine Siege im Kampf gegen die Babylonier seine Rüstung dem Orakel des *Apollons* von Didyma bei Milet geweiht hatte. Leider gibt es keine expliziten archäologischen Belege dafür, auch wenn im Fundmaterial aus Didyma Waffenweihungen sowie metallene Schuppen von Panzerhemden auftauchen. Auf Rhodos wurden jedoch Einlagen eines Schreins im Heiligtum der *Athena Lalysia* gefunden, die als Weihgabe *Nechos II.* gedeutet werden. Diese Maßnahmen dienten dazu, die Beziehung zwischen *Necho II.* und seinen griechischen Söldnern zu festigen, denen eine wichtige Rolle im ägyptischen Militär zukam.

Von HERODOT erfahren wir auch, dass *Necho II.* die Flotte ausbauen ließ (Herodot II, 159). Er berichtet vom Bau von Schiffen im Mittelmeer und im Roten Meer. Ob es sich bei diesen Schiffen um die rudergetriebenen Kriegsschiffe, Triremen, handelt, ist umstritten. Aus Elephantine stammt ein Rosengranitblock mit der Kartusche von *Necho II.* Der Block beinhaltet eine Aufstellung von Schiffstypen mit der Angabe Ihrer Zahl. Ob die Aufstellung mit der Erzählung von HERODOT oder mit einer militärischen Expedition nach Süden in Verbindung steht, ist jedoch unklar. Ebenso ist umstritten, ob die – von HERODOT in seinen Historien (IV.42) beschriebene und vermeintlich von *Necho II.* veranlasste – Umsegelung Afrikas durch phönizische Seefahrer stattgefunden hat.

Necho II. starb kurz nach der Bestattung eines *Apis*-Stieres, die nach einer Serapeumsstele aus Sakkara (Louvre IM 133) im 16. Regierungsjahr des Königs stattfand. Vermutlich wurde der König in Sais begraben, wie es ein Skarabäus und zwei Uschebtis (Leiden F. 1998/7.1 und London UC 38081) nahelegen. Ob nach seinem Tod eine absichtliche Tilgung seines Namens (*Damnatio Memoriae*) auf seinen Denkmälern stattfand, ist weiterhin umstritten.

In verschiedenen Städten im Nildelta (Rosetta, Foua, el-Naharriya) wurden Blöcke aus Quarzit mit Inschriften des Königs gefunden. Diese Blöcke stammten ursprünglich vermutlich aus einem

Gebäude in Sais. Außerdem stammen ein Gewichtstein (Kairo CG 31604) und eine Bronzestatuette (Boston 1970.637) aus Sais.

Aus Heliopolis stammt vermutlich eine Säulenschranke (Wien 213) aus grünem Schiefer. Die Schranke ist auf beiden Seiten dekoriert. Der untere Bereich ist mit einer stilisierten Palastfassade geschmückt. Den oberen Abschluss bilden Rundstab und Hohlkehle. Auf einer Seite über der Hohlkehle ist ein Falken- und auf der anderen Seite ein Uräenfries zu sehen. Der Mittelteil enthält Darstellungen vom König beim Opfern vor verschiedenen Gottheiten. Der Block wurde später für andere Zwecke verwendet, wie die zwei gebohrten Löcher im Mittelteil belegen. Gegenstücke zu der Wiener Schranke finden sich im British Museum (EA 20, 22 und 998) und Bologna (1870). Das Wiener Stück trägt den Namen *Psammetichs II.*, war aber vermutlich für *Necho II.* bestimmt. Das Londoner Schrankenstück (BM 20) trägt den Namen von *Psammetich I.*, die Objekte BM 22, BM 998 und Bologna 1870 hingegen den von *Nektanebos I.*

Weitere Denkmäler des Königs sind bezeugt in Kom el-Hisn (Tempelrelief), aus Kom Abu Billu (Relieffragment), aus Menuf (Kalksteinblock), Athribis (Naos, später von *Psammetich II.* usurpiert), Tanis (Fragment einer Wasseruhr), Tell Defenneh (Gefäßverschluss mit vier Abdrücken eines Siegels, Gefäßgriff mit Siegelabdruck), Memphis (Felsstele in den Steinbrüchen von Tura, Türangel (später von *Psammetich II.* usurpiert), Löwenbett aus Alabaster, Silberplättchen als Gründungsbeigaben aus dem kleinen Tempel *Ramses' II.*, kartuschenförmige Plakette aus Giza, Serapeumsstele aus dem 16. Regierungsjahr, Modellsäule aus Fayence aus der Tiernekropole von Sakkara), Hermopolis (Siegelabdruck), Deir el-Abyad (Altar aus Rosengranit aus dem Tempel der *Mehit*), Theben (Relieffragment aus Karnak, gestempelte Ziegel aus dem *Osiris*-Grab in Karnak-Ost, Türpfosten in der *Osiris*-Kapelle in Karnak), Hierakonpolis (Alabastervase), Elephantine (Stelenfragment aus *Satis*-Tempel), Wadi Hammamat (Graffiti Nr. 97 und Nr. 99), Oase Dachla (verbauter Block im römischen Tempel des *Thot*), Sidon (Relieffragment aus Basalt), Persepolis (Sockel aus Fayence, Schale aus Alabaster), Rhodos (Einlagen von Schrein *Nechos II.* im *Athena*-Tempel von Lalysia).
CBV

DIE SPÄTZEIT

LITERATUR:

Kienitz, *Politische Geschichte* (1953) S. 20–25. A. B. Lloyd, in: *JEA* 58 (1972) S. 268–279. E. Lipiński, in: *AION* 22 (1972) S. 235–341. G. Vittmann, in: *Or* 44 (1975) S. 378–379. C. Müller, in: *MDAIK* 31 (1975) S. 83 f. A. B. Lloyd, in: *JEA* 63 (1977) S. 142–155. A. Spalinger, in: *SAK 5* (1977) S. 221–244. D. B. Redford, in: *LÄIV* (1982) Sp. 369–371. R. Borger, in: *TUAT* 1,4 (1982–1985) S. 402–404. W. C. Delsman, in: *TUAT* 1,6 (1982–1985) S. 633–634. A. Malamat, in: *Studia Theologica* 44 (1990) S. 67–77. Redford, *Egypt, Canaan, and Israel* (1992) S. 447 ff. C. A. Redmount, in: *JNES* 54 (1995) S. 127–135. Schneider, *Lexikon* (1996) S. 169–170. Schipper, *Israel und Ägypten* (1999) S. 234–242. R. B. Gozzoli, in: *JEA* 86 (2000) S. 67–80. H. Donner, *Geschichte des Volkes Israel und seiner Nachbarn in Grundzügen*, Göttingen 2000, S. 393–395, 402–404. J. Moje, in: *Fs Graefe* (2003) S. 197–211. Vittmann, *Ägypten und die Fremden* (2003). Smolāriková, *Saite forts in Egypt* (2008). T. Handoussa, in: *Gs Tawfik* (2009) S. 121–124. Dodson, *Afterglow of Empire* (2012). Agut-Labordère, in: Garcia (Hg.), *Ancient Egyptian Administration* (2013) S. 965–1027. Jansen-Winkeln, *Inschriften der Spätzeit, Teil 4* (2014) S. 268–296. D. Kahn, in: J. Mynářová/P. Onderka/P. Pavúk (Hg.), *There and Back Again – The Crossroads II*, Prag 2015. (2 Kön 23,29; 2 Chr 35, 20–25). (2 Chr. 23,31–35).

PSAMMETICH II.

Titel	Name	Übersetzungsvorschlag
Horus	*Menech-ib*	»Mit trefflichem Herzen«
Der der beiden Herrinnen	*User-a*	»Mit starkem Arm«
Goldhorus	*Senefer-taui*	»Der die Beiden Länder vollkommen macht«
König von Ober- und Unterägypten	*Nefer-ib-Re*	»Vollkommenen Herzens ist Re«
Sohn des Re	*Pesemetek*	Psammetich

Psammetich II. (595–589 v. Chr.) war der dritte König der 26. Dynastie und Nachfolger seines Vaters *Necho II.* Von der naophoren Statue von *Hor-ir-aa* (Kairo CG 658) – dem Erzieher der Königskinder am Hofe *Nechos II.* – sind *Psammetich II.* und seine drei Schwestern *Isisemachbit*, *Merinebet* und *Merineithites* bekannt. Die Statue, die vermutlich aus Sais stammt, ist nicht vollständig. Die Füße der Königskinder an den Seiten des Naos sind jedoch noch erkennbar.

Die Gemahlin von *Psammetich II.* war *Ta-chuit*, deren Grab in Athribis gefunden wurde. Darin entdeckte man neben Skarabäen, Uschebtis und anderen kleinen Gegenständen auch den Sarkophag der Königin. Dieser befindet sich heute im Museum von Kairo. Von *Psammetich II.* ist bekannt, dass er zwei Kinder hatte – einen Sohn namens *Apries*, der sein Nachfolger wurde, und seine Tochter *Anchnesneferibre*. Seine Tochter war eine »Gottesgemahlin des *Amun*«. Laut der Stele aus der Cachette von Karnak (Kairo JE 36907) wurde sie bereits im ersten Regierungsjahr von *Psammetich II.* in das Amt eingeführt und von *Nitokris*, der Tochter *Psammetichs I.*, adoptiert.

Obwohl *Psammetich II.* nur sechs Jahre regierte, sind einige wichtige Ereignisse aus seiner Regierungszeit überliefert. Dazu zählt eine militärische Kampagne gegen Nubien, die durch Stelen aus Karnak, Tanis (Kairo JE 65098) und Schellal sowie ein Fragment aus Edfu gut belegt ist. Die Stelen berichten, wie das ägyptische Heer von Elephantine aus nach Nubien vorstieß. Der am besten erhaltene Text ist die große Stele aus Schellal, die sich heute im Tempel von Kalabscha befindet. Die Inschrift überliefert, dass sich am 8. Oktober im dritten Regierungsjahr *Psammetichs II.* (592 v. Chr.) der König in Oberägypten auf Vogeljagd befand und vermutlich das Abaton auf der Insel Biggeh besuchte. Dort erhielt er die Nachricht, dass die ägyptischen Truppen, die er einige Zeit zuvor nach Nubien entsandt hatte, nun vor der Stadt Pnubs standen. Der König schloss sich den Truppen an und es kam zu einer Schlacht, in deren Verlauf 4200 nubische Kämpfer gefangen genommen werden konnten.

Dieser Feldzug gegen Nubien ist auch durch die Graffiti auf den Ramseskolossen aus Abu Simbel belegt. Die Graffiti sind in griechischer, karischer und phönizischer Sprache verfasst und stammen von Söldnern, die zusammen mit dem ägyptischen Heer *Psammetichs II.* gegen Nubien zogen. Während ihres Aufenthalts in Abu Simbel verewigten sich die Soldaten auf dem Tempel von *Ramses II.* Die Mehrheit der dabei entstandenen Graffiti besteht aus kurzen Texten. Das längste Graffito ist in griechischer Sprache abgefasst und gehört zu den bekanntesten archaischen griechischen Schriftdokumenten. Darin heißt es: »Als König *Psammatichos* nach Elephantine kam, da schrieben das diejenigen, die mit *Psammatichos*, dem Sohn des *Theokles*, segelten und bis oberhalb von Kerkis kamen, soweit es der Fluss erlaubte. *Potasimto* führte die

Anderssprachigen, *Amasis* die Ägypter. Es schrieben uns *Archon*, Sohn des *Amoibichos*, und *Pelekis*, Sohn des *Eudamos*«.

Diese Inschrift bestätigt die Erzählungen der Stele aus Schellal. Der König befand sich auf Elephantine, als er die Nachricht der Feldzugtruppen erhielt. Mit der Aussage »soweit es der Fluss erlaubte« ist vermutlich ein Nilkatarakt gemeint. Diese Aussage und die Nennung des Datums auf der Schellalstele, die mit der Überschwemmungszeit übereinstimmt, lassen vermuten, dass der Vorstoß gegen Nubien per Schiff durchgeführt wurde. Die Identifizierung der Ortschaft Kerkis ist unklar. Mit Pnubs ist vermutlich das antike Kerma gemeint, das südlich des 3. Nilkatarakts lag. Ob die Armee schließlich auch Napata erreichte und noch tiefer in das kuschitische Land bis zum 4. Katarakt vordrang, ist unklar.

Laut dem Graffito wurden die Truppen in zwei Gruppen aufgeteilt. Die ägyptische Gruppe wurde von *Amasis* geführt und die ausländische Gruppe von *Potasimto*. Der unter der griechischen Variante (*Potasimto*) seines Namens erwähnte Truppenvorsteher *Padisemataui* stammte aus Pharbaitos. Er und auch seine Familie sind durch andere Schriftzeugnisse sehr gut belegt. Zudem wird *Psammetich*, der Sohn des *Theokles*, als eine Schlüsselfigur des Feldzugs angesehen, da dieser wegen seiner guten Schifffahrtskenntnisse die Expedition auf dem Nil leitete. Neben den angeführten Quellen hat dieses Ereignis auch in der antiken griechischen Geschichtsschreibung Anklang gefunden. So erwähnt HERODOT in seinen Historien ebenfalls den Feldzug *Psammetichs II.* nach Nubien.

Ein Jahr später (591 v. Chr.) unternahm *Psammetich II.* eine Reise nach Palästina. Auf dem *Papyrus Ryland IX*, der aus der Zeit von *Darius I.* stammt, ist in demotischer Sprache eine Petitionsschrift von *Padiiset*, einem Schreiber des *Amun*-Tempels von el-Hibe, überliefert. Er erzählt die Geschichte seiner Familie seit dem Beginn der 26. Dynastie, als sein Ururgroßvater, der ebenfalls *Padiiset* hieß, das Priesteramt unter *Psammetich I.* ausübte. Ferner berichtet er, dass die Ämter seiner Familie durch Intrigen genommen wurden. *Padiiset* machte mit dieser Petition seine Ansprüche auf die Priesterämter und die damit verbundenen Einkünfte geltend. Dieses Dokument ist eine wichtige Quelle, um die wirtschaftlichen und administrativen Verhältnisse der Tempel in der Saitenzeit zu verstehen.

Auf dem Papyrus wird ebenfalls festgehalten, dass *Psammetich II.* nach Palästina gereist ist: »Im Jahre 4 des Pharaos *Psammetich Neferibre* sandte man zu den großen Tempeln von Ober- und Unterägypten mit den Worten: ›Der Pharao begibt sich ins Syrerland. Mögen [die] Priester mit den Blumengebinden der Götter von Ägypten kommen, um sie mit dem Pharao ins Syrerland zu nehmen.‹« In der Ägyptologie wurde lange diskutiert, ob es sich hierbei um eine Wallfahrt oder einen militärischen Feldzug handelte. Sollte es sich tatsächlich um eine Pilgerreise gehandelt haben, wird vermutet, dass die Reise zur See durchgeführt wurde und dass das Ziel der Reise die Stadt Byblos war. Die jüngsten Thesen deuten jedoch auf einen Feldzug hin. Demzufolge hätte *Psammetich II.* die Situation des Babylonischen Reiches, dessen Einfluss in Asien immer kleiner wurde, ausgenutzt, um nach Palästina zu ziehen.

Umstritten ist auch, inwiefern *Psammetich II.* die antibabylonische Politik von König *Zedekia* von Judea beeinflusst hat. Einige Ägyptologen sind der Meinung, dass Ägypten König *Zedekia* geraten habe, sich von Babylonien abzuwenden. Es bleibt dann aber die offene Frage, wieso Ägypten sich nicht an der antibabylonischen Konferenz im Jahr 593 v. Chr. in Jerusalem beteiligte, an der u. a. die Könige von Edom, Moab, Ammon, Tyrus und Sidon teilnahmen. Der Zweck dieser Konferenz war vermutlich, ein Bündnis zu schließen, um sich von der babylonischen Oberherrschaft zu befreien. *Psammetich II.* verstarb in seinem sechsten Regierungsjahr und wurde in Sais begraben. Seine Nachfolge als König trat wie bereits weiter oben erwähnt sein Sohn Apries an.

Belege für Bautätigkeiten *Psammetichs II.* aus dessen Regierungszeit finden sich in ganz Ägypten. Durch eine Inschrift auf der Statue des *Neferibrenefer* (Kairo CG 658) erfahren wir, dass *Psammetich II.* mehrere Gebäude in Sais restaurierte. Er ließ außerdem Kapellen für die Göttin *Neith* und für den Gott *Osiris* bauen. Es wird auch erwähnt, dass er Obelisken errichtete und die Götterbarke restaurierte. Aus Sais stammen ebenso Sphingen und eine Stele.

Neben den oben genannten Stelen ist *Psammetich II.* belegt in: Damanhur (Sockel), Naukratis (Skarabäen), Buto (Blöcke aus dem Tempelareal), Tanis (Fragment einer Kniefigur), Bubastis (Stele), Tell Defenneh (Krugversiegelung, Silberring), Letopolis (Statuenfragment), Heliopolis (Obelisk von *Augustus* nach Rom gebracht, Sphinx, Säulenschränke, Basaltblock als Schwelle in einem Haus in Pompeji verbaut), Memphis (Schenkungsstele, Türangel, Fayencetäfelchen aus Sakkara), Theben (Tor zur Kapelle des *Amun-Kamutef*-Heiligtums im *Mut*-Bezirk von Karnak, Obeliskfragmente), Elephantine (Fragmente einer Sitzstatue aus dem *Chnum*-Tempel, Dekorationsfragmente eines Kultbaus für *Chnum*, Architekturfragmente aus dem Bereich nördlich des Heqaib-Heiligtums, Fragmente mit Nilgötterprozession aus dem Bereich des *Satis*-Tempel), Philae (Fragmente von Säulen eines Kiosks im Tempel von Philae). Außerdem ist die Kartusche von *Psammetich II.* durch Graffitti im Wadi Hammamat (Nr. 100), den Steinbrüchen von Massara und auf Biggeh belegt. *Psammetich II.* gründete zudem vermutlich den Tempel des *Amun* von Hibis in der Oase el-Charga. Außerdem usurpierte *Psammetich II.* mehrere Denkmäler von kuschitischen Königen und von seinem Vater und Vorgänger *Necho I.*: Blöcke aus dem *Apis*-Tempel in Memphis mit Königsnamen des *Schabaqo*, Kiosk *Taharqas* im Vorhof des Tempels von Karnak (ebenfalls später von *Ptolemaios IV.* usurpiert), Vorbau zum 2. Pylonen von Karnak mit Kartuschen *Taharqas*, Fragment einer Säule *Taharqas* aus dem Vorhof des *Opet*-Tempels von Karnak, Kapelle *Taharqas* am Nordrand des heiligen Sees von Karnak, Altar *Nechos II.* aus Rosengranit und Fragment einer Inschrift *Nechos* aus Hermopolis, Türangel am Palast des *Apries* in Memphis (ursprünglich von *Necho II.*) und ein Naos aus Athribis, der ursprünglich für *Necho II.* bestimmt war. Die *Damnatio Memoriae* der kuschitischen Könige wird als Ausdruck einer Abgrenzung von der kuschitischen Dynastie gedeutet.

Außerdem erscheint der König *Psammetich II.* als literarische Figur in der demotischen Tiergeschichte »Die Schwalbe und das Meer«. Laut dieser Fabel erhielt er einen Brief von einem Fürsten aus Arabien, der *Auski* hieß.

CBV

LITERATUR:

J. YOYOTTE, in: *RdE* 8 (1951) S. 215–239. J. YOYOTTE, in: *VT* 1.2 (1951) S. 140–144. F. SAUNERON/J. YOYOTTE, in: *BIFAO* 50 (1952) S. 157–207. KIENITZ, *Politische Geschichte* (1953) S. 25 ff., 53 f., 128 f. R. EL-SAYED, in: *BIFAO* 74 (1974) S. 29–44. G. VITTMANN, in: *Or* 44 (1975) S. 379–380. H. GOEDICKE, in: *MDAIK* 37 (1981) S. 187–198. A. SPALINGER, in: *LÄ IV* (1982) Sp. 1169–1172. R. D. GOZZOLI, in: *JSSEA* 25 (1995) S. 46–49. K. JANSEN-WINKELN, in: *MDAIK* 52 (1996) S. 187–199. SCHNEIDER, *Lexikon* (1996) S. 201–202. A. LEAHY, in: *JEA* 82 (1996) S. 145–165. G. VITTMANN, Ägypten und die Fremden im ersten vorchristlichen Jahrhundert, Mainz 2003. CH. BONNET/D. VALBELLE, *Pharaonen aus dem schwarzen Afrika*, Mainz 2006. D. KAHN, in: *JAOS* 127.4 (2007) S. 507–516. HOFFMANN/QUACK, *Anthologie der demotischen Literatur* (2007) S. 22–54, 194–195. D. KAHN, in: *JEH* 1.1. (2008) S. 139–157. QUACK, *Literaturgeschichte III* (2009) S. 162–166. D. AGUT-LABORDÈRE, in: *PALLAS* 89 (2012) S. 293–306. D. AGUT-LABORDÈRE, in: Garcia (Hg.), *Ancient Egyptian Administration* (2013) S. 965–1027. JANSEN-WINKELN, *Inschriften der Spätzeit, Teil 4* (2014) S. 297–350. R. Gozzoli, *Psammetichus II, Reign, Documents and Officials*, London 2017. HERODOT, *Historien* II, 161.

APRIES

Titel	Name	Übersetzungsvorschlag
Horus	*Uah-ib*	»Mit beständigem Willen«
Der der beiden Herrinnen	*Neb-Chepesch*	»Herr an Kraft«
Goldhorus	*Sewadj-taui*	»Der die Beiden Länder gedeihen lässt«
König von Ober- und Unterägypten	*Haa-ib-Re*	»Jubelnden Herzens ist Re«
Sohn des Re	*Uah-ib-Re*	»Mit beständigem Willen ist Re«

Apries war der Sohn und Nachfolger von *Psammetich II.* Er ist der vierte König der 26. Dynastie und regierte zwischen 589 v. Chr. und 570 v. Chr. Über seine weitere Familie liegen keine sicheren Erkenntnisse vor. Dass eine *Chedeb-net-iret-binet II.* eine Tochter des *Apries* gewesen ist, kann nicht sicher belegt werden. Es wird jedoch in Betracht gezogen, dass *Chedeb-net-iret-binet II.* mit der Prinzessin *Meritnebes* identisch sein könnte, die auf einem Uschebti und auf einem Basaltfragment (UC 14744) belegt ist. Von HERODOT erfahren wir zudem, dass eine Tochter des *Apries* mit Namen *Nitetis* die Mutter des Perserkönigs *Kambyses* war.

Die Außenpolitik von *Apries* charakterisierte sich insbesondere durch die Bestrebung, den ägyptischen Einfluss in der Levante aufrechtzuerhalten. In seinem zweiten Regierungsjahr sah sich *Apries* mit den Bestrebungen des babylonischen Königs *Nebukadnezar II.* konfrontiert, Judea zu erobern, wo eine Rebellion ausgebrochen war. Welche Rolle *Apries* in dieser Rebellion spielte, ist unklar. Anhaltspunkte sind auf dem Ostrakon Nr. 3 (IDAM 38.127) der sogenannten Lachisch-Ostraka zu finden. Diese enthalten kurze Briefe eines Kommandanten, die an einen ihm übergeordneten Befehlshaber oder Beamten in Lachisch (heute Tell ed-Duwer, südwestlich von Jerusalem) gerichtet sind. In diesen Briefen wird unter anderem berichtet, dass der Heerführer *Konjahu* nach Ägypten gezogen sei, um dort vermutlich ein Bündnis gegen die Babylonier zu schmieden. Tatsächlich schickte *Apries* ein Heer, dem es allerdings nicht gelang, die Eroberung Jerusalems 586 v. Chr. durch *Nebukadnezar II.* zu verhindern. Die Folge war die Plünderung der Stadt durch die Babylonier und die Deportation ihrer Einwohner. Nach HERODOT führte *Apries* eine Kampagne gegen Sidon und Tyros an. Inwieweit dieses Unternehmen mit dem langen Belagerungskrieg gegen Tyros durch *Nebukadnezar II.* (586–573 v. Chr.) in Verbindung steht, ist unklar.

Während über die darauffolgenden Jahre der Regentschaft des *Apries* keine weiteren Angaben erhalten sind, gibt es über seinen Sturz durch den General *Amasis* einerseits die Berichte der antiken Autoren und andererseits die sogenannte Siegesstele des *Amasis* von Elephantine (Kairo TN 13/6/24/1). Nach HERODOT wandte sich der libysche Fürst *Adikam*, der von Kyrenern bedrängt wurde, an König *Apries*. *Apries* schickte daraufhin ein ägyptisches Heer, das gegen die Kyrener kämpfte. Die Ägypter erlitten jedoch eine verheerende Niederlage. Die Frustration in den Reihen der Truppen führte schließlich zu einer Meuterei. Als Reaktion auf diese Meuterei beauftragte König *Apries* General *Amasis* damit, die Truppen wieder unter Kontrolle zu bringen. Diesem Auftrag kam jener hingegen nicht nach. Er ließ sich stattdessen von den Truppen zum König ausrufen und kämpfte nun seinerseits gegen *Apries*. HERODOT berichtet von einer entscheidenden Schlacht bei Momemphis (Kom el-Hisn, Damanhur). DIODOR nennt dagegen Marea (heute Kom al-Idris, westlich von Alexandria am Südufer des Mareotis-Sees) als den Ort der Entscheidung. Angeblich soll *Amasis* König *Apries* nach dessen Niederlage dem Volke ausgeliefert haben, woraufhin dieser erwürgt wurde.

Eine andere Version der Geschichte schildert hingegen die sogenannte Siegesstele des *Amasis* aus Elephantine, die sich heute im Nubischen Museum Assuan befindet. Die 1,75 m hohe Stele ist eines der wichtigsten, vollständig erhaltenen Dokumente aus der 26. Dynastie. Sie besteht aus Rosengranit und ist nur schwierig zu entziffern. Die schwere Lesbarkeit ist dabei nicht nur durch das Material bedingt, sondern auch der Ausführung der Hieroglyphen und der Orthographie geschuldet. Insbesondere die Trennung der Wörter ist häufig schwer nachvollziehbar, da nur wenige Determinative benutzt worden sind. Infolgedessen gestaltet sich die Übersetzung des Textes an vielen Stellen derart problematisch, dass Ägyptologen über einige Passagen des Textes unterschiedliche Auffassungen vertreten.

Nach Funktion, Struktur und Inhalt der Stele zu urteilen, enthält der Text eine klassische »Königsnovelle«. Der Text berichtet über zwei militärische Auseinandersetzungen zwischen *Amasis* und *Apries*. Die erste fand im ersten Regierungsjahr des *Amasis* statt, die zweite im vierten Regierungsjahr des *Amasis* und endete mit dem Tod des *Apries*. Auf der Elephantine-Stele wird *Amasis* als legitimer Herrscher mit der Königstitulatur dargestellt: Horus: *Semen-maat*, »Der die Maat festigt«; Beide Herrinnen: *Sa-Neith-seped-taui*, »Sohn der *Neith*, der die Beiden Länder trefflich macht«; Goldhorus: *Setep-netjeru*, »Auserwählter der Götter«; Sohn des Re: *Jach-mesi*, »Der Mond ist geboren«.

Dem Text der Stele zufolge, erfuhr *Amasis* in seinem ersten Regierungsjahr (570 v. Chr.), während er sich in seiner Residenz in Sais aufhielt, dass Schiffe mit Griechen einen der Nilarme (vermutlich dem kanopischen) befuhren. Demnach war es *Apries* gelungen, griechische Söldner zum Kampf gegen seinen ehemaligen General anzuwerben. Nachdem *Amasis* sich beraten und die Truppen zum Kämpfen aufgefordert hatte, zog er mit seinen Truppen in Richtung Kom el-Hisch. Später wird berichtet, dass eine Schlacht stattfand, in deren Verlauf die Schiffe mit den griechischen Söldnern kenterten. *Amasis* ging als Sieger aus dem Kampf hervor und ließ den Nilarm sperren.

Im vierten Regierungsjahr erfuhr *Amasis*, dass sich Asiaten empörten und sich auf den Horusweg begaben, der Ägypten mit der Levante verbindet. Es wird weiter berichtet, dass Tausende das Land Ägypten vom Land und vom Wasser her angriffen. Nachdem der König um göttliche Hilfe gebeten hatte, gab es einen Hagelsturm, der die Schiffe zum Kentern brachte. Ferner fand eine Schlacht statt, die *Amasis* für sich siegreich beenden konnte. Im Text wird über den Tod des »Überheblichen« gesprochen, der im Nilwasser ertrank. Bei diesem »Überheblichen« dürfte es sich zweifellos um *Apries* gehandelt haben.

Danach bestattete *Amasis* den Körper von *Apries* mit allen königlichen Ehren. Vermutlich wurde *Apries* im Tempelareal von Sais beigesetzt. Ein Uschebti mit dem Namen des *Apries* wurde auf dem Areal des antiken Sais gefunden. Eine Beschreibung seines Grabes hat zudem auch Herodot verfasst. Im Hinblick auf die Asiaten auf der Elephantine-Stele dürften diese mit den chaldäischen Truppen in Verbindung gebracht werden können. Tatsächlich berichtet eine Tontafel (London, BM 33041) über eine militärische Kampagne *Nebukadnezars II.* gegen Ägypten im 37. Regierungsjahr (568/567 v. Chr.).

Zusätzliche Hinweise auf die Herrschaftsübernahme durch *Amasis* liefern schließlich auch andere Quellen, die in das erste Regierungsjahr des *Amasis* bzw. das letzte Regierungsjahr des *Apries* datiert werden (570 v. Chr.). Die Daten zeigen, dass *Apries* noch acht Monate nach der ersten bekannten Nennung des *Amasis* in Theben als König anerkannt war. Die erste Erwähnung des *Amasis* befindet sich auf der Stele des British Museum EA 952 vom 12. Februar 570 v. Chr. Die letzte Datierung nach *Apries* ist in einem Pachtvertrag auf dem *Papyrus pBM 10113* notiert.

Aus der Regierungszeit des *Apries* ist neben dem General *Amasis* noch der General *Neshor* zu nennen. *Neshor* ist durch seine Aktivitäten in Elephantine bekannt. Er soll einen Aufstand von Söldnern in Elephantine niedergeschlagen haben. Zur Innenpolitik des *Apries* sind nur wenige Quellen erhalten. In seinem vierten Regierungsjahr (586 v. Chr.) wurde *Anchnesneferibre*, Tochter von *Psammetich II.*, als »Gottesgemahlin des *Amun*« in Theben eingesetzt. So wird es auf der Stele Kairo JE 36907, die aus Alabaster besteht und die in der sogenannten Karnak-Cachette gemeinsam mit einer Statue der *Anchnesneferibre* gefunden wurde, berichtet. Im zwölften Regierungsjahr des *Apries* verstarb ein *Apis*-Stier. Dieser wurde im Memphis feierlich beigesetzt, wie auf der Serapeumsstele, die sich heute im Louvre befindet (Louvre Nr. 240 (R478)), zu lesen ist.

Obwohl relativ wenig über *Apries'* innenpolitische Maßnahmen bekannt ist, gibt es einige Denkmäler aus seiner Regierungszeit. In Sais ließ *Apries* den Tempel der *Neith* erweitern. Einige Fragmente, die man im Nildelta verstreut fand, deuten darauf hin, dass es sich bei der Erweiterung um ein Sedfest-Gebäude handelte. Des Weiteren stiftete *Apries* einen Naos für den Tempel der *Neith* (Brüssel E. 5818). Er ließ auch ein Gebäude mit *Hathor*-Kapitellen errichten, die in andere Deltastädte wie Alexandria und Rosetta sowie Kairo gelangten. Zwei Obelisken, die später im Iseum Campense in Rom aufgestellt wurden, stammen ebenfalls aus Sais. Ein anderer Obelisk befindet sich heute in Rom auf der Piazza della Minerva. Aus Sais stammen ferner vier Uschebtis des *Apries*, von denen eins in Kairo (Kairo CG 48516) und eins in London (UC 38082) zu sehen ist. Ein Kanopengefäß des *Apries* wurde in Sakkara gefunden (JE 91520). Dieses Kanopengefäß hatte man vermutlich aus Sais verschleppt und wiederverwendet. Ein anderes Kanopengefäß wurde in einem Grab in Tarquinia in Italien gefunden. HERODOT berichtet außerdem über den herrlichen Palast des *Apries* in Sais. Archäologisch konnte dieser aber nicht nachgewiesen werden.

In Mendes stiftete *Apries* einen Naos (Kairo CG 70009) und eine Schenkungsstele für den Widder von Mendes, die sich heute in Kopenhagen (Glyptotek Ny Carlsberg AEIN 1037) befindet. Aus Athribis können Säulenfragmente, ein Fragment einer Säulenschranke und ein Fragment eines Naos *Apries* zugeschrieben werden. In Tanis wurden im *Mut*-Tempel zum einen auf dem Pflaster im Hof Kartuschen von *Apries* und zum anderen im Säulensaal des Tempels ein Gründungsdepot des Königs gefunden. In Heliopolis ließ er darüber hinaus unter anderem Sphingen aufstellen. In Memphis wurde unter *Apries'* Herrschaft eine festungsartige Anlage errichtet, die von WILLIAM M. FLINDERS PETRIE ausgegraben und als »Palast des Apries« identifiziert wurde. Dort fand PETRIE einige Säulen mit den Kartuschen des *Apries* und eine Reihe von Kalksteinfragmenten mit Ritualszenen, mit denen das monumentale Tor des Palastes dekoriert war. Ferner ließ *Apries* den Oberarzt, Obervermögensverwalter und Vorsteher der Schatzhäuser, *Paeftjauemauineith* nach Abydos schicken, um Restaurierungen durchzuführen. Unter den Erneuerungen, die *Paeftjauemauineith* auf Befehl des Königs erledigte, waren unter anderem die Erneuerung des Tempels des *Osiris-Chontamenti*, die Aufstellung eines Naos aus Granit, die Erneuerung des Lebenshauses und die Anfertigung einer Gottesbarke aus Zedernholz. Die archäologischen Belege bestätigen die Aussage von *Paeftjauemauineith*. Gefunden wurden Fragmente eines Granitnaos des *Apries* und des *Amasis*, ebenso Gründungsbeigaben und Türpfostenfragmente einer Kapelle des *Apries* (London BM 1358). CBV

LITERATUR:

G. DARESSY, in: *RecTrav* 22 (1900) S. 1–9. PETRIE, *The Royal Tombs* (1900) S. 222–223. W. M. F. PETRIE, *Abydos I*, London1902, S. 32. W. M. F. PETRIE, *The Palace of Apries (Memphis II)*, *BSAE* 17, London1909. B. GUNN, in: *ASAE* 27 (1927) S. 211–237. KIENITZ, *Politische Geschichte* (1953) S. 26–30, 44 ff., J. D. WIESEMAN, *Chronicles of Chaldean Kings (626–556 B. C.) in the British Museum*, London 1956, S. 94 f. Taf. XX f. G. VITTMANN, in: *Or* 44 (1975) S. 380, 384–385. H. DE MEULENAERE, in: *LÄI* (1975) Sp. 358–359. A. SPALINGER, in: Reineke (Hg.), *Acts* (1976) S. 593–604. E. EDEL, in: *GM* 29 (1978) S. 13–20. A. LEAHY, in: *JEA* 74 (1988) S. 183–199. SCHNEIDER, *Lexikon* (1996) S. 81–83. A. LEAHY, in: *JEA* 82 (1996) S. 146–165. G. VITTMANN, Ägypten und die Fremden (2003). A. I. BLOEBAUM, in: *AegMonast* 4 (2006) S. 336–338. MICHAEL, *Egypt and Cyprus* (2008). F. LECLÉRE, *Les villes de Basse Égypte au 1er millénaire av. J.-C.*, *BdE* 144, Kairo 2008. LABUDEK, *Late Period Stelae from Saqqara* (2010) S. 385–386. DODSON, *Afterglow of Empire* (2012). M. H. TRINIDADE LOPES, in: *EA* 42 (2013) S. 36–38. EFF-LAND/EFFLAND, *Abydos* (2013) S. 83–84. K. JANSEN-WINKELN, in: *ZÄS* 141 (2014) S. 132–152. JANSEN-WINKELN, *Inschriften der Spätzeit, Teil 4* (2014) S. 351–414. BASSIR, *Image and Voice in Saite Egypt* (2014). H. BASSIR, in: *JEH* 9 (2016) S. 66–95. HERODOT, *Historien* II, 161–163, 169, III, 1–2, IV, 159. DIODOR, *Historische Bibliothek* I, 68.

AMYRTAIOS

Titel	Name	Übersetzungsvorschlag
Horus		
Der der beiden Herrinnen		
Goldhorus		
König von Ober- und Unterägypten		
Sohn des Re	*Amenirdis (Psammetich)	»Amun ist es, der ihn gegeben hat«

Amyrtaios ist der einzige König, der vom antiken Historiographen MANETHO für die 28. Dynastie angeführt wird. Ihm werden sechs Regierungsjahre zugeschrieben (Manetho F72a–c), die in die Zeit von 404 v. Chr. bis 399/8 v. Chr. fallen. Es ist im Verlauf der ägyptischen Geschichte die einzige Dynastie, die nur von einem Pharao gebildet wird. Der Herrscher nimmt den Namen des *Amyrtaios* von Sais auf, der ein halbes Jahrhundert zuvor in antipersische Aufstände verwickelt war (Thukydides 1.110.2). Er hatte mit *Inaros* nach 465 v. Chr. gegen *Artaxerxes I.* agiert (Ktesias, FGH 688 F14.36). HERODOT (3.15.3) nennt als Sohn und Nachfolger jenes *Amyrtaios'* einen gewissen *Pausiris.* Der *Amyrtaios* der 28. Dynastie könnte demnach ein Enkel des älteren Rebellenführers gleichen Namens sein.

Aus seiner sechsjährigen Regierungszeit sind keine Baudenkmäler bekannt. Unbekannt ist auch sein hieroglyphischer Name. Der Name *Amyrtaios* dürfte aber die gräzisierte Form von *Jmn-jr-dj-s, Amenirdis,* sein. Ein in Abydos gefundenes Dioritfragment mit einer teilzerstörten Kartusche, die noch die Zeichen … *jr-dj-s* erkennen lässt, dürfte allerdings eher der Gottesgemahlin *Amenirdis I.* aus der 25. Dynastie zuzuschreiben sein. *Amyrtaios* ist jedoch aus aramäischen und demotischen Quellen bekannt. In der sogenannten »Demotischen Chronik« des *Papyrus Paris BN 215* wird der Name des *Amyrtaios* gemeinsam mit anderen Königen der 29. und 30. Dynastie überliefert. Außerdem ist *Amyrtaios* auf einem demotischen Ostrakon (Ostrakon 1737) aus der Oase Charga erwähnt. Das Ostrakon enthält einen Pachtvertrag über religiöse Dienste im Tempel des *Osiris-iu* und stammt aus dem fünften Regierungsjahr des Königs.

Als der persische Großkönig *Darius II.* 404 v. Chr. starb, brach in Ägypten, das seit 525 v. Chr. eine persische Provinz (Satrapie) war, erneut eine Rebellion gegen die bestehende Fremdherrschaft aus, die in der Thronbesteigung des jüngeren *Amyrtaios* gipfelte. Zunächst dürfte sich sein Herrschaftsgebiet auf die Region des Deltas beschränkt haben, während die Region von Memphis bis zum 1. Katarakt wohl vorerst weiterhin unter persischem Einfluss stand. In Dokumenten von der südlichen Nilinsel Elephantine wird noch in der Zeit der Regentschaft des *Amyrtaios* nach dem persischen König *Artaxerxes II.* datiert, so die Regierungsjahre eins, drei und vier (404, 402 und 401 v. Chr.). Es handelt sich dabei um aramäisch verfasste Texte aus der jüdischen Gemeinschaft der Inselgarnison. Auch in der Oase Charga findet sich noch für das Jahr 402 v. Chr. eine Datierung nach *Artaxerxes II.* Dort wird *Amyrtaios* in den aramäischen Papyri zum ersten Mal in einem privaten Vertrag im Jahr 400 v. Chr. genannt.

Ein Aufstand in der Provinz Ägypten stellte für die Perser in dieser Phase eine durchaus prekäre Situation dar. Während nämlich das Nildelta unter der Herrschaft des rebellischen *Amyrtaios* stand, sah sich Persien zugleich mit einem möglichen weiteren Konflikt vonseiten der Athener konfrontiert, die zu diesem Zeitpunkt nicht durch Auseinandersetzungen mit Sparta abgelenkt schienen. Welches Gefahrenpotential diese Konstellation aus Sicht der Perser darzustellen vermochte, zeigt der Umstand, dass Athen nur zwei Generationen zuvor, während des Aufstandes des *Inaros* und des *Amyrtaios* – dem potenziellen Großvater des Pharaos –, eine persische Flotte in Ägypten geschlagen und bei der Belagerung der persischen Garnison von Memphis mitgewirkt hatte (Diodor 11.71.4; 11.74.1–4. Thukydides 1.104.2. Herodot 7.7; 3.12.4). Unabhängig von den antiken Geschichtsschreibern lassen sich für diese militärische Zusammenarbeit auch weitere unabhängige Quellen anführen, wie eine lange Liste in Ägypten gefallener Kämpfer aus Athen (HGIÜ 53) oder eine Inschrift im Heraion von Samos belegen, in der es heißt: »[Für diese] Tat [gibt es] viele [Zeugen, als am Nil] um das liebliche [Mem]phis auf Schiffen entfach[te eine Schlacht] zwischen Medern und Hellenen der stürmische Ares« (HGIÜ 55).

Eine erneute Allianz zwischen Athen und Ägypten hätte für die Perser ernste Folgen haben können. Der Verlust eines Großteils der athenischen Flotte nach der Schlacht bei Aigospotamoi im Hellespont im Kontext eines unerwarteten Angriffes durch Sparta 405/404 v. Chr. (Xenophon, Hell. 2.1.25–26) verschaffte dem persischen Reich jedoch zunächst einen kurzen Aufschub, da keine zeitnahe Unterstützung des ägyptischen Aufstands durch die Athener zu befürchten war. Diese Situation änderte sich jedoch mit dem Tod *Darius' II.* im Jahr 404 v. Chr., da die Thronbesteigung *Artaxerxes' II.* zunächst zu innenpolitischen Konflikten auf Seiten der Perser führte, die eine Intervention in Ägypten verzögerten. Die Thronbesteigung *Artaxerxes' II.* verlief nicht ohne Widerstand. *Kyros* der Jüngere, der Bruder *Artaxerxes' II.* erhob ebenfalls Anspruch auf den Thron und intrigierte schließlich offen gegen seinen älteren Verwandten. Bis zum Jahr 401 v. Chr., dem Jahr der vernichtenden Niederlage des *Kyros*, waren somit die persischen Kräfte in der Levante und Kleinasien gebunden (Xenophon, An. 1.3.20; 4.5; 5.7–9; 1.8.29; Diodor 14.22), was letztlich ein effektives Eingreifen in Ägypten verhinderte.

Offensichtlich nutzte *Amyrtaios* diese Zeit der persischen Schwäche, um seine Herrschaft in Ägypten auszuweiten. Ab 401/400 v. Chr. wird in Dokumenten auf Elephantine nach seiner Regierungszeit datiert, ebenso in der Oase Charga. Aufgrund weiterer Aufschriften auf Ostraka aus dieser Oase wird deutlich, dass *Amyrtaios* sich den Namen *Psammetich* gab und daher in der Ägyptologie als *Psammetich V.* gezählt wird. Vor diesem Hintergrund erhält ein Bericht des antiken Geschichtsschreibers DIODOR (14.35.2–5) besonderes Gewicht: Laut diesem soll ein Admiral des unterlegenen *Kyros* mit dem Namen *Tamos*, der aus Memphis in Ägypten stammte und unter *Darius II.* Unterstatthalter von Ionien gewesen war, mit einer Flotte nach Ägypten geflohen sein. Er wurde jedoch von einem König *Psammetich* ermordet. Zeitlich gesehen muss DIODOR mit *Psammetich* den König *Amyrtaios* gemeint haben. Es ist möglich, dass *Amyrtaios* – nun mit der neu errungenen Flotte – nilaufwärts zog, um Memphis und Ägypten unter seine Kontrolle zu bringen. Ob die persischen Garnisonen in Ägypten Widerstand leisteten oder ob sich die darin stationierten Krieger und Söldner den Ägyptern anschlossen, ist nicht überliefert.

Im Tempel *Sethos I.* in Abydos zumindest haben sich zahlreiche griechische und kretische Graffiti erhalten. Darunter ist auch eines von *Onasandros* aus dem zyprischen Kydonia (gr. I Memnonion 405), der sich als Angehöriger einer Söldnergruppe des *Amyrtaios* zu erkennen gibt. Es ist nicht ausgeschlossen, dass der kyprische *Onasandros* ein Soldat auf Seiten des einzigen Königs der 28. Dynastie war.

Der Verfasser der »Demotischen Chronik« wertete die Herrschaft des *Amyrtaios* überwiegend negativ. Aus dem aramäischen *Papyrus Brooklyn 13* (A3.9) lässt sich der Tod des Königs in das Jahr 399/8 v. Chr. datieren. Der Thronwechsel von *Amyrtaios* zu dem Begründer der anschließenden 29. Dynastie geschah möglicherweise gewaltsam. Im Text heißt es: »Sie bringen (nach) Memphis den König *Amyrtai(os)*«. Zudem wird dort auch der Name seines Nachfolgers *Nepherites I.* genannt. Der Ausbruch des spartanisch-persischen Krieges verhinderte zunächst ein weiteres Engagement der persischen Großkönige in Ägypten. Die Unabhängigkeit des Nillandes von den Persern währte daher noch bis 343 v. Chr.

CBV/AE

LITERATUR:

SPIEGELBERG, *Demotische Chronik* (1914). KIENITZ, *Politische Geschichte* (1953) S. 76–79. E. G. KREALING, *The Brooklyn Aramaic Papyri*, New Haven 1953. C. TRAUNECKER, in: *BIFAO* 79, (1979) S. 395–436. SCHNEIDER, *Lexikon* (1996) S. 72–73. M. CHAUVEAU, in: *BSFE* 137 (1996) S. 32–47. M. WUTTMANN et al., in: *BIFAO* 96 (1996) S. 385–451. PORTEN, *Archives from Elephantine* (1998). HOFFMANN/QUACK, *Anthologie der demotischen Literatur* (2007) S. 183–191. H. DE MEULENARE, in: *LÄ I* (1975) Sp. 252–253. M. CHAUVEAU, in: *EA* 22 (2003) S. 38–40. G. VITTMANN, *Ägypten und die Fremden* (2003). RUZICKA, *Trouble in the West* (2012). U. EFFLAND/J. BUDKA/A. EFFLAND, in *MDAIK* 66 (2010) S. 19–91. S. PASEK, *Amyrtaios* (2016). WOJCIECHOWSKA, *From Amyrtaeus to Ptolemy* (2016) S. 22–29. H. STERNBERG-EL HOTABI, *Ägypter und Perser* (2016). DIODOR, *Historische Bibliothek*, 11.71.4; 11.74.1–4; 14.22; 14.35. HERODOT, *Historien*, 3.12.4; 3.15.3; 7.7. KTESIAS, *Persika* (FGH 688 F14.36). MANETHO, *Aegyptiaka*, Frg. 72 (a–c). THUKYDIDES, *Peloponnesischer Krieg*, 1.104.2; 1.110.2. XENOPHON, *Hellenika*, 2.1.25–26. XENOPHON, *Anabasis*, 1.3.20; 4.5; 5.7–9; 1.8.29.

ACHORIS

Titel	Name	Übersetzungsvorschlag
Horus	*Aa-ib-meri-taui*	»Groß an Herz, den die Beiden Länder lieben«
Der der beiden Herrinnen	*Qenu*	»Der Starke«
Goldhorus	*Sehetep-netjeru*	»Der die Götter zufriedenstellt«
König von Ober- und Unterägypten	*Chenem-maat-Re*	»Vereint mit der Maat ist Re«
Sohn des Re	*Heker*	Achoris

Achoris war der dritte König der 29. Dynastie und gilt als der bedeutendste König seiner Epoche. Er war vermutlich mit dem König *Nepherites I.* verwandt. Ob er sogar dessen Sohn war, lässt sich jedoch nicht belegen. Der Ursprung des Namens *Achoris* ist nicht bekannt. Einige Ägyptologen vermuten, dass der Name auf eine Bezeichnung für »Beduinen« zurückgeht. Andere bezweifeln dies aber wiederum. Im Hinblick auf seine Titulatur orientierte sich *Achoris* an den Namen der saitischen Könige.

Die Überlieferungen über *Achoris* sind widersprüchlich. In den Königslisten nach MANETHO wird *Achoris* als Vorgänger eines *Psamuthis* genannt. Bei EUSEBIOS ist hingegen nach *Psamuthis* ein König *Muthis*, der eine Regierungszeit von einem Jahr hatte, erwähnt. Die »Demotische Chronik« wiederum führt *Psamuthis* als Vorgänger von König *Achoris* auf und noch vor diesem einen namentlich nicht bekannten Sohn von *Nepherites I.* mit einer kurzen Regierungszeit. Ein Herrscher namens *Muthis* findet dort allerdings keine Erwähnung. Die Dekoration der Barkenkapelle vor dem 1. Pylonen in Karnak zeigt deutlich, dass *Psamuthis* vor *Achoris* regiert haben muss, da diese von *Psamuthis* begonnen, aber nicht beendet wurde. Die Vollendung geschah dann erst unter *Achoris*. Auf den Wänden der Kapelle wurde dabei der Name des *Psamuthis* durch den Namen des *Achoris* ersetzt. Somit scheint zumindest die chronologische Abfolge der beiden Herrscher gesichert.

Achoris bestieg im Jahr 393/392 v. Chr. den Thron. Seine Regierungszeit (393/392–380 v. Chr.) charakterisierte sich durch sein starkes außenpolitisches Engagement, durch das Ägypten eine bedeutende politische Rolle im Mittelmeerraum spielte. Die Zeit vom 5. bis ins 4. Jahrhundert v. Chr. war in dieser Region vor allem durch die zahlreichen Kriege und bewaffneten Konflikte zwischen Sparta, Athen und Persien geprägt, über die auch die antiken Geschichtsschreiber ausführlich berichten. Der Wunsch Ägyptens nach Autonomie vom persischen Großreich führte dazu, dass Ägypten in dieser unbeständigen Situation verschiedene Bündnisse einging, um gegen den persischen Aggressor zu bestehen. Entsprechend schloss *Achoris* verschiedene Verträge insbesondere mit griechischen Städten Kleinasiens und den Barkäern. Außerdem unterhielt er gute Beziehungen zu den Pisidern.

Eine besondere Beziehung hatte *Achoris* darüber hinaus zu *Euagoras* von Salamis, dem Herrscher von Zypern, der sich seinerzeit im Exil befand und mit *Achoris* 389 v. Chr. ein Bündnis schloss. Beide verband das Streben, sich aus dem Vasallenverhältnis zum persischen Großkönig zu lösen.

Im Jahr 387 v. Chr. gelang es *Euagoras* von Salamis schließlich, Zypern zurückzuerobern. Dieser Sieg war aber nicht von Dauer, denn im Jahr 386 v. Chr. endete der korinthische Krieg mit dem sogenannten Königsfrieden (Antalkidasfrieden). In diesem Königsfrieden wurde beschlossen, dass das Festland Asiens, Zypern und Klazomenai dem Großkönig von Persien, *Artaxerxes II.*, zufallen sollte. Allen übrigen griechischen Staaten wurde hingegen Autonomie zugesichert. Obwohl Athen durch den Friedensschluss Lemnos, Imbros und Skyros zugesprochen bekam, lag von da an die Vormachstellung in Griechenland faktisch auf Seiten Spartas. Eine unmittelbare Folge daraus war, dass *Euagoras* und *Achoris* dem gemeinsamen Feind *Artaxerxes II.* nun alleine gegenüberstanden. Die Perser, deren Kräfte nun nicht mehr in Kleinasien gebunden waren, begannen nach Abschluss des Königsfriedens 385 v. Chr. den Vormarsch auf Ägypten. Die Ägypter waren ihrerseits jedoch auf den persischen Vorstoß gut vorbereitet. *Achoris* hatte griechische Söldner angeheuert, die vom Athener *Chabrias* geführt wurden, und zudem eine Kriegs-flotte bauen lassen. Die Kämpfe dauerten insgesamt drei Jahre (385–383v. Chr.) und hatten letztlich das Scheitern des persischen Angriffs zur Folge. Vermutlich nutzte *Euagoras* diese Gelegenheit aus, um nun seinerseits Tyros und Kilikien zu erobern. Die Reak-tion der Perser auf diesen Vorstoß sollte allerdings nicht lange auf sich warten lassen. Im Jahr 381 v. Chr. begann der Großkönig einen Feldzug, nun allerdings gegen *Euagoras* von Salamis. Bereits ein Jahr später wurde Zypern von den Persern zurückerobert und *Euagoras* zur Tributleistung gezwungen.

Kurz vor Ende des Krieges zwischen Persien und Zypern ver-starb *Achoris*. Sein Grab wurde nie gefunden, aber man geht davon aus, dass er in Mendes bestattet wurde. Von seiner Bestattung kennt man lediglich einige Uschebtis. Da eines von ihnen aus Sakkara stammt, kann nicht ausgeschlossen werden, dass die letzte Ruhestätte des *Achoris* möglicherweise auch dort zu suchen ist. Nachfolger im Amt des Königs wurde sein Sohn *Nepherites II.*, der vermutlich nur vier Monate regierte. Beachtung erlangte *Achoris* in der griechischen Welt durch seine Anerkennung von *Setechir-dis*, dem Herrscher der Oase Siwa. Durch die Übernahme der Schutzherrschaft über das dortige Ammoneion steigerte *Achoris* sein Prestige in der ganzen griechischen Welt.

Die Bautätigkeit des *Achoris* ist unter anderem in Letopolis (Blöcke aus dem *Chenti-irti*-Tempel) und Mendes (Türpfosten), in Sakkara (Architrav), in Ahnes el-Medineh und Sohag (Naoi), in el-Tôd (Reliefs) und Elephantine (Türpfosten) belegt. Im Tempel von Karnak vollendete er eine Barkenkapelle des *Psamuthis* vor dem 1. Pylonen und die Dekoration eines Magazins südlich des heiligen Sees. Die kleine rechteckige Kapelle besitzt zwei Eingänge (Nord und West). Somit hat sie einen Zugang von der Tempelachse aus und einen, der zum Nil führte. Durch den weiten westlichen Eingang konnte die Götterbarke direkt vom Nil her ins Innere der Kapelle gebracht werden. Die Kapelle erinnert an einen offenen Naos mit angebauter Westkolonnade. Die Dekoration der Wände zeigt den König beim Opfern vor der Götterbarke. Neben den genannten Objekten ließ *Achoris* den Hypostylsaal des Tempels des *Harpre* bauen. In el-Kab errichtete er den Hypostylsaal des Tempels der *Nechbet* und in der Oase el-Charga den ersten Hypostylsaal im Tempel von el-Hibis. In Medinet Habu baute er den Kiosk vor dem äthiopischen Pylonen und sowie das Tor und die Säulen im Tempel der 18. Dynastie.

Erhaltene Statuen bzw. Statuenfragmente des Königs stammten aus dem Delta. Hervorzuheben ist in diesem Zusammenhang ein Sphinx aus Basalt, der wohl ursprünglich aus Memphis stammt und sich heute im Louvre befindet (Louvre A. 27). Den Sphinx fand man vermutlich im Iseum am Campus Martius (Rom). Erst kürzlich wurde darüber hinaus eine Statue in der Bucht von Abukir entdeckt. Aus den Steinbrüchen von Tura und Masara ist eine Reihe von Graffiti bekannt, die zwischen das erste und sechste Regierungsjahr des *Achoris* zu datieren sind. Außerdem wurde in Sakkara eine Reihe demotischer Papyri gefunden, die ebenfalls in seine Regierungszeit datiert werden können.

CBV

LITERATUR:

SPIEGELBERG, *Die demotische Chronik* (1914). KIENITZ, *Politische Geschichte* (1953) S. 80–89. H. DE MEULENAERE, in: *LÄII* (1977) Sp. 931–932. CL. TRAUNECKER, in: *BIFAO* 79 (1979) S. 395–436. C. TRAUNECKER/F. LE SAOUT/O. MASSON, *La chapelle d'Achôris II*, Paris 1981. D. DEVAUCHELLE, in: *ASAE* 69 (1983) S. 176–179. A. GRIMM, in: *GM* 77 (1984) S. 14–18. A. GRIMM, in: *BSEG* 9–10 (1984–1985) S. 109–112. J. D. RAY, in: *JEA* 72 (1986) S. 149–158. SCHNEIDER, *Lexikon* (1996) S. 43–44. A. I. BLOEBAUM, in: *AegMonast* 4 (2006) S. 348–349. HOFFMANN/QUACK, *Anthologie der demotischen Literatur* (2007) S. 239–273. A. WOJCIECHOWSKA, *From Amyrtaeus to Ptolemy* (2016) S. 31–38, 112–115. DIODOR, *Historische Bibliothek* XV, 2–4, 29.

NEKTANEBOS I.

Titel	Name	Übersetzungsvorschlag
Horus	Tjema-a	»Mit starkem Arm«
Der der beiden Herrinnen	Semench-taui	»Der die Beiden Länder vortrefflich macht«
Goldhorus	Iri-meret-netjeru	»Der tut, was die Götter wünschen«
König von Ober- und Unterägypten	Cheper-ka-Re	»Erscheinungsformen des Ka des Re«
Sohn des Re	Nechet-neb-ef	»Der Starke seines Herrn«

Nektanebos I. war der Begründer der 30. Dynastie und regierte zwischen 380 und 362 v. Chr. Er weist keine direkte familiäre Bindung zum vorherigen Königshaus auf und war während der Regierung des *Achoris* ein hoher Militäroffizier. Sein Vater, der den Namen *Tachos (Djedhor)* trug, war ein Oberheerführer aus Sebennytos. Wegen einer Textpassage aus der »Demotischen Chronik« wurde bislang angenommen, dass *Nektanebos I.* von *Nepherites I.* abstammen könnte. Diese Annahme wurde aber aufgrund neuerer Forschungen und Auswertung von Quellen zwischenzeitlich revidiert. Die Vermutung, dass es sich bei der Thronübernahme durch *Nektanebos I.* um eine Usurpation handelte, liegt somit nahe. Über die Mutter *Nektanebos' I.* ist nichts bekannt. Es wird angenommen, dass seine Gemahlin *Udjaschu* hieß. Aufgrund einer Inschrift aus der Felskapelle des *Eje* in Achmim wurde auch erwogen, dass eine Frau mit dem griechischen Namen *Ptolemais* Gemahlin *Nektanebos' I.* war. Bei *Ptolemais* könnte es sich aber auch um einen Nachkommen des Königs handeln. Als Söhne von *Nektanebos I.* gelten sein Nachfolger *Tachos* und der General *Tjahapimu*. Unter den Beamten, die während der Regierungszeit *Nektanebos' I.* gedient haben, sind zu erwähnen: der Wesir *Harsiese* aus Behbeit el-Hagar, der Hohepriester und Gouverneur von Hermopolis *Schepesirdis* und der königliche Schreiber *Tjasetmau*.

Dreizehn Jahre nach der Übernahme des ägyptischen Throns musste *Nektanebos I.* sich auf die Bedrohung durch einen alten

Feind aus dem Perserreich vorbereiten. *Artaxerxes II.* hatte die Absicht, Ägypten zurückzuerobern. Im Jahr 373 v. Chr. brachen daher von Akko in Nordpalästina eine große Armee und eine Flotte, die vom persischen Feldherrn *Pharnabazos* geführt wurden, nach Ägypten auf. Unterstützung erhielt *Pharnabazos* von griechischen Söldnern, die unter dem Kommando des Generals *Iphikrates* standen. Die Gegenreaktion von *Nektanebos I.* bestand in der Verriegelung sämtlicher Nilmündungen durch Mauern, Gräben, Kanäle und künstliche Sümpfe. Trotz all dieser Bemühungen seitens der Ägypter konnten die Perser jedoch die Grenzsperrfestung am mendesischen Nilarm durchdringen, während die ägyptischen Truppen eine Niederlage erlitten.

Nach diesem Sieg war die Eroberung von Memphis das nächste Ziel des persischen Heeres. Das gegenseitige Misstrauen und die Meinungsverschiedenheiten zwischen *Pharnabazos* und *Iphikrates* verzögerten jedoch zunächst ein rasches Vorrücken nach Memphis. *Nektanebos I.* nutzte die sich bietende, unerwartete Gelegenheit, um ein Heer in Memphis zusammenzuziehen, das dem Gegenangriff standhalten sollte. Zu einer direkten Auseinandersetzung um Memphis kam es indes nicht mehr, weil die Perser ihren Feldzug gegen die Stadt abbrechen mussten. Schuld daran war nicht nur der Gegenangriff des ägyptischen Heeres, sondern auch die jährliche Nilflut, die das Land überschwemmte, und den ägyptischen Gegner überraschte. An ein geordnetes Vorankommen der Truppen war bei diesen Verhältnissen nicht mehr zu denken. So sah sich das persische Heer gezwungen, unverrichteter Dinge nach Asien zurückzukehren. Dies blieb jedoch nicht die letzte Auseinandersetzung mit dem Perserreich, denn als in den 360er-Jahren der vorchristlichen Zeitrechnung die westlichen Satrapen des Perserreiches gegen *Artaxerxes II.* rebellierten, erneuerte *Nektanebos I.* die Beziehung zwischen Ägypten, Athen und Sparta und sicherte sich deren Untersütztung.

Die Innenpolitik *Nektanebos' I.* charakterisierte sich durch eine ausgeprägte Bautätigkeit, die auf die große Vergangenheit des Lands am Nil Bezug nahm. Vor allem die 26. Dynastie diente dabei als architektonisches Vorbild. Eine Vielzahl von Denkmälern wurde gebaut, restauriert und dekoriert. Aus Naukratis stammt die sogenannte Naukratisstele (Kairo JE 34002) aus dem ersten

Regierungsjahr des Königs. Die 195 cm große Stele aus schwarzem Granit zeigt 14 senkrechte Spalten mit Hieroglyphen. Der Text beinhaltet ein Dekret zugunsten des Tempels der Göttin *Neith* in Sais. Ein Zehntel der gesamten Abgaben, die zum einen aus den Gütern der Griechen in Naukratis und zum anderen aus Importen bestanden, die vom Meer aus über den kanopischen Nilarm Ägypten erreichten, sollten von nun an abgezogen werden. Für die Besteuerung waren zwei Orte vorgesehen: Naukratis und Herakleion. Vor der Küste von Alexandria wurde ein Gegenstück der Naukratisstele gefunden, die aus Herakleion stammte. Beide Stelen sind in ihrem Material und ihrer Ausführung identisch. Der Text unterscheidet sich hingegen in der 13. Hieroglyphenspalte, in der die jeweiligen Aufstellungsorte der Stelen erwähnt werden. In Saft el-Henne erweiterte *Nektanebos I.* den Sopdu-Tempel. Von hier stammen auch vier Granitnaoi, die für die Götter *Sopdu* (Kairo CG CG 70021), *Tefnut* (Aufenthaltsort unbekannt), *Schu* (Louvre D 37+ Alexandria JE JE 25774) und *Geb* (Ismalia JE JE 2248) bestimmt waren. Vom gleichen Ort ist zudem ein Statuentorso des Königs (EA 1013) erhalten geblieben, der sich heute im British Museum befindet.

Aus Hermopolis magna sind zum einen eine Stele mit Nennung der Bauten und Stiftungen der Regierungsjahre 4 bis 8 sowie zum anderen Königstatuen bekannt. Darüber hinaus führte *Nektanebos I.* ebenfalls Neubauten und Restaurierungsarbeiten im Tempelbezirk von *Thot* durch. In Karnak ließ er den 1. Pylonen bauen sowie die Ziegelumwallung des ganzen Tempelbezirkes des *Amun*. Ursprünglich sollte diese Umfassungsmauer zwölf Toreingänge haben, aber nur vier wurden letztlich fertiggestellt. Das sogenannte Bab el-Malakha (Osttor) wurde ebenfalls von *Nektanebos I.* begonnen und war 20 m hoch. Auch die Tore des *Opet*-Tempels und des *Ptah*-Tempels stammen aus der Regierungszeit dieses Königs ebenso wie die Sphingen an der Prozessionstraße des Luxortempels. In den Steinbrüchen von Tura und Masara sind mehrere Graffiti mit den Kartuschen des Königs zu finden.

In Memphis baute der König den sogenannten »Westtempel« des *Osiris-Apis* in Sakkara, der später unter *Nektanebos II.* dekoriert worden ist. Außerdem ist er im Tempel der *Hathor-Isis*, im Anubeion und im Bubasteion bezeugt. Den *Amun*-Tempel aus gelbem

Sandstein in el-Hibis (Oase el-Charga), der in der 26. Dynastie begonnen wurde, versah man unter *Nektanebos I.* mit einem Portikus. In Dendera ließ *Nektanebos I.* eine Umfassungsmauer errichten. Auch das früheste bekannte Mammisi wurde unter diesem König in Dendera gebaut und dekoriert. Aus Heliopolis stammen ferner Basaltblöcke mit einer Nilgötter-Prozession und Inschriften von *Nektanebos I.*, die vermutlich zu einer Kapelle des Königs gehörten.

Außerdem ist *Nektanebos I.* belegt in Baklieh (Statuenfragment und zwei Löwenstatuen), Letopolis (Relieffragment), Mendes (Naos für den Bock von Mendes), Tanis (Tempel des *Chonsu-Neferhotep*), Hermopolis parva (*Thot*-Tempel), Sebennytos (Statuenfragment), Abydos (Naos), Medamud (zwei Sphingen im *Month*-Tempel), Koptos (Stele aus dem 36. Regierungsjahr und Naos für den Gott *Min*), Medinet Habu (Reliefs), el-Kab (Reliefs), Elephantine (Tor des *Chnum*-Tempels), Philae (Torbau am 1. Pylonen des *Isis*-Tempels, Kiosk und verschiedene Relieffragmente, die im 2. Pylonen verbaut wurden). Nach dem Tod von *Nektanebos I.* übernahm sein Sohn Tachos die Herrschaft über Ägypten. Dieser war seit 366 v. Chr. Mitregent. Obwohl das Grab *Nektanebos' I.* unbekannt ist, sind Uschebtis und Teile des Sarkophages erhalten. CBV

LITERATUR:

A. ERMAN, in: *ZÄS* 38 (1900) S. 127–135. ROEDER, *Naos* (1914) S. 55–100. KIENITZ, *Politische Geschichte* (1953) S. 89–95. G. ROEDER, in: *ASAE* 52 (1954) S. 315–318, 375–442. H. DE MEULENAERE, in: *MDAIK* 16 (1958) S. 230–236. G. ROEDER, *Hermopolis* (1959) S. 286. H. DE MEULENAERE, in: *CdE* 35 (1960) S. 92–107. H. DE MEULENAERE, in: *ZÄS* 90 (1963) S. 90–93. H. W. MÜLLER, in: *Pantheon* 28/2 (1970) S. 89–99. A.-P. ZIVIE, *Hermopolis et le nome de l'Ibis*, *BdE* 66,1 (1975) S. 129–130. K. P. KUHLMANN, in: *MDAIK* 37 (1981) S. 267–279. H. DE MEULENAERE, in: *LÄ IV* (1982) Sp. 450–451. D. DEVAUCHELLE, in: *ASAE* 69 (1983) S. 169–170. M. A. NUR-EL-DIN, in: *MDAIK* 43 (1987) S. 211–213. SCHUMACHER, *Sopdu* (1988) S. 163–177. K. MYSLIWIEC, in: *MDAIK* 47 (1991) S. 263–268. SCHNEIDER, *Lexikon* (1996) S. 176–177. DAVOLI, *Saft el-Henna* (2001). A. I. BLOEBAUM, in: *AegMonast* 4 (2006) S. 351–355. F. GODDIO/M. CLAUSS, *Ägyptens versunkene Schätze*, München 2006, S. 316–321. H. VIRENQUE, in: *EAO* 42 (2006) S. 19–28, D. KLOTZ, in: *GM* 229 (2011) S. 37–52. VON BOMHARD, *Decree of Sais* (2012). A. WOJCIECHOWSKA, *From Amyrtaeus to Ptolemy* (2016) S. 39–52, 115–127. DIODOR, *Historische Bibliothek* XV, 29, 42–43.

NEKTANEBOS II.

Titel	Name	Übersetzungsvorschlag
Horus	*Meri-taui*	»Der die Beiden Länder liebt«
Der der beiden Herrinnen	*Seheru-ib-netjeru*	»Der Götterherzen erfreut«
Goldhorus	*Semen-Hepu*	»Der die Gesetze festsetzt«
König von Ober- und Unterägypten	*Senedjem-ib-Re setepen-In-heret*	»Der das Herz des Re versüßt, den Onuris ausgewählt hat«
Sohn des Re	*Nechet-Heru-Hebit*	»Der Starke Horus von Hebit«

Nektanebos II. war der letzte König der 30. Dynastie und regierte von 360 bis 343/342 v. Chr. Im Königsamt folgte er seinem Onkel *Tachos* nach. Die antiken Autoren berichten, dass die Thronübernahme *Nektanebos' II.* eine Usurpation war. Die Regierung von *Tachos* war kurz. Während sich *Tachos* im Jahr 360 v. Chr. auf einem Feldzug nach Asien befand, um Palästina und Syrien zu erobern, kam es zu einem Aufstand in Ägypten. An der Spitze der Revolte stand *Tjahapimu*, der Bruder *Tachos* und Vater *Nektanebos' II. Tachos* hatte ihn als Statthalter für die Zeit seiner Abwesenheit ernannt. *Tjahapimu* nutzte die Abwesenheit von *Tachos* dazu aus, eine Rebellion gegen den amtierenden König anzuzetteln. Mit der Unterstützung der Armee setzte *Tjahapimu* allerdings nicht sich selbst, sondern seinen Sohn *Nektanebos II.* als König ein. *Tachos* seinerseits musste ins Perserreich fliehen, wo er von König *Artaxerxes II.* Asyl erhielt. Die antiken Autoren berichten außerdem, dass sich *Nektanebos II.* gegen einen nicht namentlich bekannten Gegenkönig aus Mendes durchsetzen musste. Mit der Hilfe von *Agesilaos* von Sparta konnte dieser Widersacher aber ausgeschaltet werden.

Als der Perserkönig *Artaxerxes II.* verstarb, übernahm dessen Sohn *Ochos* den Thron und regierte als *Artaxerxes III.* Unter diesem erlebte das Perserreich eine neue Zeit des Aufschwungs. Nachdem sich *Artaxerxes III.* zunächst um Revolten in Kleinasien gekümmert hatte (352 v. Chr.), stand als nächstes Ziel die Rückeroberung Ägyptens an. Im Jahre 351/350 v. Chr. unternahm er einen ersten Versuch, das Nilland zu unterwerfen. Dieser erste Versuch scheiterte jedoch. Die persische Armee konnte dank der guten

Verteidigung Ägyptens durch seine Festungen nicht weit genug ins Nildelta vordringen. Diese Niederlage des persischen Großkönigs wurde durch die antiken Autoren ausführlich dokumentiert.

Der Sieg der Ägypter über das Perserreich ermutigte nun ihrerseits die phönizischen Städte, gegen *Artaxerxes III.* zu rebellieren. An der Spitze dieser Revolte stand *Tennes* von Sidon, der von *Nektanebos II.* Unterstützung erhielt. *Nektanebos II.* schickte 4000 griechische Söldner, die unter der Führung von *Mentor* von Rhodos standen. Der Rebellion gegen das Perserreich folgten außerdem auch die zypriotischen Fürsten. Die antiken Autoren berichten über das Schicksal von *Tennes* von Sidon und von *Mentor* von Rhodos. Nachdem sich beide ergeben mussten, wurde *Tennes* ermordet. *Mentor* hingegen wechselte die Seiten, indem er dem Perserkönig seine Dienste anbot. *Artaxerxes III.* konnte auf diese Weise im Jahr 343 v. Chr. sowohl Zypern als auch Phönizien wieder in sein Reich eingliedern.

Nachdem die Revolten in Zypern und Phönizien beendet worden waren, unternahm *Artaxerxes III.* einen erneuten Versuch, Ägypten zu erobern. Die antiken Autoren haben auch diesen Feldzug dokumentiert. Demnach stellte *Artaxerxes III.* eine große Armee zusammen, die teilweise aus griechischen Söldnern bestand. Diese Armee wurde in drei Truppen gegliedert, die jeweils von einem persischen und einem griechischen General angeführt wurden. Die persische Armee durchquerte das Nildelta auf einem Kanal und konnte die ägyptischen Truppen schlagen. Während *Nektanebos II.* sich zu den Truppen in Memphis begab, eroberte eine weitere persische Truppe die Stadt Pelusium. Gemäß den historiographischen Quellen fiel schließlich eine Stadt nach der anderen in die Hände der Perser. *Nektanebos II.* blieb angesichts der desolaten Lage offenbar nur die Flucht nach Nubien. Damit war im Jahr 342 v. Chr. Ägypten erneut Teil des persischen Reichs.

Ob die Berichte der antiken Autoren über das historische Geschehen während der Regierungszeit von *Nektanebos II.* in allen Belangen stimmen, ist anzuzweifeln. Diese Quellen müssen kritisch betrachtet werden. Sie geben uns jedoch eine Orientierung über die historischen Ereignisse, da uns die ägyptischen Quellen selbst keine Informationen liefern.

Über den Tod *Nektanebos II.* ist nichts bekannt. Im British Museum befindet sich heute seine Sarkophagwanne (EA 10), die während der napoleonischen Ägypten-Expedition gefunden wurde. Vermutlich hatte man den Sarkophag vor der Flucht Nektanebos' II. nach Nubien fertiggestellt und nie benutzt. Ob seine Bestattung in Sebennytos, der Heimatstadt der 30. Dynastie, stattfinden sollte, ist unbekannt.

Ebenso wie über seine Bestattung, weiß man nur wenig über die Beamten aus der Regierungszeit von Nektanebos II. Djedsomtuefanch, der unter anderem ein Hohepriester der Sachmet war, diente unter Nektanebos II. bis in die Perserzeit. Der Hohepriester des Thot aus Hermopolis Magna, Petosiris, ist vor allem wegen seines Grabes in Tuna el-Gebel bekannt. Obwohl die Inschriften des Grabes keinen König erwähnen, kann dieses stilistisch in das 4. bzw. den Anfang des 3. Jahrhunderts v. Chr. datiert werden. Das Grab, das an einen Tempel mit Pronaos erinnert, ist mit Alltagsszenen im ägyptischen und griechischen Stil dekoriert.

Ein weiterer namentlich bekannter Beamter aus der Regierungszeit Nektanebos' II. ist Wennefer, der ein Priester im Isis-Tempel von Behbeit el-Hagar war. Darüber hinaus hatte er das Amt des Priesters der Statuen von Nektanebos-der-Falke inne. Sein Grab jedoch befindet sich in der Nähe des Serapeums in Memphis.

Während der Regierungszeit Nektanebos' II. und bis zum 3. Jahrhundert v. Chr. fand eine Art des Königkults statt, der durch eine besondere Stufe der Göttlichkeit und einen neuen Statuentypus gekennzeichnet wurde. Die Besonderheit dieses Kultes ist, dass dem Namen von Nektanebos II. das Epithethon pA bjk, »Der Falke«, folgt. Der Kult von Nechet-Hor-Hebit-pa-bik, »Nektanebos-der-Falke«, kann in Behbeit el-Hagar, Heliopolis, Memphis, Abydos, Koptos, Theben und Hermopolis parva belegt werden. Die Priesterschaft trug den Titel »Priester der Statuen des Nektanebos-der-Falke«.

Diese Statuen Nektanebos' II. zeigen eine Verbindung zu sämtlichen Statuen auf, die einen von einem Falken geschützten König zeigen. Der König ist in kleinerem Format zwischen den Vogelbeinen dargestellt. Ein gutes Beispiel dafür ist die Statue aus Grauwacke aus dem Metropolitan Museum in New York (MMA 34.2.1). Da diese Statuen in Kultstätten standen, deren Bauherr Nektanebos II. war, wurden sie als dem Andenken Nektanebos' II. als großer Restaurator und Bauherr dienend gedeutet. Neue Erkenntnisse lassen zudem vermuten, dass dieser Königskult eine Rolle für die Legitimation der ptolemäischen Könige gespielt hat, da die meisten Vertreter der Priesterschaft dieses Kultes in der Ptolemäerzeit zu belegen sind.

Neben den historiographischen Quellen, erscheint *Nektanebos II.* auch als literarische Figur in einer Erzählung auf einem griechischen Papyrus aus Sakkara, der sich heute im Rijksmuseum van Oudheden in Leiden (pLeiden I 396) befindet. Die Geschichte ist nicht vollständig, aber Parallelen in der demotischen Literatur (pCarlsberg 562, pCarlsberg 424, 499 und 599) enthalten eine Fortsetzung dieser Geschichte. Der griechische Papyrus erzählt von einem Traum *Nektanebos' II.*, in welchem der Gott *Onuris* dem König erscheint und sich darüber beschwert, dass sein Tempel noch nicht vollendet wurde. Daraufhin beauftragte *Nektanebos II.* den Graveur *Petese* aus Aphroditopolis mit der Fertigstellung des Tempels des *Onuris*. *Petese* bekam seinen Lohn im Voraus und gab ihn für Wein aus. Zudem traf er auf eine schöne Frau. An dieser Stelle bricht die griechische Fassung ab. Die demotische Fortsetzung erzählt dann vom unglücklichen Schicksal des *Petese* und der Ankunft von Fremden. Im Text wird berichtet, dass der König beiden Ereignissen nachgehen wollte. Was danach passierte, bleibt ungewiss, denn auch der demotische Text bricht ab. Es ist aber sehr wahrscheinlich, dass die beiden in der Geschichte aufgezeigten Geschehnisse einen Bezug zu den historischen Ereignissen der Regierungszeit von *Nektanebos II.* haben und mit der Invasion der Perser im Zusammenhang stehen.

Nektanebos II. wird ferner auch in dem sogenannten Alexanderroman, der Biographie von *Alexander dem Großen*, erwähnt, die aus einer Vielfalt von Überlieferungen aus verschiedenen Zeiten besteht. In der Geschichte »Der Trug des *Nektanebos*« prophezeit der nach Makedonien geflohene *Nektanebos* der *Olympias*, Gattin *Philipps II.*, ein Gott werde ihr erscheinen und mit ihr einen Sohn zeugen. *Nektanebos*, der in dieser Geschichte als großer Zauberer gilt, täuscht *Olympias*, indem er sich mit einem Widderfell als *Amun* verkleidet. Er wohnt ihr in der Nacht bei. Das Kind, das *Olympias* geboren wird, ist *Alexander der Große*. Dieser griechische Text, der vermutlich nach der Eroberung Ägyptens durch *Alexander den Großen* entstanden ist (332 v. Chr.), legitimiert somit die Herrschaft *Alexanders* als direktem Nachkommen von *Nektanebos II.*

Doch nicht nur als literarische Gestalt, sondern auch als Bauherr trat der letzte König der 30. Dynastie in Erscheinung und enfaltete ein gewaltiges Bauprogramm. Er ließ mehrere Gebäude im ganzen Land errichten, restaurieren und dekorieren. Viele der Bauten, die von *Nektanebos I.* begonnen wurden, wurden von *Nektanebos II.* vollendet.

Behbeit el-Hagar war möglicherweise das wichtigste religiöse Zentrum jener Zeit. Die dortige Tempelanlage war der Göttin *Isis* geweiht. Dabei spielte der *Osiris*-Mythos eine besondere Rolle. Einige Kapellen dienten dem Kult des *Osiris* (*Osiris-Hemag*). Die Planung des Tempels geht vermutlich auf *Nektanebos I.* zurück. Der Bau wurde jedoch erst unter *Nektanebos II.* begonnen. Aus dem *Isis*-Tempel sind mehrere Granitblöcke erhalten, von denen einige in Museen zu sehen sind (New York MMA 12.182.4C, Montreal 941. B1., Kairo RT 4/6/44/1 = JE 59135). Vermutlich stammt auch das Unterteil einer Falkenstatue mit Sockel aus schwarzem Granit, der in al-Mahalla ak-Kubra gefunden wurde, aus Behbeit el-Hagar.

In Bubastis baute *Nektanebos II.* den Tempel der *Bastet* weiter aus. Er ließ das Allerheiligste errichten und dekorieren. Dieses war mit Basaltblöcken gepflastert. Mehrere Blöcke aus grauem und rosa Granit, die vermutlich zu Türstützen, Wänden mit Kultszenen und der Decke gehörten, wurden in situ gefunden. Mehrere Naoi standen im Allerheiligsten, das der *Bastet* und anderen Gastgottheiten aus Bubastis geweiht war (Naos Kairo CG 70016, Naos Kairo CG 70013, Naos British Museum EA 1078 + EA1079 + EA1106 + EA1005 + EA1080). Einige Königsstatuen stammen ebenfalls aus Bubastis.

Im Tempelbezirk von Karnak sind im *Chons*-Tempel und in Karnak-Nord Dekorationsreste von *Nektanebos II.* erhalten geblieben. Das Tor der Umfassungsmauer des Tempels der *Maat* in Karnak-Nord wurde zur Zeit von *Nektanebos I.* und *Nektanebos II.* dekoriert. Der Eingang des kleinen *Amun*-Tempels in Karnak-Nord, der westlich des *Month*-Tempels gelegen ist, ist ebenso von *Nektanebos II.* ausgestaltet worden. Auch auf zwei Türrahmen aus dem kleinen ptolemäischen Tempel, der gleichfalls westlich des *Month*-Tempels gelegen ist, sind Dekorationen von *Nektanebos II.* erhalten geblieben. *Nektanebos II.* restaurierte darüber hinaus den *Chons*-Tempel und ließ östlich des *Mut*-Tempels einen kleinen Tempel bauen.

Aus Sakkara ist die Serapeumsstele aus dem zweiten Regierungsjahr *Nektanebos' II.* RT 2/12/24/3 hervorzuheben. Auf dieser Stele werden nicht nur der Tod und die Bestattung des *Apis*-Stieres erwähnt, es wird auch die Bautätigkeit im Zusammenhang mit dem Tempel des *Apis* hervorgehoben. Möglicherweise handelt es sich um den Osttempel im Bereich des Serapeums. *Nektanebos II.* dekorierte vermutlich auch den sogenannten Westtempel, der bereits von *Nektanebos I.* errichtet worden war. Im nördlichen Bezirk wurden unter *Nektanebos II.* außerdem die Heiligtümer der *Isis,* der *Isis-Mutter-des-Apis* sowie die Nekropole der *Apis*-Mütter erweitert und dekoriert.

In Abydos wurden unter *Nektanebos I.* die letzten großen Baumaßnahmen am *Osiris*-Tempel durchgeführt. *Nektanebos II.* weihte hier auch eine Statue der Göttin Meschent. Außerdem stammt der Naos CG 70017 von *Nektanebos II.* Auf dem Naos CG 70018 wird *Nektanebos II.* zusammen mit *Nektanebos I.* genannt. Das erstaunlichste Denkmal in Abydos ist jedoch eine Felsstele (Berlin 14399), die ein Dekret aus dem fünften Regierungsjahr von *Nektanebos II.* beinhaltet. Dort wird ein Verbot des Steinbrechens am heiligen Berg von Abydos angesprochen.

In Armant erhielt der Stier von *Buchis* unter *Nektanebos II.* seine eigene Bestattungsanlage, das sogenannte Bucheum. Die *Buchis*-Stele aus dem 14. Regierungsjahr *Nektanebos' II.* berichtet über die Geburt im dritten Regierungsjahr und den Tod des Stieres im 14. Regierungsjahr *Nektanebos' II.* Außerdem gab *Nektanebos II.* auch einen Tempel an diesem Ort in Auftrag. Zudem wurde das neue Tempelhaus des *Chnum*-Tempels in Elephantine in seiner Regierungszeit errichtet und dekoriert. Von *Nektanebos II.* stammt ferner auch ein Naos aus grauem Granit, der den König beim Opfern vor dem Gott *Chnum-Re* zeigt. In Sebennytos entstand unter dem König ein Tempel für *Onuris-Schu.* Außerdem lässt sich *Nektanebos II.* auf zwei Naoi aus grünem Diorit, die aus Sebennytos stammten, bezeugen: der Naos Kairo GC 70015 für den Gott *Schu* und der Naos Kairo CG 70012 für den Gott *Onuris.* Aus Hermopolis stammten ein Naos, der dem Gott *Thot* gewidmet war, und ein Naosfragment, das im Pflaster einer Basilika verbaut gewesen war. Die Umfassungsmauer des Tempelbezirks von Tanis wurde in der Zeit von *Nektanebos II.* bis in die Zeit des Ptolemaios II. erneuert. Außerdem hat man in Tanis einige Fragmente eines Naos aus Basalt und ein Statuettenfragment des Königs gefunden. Die Statue eines Falken aus rotem Granit, der den König schützt, stammt aus dem Tempel für *Horus* von Mesenet. In Koptos ließ *Nektanebos II.* südlich des *Min*-Tempels ein Heiligtum erbauen, das als südliches Pendant zum Heiligtum im Iseum von Behbeit el-Hagar gesehen werden kann. Allerdings ist nur noch der untere Teil des südlichen Türrahmens erhalten.

Graffiti von *Nektanebos II.* wurden im Wadi Hammamat (ein Graffito zeigt den König beim Opfern vor *Min*, *Harpokrates* und *Isis*) und in den Steinbrüchen von Tura und Masara gefunden. In den Graffiti in den Steinbrüchen von Tura und Masara werden die Arbeiten für den Tempel des *Thot* in Hermopolis parva erwähnt. Im Tempel von el-Hibis in der Oase el-Charga ließ *Nektanebos II.* Dekorationsarbeiten durchführen, und in der Oase Siwa wurde der Tempel für den Gott *Osiris-Amun-Re* errichtet. *Nektanebos II.* ist außerdem belegt in: Edfu (Naos), Pithom (Steinfragmente), Athribis (Relieffragmente, Libationsaltar), Heliopolis (drei Königsstatuen), Abusir el-Meleq (Blöcke aus dem Tempel für *Ptah-Sokar-Osiris*), Hermopolis Magna (Naosfragment aus Granit) und el-Kab (Restauration im Tempel der *Nechbet*).

CBV

LITERATUR:

O. WEINREICH, *Der Trug des Nektanebos*, Leipzig 1911. KIENITZ, *Politische Geschichte* (1953) S. 97–107. J. YOYOTTE, in: *Kêmi* 15 (1959) S. 70–74. H. DE MEULENAERE, in: *CdE* 35 (1960) S. 92–107. WILDUNG, *Rolle* (1969) S. 15–17. T. HOLM-RASMUSSEN, in: *GM* 26 (1977) S. 37–40. F. KAENEL, in: *BSFE* 87 (1980) S. 31–45. H. DE MEULENAERE, in: *LÄ* IV (1982) Sp. 451–453. JENNI, *Dekorationsprogramm* (1986). D. KESSLER, *Die heiligen Tiere und der König* Bd. 1, ÄAT 16, Wiesbaden 1989, S. 230–235. A. SPALINGER, in: *SAK* 19 (1992) S. 295–304. P. GALLO, in: *BIFAO* 90 (1990) S. 223–228. SCHNEIDER, *Lexikon* (1996) S. 177–178. R. JASNOW, in: *JNES* 56 (1997) S. 95–103. H. JENNI, *Die Dekoration des Chnumtempels auf Elephantine durch Nektanebos II.*, *AV* 90, Mainz 1998. K. RYHOLT, in: *ZPE* 122 (1998) S. 197–200. K. RYHOLT, in: A. Blasius/B. U. Schipper (Hg.), *Apokalyptik und Ägypten*, OLA 107, Leuven 2002, S. 221–241. CH. FAVARD-MEEKS, in: *Fs Altenmüller* (2003) S. 97–108. A. I. BLOEBAUM, in: *AegMonast* 4 (2006) S. 356–360. SPENCER, *A Naos of Nekhthorheb* (2006). HOFFMANN/QUACK, *Anthologie der demotischen Literatur* (2007) S. 162–166. D. AGUT-LABORDÈRE, in: *Trans* 35 (2008) S. 17–27. G. GORRE, in: *Ancient Society* 39 (2009) S. 55–69. QUACK, *Literaturgeschichte III* (2009) S. 64–65. MATTHEY, *Pharaon, magicien et filou* (2012). P. MEYRAT, in: J. F. Quack (Hg.), Ägyptische Rituale der griechisch-römischen Zeit, *ORA* 6, Tübingen 2014, S. 263–337. A. WOJCIECHOWSKA, *From Amyrtaeus to Ptolemy* (2016) S. 52–72, 128–135. DIODOR, *Historische Bibliothek* XV, 92–93, XVI, 40–46, 48–51. PLUTARCH, *Agesilaos*, 37–38. XENOPHON, *Agesilaos* II, 30–31, 38–39.

Chababasch

Titel	Name	Übersetzungsvorschlag
Horus		
Der der beiden Herrinnen		
Goldname		
König von Ober- und Unterägypten	*Senen-setep-en-Ptah* oder *Senen-en-Ptah setep-en-Ta-tenen*	»Auserwähltes Abbild des Ptah« oder »Abbild des Ptah, erwählt von Tatenen«
Sohn des Re	*Chabasch/Chababasch*	

MANETHO – wie auch die meisten modernen Historiker – lassen das pharaonische Ägypten mit dem letzten Herrscher der 30. Dynastie, *Nektanebos II.* enden, bevor die zweite Phase der persischen Besatzung Ägyptens begann und daran anschließend die makedonische Eroberung durch *Alexander den Großen* erfolgte. Und doch gab es in dieser stürmischen Zeit noch einen letzten »einheimischen« Pharao. Er ist ganz zweifellos eine der rätselhaftesten Herrschergestalten des Nillandes. Schon sein ungewöhnlich klingender Name gab Anlass zu zahlreichen Spekulationen über seine Abkunft, Herkunft und sein Wirken: *Chababasch*.

Nur wenige Dokumente seiner Regierungszeit sind erhalten, und aus den wenigen Quellen, die wir besitzen, ist es sehr schwer, historische Schlüsse zu ziehen. Die in ihrer Art sehr unterschiedlichen Belege sind rasch aufgeführt: Ein Text auf einem aus dem Serapeum von Memphis stammenden *Apis*-Sarkophag enthält eine Datierung in den dritten Monat Achet (Januar) des zweiten Regierungsjahres des *Chababasch*. Im Schutt der Verfüllung eines Schachtes im memphitischen Grab des Generals *Haremhab* aus dem Neuen Reich wurde ein tropfen- oder lotusblattförmiges Amulett aus Fayence mit dem Namen des Königs entdeckt. Bei seinen Grabungen im Palast des *Apries* in Memphis wiederum entdeckte WILLIAM MATTHEW FLINDERS PETRIE ein Schleuderblei-Projektil mit einer demotisch geschriebenen Fassung des Königsnamens, das heute im Petrie Museum des University College in London (UC 17221) ausgestellt ist. Ebenfalls aus der Region Memphis soll ein ehemals in der Privatsammlung Michaelidis befindliches Alabastron mit Königskartusche stammen. Die Authentizität der Aufschrift und des Gefäßes selbst wird allerdings mit guten Gründen bezweifelt. Aus Theben stammt die Urkunde eines Heiratsvertrages eines Priesters. Auf diesem Papyrus, dem *pLibbey* in Toledo (Ohio), befindet sich eine Datierungsangabe in den dritten Monat Achet (Januar) des ersten Regierungsjahres des *Chababasch*.

Darüber hinaus sind zwei weitere Objekte ohne Herkunftsangabe bekannt: ein kleines Amulett mit Kartusche, das sich heute im Louvre in Paris befindet (E. 8066), und in der ehemaligen Privatsammlung Stier existierte ein Skarabäus, dessen Echtheit allerdings angezweifelt wird.

Die Fundkonzentration der *Chababasch* zugeschriebenen Objekte auf den Raum Memphis kann darauf hindeuten, dass seine Machtbasis in dieser Region gelegen hat. Der Beleg aus Theben scheint indes aufzuzeigen, dass seine Einflusssphäre sich einst bis nach Oberägypten erstreckte. Die wichtigste Quelle ist allerdings eine Stele aus der Zeit des Argeadenherrschers *Alexander IV.*, die sogenannte Satrapen-Stele des *Ptolemaios*. Auf diesen Text geht die Bedeutung des *Chababasch* als legitimer Herrscher über das Nilland zurück.

Nach dem Tod *Alexanders des Großen* übernahmen einige seiner Generäle die Rolle eines Statthalters oder Satrapen über Teilgebiete des riesigen Reiches. Sie akzeptierten allerdings zunächst die allgemeine Herrschaft der königlichen Nachfolger *Alexanders*, nämlich *Philippos Arrhidaios* und *Alexander IV*. Das reiche Ägypten hatte sich *Ptolemaios* gesichert und er regierte am Nil für 20 Jahre als Satrap, bevor er selbst den Pharaonenthron einnahm. Die Satrapen-Stele stammt aus dem siebten Regierungsjahr *Alexanders IV.* (311 v. Chr.). Doch es ist bereits hier überdeutlich, dass *Ptolemaios* als der Wohltäter des Landes und kluger, gewissenhafter Reorganisator der von der Perserherrschaft befreiten Tempel auftritt. Der Text handelt grundsätzlich von der Bestätigung der Tempelländereien und Besitztümer des Heiligtums der Göttin *Uto* in Buto im westlichen Nildelta. Die Amtshandlung des Satrapen *Ptolemaios* wird als eine Reaktion auf eine Bittschrift durch die lokale Priesterschaft erklärt. Während einer Inspektionsfahrt hatte der König *Chababasch* die Landschenkung vorgenommen und damit ein von persischer Seite dem Tempel zugefügtes Unrecht wieder beseitigt: »Das Sumpfgebiet namens Land-der-*Uto* hat der König von Ober- und

Unterägypten *Das-erwählte-Abbild-des-Ptah* (oder: *Das-Abbild-des-Ptah, erwählt-von-Tatenen*), der Sohn des Re *Chababasch*, er lebe ewiglich, den Göttern von Pe und Dep (Buto) gegeben, nachdem Seine Majestät nach Pe und Dep gelangt war, wobei er in dem gesamten Sumpfgebiet des Bezirkes umherzog und mitten in die Marschen eingedrungen war und jeden Wasserlauf der zum Mittelmeer führt inspizierte, um die Schiffe Asiens von Ägypten abzuwehren.«

Chababasch erkundete das Deltagebiet, um Maßnahmen gegen erwartete oder befürchtete Angriffe und Landungen einer persischen Flotte zu ergreifen. Ziel war es, in den Dünen und Sümpfen der weiten Landschaft geeignete militärische Abwehroptionen anzulegen, um eine Durchfahrt der persischen Schiffe nach Sais und Memphis zu verhindern. Man ist erinnert an eine Episode bei Diodor, in der beschrieben wird, wie *Nektanebos II.* 343 v. Chr. das Delta gegen die persischen Angriffe unter *Artaxerxes III. Ochos* befestigte: »Die Ägypter hatten, da ihnen die Perser so lange Zeit zur Rüstung gelassen hatten, alle Mündungen des Nils wohl verschanzt« (16.46.7). *Nektanebos II.* hatte »eine unglaubliche Menge von Flussschiffen, die zu Schlachten und Gefechten auf dem Nil taugten. Ferner hatte er die Seite des Flusses gegen Arabien (die Perser näherten sich vom östlich gelegenen Pelusium) hin geschützt durch eine dichte Reihe von Städtchen und durch Bollwerke und Gräben, die er überall anlegte« (16.47.7).

Die relativ geringe Aussagekraft der bislang angeführten Quellen und nicht zuletzt der einzigartige Name führten zu vielen Spekulationen um die Person des *Chababasch*, dessen familiärer Hintergrund und Herkunft völlig im Dunkeln liegen. Zunächst wurde angenommen, *Chababasch* könne vielleicht ein Perser gewesen sein, ein aufständischer Satrap oder Vizekönig der ägyptischen Provinz. Sein Name könne rein sprachlich zusammenhängen mit dem »persischen« *Kombabos*, der in einem von Lukian (De dea Syria 17–27) berichteten ätiologischen Mythos der Erbauer und Eunuchenpriester der *Atargatis* (bzw. *Kybele*) in Hierapolis war, oder mit dem Archigallos *Kombaphis* in einem Fragment des Ktesias (frg. 29,9). Ein anderer Ansatz bezieht sich auf die Stele des *Nastasen*, eines meroitischen Königs der zweiten Hälfte des 4. Jahrhunderts v. Chr. Auf dieser Stele wird unter anderem von einem Feldzug des *Nastasen* nach Unternubien berichtet, dessen

Gegner in diesem Konflikt *Kambasawden* genannt wird. Mehrfach wurde das Für und Wider einer Identifizierung und Gleichsetzung des nubischen *Kambasawden* mit dem König *Chababasch* diskutiert, wobei sprachliche und chronologische Probleme gegeneinander gewichtet wurden. Die Diskussion beschäftigt sich dabei insbesondere mit folgenden Fragen: Könnte der Name einen nubischen Ursprung haben? War *Chababasch* vielleicht ein nordmeroitischer Fürst, der nach der Herrschaft über Ägypten strebte, von den Persern jedoch – wie schon *Nektanebos II.* – nach Süden abgedrängt und nach Nubien vertrieben worden war? Geriet er womöglich auf seiner Flucht in einen Konflikt mit dem meroitischen König *Nastasen*? Wiederum anderen Überlegungen zufolge wurde die Ansicht vertreten, es könne sich bei *Chababasch* um einen Araber handeln oder um einen Libyer, möglicherweise um einen im Delta ansässigen Spross einer libyschstämmigen Fürstenfamilie, einen ägyptisierten Libyer. Wieder andere sahen in ihm einen Söldnerführer fremder Herkunft.

Ähnlich kontrovers wurde lange Zeit der chronologische Rahmen seiner Herrschaftszeit diskutiert. Die Zeitspanne reichte dabei von 486 bis 331 v. Chr. Erst mit der Edition des *pLibbey* konkretisierte sich ein engerer Zeitraum. Der Schreiber oder Notar dieser Eheurkunde aus dem ersten Regierungsjahr des *Chababasch* ist in einigen weiteren demotischen Urkunden bezeugt, die sicher in die Jahre 330, 327 und 324 v. Chr. datiert werden können. Da *Chababasch* nach MANETHO nicht zur 29. oder 30. Dynastie gezählt wird, muss die Regierungszeit prinzipiell zwischen 342 und 324 v. Chr. liegen. Mit weiteren Angaben aus der Satrapenstele und der Annahme, dass das Interregnum des *Chababasch* zeitlich unmittelbar in die Zeit nach dem Tod *Artaxerxes' III.* fiele, lässt sich für eine Herrschaftszeit von etwa 338–336 oder 337–335 v. Chr. argumentieren.

343/42 v. Chr. hatte *Artaxerxes III. Ochos* Ägypten nach erfolgreicher Eroberung (343 v. Chr.) wieder verlassen. DIODOR (16.51.1–3) berichtet, dass nach der Einnahme von Bubastis die anderen befestigten Orte die Waffen strichen. Der amtierende König *Nektanebos II.*, der noch in Memphis weilte, verzichtete sowohl auf weiteren Widerstand als auch auf seinen Thron und setzte sich mit einem Großteil seines Schatzes sowie den ihm verbliebenen Truppen nach Nubien ab. Der siegreiche *Artaxerxes III.* ließ die Mauern der wehrfähigen

Orte schleifen, plünderte die Tempel und beschlagnahmte die in den Tempeln befindlichen Urkunden. Nachdem *Artaxerxes III.* einen gewissen *Pharendates* als Statthalter eingesetzt hatte, wandte er sich mit seinem Heer nach Babylon. Als nur zehn Jahre später *Alexander der Große* nach Ägypten vordrang, stellte sich ihm zunächst bei Issos der persische Satrap Ägyptens namens *Sabakes* entgegen und schließlich in Ägypten selbst dessen Vertreter *Mazakes* (ARRIAN, Anabasis 2.11.8 und 3.1.2). Es muss also einen Wechsel in der unmittelbaren Machtausübung gegeben haben: *Chababaschs* Interregnum und eine persische Rückeroberung vor 333 v. Chr.

An dieser Stelle sind mehrere Optionen vorstellbar. Sicher ist, dass bei der persischen Eroberung von 343 v. Chr. Memphis eingenommen wurde und *Nektanebos II.* nach Nubien floh. Wie weit der Einfluss der persischen Streitmacht in den Süden zu dieser Zeit reichte, ist ungewiss. In dem unter *Ptolemaios X.* am oberägyptischen Tempel von Edfu angebrachten Katastertext, etwa in der Mitte zwischen Theben und Assuan gelegen, wird von Landschenkungen *Nektanebos' II.* an dieses Heiligtum berichtet. Diese Landschenkungen hätten demnach in dessen 18. Regierungsjahr stattgefunden, also zwischen November 342 und November 341 v. Chr., nach der persischen Eroberung. Somit stellt sich die Frage, ob es möglich ist, dass der persische Satrap *Pharendates* seine Kontrolle Ägyptens nur auf Unterägypten konzentrierte oder beschränkte, also auf den Bereich des wirtschaftlich bedeutsamen Deltas zwischen dem Mittelmeer und Memphis? War *Chababasch* womöglich ein libyschstämmiger Fürst aus dem Delta, der *Nektanebos II.* auf seiner Flucht nach Nubien begleitete und anschließend mit den Resten des Heeres, das *Nektanebos II.* begleitet hatte, nach Ägypten zurückkehrte? Oder ist *Chababasch* möglicherweise ein Fürst in Unternubien gewesen, bei dem *Nektanebos II.* Zuflucht fand und der von dort nach Ägypten aufbrach?

Kurz nach der Erklärung seines Herrschaftsanspruchs ist *Chababasch* in Theben in seinem ersten Regierungsjahr bezeugt. Um Memphis scheint es zu einer militärischen Auseinandersetzung gekommen zu sein, wie auch das mit seinem Namen gekennzeichnete Schleuderblei anzeigen kann. Weitere Belege des Königs konzentrieren sich auf den memphitischen Raum, der möglicherweise seine Machtbasis darstellte, worauf auch sein Thronname

»Auserwähltes Abbild des Ptah« oder »Abbild des Ptah, erwählt von Tatenen« hindeutet. Zu Beginn seines zweiten Regierungsjahres sorgte er für die ordentliche Bestattung des *Apis*-Stieres in Memphis. Im Angesicht einer drohenden erneuten Invasion durch die Perser sorgte er im Delta für militärische Abwehrmaßnahmen. Was nach einer bislang weder in griechischen, ägyptischen oder persischen Quellen inschriftlich identifizierten Rückeroberung des Nillandes durch *Arses* oder *Dareios III.* mit *Chababasch* geschah, ist unbekannt.

Bezeichnenderweise ist die Satrapenstele der einzige Text, in dem sich die Ptolemäer, insbesondere *Ptolemaios I.* bezüglich ihrer eigenen Herrschaftslegitimation auf *Chababasch* beziehen. Ansonsten wird propagandistisch an *Nektanebos II.* angeknüpft. Auch wird *Chababasch* weder bei Manetho noch in den *Legenden des Traumes* und *des Truges des Nektanebos* oder in der »Demotischen Chronik« berücksichtigt. Hingegen entwickelte sich im Rückblick *Nektanebos II.* zu einer Art Symbolfigur des ägyptischen Kampfes gegen die Fremdländer. Er kam aus einer traditionsreichen Familie, die mehrere Könige hervorgebracht hatte und deren Angehörige noch in frühptolemäischer Zeit eine gewisse Bedeutung hatten. *Chababasch* hingegen mag letztendlich möglicherweise eher als ein »ausländischer«, nichtägyptischer (vielleicht nubischer?) Herrscher angesehen worden sein.

AE

Literatur:

I. Lévy, in: *BIFAO* 30 (1931) S. 537–539. Kienitz, *Politische Geschichte* (1953) S. 185–189. I. S. Katznelson, in: *ZÄS* 93 (1966) S. 89–93. H. de Meulenaere, in: *LÄ* I (1975) Sp. 895–896. A. Spalinger, in: *ZÄS* 105 (1978) S. 142–154. A. Spalinger, in: *ZÄS* 107 (1980) S. 87. R. K. Ritner, in: *ZÄS* 107 (1980) S. 135–137. W. Huss, in: *Studi epigrafici e linguistici sul Vicino Oriente antico* 11 (1994) S. 97–112. D. Devauchelle, in: *Transeuphratène* 10 (1995) S. 35–43. Schneider, *Lexikon* (²1997) S. 97. S. M. Burstein, in: *AHB*, 14/4 (2000) S. 149–154. J. Kahl, in: *ZÄS* 129 (2002) S. 31–42. R. G. Morkot, in: *70 Geheimnisse* (2003) S. 146–147. I. Ladynin, in: *CdE* 80 (2005) S. 87–113. J. Moje, in: *GM* 226 (2010) S. 55–62. Schäfer, *Studia Hellenistica* 50 (2011). G. Vittmann, in: *Herodot und das Persische Weltreich* (2011) S. 373–429. S. M. Burstein, in: *Dictionary of African Biography* 6 (2012) S. 345–346. Ruzicka, *Trouble in the West* (2012). Moje, *Lokalregenten* (2014). H. Colburn, in: *ANEM* 13 (2015) S. 165–202. Wojciechowska, *From Amyrtaeus to Ptolemy* (2016). G. Gorre, in: *JEH* 10,1 (2017) S. 51–68.

ANHANG

GLOSSAR

Abaton
Altäg. »Iat-wabet, Reine-Stätte«, in griechisch-römischer Zeit Kultstätten zur Verehrung von Körpergliedern des durch seinen Bruder *Seth* zerstückelten Gottes *Osiris*. Bedeutende Abata existierten auf der Insel Biggeh bei Philäe, in Abydos, Busiris und Memphis.

Ahmosiden
Herrscherfamilie aus Theben, die gegen Ende der 2. Zwischenzeit die asiatisch-stämmigen Hyksosherrscher bekämpfte und schließlich vertrieb. Benannt nach König *Ahmose I.*, dessen Name wie der vieler anderer Familienmitglieder mit dem Mondgott *Iah* (*Ach*) gebildet war.

Alabastron
Schlankes oder birnenförmiges Fläschchen ohne Fuß, in dem Parfüm oder Salben aufbewahrt wurden.

Alexanderroman
Sammlung unterschiedlicher realer biographischer Quellen über *Alexander den Großen*, vermischt mit fiktiven, z. T. mythologischen Motiven. Die ältesten erhaltenen Versionen, welche viele Abweichungen enthalten, stammen aus frühbyzantinischer Zeit (4.–7. Jh. n. Chr.), beruhen jedoch auf älteren Quellen. Es erfolgten variantenreiche Übersetzungen in viele Sprachen. Nach der Bibel gilt der Alexanderroman als das am zweitmeisten verbreitete Buch der Vormoderne.

Amarnazeit
Regierungszeit *Amenophis' IV./Echnatons* (1353–1336 v. Chr.), benannt nach der modernen Bezeichnung (Tell el-)Amarna für *Echnatons* neue Hauptstadt Achetaton. Durch die neuen religiösen Vorstellungen des Aton-Glaubens änderte sich auch der Kunststil, der Objekte aus der Amarnazeit unverkennbar macht. Als Nachamarnazeit werden die unmittelbar auf *Echnatons* Herrschaft folgenden Regierungszeiten (*Semenchkare*, *Meritaton*, *Tutanchamun*, *Eje*) bezeichnet, die später ebenso wie die des *Echnaton* aus den offiziellen Annalen getilgt wurden.

Amduat → Unterweltsbücher

Amun
Seit dem Mittleren Reich in Theben belegter Lokalgott, der mit der Vertreibung der Hyksos durch die thebanischen Fürsten im Neuen Reich zum Staats- und Königsgott aufstieg. Er wird menschengestaltig und meist mit

hoher Doppelfederkrone abgebildet; als *Amun-Min* tritt er als Fruchtbarkeitsgott auf, als *Amun-Re* trägt er solare Züge. Sein Hauptkultort war der große Tempel von Karnak, in dem er mit *Mut* und *Chons* verehrt wurde. Als »Tiere des Amun« galten Widder und Gans, in deren Gestalten ihn das Volk verehrte.

Ammoneion
Tempel und Orakelstätte des Gottes *Amun* in der Oase Siwa. Der Tempelbau stammt aus dem 6. Jh. v. Chr. *Alexander der Große* besuchte das Ammoneion, um sich seine Herrschaft über Ägypten als Sohn des *Amun* legitimieren zu lassen.

Apis-Stier
Apis war der griechische Name des heiligen Stieres von Memphis, der mit dem Gott *Ptah* verbunden war. Der *Apis*-Stier galt als Symbol für Fruchtbarkeit. Die Auswahl des *Apis*-Stieres wurde von der Existenz bestimmter körperlicher Merkmale abhängig gemacht. Nach dem Tod wurde der *Apis*-Stier mumifiziert und im → Serapeum begraben.

Argeaden
Griechisches Herrschergeschlecht, aus dem bis 310 v. Chr. die Könige von Makedonien stammten.

Aurure
Altägyptisches Flächenmaß. Eine Aurure misst 100 × 100 Ellen, eine Elle misst ca. 52 cm, ≈ 2704 m².

Auslauf-Wasseruhr
In Ägypten fanden zwei Arten von Wasseruhren Verwendung: Die Zeit konnte auf einer Skala mittels ein- oder auslaufendem Wasser abgelesen werden.

Babylonische Chronik
Historische Ereignisse der babylonischen Geschichte, notiert in Keilschrift auf Tontafeln um 550–400 v. Chr. Heute mehrheitlich im British Museum, London.

Barkenkapelle
Götterbilder ägyptischer Tempel wurden für Prozessionen inner- oder außerhalb ihres Tempels von Priestern in prunkvoll gestalteten Barken getragen, an denen wie an Sänften Tragestangen befestigt waren. An wichtigen Zwischen- oder Endstationen der Prozession standen Kapellen, in denen die Barken für rituelle Zwecke abgesetzt werden konnten.

Buch von der (göttlichen) Himmelskuh
Religiöser Text, der vermutlich in der Amarnazeit entstanden ist und danach Eingang in die Dekoration der Königsgräber und von königlichem Grabmobiliar fand. Thematisiert wird der Rückzug des greisen Sonnengottes auf dem Rücken der göttlichen Kuh an den Himmel, nachdem die Menschen auf Erden gegen ihn rebelliert hatten und ein Teil der Menschheit vernichtet wurde.

Buch von der Erde → Unterweltsbücher

Buchis-Stier, Bucheum
Heiliger Stier von Hermonthis (Armant) und Medamud im 4. oberägyptischen Gau. Nach ihrem Tod wurden die Stiere mumifiziert und im Bucheum beigesetzt (vgl. auch → *Apis*-Stier).

Cachette von Deir el-Bahari → Mumiencachette

Cachette von Karnak → Karnak-Cachette

Demotisch
Eine kursive, aus dem Hieratischen abgeleitete Schrift, die vom 7. Jh. v. Chr. bis in das 5. Jh. n. Chr. Anwendung fand. Der Begriff wurde erstmals von HERODOT benutzt und bedeutet »volkstümlich«.

Demotische Chronik
Papyrus (Paris BN Pap.215) mit demotischem Text, der vermutlich unter *Ptolemaios III.* (2. Hälfte 3. Jh. v. Chr.) entstanden ist. Die Chronologie der 28.–30. Dynastie wird weniger als Sammlung historischer Ereignisse präsentiert, vielmehr wird die Herrschaft der Könige bewertet und die Länge und der Erfolg ihrer Regentschaften als göttlicher Wille erklärt.

Diorit
Dunkles Tiefengestein

Dynastie
Einteilung der ägyptischen Herrscher in 30 Dynastien zur Zeit *Ptolemaios' I.* durch den ägyptischen Priester und Historiographen MANETHO, der ein Werk über die ägyptische Geschichte verfasste. Diese Zuordnung der Könige zu Herrschergruppen ist fallweise durch die moderne Forschung korrigiert worden, doch wird die Dynastie-Einteilung nach MANETHO prinzipiell beibehalten.

Eingeweidepaket → Kanopen

Epithethon (pl. Epitheta)
Beiname

Fayence
Quarzkeramik, meist blau-türkis, aus einem Gemisch aus Quarzpulver, Wasser und Soda. Wurde in Tonformen im Verfahren der Selbstglasur gebrannt.

Gaufürst
Oberster Verwaltungsbeamter in einem Gau (territorialer Verwaltungsbezirk). In Zeiten schwacher Zentralgewalt konnten die Gaufürsten zum Teil erheblichen Einfluss erlangen.

»Gottesgemahlin (des Amun)«
Titel von Priesterinnen innerhalb des thebanischen *Amun*-Kultes seit der 18. Dynastie, der von Frauen aus dem Königshaus getragen wurde. Seit

der 21. Dynastie wuchs der Einfluss der zölibatär lebenden Gottesgemahlinnen, die faktisch in der 25./26. Dynastie die Herrschaft in Oberägypten
übernahmen. Ihre Nachfolge wurde durch Adoption geregelt.

Graffito
Inschrift oder Bild, das in Stein eingeritzt oder mit Farbe aufgetragen ist und
im Gegensatz zu den offiziellen Dekorationen spontan aus der Situation
heraus angebracht wird. Zu den Graffiti zählen unter anderem Besucher-
inschriften, Notizen bei Bauarbeiten und private religiöse Äußerungen.

Gründungsdepot/Gründungsgruben
Bei Baubeginn von Tempeln, Gräbern und Palästen wurden in den Fundamenten Weihgaben (oft Miniaturobjekte) in Gruben deponiert. Sind die
Weihgaben mit einem Königsnamen und/oder einem Datum beschriftet,
dienen sie als wichtige Datierungskriterien für das Bauwerk.

Hathor-Kapitelle
Oberer Säulenabschluss, den ein Gesicht der Göttin *Hathor* schmückt.

Heliakischer Aufgang (des Sirius)
Mit dem Sonnenaufgang verbundenes Erscheinen von Himmelskörpern
(Morgensternen) am Horizont. An den nur einmal jährlich stattfindenden
heliakischen Aufgang des Sirius (der in Ägypten als Verkörperung der
Göttin *Sothis* galt) war das Ägyptische Neujahrsfest gebunden, das sich alle
3–4 Jahre um einen Tag verschob und daher durch das kalendarische Jahr
»wanderte«. Die altägyptischen Daten zum Siriusaufgang sind wichtige
Quellen zur Datierung und Chronologie.

Herold (des Königs)
Im Neuen Reich hoher Verwaltungsbeamter, der dem König direkt unterstand und als dessen persönlicher Referent fungierte. Herolde stammten
daher oft aus dem persönlichen Umfeld des Königs und genossen hohes
Vertrauten.

Höhlenbuch → Unterweltsbücher

Horusweg
Handels- und Expeditionsroute vom östlichen Nildelta auf den Sinai und
später im Neuen Reich bis nach Gaza mit unterschiedlichem Streckenverlauf.
Als wichtigster Verkehrsweg zwischen Ägypten und Vorderasien kam
dem Horusweg auch eine bedeutende Rolle in der Grenzsicherung und
Verteidigung des Landes zu.

Hyksos
ägypt. *Heka-chasut*, »Herrscher der Fremdländer«, griech. *Hyksos*. Nach einer
längeren Einwanderungsperiode von Vorderasiaten in das Delta gelang
es einigen dort angesiedelten Lokalfürsten asiatischer Abstammung, als
ägyptische Könige die Macht zu übernehmen und von Unterägypten aus
das ganze Land zu kontrollieren (Hyksoszeit, 15. Dynastie). Die Hauptstadt
der Hyksos war Avaris (Tell el-Dab'a) im Ostdelta.

Hypostyl(en)saal
Säulensaal in ägyptischen Tempeln. Die Säulenhallen symbolisieren die mythische Schöpfung der Welt. Die als Pflanzen gestalteten Säulen tragen das Tempeldach, welches durch seine blaue Decke mit gelben Sternen als Himmel erscheint. Das Pflaster hingegen bestand oft aus dunklen Steinen und stellte den Erdboden dar.

Iseum
Tempel der Göttin Isis

Jahreszeiten
Der altägyptische Verwaltungskalender war in drei Jahreszeiten zu je vier Monaten eingeteilt: Die Achet-Jahreszeit (Überschwemmung), die Peret-Jahreszeit (Aussaat) und die Schemu-Jahreszeit (Ernte). Ein Monat zählte 30 Tage, hinzu kamen 5 Zusatztage am Ende des Jahres (Epagomenen). Vom Sonnenzyklus wich der ägyptische Kalender damit um ¼ Tag ab und »wanderte« daher. Parallel existierte ein für kultische Feste gebräuchlicher Mondkalender, der mit dem → heliaklischen Aufgang des Sirius (Neujahrsfest) begann. Auch dieser Kalender verschob sich von Jahr zu Jahr.

Kanopen(krüge)
Eingeweide wie Lunge, Magen, Leber und Gedärm wurden den Toten entnommen und separat mumifiziert. Die eingewickelten Organe setzte man in vier Krügen (Kanopen) bei. Die Krugverschlüsse sind oft mit den Köpfen der Schutzgötter der Organe gestaltet: *Amset*: Mensch; *Hapi*: Pavian; *Duamutef*: Falke; *Kebechsenuef*: Hund / Schakal.

Karnak-Cachette
Depot von über 750 Steinstatuen, fast 17 000 Bronzestatuen und weiteren Objekten, das 1903 im Hof beim 7. Pylon des Karnaktempels bei Arbeiten unter der Leitung von GEORGE LEGRAIN entdeckt wurde. Die Objekte geben einen einzigartigen Einblick in die Ausstattung der ägyptischen Tempel. Sie datieren vom Neuen Reich bis in die Ptolemäerzeit.

Kartusche
Ovale Umfassung des Geburts- und Thronnamens (→Königsnamen) ägyptischer Könige, die ein zusammengeknotetes Seil darstellt. Die ursprünglich runde Ringform symbolisiert Dauerhaftigkeit und Schutz (Schen-Ring).

Katarakt(e)
Sechs Stromschnellen im nubischen Niltal bis nach Khartum. Über jeweils mehrere Kilometer bilden Felsen aus Hartgestein natürliche Barrieren und machen den Fluss nahezu unschiffbar. Der 1. Nilkatarakt bei Assuan galt in Ägypten von jeher als Südgrenze des Landes und Schnittstelle zum südlichen Nubien. Auch die anderen Katarakte hatten geopolitische Bedeutung.

Kenotaph
Scheingrab

Kerma → Nubien

Kind des Kap
Titel von Beamten, die zusammen mit dem König im »Kap«, dem Bereich für Frauen und Kinder im Palast, aufgewachsen und mit ihm gemeinsam erzogen worden sind. Die Bezeichnung verweist auf das besonders enge Verhältnis zwischen Beamten und König. Viele »Kinder des Kaps« stiegen in hohe Positionen in der Verwaltung auf.

Kiosk
Rechteckiger Pavillion, dessen Seitenwände aus Säulen oder Pfeilern bestehen, die durch halbhohe Schranken verbunden sind und ein Holz- oder Tuchdach trugen. Kioske dienten oft als Haltepunkte während Prozessionen, um das Götterbild dort während der Riten abzusetzen.

Kryptogrammträger
Statue, die eine Hieroglyphengruppe trägt, die in verspielter, »verschlüsselter« Form einen Königs- oder Götternamen wiedergibt.

Kultachse
Wegstrecke innerhalb ägyptischer Tempel, auf der Prozessionen abgehalten wurden und kultische Handlungen stattfanden. Es gibt Haupt- und Nebenkultachsen.

Kuschitenzeit → Nubien

KV + Nummer/WV + Nummer
Kings Valley/West Valley; Kürzel und Nummerierung von Gräbern im Tal der Könige auf dem westlichen Nilufer gegenüber von Luxor.

Lebenshaus
Meist an die ägyptischen Tempel angegliederte Institutionen, die als Bibliotheken, Archive sowie Ausbildungsstätten für Schreiber und als intellektuelle Zentren fungierten.

Levante
Länder an der östlichen Mittelmeerküste

Libationsaltar
Altar für Opfergaben in flüssiger Form (Wasser, Öl, Wein etc.). Oft sind die Altäre mit Inschriften und Bildern geschmückt, die durch die darüberlaufenden Flüssigkeiten »aktiviert« werden sollten.

Litanei des Re
Text- und Bildzyklus mit Anrufungen an den Sonnengott *Re*. Zunächst belegt im Grab des Wesirs *Useramun* (18. Dynastie), ab *Thutmosis III.* Bestandteil der Dekoration königlicher Gräber.

Mammisi
Ab der Spätzeit kleiner Tempel neben dem Haupttempel innerhalb des ummauerten heiligen Bezirks. Im Mammisi (»Geburtshaus«) wurde an bestimmten Tagen die Geburt des Götterkindes der jeweiligen Triade

(göttliche Familie: Vater-, Mutter-, Kindgott) zelebriert. Da der König als Verkörperung des Götterkindes (Sohn/Vertreter des Hauptgottes) galt, sind die Rituale eng mit dem Königskult verbunden.

Manetho
Ägyptischer Priester aus Sebennytos in Unterägypten, der zu Beginn der Ptolemäerzeit eine Geschichte Ägyptens (*Aegyptiaca*) verfasste. MANETHOS Werk ist nur in mehreren späteren, z. T. gegenüber dem Original veränderten Abschriften erhalten (Versionen der Kopisten JOSEPHUS, AFRICANUS, EUSEBIUS). Die *Aegytiaca* ist eine wichtige Quelle zur ägyptischen Chronologie.

Meroitische Zeit
Nach der Napatäischen Zeit die zweite Epoche des Reiches von Kusch (Obernubien). Während zunächst das Landeszentrum in Napata lag (ca. 700–280 v. Chr.), verlagerte es sich später nach Meroe (ab 280 v. Chr.–300 n. Chr.).

Messstrickträger
Statue, die einen Messstrick zur Feldvermessung trägt. Erstmalig für *Senenmut*, den Haushofmeister der *Hatschepsut* belegt. Die Inschriften der Statue nennen für *Senenmut* Titel der Garten- und Scheunenverwaltung, was zum Motiv der Statue gut passt.

Minoische Eruption
Vulkanausbruch auf der griechischen Insel Thera (heute Santorin). Die Ascheablagerungen im gesamten östlichen Mittelmeerraum bilden in der Archäologie einen wichtigen Fixpunkt in der Stratigraphie (Feststellung von Schichten, die eine relative Chronologie ergeben). Über den exakten Zeitpunkt der Eruption sind sich naturwissenschaftliche und historiographische Untersuchungen noch uneinig (17./16. Jh. v. Chr.).

Mumiencachette/Mumienversteck
Depot von Mumien im Grab DB/TT 320 in der Nekropole von Theben-West im Bereich von Deir el-Bahari. In der 22. Dynastie wurden Mumien von Königen und ihren Familienangehörigen aus der 17.–21. Dynastie in dieses Versteck umgebettet, um sie vor Grabräubern zu schützen. 1871 entdeckten Mitglieder der lokalen Familie ABD EL-RASUL die Cachette und verkauften Objekte von dort im Antikenhandel. 1881 evakuierte EMIL BRUGSCH im Auftrag des Antikendienstes über 50 Mumien, 40 Särge und 6000 andere Fundstücke nach Kairo. Dank dieses sensationellen Fundes sind uns fast alle Königsmumien des Neuen Reiches erhalten.

Nachamarnazeit → Amarnazeit

Naos (pl. Naoi)
Oft aus Hartgestein gefertigter Schrein zur Aufbewahrung des Götterbildes im Tempel. Der Naos, der als Wohnstätte der Götterstatue betrachtet wurde, war außerhalb der Kulthandlungen durch Flügeltüren verschlossen. Nur der König oder sein Stellvertreter, der Hohepriester, durften die Türen für das tägliche Ritual öffnen. Die Gestalt der Naoi orientierte sich oft an der Architektur des unter- oder oberägyptischen Reichsheiligtums.

Naophor
»Naosträger«, Statue eines Königs oder Beamten, die einen → Naos in den Händen hält.

Nubien
Abschnitt des Niltals südlich vom 1. Katarakt bis Khartum – Unternubien (Wawat) meint das Gebiet zwischen dem 1. und 2. Katarakt, Obernubien (Kusch, später auch Bezeichnung für Gesamtnubien) die Region südlich bis zum 5. Katarakt. Das Gebiet gehört heute größtenteils zum Sudan. Besonders wegen seiner Rohstoffe (Gold, Elfenbein, Felle, Halbedelsteine, tropische Hölzer, Myrrhe/Weihrauch), seinen Tieren und Menschen (Soldaten, Sklaven) sowie der nach Innerafrika führenden Handelsrouten war Nubien für Ägypten interessant. Am 3. Katarakt lag die nubische Residenzstadt Kerma mit Tempeln, Palästen und Fürstengräbern. Mit der Eroberung Obernubiens durch *Thutmosis I.* wird Kerma zerstört, das Land wird zur ägyptischen Kolonie. In der 25. Dynastie herrschen Könige aus Kusch über Ägypten (Kuschitenzeit).

Obelisk
Hoher Steinpfeiler mit pyramidenförmigem Abschluss. Obelisken waren mit Hieroglyphen versehen, ihre Spitze war meist vergoldet. Obelisken galten als Sonnensymbol und waren der kultische Mittelpunkt der Sonnenheiligtümer. Sie wurden auch paarweise vor Tempelpylonen aufgestellt.

Osireion
Dem Totengott *Osiris* gewidmeter Tempelkomplex in Abydos, unmittelbar neben dem Totentempel *Sethos' I.* Der als Grabkomplex gestaltete Tempel diente als Kultbühne für Riten zur Regeneration des Gottes, dessen jenseitige Existenz als Vorbild für jeden Verstorbenen galt.

Osiris-Figuren/Osiris-Pfeiler/Osiris-Statuen
Königsstatue, die rückwärtig mit einer Wand oder einem Pfeiler verbunden ist. Ikonographisch erinnern die Darstellungen an die mumienförmige Ikonographie des Gottes *Osiris*. Seit dem Mittleren Reich sind *Osiris*-Statuen Bestandteil der Tempelarchitektur.

Ostrakon (pl. Ostraka)
Ton- oder Kalksteinscherbe, die als Träger von Schrift oder Bildern genutzt wurde. Für Skizzen und Notizen jeglicher Art bot sich das überall zur Verfügung stehende Material gegenüber wertvollem Papyrus an.

Oberägypten
Ägyptisch »Ta-Schemau«; Bezeichnung der Region zwischen Memphis und Assuan.

Peret-Jahreszeit → Jahreszeiten

Pfortenbuch → Unterweltsbücher

Pronaos
Eine dem Tempelbau vorgelagerte Säulenhalle, entweder offen oder durch Schranken zwischen den vorderen Säulen halb geschlossen. Belegt seit der

18. Dynastie. In den Tempelbauten der Ptolemäerzeit wichtiges Architekturelement des Tempelhauses.

Prophet
Priester; alternative Übersetzung des ägyptischen Titels *Hm nTr*, »Gottesdiener«

Pylon
Eingangsportal der ägyptischen Tempel, bestehend aus zwei Pylontürmen mit leicht gebōschten Wänden. Die Pylone überragten deutlich die äußeren Mauern der Tempel und stellen das höchste Architekturelement der Gotteshäuser dar. Die Dekoration der Pylonwände nimmt die Themen Machtdemonstration, Schutz und Feindabwehr auf. Großformatig sind die Pylonfronten mit dem Bildnis der im Tempel verehrten Gottheit und dem König, der vor dem Gott Feinde erschlägt, geschmückt.

Ramesseum
Totentempel *Ramses' II.* auf dem thebanischen Westufer.

Ramessidenzeit/Ramessiden
19. und 20. Dynastie (1292–1077 v. Chr.), in denen elf von 18 Königen den Namen Ramses trugen. Hauptstadt war seit *Ramses II.* Pi-Ramesse (Ramsesstadt) im Ostdelta.

Register
Übereinander angeordnete Zonen mit Dekoration (Bilder, Texte) auf ägyptischen Monumenten (Grab- und Tempelwände, Stelen, Obelisken, Statuen etc.).

Rischi-Sarg
Sargtyp, der mit einem Federdekor (arabisch: *rishi*) geschmückt ist. Belegt seit der 13. Dynastie, besonders beliebt in der Zweiten Zwischenzeit, dann auch als königlicher Sargtyp (bis in die Zeit *Tutanchamuns*). Das Federkleid entspricht sowohl dem Federkleid der Himmelsgöttin *Nut*, in deren Leib der Tote zurückkehrt (Sarg = *Nut*), als auch dem Gefieder des Falkengottes *Horus*. Zudem entspricht es der Vorstellung, dass die »Seele« des Toten als Vogel (Ba) den mumifizierten Leichnam temporär verlassen konnte.

Saffgrab
Der Ausdruck leitet sich vom arabischen Wort »Reihe« ab und bezeichnet einen Typ von Felsgräbern, deren Fassade aus einer Pfeilerreihe besteht. Diese Form ist häufig in der 1. Zwischenzeit und in der frühen 11. Dynastie belegt.

Säulenschranke
Halbhohe Wand zwischen zwei Säulen innerhalb der Tempelarchitektur, die meist mit Bildern und Texten dekoriert war.

Schemu-Jahreszeit → Jahreszeiten

Schen-Ring → Kartusche

Sedfest
Jubiläumsfest des Königs, das in der Regel 30 Jahre nach der Thronbesteigung oder zu Beginn einer Mitregentschaft gefeiert wurde. Die Bedeutung
des Festes war die Erneuerung des Königtums mittels ritueller Handlungen.

Serapeum
Begräbnisstätte der *Apis*-Stiere in Sakkara. Dort wurde der heilige Stier
des Gottes *Ptah* nach dem Tod einbalsamiert und bestattet. Auch Kultstätte
des Gottes *Serapis* in Alexandria, die von *Ptolemaios I.* gegründet und von
Ptolemaios III. erweitert wurde.

Serech
Stilisierte Palastfassade, in die der Horusname des Königs geschrieben
wurde.

Siegelverwalter
Hoher Beamter der ägyptischen Verwaltung, der durch das Führen des
königlichen Siegels als dessen Vertreter für bestimmte Aufgaben fungierte.

Sistrum
Bügelförmiges Rasselinstrument. Im Tempelkult besonders in Verbindung
mit weiblichen Gottheiten wie *Hathor* und *Isis* eingesetzt.

Situla (pl. Situlen)
Gefäß mit Henkel aus Bronze, das im Kult als Spendengefäß Verwendung
fand.

Skarabäus
Käfer (*scarabaeus sacer*), der aus Dung Kugeln zur Ablage seiner Eier formt.
In Ägypten wurden Skarabäen mit schöpferischen und regenerierenden
Kräften in Verbindung gebracht. Sie waren in Form von Amuletten äußerst
beliebt.

Stationsheiligtum/Stationskapelle
Kapellen, die an Prozessionswegen lagen. Das Götterbild wurde hier
abgesetzt und kultische Handlungen vollzogen. Oft handelte es sich um
→ Barkenkapellen.

Stele
Hochrechteckige Stein- oder Holzplatte, die als Text- und Bildträger diente.
Der obere Abschluss ist meist als Halbrund gestaltet. Daher gliedert sich die
Stele oft in das obere Bogenfeld (Darstellungen) und das untere rechteckige
Textfeld.

Totenbuch
Moderne Bezeichnung einer Sammlung von Bildern und Sprüchen, die die
Jenseitsexistenz des Toten sichern sollten. Auf Papyrus aufgezeichnet seit dem
frühen Neuen Reich als Grabbeigabe von Privatpersonen verwendet. Sprüche
des *Totenbuch*es finden sich aber auch auf anderen funerären Objekten.

Totenkultanlage → Totentempel

Totenopfersaal
Raum innerhalb einer Tempelanlage, in der die posthume Verehrung eines Herrschers zelebriert wurde und Opfergaben zur Versorgung des Toten niedergelegt wurden.

Totentempel
Tempel, der für den Totenkult eines Königs errichtet wurde. Im Alten und Mittleren Reich bildeten die Totentempel mit den Pyramiden bzw. Gräbern der Könige eine architektonische Einheit. Im Neuen Reich fand eine räumliche Trennung der Totentempel von der Bestattungsanlage statt, und auch der Totenkult veränderte sich, indem der Kult der Königsstatue mit dem Kult des *Amun* von Karnak verbunden war. Einige Könige ließen auch außerhalb von Theben (z. B. in Abydos) Tempelanlagen für ihre Verehrung nach dem Tod errichten.

TT + Nummer
Theban Tomb; Kürzel und Nummerierung von Gräbern der Thebanischen Nekropole auf dem westlichen Nilufer gegenüber von Luxor. Mehrheitlich Gräber von Privatpersonen. Die Gräber im angrenzenden Tal der Könige tragen das Kürzel KV oder WV (Kings Valley/West Valley).

Unterägypten
Ägyptisch »Ta-Mehu«; Bezeichnung für die Region des Nildeltas ab Memphis bis zum Mittelmeer.

Unterweltsbücher
Texte und Bilder, in denen die Unterwelt beschrieben wird, um dem Verstorbenen bei seinem jenseitigen Leben eine Orientierung und so eine sichere Existenz zu ermöglichen. Im Neuen Reich exklusiv in den Königsgräbern verwendet (mit wenigen Ausnahmen) konnten später auch Privatleute über diese Texte und Darstellungen verfügen. Zu den Unterweltsbüchern oder Jenseitsführern gehören das *Amduat*, das *Höhlenbuch*, das *Pfortenbuch* und das *Buch von der Erde*.

Uräus/Uräenfries
Kobra; Symbol der Göttin *Wadjet/Uto* aus der Delta-Stadt Buto. Die Uräusschlange tritt als Vertreterin Unterägyptens zusammen mit der oberägyptischen Geiergöttin *Nechbet* als Landes- und Kronengöttin auf. Sie ziert als königliches Symbol Königskrone- und Kopftuch. Mythologisch ist die feuerspeiende Schlange als »Auge des (Sonnengottes) Re« verbunden mit Göttinnen wie *Hathor*, *Tefnut* und *Sachmet*. Die wehrhafte Kobra galt als übelabwehrendes Schutzsymbol. Als solches findet man sie in Reihe (Fries) an Architekturteilen (Mauerkronen, Türdurchgängen) und Möbelstücken.

Urgötter
In der ägyptischen Mythologie die ersten Gottheiten der Urzeit, die als Schöpfer anderer Götter und der Welt auftreten. Verschiedene Schöpfungsmythen, die eng mit der lokalen Theologie des jeweiligen Ortes verbunden sind, stellen unterschiedliche Urgötter in den Mittelpunkt.

Uschebti

Seit dem Mittleren Reich belegte kleine Figürchen, die als Stellvertreter für den Verstorbenen fungierten. Seit dem Neuen Reich dienten Uschebti als Ersatzarbeitskräfte des Toten, wenn dieser im Jenseits zu (Feld-)Arbeiten herangezogen werden sollte. Je nach sozialer Stellung des Toten konnten Uschebti einfachste Tonfiguren sein oder aufwendig gestaltete und mit Texten beschriftete Figuren aus Fayence, Holz, Stein oder Bronze. Idealerweise verfügte ein Verstorbener über 365 Uschebti plus Aufseherfiguren, sodass Ersatzarbeiter für jeden Tag des Jahres zur Verfügung standen.

Usurpierung/Usurpation

Nutzung älterer Denkmäler (Gebäude, Statuen, Stelen etc.) durch Könige oder Privatpersonen, indem die originalen Bilder und Texte getilgt oder umgearbeitet wurden oder vollständig neue Dekoration angebracht wurde.

Vizekönig von Kusch

Hoher Zivilbeamter, der die nubischen Gebiete verwaltete. Zwei Stellvertreter waren jeweils für die Region Kusch (Obernubien) und Wawat (Unternubien) zuständig. Hauptaufgaben waren das Eintreiben von Tributen und die Sicherung der allgemeinen Ordnung. Als »Vizekönig von Kusch« wurden Beamte eingesetzt, die sich das besondere Vertrauen des Königs erworben hatten. Oft stammten diese Männer aus der militärischen Elite.

Wesir

Höchster Verwaltungsbeamter, Stellvertreter des Königs mit Ausnahme der Bereiche Militär und Religion. Wie schon im Alten und Mittleren Reich belegt, fand im Neuen Reich eine Teilung des Wesirats (unter- und oberägyptischer Wesir) statt.

Zeremonialwaffen

Für den militärischen Einsatz nicht geeignete Prunkwaffen, die für Zeremonien und als Grabbeigaben verwendet wurden.

Zweite Zwischenzeit

Epoche zwischen dem Mittleren und Neuen Reich. Umfasst die 13. bis 17. Dynastie (1759–ca. 1539 v. Chr.) bzw. nach neuen Datierungen die zweite Hälfte der 13. bis zur 17. Dynastie. Spaltung des Landes in einen Ober- und Unterägyptischen Herrschaftsbereich. In der 15. Dynastie Herrschaft der → Hyksos. Deren Vertreibung durch die parallel in Oberägypten regierende 17. Dynastie beendete die Zweite Zwischenzeit, und das Neue Reich begann.

Literaturverzeichnis der
abgekürzt zitierten Monographien,
Reihen und Zeitschriften

70 Geheimnisse (2003):
B. Manley (Hg.), *Die siebzig großen Geheimnisse des Alten Ägypten*, München 2003.

Ä&L:
Ägypten & Levante, Wien.

ÄA:
Ägyptologische Abhandlungen, Wiesbaden.

ÄAT:
Ägypten und Altes Testament, Wiesbaden/Münster.

Achet:
Achet: Schriften zur Ägyptologie, Berlin

Acta Nubica (2006):
I. Caneva/A. Roccati (Hg.), *Acta Nubica: proceedings of the X International Conference of Nubian Studies, Rome 9–14 September 2002*, Rom 2006.

AegMonast:
Aegyptiaca Monasteriensia, Aachen.

Ägyptologie und Kulturwissenschaft I (2009):
H. Roeder (Hg.), *Das Erzählen in frühen Hochkulturen, I. Der Fall Ägypten*, *Ägyptologie und Kulturwissenschaft I*, München 2009.

AH:
Aegyptiaca Helvetica, Basel/Genf.

AHB:
Ancient History Bulletin, Calgary.

AION:
Annali dell'Istituto universitario orientale di Napoli, Neapel.

Aling, *Prosopographical Study* (1976):
C. F. Aling, *A prosopographical study of the reigns of Thutmosis IV and Amenhotep III*, Ann Arbor 1976.

Amarna Letters:
Amarna Letters, Essays on Ancient Egypt, c. 1390–1310 B. C., San Francisco.

Ancient Society:
Ancient Society: journal of ancient history of the Greek, Hellenistic and Roman worlds, Leuven.

ANEM 13 (2015):

J. M. Silverman/C. Waerzeggers (Hg.), *Political Memory in and after the Persian Empire*, Ancient Near East Monographs 13, Atlanta 2015.

Atti del V Convegno Nazionale di Egittologia e Papirologia (2000):

S. Russo (Hg.), *Atti del V Convegno Nazionale di Egittologia e Papirologia: Firenze, 10–12 dicembre 1999*, Firenze 2000.

ASAE:

Annales du Service des Antiquités de l'Egypte, Kairo.

Aston, *The Pottery* (2008):

D. A. Aston, *Untersuchungen im Totentempel des* Merenptah *in Theben. Bd. IV: the pottery*. Beiträge zur ägyptischen Bauforschung und Altertumskunde 17, Mainz 2008.

AV:

Archäologische Veröffentlichungen, Deutsches Archäologisches Institut, Abteilung Kairo, Wiesbaden.

AW:

Antike Welt, Mainz.

BACE:

The Bulletin of the Australian Centre for Egyptology, North Ryde/New South Wales.

BAR:

British Archaeological Reports, Oxford.

BARCE:

Bulletin of the American Research Center in Egypt, San Antonio/Kairo.

BASOR:

Bulletin of the American Schools of Oriental Research, Boston.

BBA:

Beiträge zur ägyptischen Bauforschung und Altertumskunde, Mainz.

Balou/Roubet, *Momie* (1985):

L. Balout/C. Roubet (Hg.), *La* momie *de Ramsès: contribution scientifique à l'Egyptologie*, Muséum National d'Histoire Naturelle, Musée de l'Homme, Paris 1976–1977, Paris 1985.

Barbotin, *Ahmosis* (2008):

C. Barbotin, *Ahmosis et le début de la XVIIIe dynastie*, Paris 2008.

Bassir, *Image and Voice in Saite Egypt* (2014):

H. Bassir, *Image and Voice in Saite Egypt: Self-Presentations of Neshor Named Psamtikmenkhib and Payeftjauemawyneith*, Wilkinson Egyptology Series vol. 2, Arizona 2014.

BdE:

Bibliothèque d'étude, Kairo.

BEHE-SR:
Bibliothèque de l'École des Hautes Études, Sciences Religieuses, Turnhout.

Beinlich/Saleh, *Corpus der Hieroglyphischen Inschriften aus dem Grab des Tutanchamun* (1989):
H. Beinlich/M. Saleh (Hg.), *Corpus der Hieroglyphischen Inschriften aus dem Grab des Tutanchamun, mit Konkordanz der Nummernsysteme des ›Journal d'entrée‹ des Ägyptischen Museums Kairo, der ›Handlist to Howard Carter's catalogue of objects in Tut'ankhamūn's tomb‹ und der Ausstellungs-Nummer des Ägyptischen Museums Kairo*, Oxford 1989.

Beinlich (Hg.), *»Die Männer hinter dem König«* (2012):
H. Beinlich (Hg.), *»Die Männer hinter dem König«, 6. Symposon zur ägyptischen Königsideologie, Iphofen, 16.–18. Juli 2010, KSG 4,3*, Wiesbaden 2012.

BEJ:
Birmingham Egyptology Journal, Birmingham

Belzoni, *Description* (1821):
G. B. Belzoni, *Description of the Egyptian tomb, discovered by G. Belzoni*, London 1821.

Ben-Dor, *Shishak's Karnak relief* (2011):
S. Ben-Dor, *Shishak's Karnak relief: more than just name-rings*, in: S. Bar, D. Kahn, J. J. Shirley (Hg.), *Egypt, Canaan and Israel: history, imperialism, ideology and literature. Proceedings of a conference at the University of Haifa, 3–7 May 2009, Culture and History of the Ancient Near East 52*, 2011, S. 11–22.

Bernhauer, *Privatplastik* (2010):
E. Bernhauer, *Innovationen in der Privatplastik, Die 18. Dynastie und ihre Entwicklung, Philippika 27*, Wiesbaden 2010.

BES:
Bulletin of the Egyptological Seminar, New York.

Bickel (Hg.), *Vergangenheit und Zukunft* (2013):
S. Bickel/A. Loprieno (Hg.), *Vergangenheit und Zukunft. Studien zum historischen Bewusstsein in der Thutmosidenzeit, AH 22*, Basel 2013.

BIFAO:
Bulletin de l'Institut Français d'Archéologie Orientale, Kairo.

BMPES:
British Museum Publications on Egypt and Sudan, Leuven.

BMPES 1 (2014):
J. R. Anderson/D. A. Welsby (Hg.), *The Fourth Cataract and beyond: proceedings of the 12th International Conference for Nubian Studies, BMPES 1*, 2014.

BMSAES:
British Museum Studies in Ancient Egypt and Sudan, London.
Boletín de la Asociación Española de Orientalistas, Madrid.

von Bomhard, *Decree of Sais* (2012):
A.-S. von Bomhard, *The Decree of Sais. The Stelae of Thonis-Heracleion and Naukratis*, Oxford Centre for Maritime Archaeology, Monograph 7, Oxford 2012.

Bonnet/Valbelle, *Pharaonen* (2006):
C. Bonnet,/D. Valbelle, *Pharaonen aus dem schwarzen Afrika*. Mainz am Rhein 2006.

Breyer, *Punt* (2016):
F. Breyer, *Punt. Die Suche nach dem Gottesland*, CHANE 80, Leiden 2016.

Breyer, *Tanutamani* (2003):
F. Breyer, *Tanutamani. Die Traumstele und ihr Umfeld*, ÄAT 57, Wiesbaden 2003.

BSAE:
British School of Archaeology in Egypt, London.

BSEG:
Bulletin de la Société d'Égyptologie Genève, Genf.

BSFE:
Bulletin de la Société Française d'Égyptologie, Paris.

BzS :
Beiträge zur Sudanforschung, Wien.

Carlotti, *L'Akh-menou* (2001):
J.-F. Carlotti, *L'Akh-menou de Thoutmosis III à Karnak: étude architecturale*, 2 vols., Paris 2001.

CdÉ:
Chronique d'Egypte, bulletin périodique de la Fondation Egyptologique Reine Elisabeth, Brüssel.

CdK:
Cahiers de Karnak, Kairo.

CHANE:
Culture and History of the Ancient Near East, Leiden/Boston.

Chappaz/Bickel/Jordan, La porte d'Horemheb (2015):
J. L. Chappaz/S. Bickel/M. Jordan, *La Porte* d'Horemheb *au Xe pylône de Karnak. Avec des contributions de Faried Adrom et Éric Richard. Cahiers de la Société d'Égyptologie* 13. Genf 2015.

Connaissance de l'Égypte ancienne:
Connaissance de l'Égypte ancienne, Brüssel.

Coulon, *Le cult osirien* (2010):
L. Coulon, *Le cult osirien aus Ier millénaire av. J.-C. Une mise an perspective(s)*, in: L. Coulon, (Hg.), *Le culte d'Osiris au Ier millénaire av. J.-C.*, BdE 153, Kairo 2010, S. 1–19.

CRIPEL
   Cahiers de recherches de l'Institut de Papyrologie et d'Egyptologie de Lille, Lille.

Dallibor, *Taharqo* (2005):
   K. Dallibor, *Taharqo, Pharao aus Kusch: ein Beitrag zur Geschichte und Kultur der 25. Dynastie, Achet A* 6, Berlin 2005.

Darnell/ Manassa, *Tutankhamun's Armies* (2007):
   J. C. Darnell/C. Manassa, *Tutankhamun's armies: Battle and conquest during ancient Egypt's late 18th dynasty*, Hoboken 2007.

Davoli, *Saft el-Henna* (2001):
   P. Davoli, *Saft el-Henna. Archeologia e storia di una città del Delta orientale*, Imola 2001.

Der Antike Sudan:
   Der Antike Sudan. Mitteilungen der Sudanarchäologischen Gesellschaft zu Berlin, Berlin.

Dictionary of African Biography (2012):
   E. K. Akyeampong/H. L. Gates (Hg.), *Dictionary of African Biography, Bd.* 6, Oxford 2012.

Dodson, Afterglow of Empire (2012):
   A. Dodson, *Afterglow of the Empire. Egypt from the Fall of the New Kingdom to the Saite Renaissance*, Kairo/New York 2012.

Dodson, *Amarna sunset* (2009):
   A. Dodson, *Amarna sunset, Nefertiti, Tutankhamun, Ay, Horemheb, and the Egyptian counter-reformation*, Kairo/New York 2009.

Dodson/Hilton, *Royal Families* (2004):
   Dodson, Aidan / Hilton, Dyan, *The complete royal families of ancient Egypt*, London/New York 2004.

Dorman, *Senenmut* (1988):
   P. Dorman, *The Monuments of Senenmut, Problems in Historical Methodology*, London 1988.

Dziobek, *Ineni* (1992):
   E. Dziobek, *Das Grab des Ineni, Theben Nr. 81, AV 68*, Mainz 1992.

EA:
   Egyptian Archaeology. The Bulletin of the Egyptian Exploration Society, London.

EAO:
   Egypte, Afrique & Orient, Avignon.

Eaton-Krauss, *Sarcophagus* (1993):
   M. Eaton-Krauss, *The sarcophagus in the tomb of Tutankhamun*, Oxford 1993.

Eaton-Krauss, *The thrones* (2008):
   M. Eaton-Krauss, *The thrones, chairs, stools, and footstools from the tomb of Tutankhamun*, Oxford, 2008.

Eaton-Krauss, *The unknown Tutankhamun* (2016):
M. Eaton-Krauss, *The unknown Tutankhamun*, New York/London/Oxford/ New Delhi/Sydney 2016.

Effland/Effland, *Abydos*, (2013):
U. Effland/A. Effland, *Abydos. Tor zur ägyptischen Unterwelt*, Darmstadt 2013.

Egyptian Museum Collections 2 (2002):
M. Eldamaty (Hg.), *Egyptian Museum Collections around the world*, Bd. 2, Kairo 2002.

ENiM:
Égypte Nilotique et Méditerranéenne, Montpellier.

EtudTrav:
Études et Travaux, Warschau.

EU 23 (2009):
G. P. F Broekman/R. J. Demarée/O. E. Kaper (Hg.), *The Libyan period in Egypt: historical and cultural studies into the 21st–24th Dynasties. Proceedings of a conference at Leiden University, 25–27 October 2007*, *Egyptologische Uitgaven* 23, Leiden 2009.

EVO:
Egitto e Vicino Oriente, Pisa.

Pharao siegt immer (2004):
M. v. Falck/S. Petschel (Hg.), *Pharao siegt immer: Krieg und Frieden im Alten Ägypten*, Bönen 2004.

Fs Allam (2011):
Z. A. Hawass (Hg.), *Scribe of Justice, Egyptological Studies in Honour of Shafik Allam*, *SASAE* 42 (2011).

Fs Altenmüller (2003):
N. Kloth/K. Martin/E. Pardey (Hg.), *Es werde niedergelegt als Schriftstück: Festschrift für Hartwig Altenmüller zum 65. Geburtstag*, Hamburg 2003.

Fs Assmann (2003):
S. Meyer (Hg.), *Egypt – temple of the whole world/Ägypten – Tempel der gesamten Welt: studies in honour of Jan Assmann*, Leiden 2003.

Fs Bourriau (2011):
D. Aston/B. Bader/C. Gallorini/P. Nicholson/S. Buckingham (Hg.), *Under the potter's tree: studies on ancient Egypt presented to Janine Bourriau on the occasion of her 70th birthday*, Leuven/Paris/Walpole 2011.

Fs el-Bialy (2015):
J.-S. Alejandro/C. v. Pilgrim (Hg.), *From the Delta to the Cataract: studies dedicated to Mohamed el-Bialy*, Leiden/Boston 2015.

Fs Beinlich (2012):
J. Hallof (Hg.), *Auf den Spuren des Sobek. Festschrift für Horst Beinlich zum 28. Dezember 2012. Studien zu den Ritualszenen altägyptischer Tempel Band 12*, 2012.

Fs Brunner-Traut (1992):
  I. Gamer-Wallert/W. Helck (Hg.), *Gegengabe: Festschrift für Emma Brunner-Traut*, Tübingen 1992

Fs Bryan (2015):
  R. Jasnow/M. C. Kathlyn (Hg.), *Joyful in Thebes: Egyptological studies in honor of Betsy M. Bryan*, Atlanta 2015.

Fs Burkard (2009):
  D. Kessler/R. Schulz/M. Ullmann/A. Verbovsek/S. Wimmer (Hg.), *Texte – Theben – Tonfragmente, Festschrift für Günter Burkard*, in: *ÄAT* 76 (2009).

Fs Endesfelder, Priese, Reinecke, Wenig (2001):
  C.-B. Arnst/I. Hafemann/A. Lohwasser (Hg.), *Begegnungen: Antike Kulturen im Niltal. Festgabe für Erika Endesfelder, Karl-Heinz Priese, Walter Friedrich Reinecke, Steffen Wenig*, Leipzig 2001.

Fs Gabra (2003):
  Y. N. Youssef/S. Moawad (Hg.), *From Old Cairo to the New World: Coptic studies presented to Gawdat Gabra on the occasion of his sixty-fifth birthday*, Colloquia antiqua 9, 2013.

Fs Graefe (2003)
  A. I. Blöbaum/J. Kahl/S. D. Schweizer (Hg.), *Ägypten – Münster, Kulturwissenschaftliche Studien zu Ägypten, dem Vorderen Orient und verwandten Gebieten*, Wiesbaden 2003.

Fs Haikal (2003):
  N. Grimal/A. Kamel/C. Mai-Sheikholeslami (Hg.), *Hommages à Fayza Haikal*, *BdE* 138, Kairo 2003.

Fs Israel Eph'al (2008):
  M. Cogan/D. Kahn, (Hg.), *Treasures on Camels' Humps: Historical and Literary Studies Presented to Israel Eph'al*, Jerusalem 2008.

Fs Josephson (2010):
  S. H. D'Auria (Hg.), *Offerings to the discerning eye: an Egyptological medley in honor of Jack A. Josephson*, Leiden/Boston 2010.

Fs Junge I (2006):
  G. Moers/H. Behlmer/K. Demuß/K. Widmaier (Hg.), *jn.t. Dr.w: Festschrift für Friedrich Junge*, 2 Bde., Göttingen 2006.

Fs Kienast (2003):
  G. J. Selz (Hg.), *Festschrift für Burkhart Kienast zu seinem 70. Geburtstage, dargebracht von Freunden, Schülern und Kollegen*, Münster 2003.

Fs Kitchen (2011):
  M. Collier/S. Snape (Hg.), *Ramesside studies in honour of K. A. Kitchen*, Bolton 2011.

Fs Lenoble (2011):
V. Rondot/F. Alpi/F. Villeneuve (Hg.), *La pioche et la plume: autour du Soudan, du Liban et de la Jordanie, Hommages archéologiques à Patrice Lenoble*, Paris 2011.

Fs Lesko (2008):
S. E. Thompson/P. Der Manuelian (Hg.), *Egypt and beyond: essays presented to Leonard H. Lesko upon his retirement from the Wilbour chair of Egyptology at Brown University June 2005*, Providence 2008.

Fs Limme (2009):
W. Claes/H. d. Meulenaere/S. Hendrickx (Hg.), *Elkab and Beyond, Studies in Honor of Luc Limme*, OLA 191 (2009).

Fs Lipińska (1997):
J. Aksamit/M. Dolińska/A. Majewska/A. Niwiński/S. Rzepka/Z. Szafrański (Hg.), *Essays in honour of Prof. Dr. Jadwiga Lipińska*, Warsaw 1997.

Fs López (2001):
J. Cervelló Autuori/A. J. Q. Álvarez (Hg): *...ir a buscar leña: estudios dedicados al Prof. Jesús López*, Barcelona 2001.

Fs Luft (2011):
E. Bechtold/A. Gulyás/A. Hasznos (Hg.), *From Illahun to Djeme: papers presented in honour of Ulrich Luft*, Oxford 2011.

Fs Neues Museum (2012):
V. M. Lepper (Hg.), *Forschung in der Papyrussammlung: eine Festgabe für das Neue Museum*, Ägyptische und Orientalische Papyri und Handschriften des Ägyptischen Museums und Papyrussammlung Berlin 1, Berlin 2012.

Fs Rößler-Köhler (2015):
L. D. Morenz (Hg.), *Festschrift für die Ägyptologin Ursula Rößler-Köhler zum 65. Geburtstag*, Wiesbaden 2015.

Fs Schott (1968):
W. Helck (Hg.), *Festschrift für Siegfried Schott zu seinem 70. Geburtstag am 20. August 1967*, Wiesbaden 1968.

Fs Stadelmann (1998):
H. Guksch/D. Polz (Hg.), *Stationen. Beiträge zur Kulturgeschichte Ägyptens, Rainer Stadelmann gewidmet*, Mainz 1998.

Fs Wenig (2014):
A. Lohwasser/P. Wolf (Hg.), *Ein Forscherleben zwischen den Welten: zum 80. Geburtstag von Steffen Wenig*, Der Antike Sudan, Sonderheft, 2014.

Fs Wente (1999):
E. Teeter/J. A. Larson (Hg.), *Gold of praise: studies on ancient Egypt in honor of Edward F. Wente*, Studies in Ancient Oriental Civilization 58, 1999.

Fs Wilkinson (2013):
P. P. Creasman (Hg.), *Archaeological research in the Valley of the Kings and ancient Thebes: papers presented in honor of Richard H. Wilkinson*, Tucson 2013.

Galán/Bryan/Dorman, *Creativity and innovation* (2014):
J. M. Galán/B. M. Bryan, Betsy M./P. Dorman (Hg.), *Creativity and innovation in the reign of Hatshepsut, Papers from the Theban Workshop 2010, Studies in Ancient Oriental Civilization* 69, Chicago 2014.

Gamer-Wallert, *Wandreliefs Monthemhat (TT34)* (2013):
I. Gamer-Wallert, *Wandreliefs Die Wandreliefs des Zweiten Lichthofes im Grab des Monthemhat (TT34)*, Denkschriften der Gesamtakademie 75, Wien 2013.

Garcia (Hg.), Ancient Egyptian Administration (2013):
J. C. M. García (Hg.), *Ancient Egyptian Administration, Handbook of Oriental Studies* 104, Leiden 2013.

GM:
Göttinger Miszellen, Beiträge zur ägyptologischen Diskussion, Göttingen.

Gomaà, *Libysche Fürstentümer* (1974):
F. Gomaà, *Die libyschen Fürstentümer des Deltas vom Tod Osorkons II. bis zur Wiedervereinigung Ägyptens durch Psamtik I., Beihefte zum Tübinger Atlas des Vorderen Orients Reihe B*, Nr. 6, Wiesbaden 1974.

Gregory, *Herihor in art and iconography* (2014):
S. R. W. Gregory, *Herihor in art and iconography: kingship and the gods in the ritual landscape of Late New Kingdom Thebes*, London 2014.

Griffin (Hg.), *Current Research* (2008):
K. Griffin (Hg.), *Current research in Egyptology 2007: proceedings of the eighth annual symposium which took place at Swansea University, April 2007*, Oxford 2008.

Grimm/Schoske, *Im Zeichen des Mondes* (1999):
A. Grimm/S. Schoske, *Im Zeichen des Mondes. Ägypten zu Beginn des Neuen Reiches (= Schriften aus der Ägyptischen Sammlung. Bd. 7), Staatliche Sammlung Ägyptischer Kunst*, München 1999.

Gs Pardey (2013):
M. Bárta/H. Küllmer (Hg.), *Diachronic Trends in Ancient Egyptian History. Studies dedicated to the memory of Eva Pardey*, Prag 2013.

Gs Tawfik (2009):
U. Rößler-Köhler/T. Tawfik (Hg.), *Die ihr vorbeigehen werdet … Wenn Tempel, Gräber und Statuen sprechen. Gedenkschrift für Prof. Sayed Tawfik Achmed, SDAIK* 16, Berlin/New York 2009.

Guidotti/Silvano, *La ceramica* (2003):
M. C. Guidotti/F. Silvano, *La ceramica del tempio di Thutmosi IV a Gurna, Biblioteca di studi egittologici* 3, Pisa (2003).

Gundlach/Klug (Hg.), *Das ägyptische Königtum* (2004):
R. Gundlach/A. Klug (Hg.), *Das ägyptische Königtum im Spannungsfeld zwischen Innen- und Außenpolitik im 2. Jahrtausend v. Chr.*, KSG 1, Wiesbaden 2004.

Gundlach/Rößler-Köhler (Hg.), *Königtum der Ramessidenzeit* (2003):
R. Gundlach/U. Rößler-Köhler (Hg.), *Das Königtum der Ramessidenzeit: Voraussetzungen – Verwirklichung – Vermächtnis, Akten des 3. Symposions zur ägyptischen Königsideologie in Bonn 7.–9.6.2001*, Wiesbaden 2003.

HÄB:
Hildesheimer Ägyptologische Beiträge, Hildesheim.

Harvey, *Cults* (1998):
S. P. Harvey, *The Cults of King Ahmose at Abydos, Ph. D. thesis*, Philadelphia 1998.

Hawass, *Auf den Spuren Tutanchamuns* (2015):
Z. A. Hawass, *Auf den Spuren Tutanchamuns*, Darmstadt 2015.

Hawass/Saleem/Sahar, *Scanning* (2016):
Z. Hawass /S. Saleem/N. Sahar, *Scanning the Pharaohs: CT imaging of the New Kingdom royal mummies*, Kairo/New York 2016.

Hawass (Hg.), *Egyptology* (2003):
Z. Hawass (Hg.), *Egyptology at the dawn of the twenty-first century: proceedings of the Eighth International Congress of Egyptologists, Cairo 2000, Bd. 2*, Kairo/New York 2003.

Herodot und das Persische Weltreich (2011):
R. Rollinger/B. Truschnegg/R. Bichler (Hg.), *Herodot und das Persische Weltreich. Akten des 3. Internationalen Kolloquiums zum Thema »Vorderasien im Spannungsfeld klassischer und altorientalischer Überlieferungen« Innsbruck, 24.-28. November 2008*, Wiesbaden 2011.

HGIÜ:
K. Brodersen/W. Günther/H. H. Schmitt (Hg.), *Historische griechische Inschriften in Übersetzung, Bde. I–III*, Darmstadt 1992–1999.

Hoffmann/Quack, *Anthologie der demotischen Literatur* (2007):
F. Hoffmann/J. F. Quack, *Anthologie der demotischen Literatur, Einführungen und Quellentexte zur Ägyptologie 4*, Berlin 2007.

Hommages Yoyotte (2012):
Chr. Zivie-Coche/I. Guermeur (Hg.), *Parcourir l'éternité. Hommages à Jean Yoyotte, BEHE-SR 156*, Turnhout, 2012.

Hornung/Krauss/Warburton, *Ancient Egyptian Chronology* (2006):
E. Hornung/R. Krauss/D. A. Warburton, *Ancient Egyptian Chronology, Handbook of Oriental Studies, Section One, The Near East*, Leiden/Boston 2006.

Hölscher, *Medinet Habu I–V*:
U. Hölscher, *The excavation of Medinet Habu I: general plans and views. OIP 21*, Chicago 1934.
U. Hölscher, *The excavation of Medinet Habu II: the temples of the Eighteenth Dynasty, OIP 41*. Chicago 1939.

U. Hölscher, *The excavation of Medinet Habu III: the mortuary temple of Ramses III, part I.*, OIP 54, Chicago 1941.
U. Hölscher, *The excavation of Medinet Habu IV: the mortuary temple of Ramses III, part II*, OIP 55, Chicago 1951.
U. Hölscher, *The excavation of Medinet Habu V: post-Ramessid remains*, OIP 66, Chicago 1954.

IÄK:
Institut für Ägyptologie und Koptologie der Universität Münster, Münster.

ICE 7 (1998):
C. J. Eyre (Hg.), *Proceedings of the Seventh International Congress of Egyptologists, Cambridge, 3–9 September 1995*, Leuven 1998.

Iskander/Goelet, *Temple* (2015):
S. Iskander/O. Goelet, *The temple of Ramesses II in Abydos, Vol. 1: wall scenes*, Atlanta 2015.

Imago Aegypti:
Imago Aegypti, internationales Magazin für ägyptologische und koptologische Kunstforschung, Bildtheorie und Kulturwissenschaft, Göttingen.

JAEI:
Journal of Ancient Egyptian Interconnections, Tucson (online).
https://journals.uair.arizona.edu/index.php/jaei

JAMA:
Journal of the American Medical Association, Chicago (online).
http://jamanetwork.com/

Jánosi (Hg.), *Structure and Significance* (2005):
P. Jánosi (Hg.), *Structure and significance: thoughts on ancient Egyptian architecture*, Wien 2005.

Janowski/Wilhelm (Hg.), *Staatsverträge* (2005):
B. Janowski/G. Wilhelm (Hg.), *Staatsverträge, Herrscherinschriften und andere Dokumente zur politischen Geschichte*, Gütersloh 2005.

Jansen-Winkeln, *Inschriften der Spätzeit, Teil 1–4* (2007–2014):
K. Jansen-Winkeln, *Inschriften der Spätzeit, Teil 1, Die 21. Dynastie*, Wiesbaden 2007.
K. Jansen-Winkeln, *Inschriften der Spätzeit, Teil 2, Die 22.–24. Dynastie*, Wiesbaden 2007.
K. Jansen-Winkeln, *Die Inschriften der Spätzeit, Teil 3, Die 25. Dynastie*, Wiesbaden 2009.
K. Jansen-Winkeln, *Inschriften der Spätzeit, Teil 4, Die 26. Dynastie Band 1 Psametik I.–Psametik III.*, Wiesbaden 2014.

Jenni, *Dekorationsprogramm* (1986):
H. Jenni, *Das Dekorationsprogramm des Sarkophages Nektanebos' II, AH 12*, Genf 1986.

JAOS:
   Journal of the American Oriental Society, New Haven/Connecticut.

JARCE:
   Journal of the American Research Center in Egypt, New York.

JEA:
   The Journal of Egyptian Archaeology, Egypt Exploration Society, New York.

JEH:
   Journal of Egyptian History. Leiden, Boston, Massachussetts.

JNES:
   Journal of Near Eastern Studies, Chicago.

JSSEA:
   The Journal of the Society for the Studies of Egyptian Antiquities, Toronto.

Karlshausen/Obsomer (Hg.), *Nubie à Qadech* (2016):
   C. Karlshausen/C. Obsomser (Hg.), *De la Nubie à Qadech: la guerre dans l'Égypte ancienne*, Connaissance de l'Égypte ancienne 17, Brüssel 2016.

KÊMI:
   KÊMI. Revue de philologie et d'archéologie égyptiennes et coptes, Paris.

Kemet:
   Kemet – Die Zeitschrift für Ägyptenfreunde, Berlin.

Kenning, *Feldzug nach Kadesch* (2014):
   J. Kenning, *Der Feldzug nach Kadesch: das Ägypten des Neuen Reiches auf der Suche nach seiner Strategie*, Hildesheim 2014.

Kienitz, *Politische Geschichte* (1953):
   F. Kienitz, *Die politische Geschichte Aegyptens vom 7. bis zum 4. Jahrhundert vor der Zeitwende*, Berlin 1953.

Kitchen, in: *The context of Scripture 4: Suppl.* (2016):
   K. A. Kitchen, *The Kawa stelae of Taharqa (years 2–10, 689–680 BCE)*, in: K. Lawson Younger Jr. (Hg.), *The context of Scripture, volume 4: Supplements*, Leiden/Boston 2016, S. 18–24.

Kitchen, *TIP* (²2004):
   K. A. Kitchen, The Third Intermediate Period in Egypt (1100–650 BC), Oxford repr. ²2004.

Klengel, *Hattuschili und Ramses* (2002):
   H. Klengel, *Hattuschili und Ramses: Hethiter und Ägypter – ihr langer Weg zum Frieden, Kulturgeschichte der Antiken Welt* 95, Mainz 2002.

KMT:
   A Modern Journal of Ancient Egypt, San Francisco.

Kousoulis/Lazaridis (Hg.), *Tenth Proceedings* (2015):
P. Kousoulis/N. Lazaridis (Hg.), *Proceedings of the Tenth International Congress of Egyptologists: University of the Aegean, Rhodes, 22–29 May 2008* 2, Leuven 2015.

KSG:
Königtum, Staat und Gesellschaft früher Hochkulturen, Wiesbaden.

Kucharek, *Konstruktionen der Macht* (2006):
A. Kucharek, *Auf der Suche nach Konstruktionen der Macht. Die Festprozession des Osiris in Karnak*, in: J. Maran/C. Juwig/H. Schwengel/U. Thaler (Hg.), *Constructing Power. Architecture, Ideology and Social Practice/Konstruktion der Macht. Architektur, Ideologie und soziales Handeln*, Münster 2006, S. 117–130.

LÄ I–VII (1975–1992):
W. Helck/W. Westendorf (Hg.), *Lexikon der Ägyptologie, 7 Bde.*, Wiesbaden 1975–1992.

Labudek, *Late Period Stelae from Saqqara* (2010):
J. Labudek, *Late Period Stelae from Saqqara. A socio-cultural and religious investigation*. Dissertation, Birmingham 2010.

Lang/Barta/Rollinger (Hg.), *Staatsverträge* (2010):
M. Lang/H. Barta/R. Rollinger (Hg.), *Staatsverträge, Völkerrecht und Diplomatie im Alten Orient und in der griechisch-römischen Antike*, Wiesbaden 2010.

Leblanc/Zaki (Hg.), *Temples de millions d'années* (2010):
C. Leblanc/Z. Gihane (Hg.), *Les temples de millions d'année set le pouvoir royal à Thèbes au Nouvel Empire: sciences et nouvelles technologies appliquées à l'archéologie*, Memnonia Cahier supplementaire 2, Kairo 2010.

Lenzo, *Stèles de Taharqa* (2015):
G. Lenzo, *Les stèles de Taharqa à Kawa: paléographie*. Paléographie hiéroglyphique 7. 2015.

Lohwasser, *Die königlichen Frauen* (2001):
A. Lohwasser, *Die königlichen Frauen im antiken Reich von Kusch. 25. Dynastie bis zur Zeit der Nastasen*, Meroitica 19, Wiesbaden 2001.

Lull, *Las tumbas reales egipcias* (2002):
J. Lull, *Las tumbas reales egipcias del Tercer Período Intermedio (dinastías XXI–XXV): tradición y cambios. BAR International Series* 1045, Oxford 2002.

Lull, *Los sumos sacerdotes* (2006):
J. Lull, *Los sumos sacerdotes de Amón tebanos de la wHm mswt y dinastía XXI (ca. 1083–945 a. C.). BAR International Series* 1469. Oxford 2006.

Manassa, *Merneptah* (2003):
C. Manassa, *The Great Karnak inscription of Merneptah: grand strategy in the 13th century BC*, Yale Egyptological Seminar 5, New Haven 2003.

Martinssen, *Punt* (1999):
S. Martinssen, *Untersuchungen zu den Expeditionen nach Punt, Unveröffentlichte Magisterarbeit*, Hamburg 1999.

Martinssen-von Falck, *Tutanchamun* (2013):
   S. Martinssen-von Falck, *Tutanchamun, Sein Grab und die Schätze: Begleitbuch zur Ausstellung für Kinder und Jugendliche*, Bayreuth 2013.

MÄS:
   Münchener Ägyptologische Studien, München/Berlin/Mainz.

Ph. Matthey, *Pharaon, magicien et filou* (2012):
   Ph. Matthey, *Pharaon, magicien et filou: Nectanébo II entre l'histoire et la légende.* Dissertation Genf 2012.

MDAIK:
   Mitteilungen des Deutschen Archäologischen Institutes Kairo, Mainz/Berlin/ Boston.

Méditerranées 24 (2000):
   B. Menu (Hg.), *Égypte pharaonique, déconcentration, cosmopolitisme*, Méditerranées 24, Paris 2000.

Meffre, *Héracléopolis* (2015).
   R. Meffre, *D'Héracléopolis à Hermopolis. La Moyenne Égypte durant la Troisième Période intermédiaire (XXIe–XXIVe dynasties)*, Paris 2015.

Memnonia:
   Memnonia: Bulletin éd. par l'Association pour la Sauvegarde du Ramesseum, Kairo.

Meyer, *Senenmut* (1982):
   Chr. Meyer, *Senenmut: Eine prosopographische Untersuchung*, Hamburg 1982.

Michael, *Egypt and Cyprus* (2008):
   M. Michael, *Egypt and Cyprus: international relations during the Egyptian twenty-sixth dynasty (Saite Period, 664–525 BC)*, Dissertation London 2008.

Michaux-Colombot, *Acta Nubica* (2006):
   D. Michaux-Colombot, *Assyrian and Kushite chronologies revisited*, in: I. Caneva/A. Roccati (Hg.), *Acta Nubica: proceedings of the X International Conference of Nubian Studies, Rome 9–14 September 2002*, Rom 2006, S. 457–465.

Moje, *Lokalregenten* (2014):
   J. Moje, Herrschaftsräume und Herrschaftswissen ägyptischer Lokalregenten: soziokulturelle Interaktionen zur Machtkonsolidierung vom 8. bis zum 4. Jahrhundert v. Chr. Topoi: Berlin Studies of the Ancient World 21, 2014.

Morkot, *The black pharaohs* (2000):
   R. G. Morkot, *The black pharaohs: Egypt's Nubian rulers*. London 2000

Myśliwiec, *Herr beider Länder* (1998):
   K. Myśliwiec, *Herr beider Länder: Ägypten im 1. Jahrtausend v. Chr.*, Kulturgeschichte der Antiken Welt 69, Mainz 1998.

Myśliwiec, *The twilight of ancient Egypt* (2000):
   K. Myśliwiec, *The twilight of ancient Egypt: first millennium BCE*, Ithaca, NY/ London 2000.

Naguib, *OLA* 38 (1990):
  S.-A. Naguib, *Le clergé féminin d'Amon thébain à la 21e dynastie*, OLA 38, Leuven 1990.

NeHeT:
  NeHeT, revue numérique d'Égyptologie, Paris.

O'Connor, *Abydos* (2011):
  D. O'Connor, *Abydos: Egypt's First Pharaohs and the Cult of Osiris*, London 2011.

OA:
  Oriens Antiquus, Rom.

OBO:
  Orbis Biblicus et Orientalis, Freiburg.

Obsomer, *Ramses II* (2012):
  C. Obsomer, *Ramsès II: Abou Simbel, Louxor, Néfertary, Qadech*, Les grands pharaons, Paris 2012.

OHAE:
  I. Shaw (Hg.), *The Oxford History of Ancient Egypt*, Oxford 2000.

OIP:
  Oriental Institute Publications, Chicago.

OLA:
  Orientalia Lovaniensia Analecta, Leuven.

OMRO:
  Oudheidkundige Mededelingen uit het Rijksmuseum van Oudheden te Leiden, Leiden.

Or:
  Orientalia, Rom.

Oriental Institute. Annual Report (online):
  http://oi.uchicago.edu/sites/oi.uchicago.edu/files/uploads/shared/docs [16.06.18].

Oriental Studies:
  Oriental Studies: Journal of Oriental and Ancient History, Lissabon.

PALLAS:
  Pallas. Revue d'études antiques, Toulouse.

PALMA:
  Papers on archaeology of the Leiden Museum of Antiquities, Turnhout.

PAM:
  Polish Archaeology in the Mediterranean, Warschau.

Pantheon:
  Pantheon. Internationale Zeitschrift für Kunst, München.

Pasek, *Amyrtaios* (2016):
  S. Pasek, *Pharao Amyrtaios und die Mittelmeerwelt: Die Beziehungen zwischen Ägypten, den Griechen und dem Achaimenidenreich im ausgehenden 5. und beginnenden 4. Jh. v. Chr.*, München 2016.

Payraudeau, *Administration* (2014):
  F. Payraudeau, *Administration, société et pouvoir à Thèbes sous la XXIIe dynastie bubastite, Bibliothèque d'étude* 160, 2014.

Pécoil, *L'Akh-menou (2001)*:
  J.-F. Pécoil, *L'Akh-menou de Thoutmosis III à Karnak: la* heret-ibet *les chapelles attenantes, Relevés épigraphiques*, Paris 2001.

Perdu, *Recueil des Inscriptions royales saites* (2002):
  O. Perdu, *Recueil des Inscriptions royales saites Vol I. Psammétique Ier*, Paris 2002.

Petrie, *The Royal Tombs* (1900):
  W. M. F. Petrie, *The royal tombs of the first dynasty (Part I)*, Memoir of the Egypt Exploration Fund 18, London 1900.

Philippika:
  Philippika. Altertumswissenschaftliche Abhandlungen. Contributions to the Study of Ancient World Cultures, Wiesbaden.

Thebes in the first millennium BC (2014):
  E. Pischikova/J. Budka/K. Griffin (Hg.), *Thebes in the first millennium BC*, Cambridge 2014.

PLoS One:
  http://journals.plos.org/plosone [16.06.2018], San Francisco.

Polz, *Beginn* (2007):
  D. Polz, *Der Beginn des Neuen Reiches, Zur Vorgeschichte einer Zeitenwende*, Berlin 2007.

Pope, *Taharqo* (2014):
  J. Pope, *The double kingdom under Taharqo: studies in the history of Kush and Egypt, c. 690–664 BC*. CHANE 69, Leiden 2014.

Porten, *Archives from Elephantine* (1998):
  B. Porten, *Archives from Elephantine: The Life of an Ancient Jewish Military Colony*, California 1998.

PÄ:
  Probleme der Ägyptologie, Leiden/Boston/Köln.

Quack, *Literaturgeschichte III* (2009):
  J. F. Quack, *Einführung in die altägyptische Literaturgeschichte III. Die demotische und gräko-ägyptische Literatur, Einführungen und Quellentexte zur Ägyptologie 3. Zweite, veränderte Auflage*, Berlin 2009.

RdE:
  Revue d'Egyptologie, Paris.

Recent research in Kushite history (1999):
D. A. Welsby (Hg.), *Recent research in Kushite history and archaeology: proceedings of the 8th International Conference for Meroitic Studies*, London 1999.

RecTrav:
Recueil de Travaux Rétlatifs à la Philologie et à l'Archéologie Égyptiennes et Assyriennes, Paris.

Redfort, *Egypt, Canaan, and Israel* (1992):
D. B. Redfort, *Egypt, Canaan, and Israel in Ancient Times*, Princeton University Press 1992.

Redford, *From slave to pharaoh*, (2004):
D. B. Redford, *From slave to pharaoh: the black experience of ancient Egypt*. Baltimore 2004.

OEAE I–III (2001)
D. B. Redford (Hg.), *The Oxford Encyclopedia of Ancient Egypt*, 3. Bde., Oxford 2001.

Reeves (Hg.), *After Tut'ankhamun* (1992):
N. Reeves (Hg.), *After Tut'ankhamūn: Research and Excavation in the Royal Necropolis at Thebes*, London 1992.

Reeves, *The complete Tutankhamun* (1995):
N. Reeves, *The complete Tutankhamun: the King, the Tomb, the royal Treasure*, London 1995.

Reineke (Hg.), *Acts* (1976):
W. F. Reineke (Hg.), *Acts: First International Congress of Egyptology*, Cairo, October 2–10, 1976, Berlin 1979.

Ritner, *Libyan Anarchy* (2009).
R. K. Ritner, *The Libyan Anarchy. Inscriptions from Egypt's Third Intermediate Period*, Writings from the Ancient World 21, Atlanta 2009.

Roeder, *Naos* (1914):
G. Roeder, *Naos. Catalogue Général du Musée du Caire Nr. 70001–70050*, Leipzig 1914.

Roeder, *Hermopolis* (1959):
G. Roeder (Hg.), *Hermopolis 1929–1939*, Ausgrabungen der Deutschen Hermopolis-Expedition in Hermopolis, Ober-Ägypten, Hildesheim 1959.

Roehrig, *Royal nurse/Royal tutor* (1990):
C. H. Roehrig, *The Eighteenth Dynasty Titles Royal Nurse (mn't Nswt), Royal Tutor (mn'Nswt) and Foster Brother/Sister of the Lord of the Two Lands (sn/snt Mn'n Nb T3wy)*, Berkeley 1990.

Römer, *ÄAT 21* (1994):
M. Römer, *Gottes- und Priesterherrschaft in Ägypten am Ende des Neuen Reiches: ein religionsgeschichtliches Phänomen und seine Grundlagen*, ÄAT 21, 1994.

Rose, *Tomb KV 39* (2000):
J. Rose, *Tomb KV 39 in the Valley of the Kings: a double archaeological enigma*, Bristol 2000.

Ruzicka, *Trouble in the West* (2012):
S. Ruzicka, *Trouble in the West. Egypt and the Persian Empire, 525–332 BC*, Oxford 2012.

Sagrillo, *Shoshenq I* (2012):
T. Sagrillo, »*Shoshenq I.*«, in: E. Kwaku Akyeampong/H. L. Gates (Hg.), *Dictionary of African biography* Bd. 5, 2012, S. 369–370.

SAK:
Studien zur altägyptischen Kultur, Hamburg.

SASAE:
Supplément aux Annales du Service des Antiquites de l'Egypte, Kairo.

Schäfer, *Studia Hellenistica 50* (2011):
D. Schäfer, *Makedonische Pharaonen und hieroglyphische Stelen: historische Untersuchungen zur Satrapenstele und verwandten Denkmälern*, Studia Hellenistica 50, Leuven 2011.

Schipper, *Israel und Ägypten* (1999):
B. U. Schipper, *Israel und Ägypten in der Königszeit. Die kulturellen Kontakte von Salomo bis zum Fall Jerusalems*, OBO 170, Freiburg Göttingen 1999.

Schipper, *OBO 209* (2005):
B. U. Schipper, *Die Erzählung des Wenamun. Ein Literaturwerk im Spannungsfeld von Politik, Geschichte und Religion*, OBO 209, 2005.

Schlögl, *Echnaton – Tutanchamun* (2013):
H. A. Schlögl, *Echnaton – Tutanchamun, Daten, Fakten, Literatur*, Wiesbaden 2013.

Schneider, *Memphite tomb* (1996):
H. D. Schneider, *The Memphite tomb of Ḥoremḥeb, commander-in-chief of Tut'ankhamūn II: a catalogue of the Finds*, Egypt Exploration Society Excavation Memoirs 60, London 1996.

Schneider, Lexikon (1996)/(²1997).
Th Schneider, *Lexikon der Pharaonen, Die altägyptischen Könige von der Frühzeit bis zur Römerherrschaft*, München 1996 (Düsseldorf/Zürich ²1997).

Schoske (Hg.), *Akten*:
S. Schoske (Hg.), *Akten des vierten Internationalen Ägyptologen Kongresses München 1985. Band 4: Geschichte, Verwaltungs- und Wirtschaftsgeschichte, Rechtsgeschichte, Nachbarkulturen*, Hamburg 1991.

Schumacher, *Sopdu* (1988):
W. Schumacher, Der Gott Sopdu – Der Herr der Fremdländer, Freiburg, Göttingen 1988.

SDAIK:
Sonderschrift, Deutsches Archäologisches Institut, Abteilung Kairo, Darmstadt.

Seipel/Scholz (Hg.): *Adventure* (2013).
W. Seipel/C. Scholz (Hg.): *Tutankhamun, His tomb and his treasures: the adventure of an exhibition*, Bayreuth 2013.

Semmelmann (Hg.): *Tutanchamun: sein Grab und die Schätze* (2013):
D. Semmelmann (Hg.), *Tutanchamun: sein Grab und die Schätze*, Augsburg 2013.

Servajean, *Mérenptah* (2014):
F. Servajean, *Mérenptah et la fin de la XIXe dynastie: Moïse, exode, la reine Taousert, Les Grands Pharaons*, Paris 2014.

Smoláriková, *Saite forts in Egypt* (2008):
T. K. Smoláriková, *Saite forts in Egypt: political military history of the Saite dynasty*, Prag 2008.

Sokar:
Sokar, Berlin.

Solomon and Shishak (2015):
P. James/P. G. van der Veen (Hg.), *Solomon and Shishak: current perspectives from archaeology, epigraphy, history and chronology; proceedings of the Third BICANE Colloquium held at Sidney Sussex College, Cambridge 26–27 March, 2011, BAR International Series 2732*, 2015.

Spalinger, *War in ancient Egypt* (2005).
A. J. Spalinger, *War in ancient Egypt, The New Kingdom, Ancient world at war*, Malden/Oxford 2005.

Spencer, *A Naos of Nekhthorheb* (2006):
N. Spencer, *A Naos of Nekhthorheb from Bubastis: Religious Iconography and Temple building in the 30th Dynasty*, London 2006.

Spiegelberg, *Demotische Chronik* (1914):
W. Spiegelberg, *Die sogenannte demotische Chronik des Pap. 215 der Bibliothèque Nationale zu Paris nebst den auf der Rückseite des Papyrus stehenden Texten, Demotische Studien 7*, Leipzig 1914.

Sternberg-el Hotabi, *Ägypter und Perser* (2016):
H. Sternberg-el Hotabi, *Ägypter und Perser. Eine Begegnung zwischen Anpassung und Widerstand, Archäologie, Inschriften und Denkmäler Altägyptens 4*, 2016.

Sternberg-el Hotabi, *Seevölker* (2012):
H. Sternberg-el Hotabi, *Der Kampf der Seevölker gegen Pharao Ramses III., Archäologie, Inschriften und Denkmäler Altägyptens 2.*, Rahden 2012.

SEL:
Studi epigrafici e linguistici sul Vicino Oriente antico, http://sel.cchs.csic.es [16.06.2018].

Studia Hellenistica:
  Studia Hellenistica, Leuven.

Studia Theologica:
  Studia Theologica. Nordic Journal of Theology, Oslo, Bergen, Tromsö.

Sudan & Nubia:
  Sudan & Nubia, London.

Tel Aviv:
  The Journal of the Institute of Archaeology, Tel Aviv.

Thiem, *Speos* (2000):
  A.-C. Thiem, *Speos von Gebel es-Silsileh, Analyse der architektonischen und ikonographischen Konzeption im Rahmen des politischen und legitimatorischen Programmes der Nachamarnazeit, Teil 1: Text und Tafeln. Teil 2: Architektonische Pläne und Umzeichnungen, ÄAT* 47, Wiesbaden 2000.

Török, *The image of the ordered world* (2002):
  L. Török, *The image of the ordered world in ancient Nubian art: the construction of the Kushite mind, 800 BC–300 AD, PÄ* 18, Leiden/Boston/Köln 2002.

Török, *The kingdom of Kush* (1997):
  L. Török, *The kingdom of Kush: handbook of the Napatan-Meroitic civilization*, Handbuch der Orientalistik, erste Abteilung: Der Nahe und Mittlere Osten, Leiden/New York/Köln 1997.

Transeuphratène:
  Transeuphratène, Paris.

TUAT:
  Texte aus der Umwelt des Alten Testaments, Gütersloh.

Tulhoff, *Thutmosis III* (1984):
  A. Tulhoff, *Thutmosis III. 1490–1436 v. Chr., Das ägyptische Weltreich auf dem Höhepunkt der Macht*, München 1984.

Ugarit-Forschungen
  Ugarit-Forschungen. Internationales Jahrbuch für die Altertumskunde Syrien-Palästinas, Münster.

UKÖAI:
  Untersuchungen der Zweigstelle Kairo des Österreichischen Archäologischen Instituts, Wien.

VA:
  Varia Aegyptiaca, San Antonio.

Veldmeijer: *Tutankhamun's footwear* (2010):
  A. J. Veldmeijer, *Tutankhamun's footwear, Studies of ancient Egyptian footwear*, Norg 2010.

Veldmeijer/Ikram (Hg.), *Chasing chariots* (2012):
A. J. Veldmeijer/S. Ikram (Hg.), *Chasing chariots: proceedings of the First International Chariot Conference (Cairo 2012)*, Sidestone/Leiden 2013.

Verborgene Stunden (2006):
Antikenmuseum Basel (Hg.), *In Pharaos Grab: die verborgenen Stunden der Sonne*, Basel 2006.

Verbovsek/Backes/Jones (Hg.), *Methodik und Didaktik* (2011):
A. Verbovsek/B. Backes/C. Jones (Hg.), *Methodik und Didaktik in der Ägyptologie: Herausforderungen eines kulturwissenschaftlichen Paradigmenwechsels in den Altertumswissenschaften*, München 2011.

VT:
Vetus Testamentum. A Quarterly Published by the International Organization for the Study of the Old Testament, Leiden u. a.

Warmenbol, *Sphinx* (2006):
E. Warmenbol (Hg.), *Sphinx: les gardiens de l'Égypte*, Brüssel 2006.

WdO:
Welt des Orients. Mainz/Berlin.

Weeks, *Lost Tomb* (1998):
K. R. Weeks, *The lost tomb: the greatest discovery at the Valley of the Kings since Tutankhamun*, London 1998.

Wiese (Hg.), *Das goldene Jenseits* (2004):
A. Wiese (Hg.), *Tutanchamun – Das goldene Jenseits: Grabschätze aus dem Tal der Könige; eine Ausstellung des Antikenmuseums Basel und Sammlung Ludwig …;* [7. April bis 3. Oktober 2004], München 2004.

Wilson, *Shoshenq I into Palestine* (2005):
K. A. Wilson, *The campaign of pharaoh Shoshenq I into Palestine*, Forschungen zum Alten Testament, 2. Reihe 9, Tübingen 2005.

Wilson, *Survey of Saïs* (2006).
P. Wilson, *The Survey of Saïs (Sa el-Hagar) 1997–2002*, Egypt Exploration Society Excavation Memoir 77, London 2006.

Wildung, *Rolle* (1969):
D. Wildung, *Die Rolle ägyptischer Könige im Bewusstsein ihrer Nachwelt, 1. Posthume Quellen über die Könige der ersten vier Dynastien*, MÄS 17, Berlin 1969.

Wilkinson, *Tausret* (2012):
R. H. Wilkinson (Hg.), *Tausret: Forgotten Queen and Pharaoh of Egypt*, Oxford 2012.

Wilkinson, *The temple of Tausret* (2011):
R. H. Wilkinson (Hg.), *The Temple of Tausret: the University of Arizona Egyptian Expedition, Tausret Temple Project 2004–2011*, Tucson 2011.

Wilkinson (Hg.), *Valley of the Sun Kings*
R. H. Wilkinson (Hg.), *Valley of the Sun Kings: New Explorations in the Tombs of the Pharaohs by Wilkinson*, Tucson 1995.

Willeitner, *Abu Simbel* (2010):
J. Willeitner, *Abu Simbel: Die Felsentempel* Ramses' II. *von der Pharaonenzeit bis heute, Zaberns Bildbände zur Archäologie, Sonderbände der Antiken Welt*, Mainz 2010.

Winlock: *Tutankhamun's funeral* (2010):
H. E. Winlock, *Tutankhamun's funeral:* [published in conjunction with the Exhibition »Tutankhamun's Funeral« on view at the Metropolitan Museum of Art, New York, March 16 to September 6, 2010], *introduction and appendix by Dorothea Arnold*, New York 2010.

Wojciechowska, *From Amyrtaeus to Ptolemy* (2016):
A. Wojciechowska, *From Amyrtaeus to Ptolemy, Egypt in the fourth century B. C., Philippika 97*, Wiesbaden 2016.

YES:
Yale Egyptological studies, New Haven/Oxford.

ZÄS:
Zeitschrift für ägyptische Sprache und Altertumskunde, Leipzig/Berlin.

ZDPV:
Zeitschrift des Deutschen Palästina-Vereins, Berlin.

ZPE:
Zeitschrift für Papyrologie und Epigraphik, Bonn.

Internetquellen [16.06.2018]

http://www.amarnaproject.com
http://www.auaris.at
http://www.griffith.ox.ac.uk/discoveringTut
http://www.thebanmappingproject.com
http://www.wibilex.de

Abbildungsverzeichnis

S. 57: Hervé Champollion / akg-images

S. 77: Carl Richard Lepsius, Denkmäler aus Aegypten und Aethiopien, Lepsius-Projekt, ULB Sachsen-Anhalt, I 95

S. 95: Jan-Peter Graeff

S. 100: akg-images

S. 137: Jan-Peter Graeff

S. 155: Carl Richard Lepsius, Denkmäler aus Aegypten und Aethiopien, Lepsius-Projekt, ULB Sachsen-Anhalt, III 202

S. 169: Jan-Peter Graeff

Karten: Peter Palm, Berlin

Autorenkürzel

SMvF= Susanne Martinssen-von Falck

JPG= Jan-Peter Graeff

AE= Andreas Effland

CBV= Cecilia Benavente Vicente

MvF= Martin von Falck

Bibliografische Information der Deutschen Nationalbibliothek
Die Deutsche Nationalbibliothek verzeichnet diese Publikation in der
Deutschen Nationalbibliografie; detaillierte bibliografische Daten sind im
Internet über http://dnb.d-nb.de abrufbar.

Es ist nicht gestattet, Texte dieses Buches zu scannen, in PCs oder auf CDs zu
speichern oder mit Computern zu verändern oder einzeln oder zusammen
mit anderen Bildvorlagen zu manipulieren, es sei denn mit schriftlicher
Genehmigung des Verlages.

Alle Rechte vorbehalten

© by marixverlag in der Verlagshaus Römerweg GmbH, Wiesbaden 2018
Lektorat: Stefan Gücklhorn, Wiesbaden
Covergestaltung: Karina Bertagnolli, Wiesbaden
Bildnachweis: Ausschnitt einer Statue Thutmosis' III. aus Karnak,
Ägyptisches Museum Kairo, © akg-images / François Guénet
Satz und Bearbeitung: Medienservice Feiß, Burgwitz
Der Titel wurde in der Palationo Linotype gesetzt.
Gesamtherstellung: CPI books GmbH, Leck – Germany

ISBN: 978-3-7374-1057-1

Mehr über Ideen, Autoren und Programm des Verlags finden Sie auf
www.verlagshausroemerweg.de und in Ihrer Buchhandlung.